奉天の近代

移民社会における商会・企業・善堂

上田貴子

目次

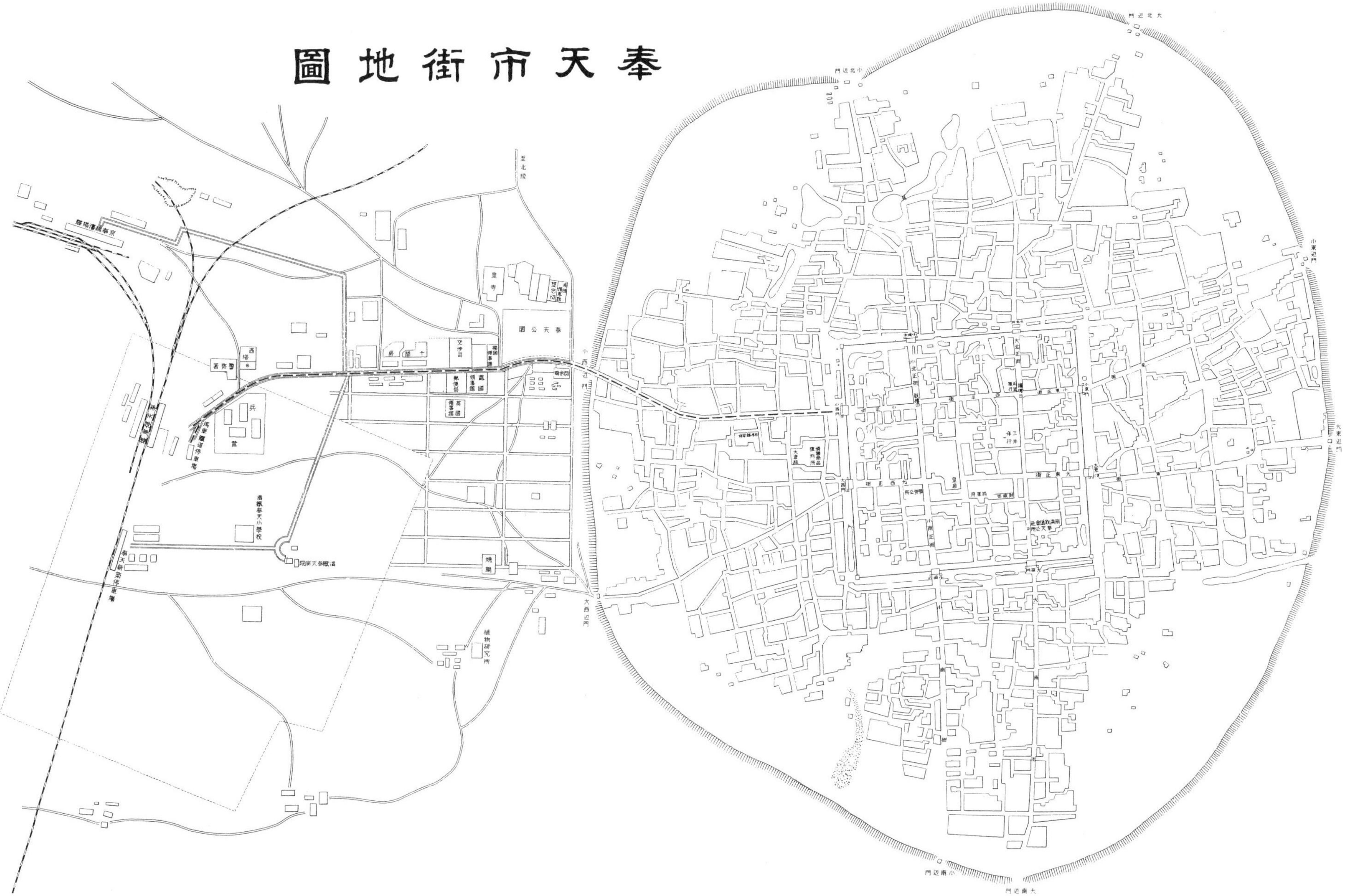

巻頭地図－1　1907年ごろの奉天（「奉天市街地図」『南満州鉄道案内』1909年所収）

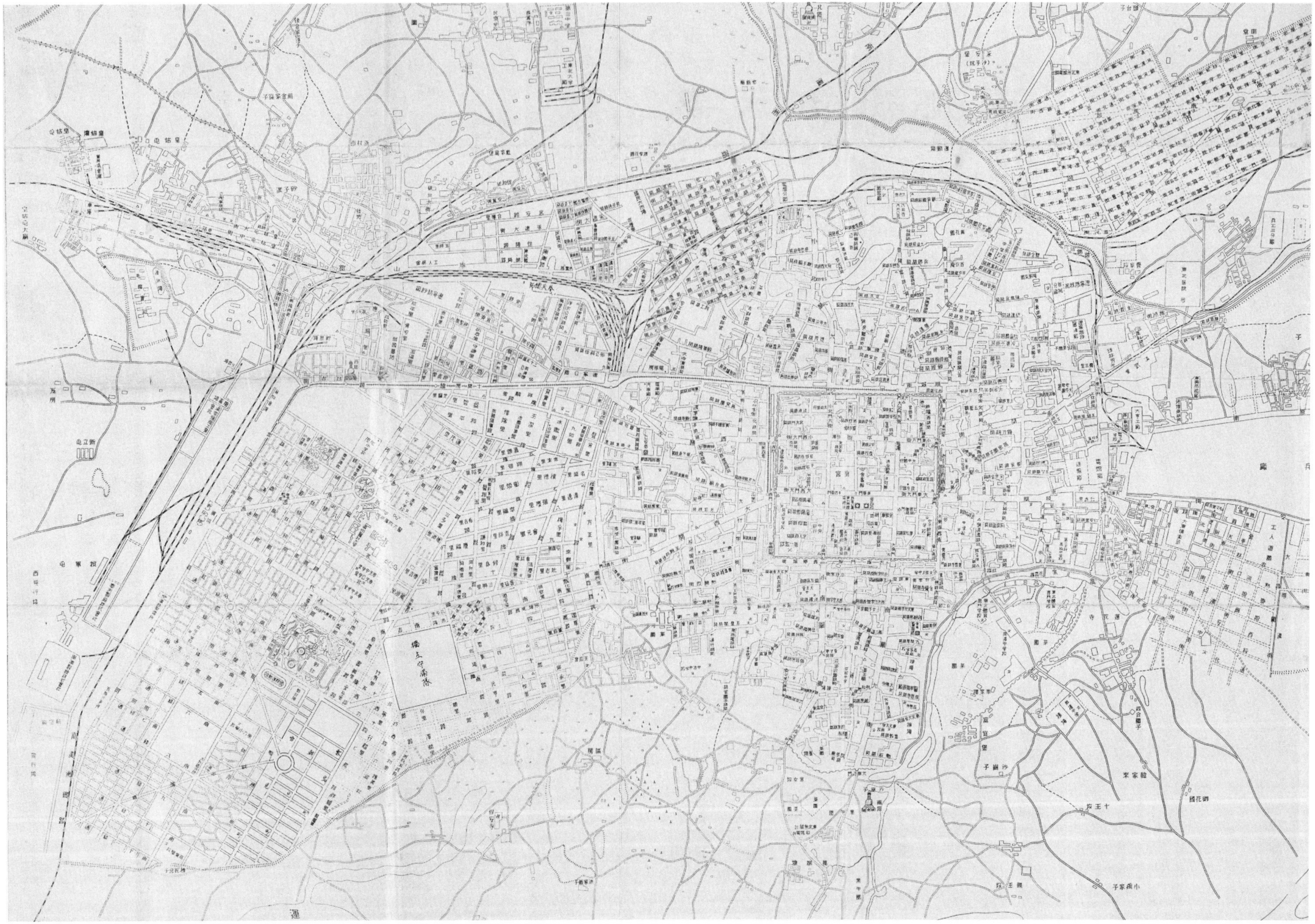

巻頭地図－2　1931年ごろの奉天（『実測最新奉天市街附近地図』宮阪徳次郎，1935年，部分）

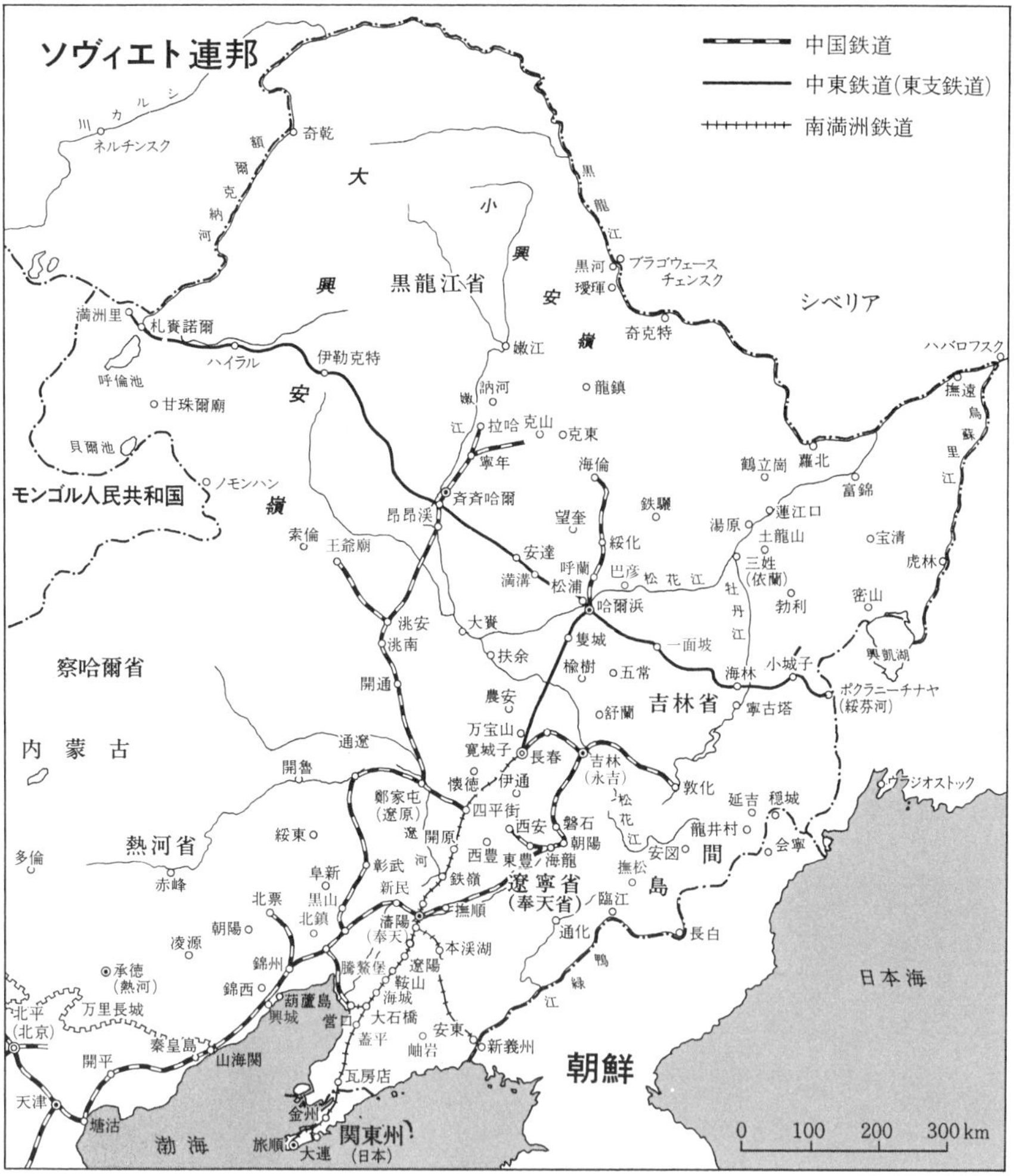

巻頭地図 - 3　中国東北地図 (1931年)

(『張学良——日中の覇権と「満洲」』(西村成雄，岩波書店，1996) より改変のうえ転載)

序章

一　塞外の都――なぜ奉天なのか

中国東北地域第一の規模をほこる瀋陽、この街はかつて奉天とよばれた時期があった。奉天の名は、奉天軍、奉天軍閥というように張作霖の名前に冠されて、戦前の日本人にとっては瀋陽以上になじみの深い名前かもしれない。奉天とは天の命を奉じる、つまり天命を受けそれに遵うという意味で、この街が特別であることを示しており、奉天とよばれた時期のこの街は中国全土に影響を与える勢力の拠点としてその名に値する存在感を持っていた。本書ではこの時期の瀋陽に光をあてる。

一地方勢力の拠点として奉天の名を冠することが、いかに大胆なことか、地名の変遷を追いながら確認しておきたい。瀋陽とは瀋水の北という意味で、街の南端を流れる渾河の古名瀋水に由来する。このような地名のつけ方は、洛水の北で洛陽、遼河の北で遼陽というように、中国文化圏では一般的である。後金を起こしたヌルハチは明の軍隊の拠点である衛所がおかれていた瀋陽を一六二一（天命六）年に落とし、一六二五（天命一〇）年ここを都とした。その後、二代目のホンタイジは勢力を拡大し、一六三六（崇徳元）年国号を大清に改めた。それに先立つ一六三四（天聡八年）年に瀋陽の名がMukden（天眷盛京）と改められ、漢語では盛京と呼ぶよう決められた。三代目の順治帝を擁して清軍が北京を落とすと都は北京に移ったが、盛京は陪都として特別な地位を与えられた。清は明の地方行政制度を多く採用し府県の区分を用いたが、北京遷都以前の勢力圏について清は満洲人の独自性を維持するべく、将軍を頂点とする軍政を敷いた。部族制をベースとして構成された満洲人独自の八旗制は、軍政であると同時に配下の人間を管理した。つまり八旗に所属する人間を中心とした地方行政がなされたということである。しかし、それだけでは不十分であるので、八旗制の制度外の経済活動などを管理するために一六五七（順治一四）年に奉天府をおき州や県を管轄させた(1)。これが、清末には役所としての奉天府にとどまらず、奉天府衙門が存在するこの都市を奉天とよぶことに繋がっている。

日露戦争、辛亥革命の混乱のなかで、正規軍が機能しないなか、在地の勢力を糾合した張作霖が軍事面で重用され、奉天を中心に勢力を拡大した。張作霖は東北三省を支配下におき、リーダーシップをとると、一九二二年、一九二四年と二度にわたって直隷への進出をはかり、一九二五年には北京の政局を握るに至る。その間、張作霖グループは奉天軍閥あるいは奉系軍閥とよばれ、その勢力が拡大しようとも、中心地である奉天の名を冠してよばれた。

しかし、一九二八年六月、張作霖が殺されると、後を継いだ張学良は中国の政局の混迷を避けるべく、南京国民政府のリーダーシップを認めその旗下に合流する道を選んだ。その際、南京国民政府が奉天に求めたことは、奉天の名前をおろすことだった。省の名前は奉天省から遼寧省へと変更された。また省都はこのころ市制が導入され奉天市とよばれていたが、これも瀋陽市に改称することになった。しかし当時の地域住民は瀋陽よりは奉天を好む傾向にあったと推測される。地域経済界のリーダーが集まる商会は、奉天総商会を瀋陽市商会と改称するよう南京国民政府から再三再四、指導を受けてはいたが、なかなか瀋陽市商会の名をつかわなかった(2)。一九二九年二月、遼寧と瀋陽の名前をつかうことになったが、満洲事変によって南京国民政府との関係がきれると、ふたたび奉天の名が復活することになった。国民政府色を消すためと考えられるが、同時に地域社会にとって納得のいく名前であったことも否めない。第二次大戦後に国民党がこの地を接収すると、遼寧と瀋陽の名が復活し、共産党支配下でもそのままつかわれ、今に至っている。

このように奉天という名がつかわれた時期は、強い地域主義に牽引され、独自の制度改革・産業育成・経済発展がめざされた。満洲事変直後に奉天の名前が選択されたのも、関内に対する独立性が強調された結果といえる。ただし、その後の展開は地域社会の希望したとおりではなかったが。

つまり地域主義を優先した「近代化」が行われた時代がこのまちの「奉天時代」なのである。本書はその時期を対象とし、都市奉天の近代を論じようとするものである。

この強い地域主義は、奉天を東北の中心都市たらしめようとしている。清朝においては陪都として北京に次ぐ地位にあり、王朝創業者であるヌルハチ、ホンタイジの陵墓を管理する特別な場所とされている。満洲人のアイデンティティのよりどころとして、漢人文化の外の拠点として奉天を特別扱いする必要があった。清末には東三省総督衙門がおかれ、東北三省の中心に位置付けられた。辛亥革命直後に東三省総督の制度がなくなると、奉天は東北の中心であることを公言する肩書きを失うが、張作霖の勢力拡大とともに、吉林省・黒龍江省を凌駕する軍事力と張作霖政権の所在地として実質的には東三省の首都として機能するようになった。しかし易幟後に南京国民政府に合流すると改称を求められるように、奉天は漢人世界の論理に完全に飲み込まれてしまい、斉斉哈爾や吉林と同列の一地方都市であることを求められてしまう。つまりこの街は漢人世界の論理の外、塞外にあって初めて都でありえた。

二　奉天の近代――対象時期について

本書で扱う、奉天を含めた中国東北における近代は、一八六〇年の北京条約による牛荘の開港を起点とする。中国史における時代区分としては一八四〇年のアヘン戦争が近代の起点ではあるが、近年の研究ではアヘン戦争の衝撃は華南に限られることがいわれている。さらにその影響で展開される太平天国の乱に至っても、その影響は東北地域には及ばない。この点で、東北地域を見るうえで、西洋という要素が顕在化し、近代化が意識されるのが、牛荘の開港（実質は営口の開港）からなのである。

近代の帰着点は、中国では教科書のうえでは一九一九年の五四運動とされていた。それ以降は現代とし、中国国内の史学における独特の時期区分によって同時代を意味する当代という次期区分を設け、現代に続く時代として当代を一九四九年からとしていた。中国における近代と現代をまとめた時期が日本における近代の区分とほぼ一致する。日本では一九四五年の日本の敗戦までを近代とするが、本書では東北における近代を一九四五年の日本の敗戦つまり東北にとっての光復（植民地状態からの開放を意味する）までとしたい。しかし、近代ではあるが、本書の対象時期としては「満洲国」期は扱わない。日本の傀儡政権下にある「満洲国」期にあっては、社会自体が変質することを議論するだけではすまず、日本の植民地支配という係数を考慮する必要があり、植民地支配論をも展開しなければならないという点で本書の扱う議論、塞外の都たる奉天の近代の議論を越える。さらに、「満洲国」期については檔案が一般には開放されておらず、民国期と同様の質の史料をつかうことができないことも対象から外す大きな要因である。

東北の近代はグローバルなヒトとモノの流れに巻き込まれながら地域の社会・制度・経済さらには生態環境までが変化していくものだった。営口のみならず華北の港も開港したことによって、華北がロシア・日本・イギリスなど諸外国と繋がり、華北から外国に渡る中国人もあらわれた。同時に万里の長城の内側（中国では関内とよばれる）から東北地域への中国国内の人の移動も量的に拡大した。それ以前からも関内から東北へは移民の流れが存在したが、汽船の寄港、ビジネスチャンスの増加によって流入数が増加した。

これは西洋という要素以外に、漢人文化という要素を東北にもたらした。それまでの清朝政権下では封禁政策がとられ、新たな漢人の流入が禁止されていた。漢人が皆無だったわけではないが、明の時代にすでに住んでいた者と交易拠点にいる商人および流刑者ぐらいに限られ、多数派ではなかった。つまり近代以前の東北は満洲人を中心に据えたルールの維持が図られていた。しかし、北辺のロシアの存在に対抗するためにも、封禁政策の解除だけでなく、移民実辺政策が採用され、漢人の移住が認められた(3)。このようにして、新しく流入した漢人人口の増加は、地域社会を漢人中心へと変化させた。しかし、それは関内の漢人社会のように時間をかけて成熟したものとは違い、急激な人口増加による、文化的資源の蓄積の乏しい塞外の社会であった。

さらに、鉄道が敷設され、農産物や鉱物資源を港に運び出すことが可能になり、国際市場と繋がり、その対価として得られた資金により機械制工業や炭坑開発といった大規模な開発が進んだ。

この間に生じた変化を、二〇〇九年に発表した共同研究の成果『「満洲」の成立』（安冨歩、深尾葉子編）では、森林の消尽という生態環境の変化から農村の資源を吸い上げる社会組織の形成という、大きな全体像として描き出した。そこでは近代化には肯定的意味も否定的意味もなく、大きな変化を人の営みが引き起こしたことを読者に伝えようしている。

筆者はこの共同研究において、東北の中心である奉天においてこの変化がどのような形であらわれるのか、奉天で展開される政治や行政改革がこの変化をどう推し進めたのかを論じた。しかし、それは大きな総体として社会生態史という議論を支える社会の一側面をとりあげたにとどまっている。東北の総体としての理解は『「満洲」の成立』に任せ、本書では生態環境が変化するほどの大きな変化が、都市においてどのような形で展開したかをより多面的に描きだそうとするものである。人間社会を円滑に動かすために組織された団体の変化、人の営みの変化、人と人との関係のとり結び方の変化に焦点をあわせて考察していく。地域の発展、地域社会のためという志向から始まった所謂「近代化」によって、生じた都市での社会の質的な変化は決してポジティブなものばかりではない。人口の急増によって生じた社会的弱者のあり方、そのセーフティネットについても論じる。

三　地域社会の質を問う——研究史上の意義

奉天における社会のありようを議論することがなぜ必要なのか、なぜこれまで社会の質的な変化にまでおよぶ視点がなかったのかについて研究史を概観しながら述べたい。

奉天を含む近代の中国東北地域を対象とする研究は、中国や欧米でも行われているが、「満洲国」設立に至る歴史および、戦後の引揚という日本の歴史に深く関わるために日本には独特の研究蓄積がある。日本における研究は大別すると、同時代になされた調査およびそれを考察した研究と、戦後に歴史的視点をもってとりくまれた研究にわけることができる。同時代研究は現地を理解し、効率よく経済活動を行うために、さらには植民地支配を遂行するために、領事館、商工会議所、関東軍、南満洲鉄道株式会社（以下満鉄と略す）をはじめとした企業によって行われた。

戦後は、直近の日本に繋がる歴史として、植民地経済や「満洲国」の制度を分析する研究が一九七〇年ごろから行われ、日本植民地研究というカテゴリーのなかの満洲研究ともいうべきジャンルを形成した。満州史研究会による『日本帝国主義下の満州』（一九七二年）をはじめとして、旧植民地「満洲」を日本がいかに支配しようとし、失敗したかの分析に焦点があてられている。(4)

これに対し、日本の旧植民地ではなく中国史として東北を扱う研究が一九八〇年代には登場した。西村成雄『中国近代東北地域史研究』（法律文化社、一九八四年）がそれである。それまでは、旧「満洲」としてとりあげられるばかりで、この地域が中国であることが後景に置かれていた。西村は中国の歴史の主体に注目するという立場から、清末の農民反乱、張作霖・張学良政権の主体性を分析対象としてきた。西村の研究以降、中国史研究の方法や枠組みにのっとった研究者による中国東北地域史とカテゴリーされる研究が出てくるようになった。

またほぼ同時期に、日本の植民地支配を客観的に見る経済史の研究も登場する。この背景には、戦前に形成された資料群の作成に関わった人々の聞き取りや、その史料群を受け継いだ研究者による、知的財産として評価する世代の登場が大きく影響している。

両者の流れは一九八七年から一九九二年にかけて行われた京都大学人文科学研究所の共同研究『「満洲国」の研究』で出会い、その成果として同名の報告書『「満洲国」の研究』が一九九三年に世に問われた。(5)また一九九一年一二月に中国近現代東北地域史研究会（のちの近現代東北アジア地域史研究会）が第一回の大会を行い、日本史・中国史のみならずモンゴル史・朝鮮史も含めた研究者間のネットワークが形成され、研究の多様性が生まれた。

二一世紀になっての研究は、そこからさらに多様性を増した。文学・社会学・人類学というそれまでなかった方法論から旧「満洲」をとりあげようとする研究があらわれた[6]。またディシプリンの多様性だけではなく、ロシア、モンゴル、朝鮮を対象とした研究との相互乗り入れも盛んになっている。確かに「満洲」はその定義の複雑さゆえに、さまざまなジャンルからのアプローチが可能である。いまだ「満洲」を冠した書籍が出版されるように、研究者をのぞいても、一定の読者が存在する。そのこと自体が現在の日本が「満洲」にどのようなこだわりがあるのかが分析対象となり、現在と過去の繋がりを意識する文学・社会学・人類学の研究対象となりえている。

他方、中国での研究は日本の支配を日本が批判的に研究してきたことと呼応するように、日本の支配を対象とした研究が大勢を占めてきた[7]。しかし二一世紀になってより普遍的な歴史学の見方が適用されるようになってきている。遼寧省では従来軍閥として否定的にとらえられていた張作霖を再評価する動きがあり[8]、また共産党史観から自由な、革命と直結しない社会自体を対象とする東北師範大学の曲暁範に代表される研究が登場するようになっている[9]。諸外国で扱われる研究とは違い、中国における研究は自国史として一次史料の使用も可能であり、今後さらに深まっていく可能性を秘めている。とはいえ、中国では日本の支配とそれに対する抵抗というナショナリズムに基づく歴史観に依拠しなくてはならないという限界があり、そのため社会自体は単純化されて描かれている。

台湾での研究は、中国よりは数も少ないながら、一九七〇年代、八〇年代の趙中孚による一連の先駆的な研究がある[10]。東北の満洲八旗の末裔である趙の関心は漢人の人口が増加するなかで、東北地域がいかに成立していくかに置かれていた。趙以降の東北に関する研究としては許雪姫による台湾在住者の「満洲」体験をまとめた口述史の研究があり[11]、この研究が出たことで、日本の帝国支配のなかでの台湾と「満洲国」をつなげて見る視点が提示された。

欧米における研究では一九七〇年代以来の張作霖に焦点を当てた研究から始まり[12]、近年は都市史、特に哈爾濱に関心が集まっている[13]。ロシアによって建設された哈爾濱をめぐる研究はこれまでの日中関係から見るのではない視点として、いまや一つのジャンルを確立している。また日本の植民地支配については「満洲国」成立以前の満鉄を対象としたYoshihisa Tak Matsusakaの研究[14]、「満洲国」を対象としたLouise Youngや、Rana Mitterなどの研究がある[15]。近年は、欧米では東北地域を対象とした研究は日本の植民地研究というよりは、辺境研究という分類にカテゴライズされ、より客観的な視点から分析が行われている。また玉野井麻利子による『満洲――交錯する歴史』（玉野井麻利子編）のように満洲体験を俎上にのせる研究も見られるようになった[16]。

以上、日本・中国・台湾・欧米の研究状況を概観したが、いずれの研究も実は現地で生きる人々の社会にある論理や規範に接近しきれていないという限界がある。その大きな要因は戦前に行われた日本やロシアといった外国側の調査や研究に依存しているためである。これらの調査は、それぞれ勢力を拡大する際に競合する中国側の組織を観察したものである。日本の満鉄が作成した報告書であれば、日本人の目から見て重要だと思われることは記録されるが、重要性を日本人が意識しなければ、拾われない情報もある。例えば、「同郷」は中国社会にとって人間関係を形成するうえで重要な要素だが、日本の調査は中国人の出身地に対する関心が薄い。戦前の調査に依拠しなければならない戦後の研究の多くにもその限界は引き継がれている。

また二一世紀になっての中国以外で発表された研究では、植民地支配を数値化し、その限界と植民地支配の遺産を継承し戦後に発展させていく中国との間の連続性をとりあげる研究が見られるようになった。そこからは植民地支配にも功罪二つの面があることが指摘できるため、研究の受け取り手によっては、植民地支配のおかげで、現在の中国東北の発展があるとする言い分の論拠としてしまっている。このような単純化が生まれてしまうのは、日本やロシアなどの外国という要素が介在する以前の地域社会の自律性や独自の発展へのとりくみに対する評価が抜け落ちているためといえる。

では中国史からのアプローチならば、地域社会への視点が十分かといえば、そこにも限界がある。軍事史・政治史が先行して行われ、引き続いて展開した地域社会を扱う研究であっても、政治状況が社会に投影される点が考察されてきた。そのため、社会それ自体の内発的な問題よりも、ナショナリズムの担い手としての社会がどのように形成されていくのか、に関心が向けられてきた。さらに中国で発表された研究では、地域社会の論理とは中国人にとって当たり前すぎて注目されずにいる。

また東北の多様性、ロシア人や朝鮮人そしてモンゴル人などが活動の場としており、中国であっても関内とは違うということを議論する研究は読者の視野を広げてくれるが、そのために生じる限界もある。(17)それは漢人以外を対象とした研究に耳目が集まることで、漢人社会が二〇世紀を通じて拡大していっていること、その規模が最も大きいことが捨象され、東北の多様性の発見や再確認で知的好奇心が満たされてしまいがちになるという落とし穴である。

以上のような限界を克服するためにも、近代東北地域社会の大きな部分を占める漢人を中心とした奉天の都市社会を総合的に分析することは意義がある。また奉天の地域社会こそが、いわゆる在満日本人が接した中国人社会の印象の大きな部分を占めている。(18)中国人社会の一筋縄ではいかない実力をひしひしと日本人に感じさせていた存在であり、それこそが、在満日本人に武力行使による満洲事変を肯定させるような、商工業だけでは渡り合えないと思わせる厚みを持った社会を形成していたはずである。同時にそれは、「満洲国」期にその首都を奉天にしなかった理由のひとつでもあろう。その後の日本の「満洲国」をめぐる施策の数々に潜在的な影響を与えているはずである。そのような東北地域社会を理解するための知見を本研究は提供したいと考えている。

この質にまで踏み込むための地域社会の分析方法として、本研究では中国側の公文書を主たる史料としている。商工業者が結集した奉天総商会、省政府の肝いりで成立した半官半民企業である奉天紡紗廠、都市下層民の総合的なシェルターとして機能した慈善団体である同善堂を主な分析対象とするが、これらの組織と奉天省公署の間でのやりとりされた文書および各組織内の文書が遼寧省檔案館に保存されている。そこには、一見すると類似した文書が大量にあり、ありふれた史料のような印象を受ける。このような、ありふれた史料こそが地域にとって当たり前であることを知る手がかりとなる。数百件まとまって存在する倒産処理文書や慈善団体に収容された人間の調書などがそれである。本研究はこのような文書を基本に新聞や日本側の調査報告書と中国の各組織の報告書も活用しながら、奉天地域社会の姿を描き出そうとするものである。

四　奉天の都市化——本書の構成

では、ここからは一九〇〇年代の奉天の街へ降り立つための視点として、この時期の奉天の視覚的把握を試みたい。

巻頭地図-1は一九〇七（光緒三三）年の、巻頭地図-2は満洲事変直前一九三一年ごろの奉天の地図である[19]。一九〇七年とは日露戦争が終結し、ロシア軍の撤退後に日本軍が軍政を敷いていた時期である。またこの年、ロシアから譲渡された鉄道をもとに満鉄が設立され、実際に鉄道運営が始まった。さらに清朝が東北地域に省制を敷き、東三省を設定した年でもある。

清朝期のこの街はほぼ正方形に磚でつくられた壁にかこまれた内城とその外側に土を積み上げた円形の壁でかこまれた外城からなっていた。内城はホンタイジの時代に整備され、中心に宮殿をおき井桁に道で区分されている。さらにその道が内城壁と接するところに合計八つの門がもうけられている。本来、内城内は八旗が駐屯し居住する場所とされ、八旗それぞれがひとつずつの門の守備を担当することが規定さていた[20]。日本側の外務省がまとめた『南満洲における商業』（一九〇七年）によれば一九〇六年の段階では、八つの門のうち主立ったものは商業の発達にともなって市のたつ場所へと変化した。また内城の宮殿の北にある四平街は雑貨店が立ち並び、奉天の消費の中心へと変化し、清初の計画から大きく変化している[21]。しかし一九〇七年の地図からは都市といえるのは内城内とその外にはみでたもの程度である。一九〇七年の地図にみえる主なものは奉天城と鉄道路線、および鉄道駅から奉天城への道しかない。つまりこの地図に描かれた奉天は、二〇〇年の清朝時期のゆるやかな変化を終え、近代の到来によって生じた変化を見せ始めた時期のものといえる。

これに対し満洲事変前の地図（巻頭地図－2）には日本側が施政権を持つ満鉄奉天駅周辺の附属地内の区画が整備されきっており、附属地と奉天城との間にある中国側施政権下にある商埠地も整備され、一九〇七年に比べて都市化した範囲が拡大していることがわかる。また鉄道線についても、北京から奉天に至る京奉線が奉天外城外壁の近くまで伸び、そこに駅が置かれている。京奉線と外城の城壁の間には張作霖時代に開発された工業区とよばれる新区画も見ることができる。内城壁と外城壁の間の空間は一九〇七年時点ではまだ空き地が見られたがこちらの地図ではびっしりと道がはりめぐらされている。

一九〇七年から一九三一年の二四年間の間に急激な都市化が進んだことがこの二枚の地図を比べるだけでもわかる。この間の人口増加は一九〇六年で一七七、三八五人[22]であったものが一九三〇年で六一一、四七三人[23]に増加している。

本書はこの都市化を牽引していく経済、経済界においてリーダーシップをとっていた奉天総商会、そして拡大する都市に惹き付けられ流入したが、居場所を失った人々を受け入れた慈善団体である同善堂を分析対象とする。

全体を三部にわけ、第一部「奉天総商会——地域政治と地域社会」では、先行研究でも議論されてきた、東北地域政治の流れを目安に、奉天地域社会の方向性を握る中間団体のひとつである奉天総商会の歴史を検討する。奉天総商会は奉天の中国側の商工会議所にあたる。まず奉天総商会がその前身となる公議会から改組する過程を検討し（第一章）、商会が組織として安定した辛亥革命直後の商会内部に注目する（第二章）。それらを踏まえて商会のリーダー層を見ると、清朝と関係の深かった山西商人の衰退、かわって登場する出稼ぎ移民と同郷の山東の雑貨商、これらを抑えて張作霖のブレーンから経済界に身を投じた近代軽工業資本家という変化が見られる（第三章）。これが示すのは地域社会が政府からの独立性を持ち自助努力でその秩序を形成したが、成長した張作霖政権の下で再び政治権力によるガバナンスが強化されていく過程である。張作霖死後に奉天地方政府が南京国民政府の下に入ると、奉天の地域行政は国民政府への制度的な統合を求められるが、奉天総商会は一定程度の独自性を持とうとした（第四章）。他方、東北地域内に対しては、奉天総商会は東三省商会聯合会を通じて黒龍江省・吉林省へ一定の影響力を獲得し、東北地域内統合を進めつつあったことが見られる（第五章）。なお、本研究では従来の研究で官僚資本・官商とよばれてきた政権と結びついた経済人を権力性商人と定義し、その特殊性も考察する。ここで旧来からの用語をつかわず、「権力性」という修飾語で表現するのは、この時期の奉天を見る際に、権力との密接な関係の取り結び方は注目に値するためである。さらにそれが資本家だけにはとどまらないことを本書の最後で論じる予定である。

第二部「東北の経済構造——東三省官銀号と奉天紡紗廠を中心に」では、東北経済の構造を概観（第六章）

したのち、奉天における近代化を支えた金融機関である東三省官銀号（第七章）、工業近代化のモデル企業である奉天紡紗廠（第八章）、奉天紡紗廠の存在によって影響を受ける弱小資本（第九章）を対象に分析を行い、第一部でみた地域社会でリーダーシップをとる層が入れ替わる経済的背景の分析を試みる。奉天では上海などの経済先進地に比べて二〇年以上遅れて近代的な機械制軽工業が発展した。そのプロセスは政府の資金を投入した企業を牽引車とする形で行われ、これは上海などで初期に行われたものと類似する。しかし奉天では東北の農業生産物、主として大豆を扱うことで富をたくわえ、それを産業近代化に投資していくという東北地域独自の農業開発をともなう産業の近代化がなされた。

第三部「奉天同善堂――地域社会の安全弁」では、中国人の慈善団体である奉天同善堂をとりあげ、その活動と収容者の分析を通じて、都市下層民に対するセーフティネットのありようを明らかにする。まず東北地域における移民の概要を述べたのち、奉天に滞留する游民や貧民を都市民として定置させるための貧民習芸所・教養工廠の活動をとりあげる（第十章）。次にほかの地域では旧来の女性シェルターが寡婦の貞節を守る施設であったこととは違い、女性を収容した同善堂の済良所は急増した男性に収容する女性を結婚相手として紹介し、女性人口が不足する移民社会における女性人口の再配分の機能を有していたことを明らかにする（第十一章）。これらをふまえ、同善堂の設立と改組を整理し、地域社会が都市化にどのように対応しようとしたのかを明らかにする（第十二章）。

最後に終章において、人目をひく奉天の政治においては、先行研究でいわれてきた東北地方政権の近代的国民国家モデルへの転換があるなか、その背景には、産業の近代化による都市化によって社会が変化し、個人的な繋がりを重視した社会から効率を重視したものへと変わっていくことを論じる。

注

（1）　この段階では奉天は都市の名前ではなく、陪都盛京とその周辺地域をまとめた区域の名前であった。もっぱら都市の名としては盛京がつかわれている。しかし、清末には都市の名前が奉天に取ってかわられる。一九〇四年に全線開通した東清鉄道の駅名はロシア語でМукден、漢語で奉天となっている。さらに一九〇六（光緒三二）年に軍政をやめてほかの地域とおなじように省が置かれるようになると、盛京将軍の管轄地域は奉天省とよばれることになり、省都としてこの街も奉天の名でよばれることが一般化していった。城壁に囲まれた範囲があくまで盛京であり、都市化が進む中で盛京城の郊外も含めて呼ぶ名前として奉天が一般化したと考えられる。

（2）　奉天省を遼寧省へ改称するにあたり、奉天市は瀋陽市とし、奉天総商会は瀋陽市商会への改称を求められた。奉天総商会側は改称に抵抗し、遼寧省城商会の名前を提案するなどしたが、最終的に瀋陽市商会の名前をつかうことになった。この時の商会の動向については第四章で詳しく述べる。

（3）　林士鉉『清季東北移民実辺政策之研究』（国立政治大学歴史系、二〇〇一年）。

（4）　この流れとは一定の距離をとった研究として、経済史の分野に石田興平の『満洲における植民地経済の史的展開』（ミネルヴァ書房、一九六四年）がある。これは「満洲国」成立以前の「在来の経済基盤」として、「北満」を対象とした物流と金融の重層性をモデル化したもので、この分析は現在でも有効である。この中で石田は明・清時代の文献も活用し「満洲」が中国本部の植民地的位置にあったとしている。戦前「満洲国」の建国大学で教鞭をとっていたころから行っていた研究を戦後にまとめて発表したもので、関心の所在が日本の植民地支配ではなかったために、発表された当時は関心を集めなかった。

（5）　この研究グループのメンバーは山室信一『キメラ』（中公新書、一九九三年）、安冨歩『「満洲国」の金融』（創文社、一九九七年）、岡田英樹『文学にみる「満洲国」の位相』（研文出版、二〇〇〇年）、松本俊郎『「満洲国」から新中国へ』（名古屋大学出版会、二〇〇〇年）、山本有造『「満洲国」経済史研究』（名古屋大学出版会、二〇〇三年）など次々と現地の実態を客観的に分析する研究を発表していった。

（6）　蘭信三『「満州移民」の歴史社会学』（行路社、一九九四年）の発表以降、蘭を中心に社会学・人類学の分野から「満州」にとりくむ研究プロジェクトが継続的に行われている。二〇〇一年から活動を行っている「満洲国」文学研究会では文学研究者のみならず、隣接領域の研究者との交流を盛んに行ってきた。また二〇一三年から聞き取りや口述の収集を行っている「満洲の記憶」研究会においても、歴史学・人類学さまざまな領域の若手研究者による「満洲」をめぐるオーラル・ヒストリーへのとりくみが行われている。

（7）遼寧省・吉林省・黒竜江省の三社会科学院による『東北地方史研究』（一九八四―一九九一年）では、古代から近現代まで多角的な東北地域についての歴史研究が発表されてきた。これの休刊後は、同じく三社会科学院によって『東北淪陥史研究』が発行され、「満洲国」期および日本の「満洲」支配に関する研究の発表の場となっている。

（8）張学良基金会と、それを継承した遼寧張学良暨東北軍史研究会が瀋陽を中心に活動しており、張作霖・張学良政権を再評価する研究活動を行っている。その一方で遼寧省社会科学院では張志強が瀋陽都市史にとりくんできた。張志強『瀋陽城市史』（東北財経大学出版社、一九九三年）、同『東北近代史与城市史研究』（社会科学文献出版社、二〇一三年）。

（9）東北師範大学の曲暁範を筆頭に、その指導のもと、若手研究者のなかで社会史に注目する研究が発表されるようになった。曲暁範『近代東北城市的歴史変遷』（東北師範大学出版社、二〇〇一年）、孫鴻金『近代瀋陽城市発展研究』（吉林大学出版社、二〇一五年）は行政機構、開発も含めた都市インフラストラクチャーの形成に注目した総合的な瀋陽研究となっている。

（10）趙中孚『清季中俄東三省界務交渉』（台湾中央研究院、一九七〇年）。さらに趙の死後に遺稿が『近世東三省研究論文集』（成文出版社、一九九九年）としてまとめられた。

（11）許雪姫訪問『日治時期在「満洲」的台湾人』（中央研究院近代史研究所、二〇〇二年）。

（12）McCormack, Gavan, *Chang Tso-lin in Northeast China, 1911-1928: China, Japan and the Manchurian Idea*, Stanford University Press, California, 1977. Suleski の一九七〇年代以来の研究の集大成として Suleski, Ronald, *Civil Government in Warlord China: Tradition, Modernization and Manchuria*, Peter Lang Publishing, New York, 2002.

（13）Wolff の研究は「ロシア満洲」としての中国東北地域をとりあげ、極東ロシアとの関係に注目しつつ、ロシアの都市としては他民族に寛容であった哈爾濱の特殊性を論じている。また Carter は国際都市としての特徴に規定される哈爾濱での中国人のナショナリズムを分析している。Wolff, David, *To the Harbin Station: The Liberal Alternative in Russian Manchuria, 1898-1914*, Stanford University Press, Stanford, California 1999（ディビッド・ウルフ、半谷史郎訳『ハルビン駅へ――日露中・交錯する満州の近代史』講談社、二〇一四年）。James H. Carter, *Creating a Chinese Harbin; Nationalism in an International City, 1916-1932*, Cornell University Press, 2002.

（14）Matsusaka, Yoshihisa Tak, *The Making of Japanese Manchuria, 1904-1932*, Harvard University Press, Cambridge M.A., 2001.

（15）Young の研究は国民を総動員し、「満洲国」をつくりあげていく、日本の文化的システムを分析したものである。Mitter は主に馬占山を対象に抗日ゲリラを分析し、東北地域の中国人のナショナリズムを分析した。Young, Louise,

Japan's Total Empire: Manchuria and the Culture of Wartime Imperialism, University of California Press, Berkeley, 1998（ルイーズ・ヤング、加藤陽子・川島真・高光佳絵・千葉功・古市大輔訳『総動員帝国』岩波書店、二〇〇一年）。Mitter, Rana, The *Manchurian Myth: Nationalism, Resistance, and Collaboration in Modern China*, University of California Press, London, 2000.

（16）Mariko Asano Tamanoi ed., *Crossed Hisotries: Manchuria in the Age of Empire*, University of Hawaii Press, 2005（玉野井麻利子、山本武利監訳『満洲——交錯する歴史』藤原書店、二〇〇八年）。

（17）朝鮮人をめぐる研究としては、金美花『中国東北農村社会と朝鮮人の教育』（御茶の水書房、二〇〇七年）、朴敬玉『近代中国東北地域の朝鮮人移民と農業』（御茶の水書房、二〇一五年）など。モンゴル人をめぐる研究としては広川左保『蒙地奉上』（汲古書院、二〇〇五年）、鈴木仁麗『満洲国と内モンゴル』（明石書店、二〇一二年）、中見立夫『「満蒙問題」の歴史的構図』（東京大学出版会、二〇一三年）など。ロシア人をめぐる研究としては生田美智子『満洲の中のロシア』（成文社、二〇一二年）、阪本秀昭編著『満洲におけるロシア人の社会と生活』（ミネルヴァ書房、二〇一三年）。このほかハルビン・ウラジオストクを語る会の会誌『セーヴェル』を中心に多数のエッセイが発表されている。

（18）日本人人口は大連が最も多いが、大連は開港後にロシアや日本によって作られ、中国人社会もそれと同時に形成された。これに対し、奉天の中国人社会は日本人が東北に居留するようになったときには、すでに存在していた。

（19）巻頭地図‐1は『南満洲鉄道案内』（南満洲鉄道株式会社編、一九〇九年）の折り込み地図、巻頭地図‐2は『実測最新奉天附近地図』（宮阪徳治郎編輯兼発行、一九三五年、第八版）。巻頭地図‐1は一九〇七年時点、巻頭地図‐2は満洲事変直前の情報を地図化したものと推測される。巻頭地図‐2については明記されていないが、本書掲載部分の外に描かれている東北兵工廠や北大営といった張学良軍の軍事的な拠点については空白になっていることから、張学良軍がこれらを軍事機密として非公開にしていたことが反映されているためである。「満洲国」期の情報が反映された地図ではこれらにも建物配置や引き込み線が書き込まれる。

（20）ヌルハチおよびホンタイジによる盛京の形成については三宅理一『ヌルハチの都』（ランダムハウス講談社、二〇〇九年）参照。

（21）外務省『南満洲に於ける商業』（南雲堂、一九〇七年）二四七–四八頁。

（22）奉天軍政署による調査。同右『南満洲に於ける商業』（南雲堂、一九〇七年）二四二–四三頁。

（23）宋則行主編『中国人口——遼寧分冊』（中国財政経済出版社、一九八七年）五〇頁。

第一部　奉天総商会

――地域政治と地域社会

奉天城
（『実測最新奉天市街附近地図』
宮阪徳次郎，1935年，部分）

八関八門の呼称対照表

外城		内城	
八関	地図上	八門	地図上
大北関	大北辺門	福勝門	大北門
小北関	小北辺門	地載門	小北門
小西関	小西辺門	外攘門	小西門
大西関	大西辺門	懐遠門	大西門
小南関	小南辺門	天佑門	小南門
大南関	大南辺門	徳盛門	大南門
大東関	大東辺門	撫近門	大東門
小東関	小東辺門	内治門	小東門

奉天内城——八旗の門から商人の門へ

第一部の主な舞台は奉天城内である。奉天城は内城と外城からなる。ヌルハチは初期の拠点、フェアラやヘトアラにおいても内城と外城を築いていた。遼陽を制圧し遷都した際には、遼陽城には長居せず遼陽郊外に東京城をつくり、ここに官衙を築いた(1)。こののち、八旗とそれ以外の民の分居が満洲人の都市における特徴となり、奉天の場合は、内城を八旗の住む旗界、外城をそれ以外の民のすむ民界とするようになった(2)。

内城は明代の瀋陽城を改築して首都としての体裁を整えたものである。もともとは十字に大街が走り、その交差する場所に中心廟と現在はよばれている祠廟が置かれていた。これをホンタイジの時代に井桁の街路に組み直し、中央区画を宮殿とした。規模自体は一三〇〇メートルの方形を継承し、城壁を改修し東西南北にそれぞれ二つの門をつくり、八門とし、八旗に守らせるものとした。北西の地載門を正黄旗、北東の福勝門を鑲黄旗、東北の内治門を正紅旗、東南の撫近門を鑲紅旗、南東の徳盛門を正藍旗、南西の天佑門を鑲藍旗、西南の懐遠門を鑲白旗、西北の外攘門を正白旗に守らせ、門と対応して城内を八方位にわけ、それぞれの旗の居住地とした。

城内は清初には官衙と皇族の屋敷である王府を要所に配し、八旗方位とよばれる規則にのっとって八旗を分駐させた支配層のための都市であった。しかし、北京遷都後に八旗の数が減り、清朝の長城以南の統治が確立すると、軍事都市としての性格は弱まり、商業都市としての特徴も見られるようになった。内城の北東部分にある長安寺は創建年代不明とされ、瀋陽城よりも先に存在したと形容される古刹である。この寺の改修からもその変化はうかがわれる。長安寺境内には改修時に作られた重修碑が残されている。丁丑（一九九七）年に建てられた碑には成化二三（一四八七）年、乾隆五八（一七九三）年、嘉慶六（一五二七）年、道光二一（一八四一）年、同治二（一八六三）年、光緒一九（一八九三）年に改修が行われたことが記録されており、実際に乾隆五八（一七九三）年、道光二一（一八四一）年、同治二（一八六三）年と記載された碑も境内に残っている。いずれも商人からの寄付をうけ、出資した商号の名前が碑文に刻まれている。

嘉慶年間から乾隆年間までの二六六年間、一切改修がされなかったとはいえないが、この間、重修碑が作られ、記録が残るような改修はなかったといえる。この時期は明末の政治的混乱、女真（のちの満洲）の勢力拡大と清の成立という特殊な環境にあった。また、ヌルハチが都としてからは、旗民分居が厳密に守られ、商人による長安寺の重修事業も盛大には行われなかったと考える方が理にかなっている。支援者である商人の立場が弱いだけでなく、清朝はチベット仏教を信奉し、皇帝のたっての希望で建立された通称皇寺（実勝寺）や、都の外周東西南北に配された四塔四寺を造営することに積極的だったことも、長安寺の改修が行われなかった背景として考えられる。しかし乾隆帝の第四回東巡の際には、戯台や文溯閣が宮殿に増築され漢人文化の導入がされているように、乾隆末期には商人の財力に頼った長安寺の改修も行われ、漢人商人が活躍する場が内城内にもできていたと考えられる。

とはいえ、清朝安定期においては、都市における旗民分居ほどには明確ではないにしても、東北地域は旗民のものであるという方針のもとに管理され、長城以南（関内）からの漢人の流入が禁止された。北京に朝廷が移動した直後には、旗人とともにその一族郎党が移動したことで、東北の耕作者が減り、農業生産が低下した。これに対して、順治一〇（一六五三）年遼東招民開墾令が出され、生産者の補充が図られた。当初は関内から東北への移動は流民などによったが、安定期に入り人口の増加が始まると、華北から多くの漢人が流入するようになった。これに対し、清朝政府は乾隆五（一七四〇）年封禁政策をとり、流入人口を抑制しようとした。その理由としては、旗地を守るということがいわれ、漢人農民による開発によって満洲人を中心とした旗人の生活基盤が荒らされることをさけようとしたと説明がされる(3)。

しかし漢人農民をできるかぎり排除するにしても、都市に住む八旗のために物資を提供する存在が必要であり、分居という方針で都市における商人の存在は認められた。軍政が敷かれた東北は、軍需品の消費地だった。また特権階級でもある八旗のうち経済的余裕があるものは奢侈品を求めた。このため、八旗の駐屯するところには商人が必ず存在した。そして盛京はそのなかでも規模の大きな八旗の集住地であり、消費が行われる場所でもあった。また、東北での農業は制限されていたが、人参をはじめとした漢方薬材、毛皮、といった山地の産物、および淡水真珠が特産物として関内で珍重された。またその後の時代にはおよばないまでも、大豆粕が肥料として江南の農業地帯に出荷された(4)。東北一の都市であった奉天はそれらの産物の集散地でもあった。これらの結果として、乾隆朝の終わりには碑文に名前を残せるほどに商人の存在が大きくなったのである。

奉天も含め、東北地域の都市部で商業活動を行う商人は、関内から入ってきた漢人が中心的存在であった。彼らは故郷を離れて活動するという意味で客商とよばれた。出身地別に同郷を軸にまとまることは漢人商人にはよく見られることだが、東北地域においては、直隷・山東・山西・福建・三江・在地の五つの同郷集団（幇）に大別できる。商人の同郷集団をさす上では「在地」は東北地域に移住し、出身地を先祖の故郷に求めない在地化したグループをさすものとして使用する(5)。在地以外の同郷集団の存在の根拠としては、会館をあげることができる。会館は他地域から来たものが移住先で形成した同郷組織である。もともとは中国内での旅行が頻繁になり始めた宋代に、上京した科挙受験者が身を寄せ、宿泊などの便を受ける場所だった。やがて客商もこれを利用するようになった。設置された場所も都にとどまらず、国外を含め客商のいる地に形成された。東北地域では、地方官として赴任した官吏が会館の活動に関わることもあったが、運営の中心は商人であった。表1－1「東北における会館」は筆者が閲覧できた地方志および、満鉄調査員による会館の調査をまとめたものである。山西会館は山海関から遼西を経由し奉天へ至る経路上（興城、北鎮、新民）と、遼東湾の遼河河口周辺から奉天への経路上（海城、騰鰲堡、蓋平、遼陽）に分布している。(6) このほかに永吉に山西会館の存在が確認できる。永吉は清代に吉林将軍衙門がおかれた吉林省域の中心都市である。これは清代の東北南部の陸路と水運の要衝にあたる。山東会館も、山西会館と同様に遼河河口周辺から奉天への経路上に分布している。これは山東人の多くが海路東北へ渡って来たことの反映である。このほかに山東からの伐木業者が入った遼東半島の山間部（通化、撫松）にも山東会館が分布している。また奉天には山東会館だけでなく山東同郷会も存在した。山西会館や山東会館以外には、数は少ないながらも福建会館や三江会館が存在した。これらは奉天と遼東湾に面した蓋平に分布しており、南方からの船に乗ってやってくる福建人、長江下流地域の人間の足跡と考えられる。

出身地と業種にはある程度の規則性が見られる。山西商人は、資本規模の大きなものは、票荘を経営し、政府財政を預かる政商が中心的な存在だった。そこまで規模が大きくないものは両替商である銭行が多い。ほかには焼鍋（焼酎醸造業）、船店（河川運輸業）など一定の資本を必要とする業種に山西人が多く見られた。山東商人といえば、店舗や、行商も含めた小売商が想起された。彼らの

表1-1　東北における会館

地名	同郷団体	併設廟	成立年代	記載	備考
興城県	山西会館		1635(明崇禎８)年	興城県志（1927年）	
北鎮県	山西会館			北鎮県志（1933年）	
新民県	山西会館		1798(嘉慶３)年	新民県志（1926年）	
海城県	山西会館	関岳廟	1687(康熙21)年	海城県志（1937年）	
	直隷会館	三義廟	1705(康熙44)年	海城県志（1937年）	
	山東黄県同郷会	天后廟	1736(乾隆１)年	海城県志（1937年）	
騰鰲堡	山西会館			海城県志（1937年）	
	直隷会館			海城県志（1937年）	
	山東会館			海城県志（1937年）	
蓋平県	三江会館	天后廟	1703(康熙42)年	蓋平県志（1930年）	
	山東会館	天后廟		蓋平県志（1930年）	
	山西会館	関岳廟		蓋平県志（1930年）	
	福建会館	天后廟		蓋平県志（1930年）	
遼陽県	山西会館		康熙乾隆期	遼陽県志（1928年）	
	直隷会館	財神廟		遼陽県志（1928年）	
	河南会所	娘娘廟		遼陽県志（1928年）	
瀋陽県	山東会館	天后廟・観音等		瀋陽県志（1916-17年） 枝村（1933年）	
(奉天省城)	山東同郷会			瀋陽県志（1916-17年） 枝村（1933年）	
	山西会館			瀋陽県志（1916-17年） 枝村（1933年）	
	江浙会館			瀋陽県志（1916-17年） 枝村（1933年）	分かれて紹興会館ができる
	湖広会館			瀋陽県志（1916-17年） 枝村（1933年）	
	閩江会館			瀋陽県志（1916-17年） 枝村（1933年）	閩江旅奉同郷事務所
	安徽会館	関羽・保霊寺(鬼王)		瀋陽県志（1916-17年） 枝村（1933年）	
	畿輔会館			瀋陽県志（1916-17年） 枝村（1933年）	直隷会館のこと
	江西会館			枝村（1933年）	
	粤東義荘			枝村（1933年）	
	山東黄県同郷会			枝村（1933年）	
	河北臨楡県同郷会			枝村（1933年）	
	河北昌黎県同郷会			枝村（1933年）	
	河北撫寧県同郷会			枝村（1933年）	
	河北深県同郷会			枝村（1933年）	
	山東招遠県同郷会			枝村（1933年）	
岫岩県	山東会館		1840(道光20)年	岫岩県志（1928年）	
	山西会館		1841(道光21)年	岫岩県志（1928年）	
通化県	山東同郷会		1921(民国10)年	通化県志（1935年）	
撫松県	山東同郷会			撫松県志（1930年）	
	直魯難民救済収容所		1928(民国17)年	撫松県志（1930年）	
永吉県	山西会館	関帝廟		永吉県志（1939年）	

商売は農民への雑貨供給、都市民への奢侈品の販売だった。一九〇五年ごろには奉天では絲房とよばれる雑貨製造卸小売、料理店、山貨舗についてはほぼ山東商人の独占状態だった。[7] 直隷幇の独占傾向が強い業種はないが、絲房以外の雑貨舗、銭舗、糧行に直隷人が経営するものが見られた。[8] 在地の商人が特定の業種を独占することはなかったが、糧行、旅店、船店には在地商人が経営するものも多かった。[9] 福建商人は海運による地域間交易に携わり、営口などの港や大消費地奉天に拠点を持っていた。奉天省城と長春の中間点に位置する平野部の昌図の地方志には、これらの同郷集団の資本規模による差として、山西商人が最も大きく、福建からの商人がこれに次ぎ、山東商人は経営規模の小さい零細資本とも記述されている。[10]

東北における商人の地位が高まる画期として、一八六〇年の北京条約による営口の開港をあげることができる。南京条約以降、南部の諸港での物流が活発化したうえに、北方三港（煙台・天津・営口）が開かれたことは、東北へも新たな物流の波を生み出した。このころには、奉天では商人による公議会が組織されるようになった。公議会とは、その存在は法律によって定められたものではなく、商人たちが営業地ごとに集まり、自治のために合議するようになったものである。成立年代については咸豊九（一八五九）年、同治年間（一八六二－一八七四年）とされている。初期には、八つの地区からなり、八道街公議会といわれていたが、[11] のちに十六に増え、十六道街公議会とよばれた。この十六の街区は、鐘楼東大街・鐘楼南大街・鐘楼北大街・大北関大街・鼓楼南大街・鼓楼西大街・鼓楼北大街・中街大街・大西門里大街・大東関大街・小東関大街・大南関大街・小北関大街・小南関大街・大西関大街・小西関大街である。[12] この名前からわかるのは、商業地のまとまりが鐘楼と鼓楼および城門を基準になされていることである。関は外城に設けられた門をさし、辺門ともよばれた。北西は小北関、北東は大北関、東北は小東関、東南は大東関、南東は大南関、南西は小南関、西南は大西関、西北は小西関とよばれる。この時期には内城の門も通称の方が一般的になっており、外城の関と対応するように、北西は小北門、北東は大北門、東北は小東門、東南は大東門、南東は大南門、南西は小南門、西南は大西門、西北は小西門とされた。

一九〇五年ごろの奉天城のどこにどのような店舗があったのか見ておきたい。小西門から入って東へ直進する鼓楼鐘楼へと至る大街は、奉天一の繁華街だった。特に鐘楼から西の中街大街（四平街）と鼓楼西大街には雑貨店（絲房）や服屋（估衣舗）が軒を連ね、業種を問わず大きな店舗が多かった。また大北門の内外（鐘楼北大街・大北関大街）に銭舗が店を構えた。一九二〇年代に幣制の統一がはかられるまで、中国では銀銅二系統からなる幣制が存在し、銀と銅の交換レートは地域ごとに違った。また、各地の商人は私帖とよばれる手形を発行し、これが紙幣がわりにつかわれ、その交換レートも存在した。このため、都市ごとに商人たちが相場を決定していた。大北門内の長安寺には毎朝金銀銭の相場が立ち、為替レートがここで決定されていた。そのような奉天の商業に

図 1-1　四平街

通称中街と呼ばれた奉天の繁華街（京都大学人文科学研究所所蔵『亜東印画輯』第 1 輯，所収）．

とっての重要地であったことから、長安寺には銭舗の同業組織の集会所と、公議会の本部があった（第一部扉裏地図参照）。この長安寺界隈と中街界隈の商人は清末民国期の商会では指導的地位にあった。このほかに小西門外（小西関大街）には山貨（山地特産物）、小西門外と大西門外（大西関大街）には糧桟、大東門外（大東関大街）には魚市場、小東門と大東門間の内城の城壁に沿った場所に毛皮商が店を構えていた(13)。

八旗が守った門は、清末には各地と交易を行う窓口として重要な商業地となり、八旗の街であった奉天も商人が自らきりもりする貌を持つ街へと変わっていった。その中心が公議会である。やがて、この公議会は商会へと改組され、奉天の経済界を代表する存在になっていくのである。以下、第一部ではこの公議会の商会への改組、そして商会の変遷を見ていく。

具体的に奉天の事例を見るまえに、公議会・商会を扱った先行研究について触れておきたい。従来の研究動向として大きくわけて二つの流れが存在していた。ひとつは資本家を再評価しようとするもの、もうひとつは商会や公議会を政権と社会との間にある公共空間ととらえようとするものである。前者は現在の中国において資本家という存在が社会のなかで経済的にも発言力のうえでも無視できない存在になるなかで、従来否定的に評価されてきた近代中国の資本家を再評価しようとするものであった。一九八〇年代までは、中国近現代史において、有力な資本家は、政府や外国とのパイプを有していたために、官僚資本あるいは買弁資本とよばれ、それ以外の民族資本と対立する存在としてとらえられてきた。これに対し、否定された資本家にも商会の形成およびそこでの活動を中心に中国の近代化に一定の貢献をはたしたことを評価しようとするものであった(14)。

後者は公議会・商会の自治機能に注目するなかから、これらを公共空間のひとつとしてとらえようとする。権力が完全に支配下に置くことを望むなかで、商会法など制度の整備をはじめとした商会への規制を研究したもの、社会にとっての代表性がどのようなものであったのかを研究したものがある。またこれらの研究では商会を社会の代弁者としてとらえ、これが政権に対して表明する態度から、政権への一定の影響力も検討されてきた[15]。

中国における経済人のあり方には、政府とどれだけ関係を持つかという問題が常に存在する。ビジネスを有利に進めるために政府とのパイプを重視する貌と、地域の問題を解決するには政府に期待せず、自主的に解決していく貌という二つの面が見られる[16]。商会研究や資本家研究はこの二つの面を分析してきたともいえる。実際に、これは全く別に存在するのではなく、ひとつの組織、ひとつの経済人があわせもち、状況や立場によってどちらが強く出るかに差が出るともいえる。

第一部で実例をあげて検討する奉天の経済人においても同様である。ここで扱う事例においては、政府のあり方が前近代的な清朝体制のなかにあったものから、光緒新政により近代的な機構への改革がなされ、また奉天を中心として張作霖が全中国へ進出可能な政治力を持つにいたる過程で、経済人と政府の関係性が変化した。

当初は、商人は自主的に公議会の活動を始めたように、政府に期待できないがゆえに自立した活動が行われていた。清朝中央での光緒新政が一九〇五年には日露戦争後の東北に波及し、地方財源の確立、それをもとに巡警制度の導入が行われ、地方政府は掌握するべき地域社会へ視線を向けるようになった。この時期、公議会は商会として政府との関係を持つにいたる。第一章においてこの点を分析する。

この時期には中央の議会に相当する地方議会の試みとして諮議局が作られ、在地の有力者たちは諮議局議員に選ばれ地方政治に参加していくようになった。そのなかには地主も商人も生員も含まれた。奉天では辛亥革命においても在地有力者は地域の安定を優先したため、張作霖を利用する形で混乱を抑え、革命による体制の変更はほとんどないまま民国期を迎えた。第二章では、この安定的な在地有力者の一角としての商会がどのようなものだったのかを、商会内部の弱小資本が集まって組織された工会の商会内の有力者への異議申し立てを分析することで検討する。

辛亥革命後の奉天は袁世凱の部下が地方政府の長となったが、在地の意向とは合わず、軍の責任者として駐屯した張作霖は在地有力者の期待を集めることに成功した。これが政府内の袁世凱派遣の段芝貴を追い落とすことを可能にした。このように張作霖が東三省を掌握するにあたっては在地の有力者のうちでも経済界は重要なスポンサーでもあった。この時期には地方政府と経済界の関係は経済界の方がやや強いといえよう。

しかし、張作霖の軍事行動が関内との抗争に発展していくなかで、経済界と地方政府の関係は変化していく。経済界が地方政府の意向の下に置かれ、経済団体である商会の人事も政府の影響からは自由ではなくなった。これを可能にするために、張作霖は個人的な関係を持つ者にビジネスを行わせ、新興企業家として経済政策を実践面から支援させた。彼らが経済界での力を強めることを張作霖政権は省政府を通じて支援し、それまでの有力経済人の発言力を封じていったのである。第三章ではこの封じ込めのプロセスを追う。第四章においては政府と経済界の関係性が濃密になった段階の経済界の姿を描き出す。第一部の最後、第五章では商会聯合会という商会間の連合組織のしくみを通じて、奉天総商会が東北全域にどのように影響力を及ぼしたかについて検討する。

この一連の奉天経済界の勢力の移行のなかで、アクターとして重要なものは、政権との関係を持つことを望む経済人の存在である。従来、官僚資本、官商などとよばれてきた存在であるが、そのなかでも、積極的に政府に命令を出させるなど、政府の権力をつかった存在を権力性商人とカテゴライズしておきたい。政府との関係は先に述べたように多かれ少なかれ商人は有しているが、権力性商人は権力への依存の志向性が極めて強く、政府との間に距離をとることが少ない点で、ほかと一線を画している。

第一部では、地域社会と政権をつなぐ存在である商会と奉天地方政府の応酬を中心にすえて、政府が奉天という地域社会を掌握していこうとすることと下からの対応を検討する。

注

(1) 三宅理一『ヌルハチの都――満洲遺産のなりたちと変容』(ランダムハウス講談社、二〇〇九年)一〇二頁。

(2) 同右、二八七頁。

(3) 周藤吉之『清代満洲土地政策の研究』(河出書房、一九四四年)一九七―二〇九頁。

(4) 足立啓二「大豆粕流通と清代の商業的農業」(『東洋史研究』第三七巻第三号)。

(5) 『東三省政略』では東北で活動する商人の同郷的枠組みを四幇と呼び直隷・山東・山西・吉林としている(『東三省政略』巻一一実業、奉天省一二五丁「紀商会成立」(長白叢書版、下、一五八四頁)。この吉林は、奉天においては実際の商工業者の出身地を見るかぎり、むしろ東北に定着した在地資本と考える方が妥当である。

(6) 一九〇五年時点で、船店という奉天の遼河水運で機能した船舶業者は五軒中三軒が山西資本であった。外務省『南満洲に於ける商業』(金港堂、一九〇七年)二五六頁。

（7）主に東山（永陵・通化・懐仁など東部の山地）から産出される山地での生産物を扱った。元蘑（きのこの一種）蜂蜜、人参などが取扱商品である。同右書、二五五頁。ただし、『民国一三年奉天省城商工名録』、『満洲華商名録』（一九三二年）にあらわれる山貨舗は民国期創業で直隷幇の経営によるものがほとんどである。

（8）前掲、『南満洲に於ける商業』二四八頁、二八〇頁。奉天総商会『民国一三年奉天省城商工名録』（一九二五年）。

（9）前掲、『南満洲に於ける商業』二四八頁。

（10）『昌図県志』には「下等之小本営業不可枚挙多山東人」という山東人観が記載されている。『昌図県志』一九一六年、巻三、三七丁。

（11）前掲、『南満洲に於ける商業』三〇八―三一二頁。

（12）劉恩涛「瀋陽商会七五年（一八七四―一九四八）」（『瀋陽文史資料』第一輯、一九八二年）一六四―六五頁。

（13）前掲、『南満洲に於ける商業』二四七―二四八頁。

（14）中国大陸での商会研究にはこの傾向が強い。虞和平『商会与中国早期現代化』（上海人民出版社、一九九三年）など。一九九八年七月天津での国際会議『商会与近代中国』での報告にもこの傾向が顕著であった。

（15）朱英『辛亥革命時期新式商人社団研究』（中国人民大学出版社、一九九一年）。また日本の研究では小浜正子『近代上海の公共性と国家』（研文出版、二〇〇〇年）が都市社会を分析するうえでの対象として商会をとらえる。

（16）陳來幸『近代中国の総商会制度――繋がる華人の世界』（京都大学学術出版会、二〇一六年）は国内のみならず、海外の商会をとりあげ、政府機構を代替するような独立性の高い商会および商人のありようを描きだしている。

第一章　奉天における光緒新政
──公議会から商会への改組

一　公議会改組

各地の商人が同郷集団ごとにまとまり客商として東北地方で経済活動を行うという状況は、二〇世紀になって変化した。日露戦争のさなか盛京将軍として赴任した趙爾巽は教育、財政、警察、衛生に及ぶ地方政治の改革を行った。(1)このうち、奉天経済界に与えた影響の大きなものとして、公議会の改組があげられる。

奉天の公議会および商会の変遷は大きくわけて、混乱期（一九〇五—一九一一年）、安定期（一九一一—一九二四年）、変動期（一九二四—一九三一年）の三つにわけられる。一九〇五—一九一一年の混乱期には、商会設立の母体となった公議会から商会への改組が行われた。この時期は清末の諸改革に対し、商人層が反発と受け入れのなかで揺れた時期である。政権側の意向を商人側が受け入れる際に衝突があり、商会長が短期的に交代し、指導層が混乱した。一九一一—一九二四年の安定期になると、指導層は安定した。一九一一—一九一七年に孫百斛、一九一八—一九二四年には魯宗煦が長期にわたって商会長職についた。安定期は奉天地方政権の担当者と商会に代表されるような地域社会との間で、相互に支持しあう関係があり、これを基礎として政権が維持されたといえる。[2]一九二四―一九三一年の変動期には張氏政権の商会への干渉が強まるとともに、南京国民政府の商会改組の影響を受けた。強力になった張作霖政権によって、今まで支える側であった商会が逆に政権の支配を受けるようになった。商会長はいずれも短期間で交替し、制度の改編も頻繁に行なわれた。

この章では、このうちの混乱期をとりあげ、奉天の都市民として都市の生活・経済活動の中心的存在である商人とそれを掌握しようとする地方政府の関係を検討する。

奉天のほかにも東北では営口にも公議会が存在している。[3]また営口や奉天の公議会が商会へと改組されたあとも、日本が租借した大連や満鉄附属地には華商公議会が存在していた。[4]公議会はそれを組織する商人が個人では解決できないことを合議するという程度の意味で、制度化されたものではなかった。奉天の場合は、消火活動を行う街区ごとのまとまりから始まっているとされる。それが次第に機能を増やし、この街区ごとの代表が集うものとして成立した十六道街公議会になると奉天の商人の意見を代弁する組織となった。

一九〇五年時点での十六道街公議会の運営組織は、主席総董一名を含め、合計五名の総董がおり、各街区のまとまりである分会にも会長一名と会董が三名から八名程度、さらに業種ごとにも代表が一人選出されていた。彼らの任期は一年で、旧暦正月一五日に選挙が行われていた。一九〇〇年からは事務を行うために書記三名を雇い、一九〇五年からはさらに一名の書記と採買所づきとして採買顧問四名を雇った。

公議会の主要な活動は慈善、治安維持、公共衛生管理、商業振興のための経済措置、税捐徴収代行である。治安維持の具体例としては、一九〇〇年義和団事件の混乱に際し、守望局を設置し、義和団に呼応する者の弾圧を行った。また消防活動は水会の名で組織した。一九〇五年時点では奉天全体で十一台の水龍（消火用散水装置）を所有し、水龍ごとに一〇人の壮丁を雇い、消防活動を行わせるとともに、夜番などの治安維持活動を行わせた。水龍と分会の数があわないが、水会は分会ごとの組織が基本とされており、水会の壮丁は通信係・触れ係などの分会の雑用も請け負った。公議商局は、公議会が参加者を募って株を集める形で組織した金融機関で、公議当という名で質屋業務も行った。一九〇〇年秋の金融事情の悪化に際して、経済支援を目的として組織された。公共衛生管理としては、一九〇二年には、ペスト流行にともない、外城の門外に臨時に病院を設置して対応した。また市内での行き倒れの埋葬も行っている。慈善活動としては、疫病対策もその一環であるが、賑恤も行っている。一九〇三年には、後背地にあたる興京・通化・懐仁各県での飢餓の際には募金を集め、一九〇四年には難民に対しても義捐金を集めて粥廠を設置した。このほか、会員間の紛争に対しては仲裁を行った。増祺将軍時代からは警察費・衛生費・家屋税・営業税の徴収代行を行った(5)。これらの活動のための資金は毎月各商店より徴収したものと、政府の税徴収代行の経費、公議商局の業務利益によってまかなわれた。

このころの公議会は都市民すべてを代表しているとはいいがたいが、政府からみればただただ押さえ込んで支配するというよりは、コントロールし、なだめ、改革に協力させる対象であった。趙爾巽のあとを引き継ぎ、初代東三省総督となった徐世昌が東北統治の経験を記録した『東三省政略』の「紀商会成立」とする項で、自主的な商人集団の問題点として、以下の三点をあげている。①「渙散之弊」、同業団体同郷団体ごとに集まり、全体としてのまとまりがとれない。②「閉塞之弊」、商業振興のための改革を行おうという意識が乏しい。③「阻撓之弊」、不当な中抜きをし、民衆を誘って官に反抗的な態度をとるものがいる(6)。つまり、奉天都市経済の更生を図ろうという官の意図に答えられないまとまりのなさ、改革に対応できない保守性、反抗的な態度を問題視している。このため、商工業者の団体を官の期待にこたえる組織にすることが、公議会改組と商会管理の根幹に据えられた。

商工業者を積極的に管理しようという方針は、清朝中央でも議論されていた。上海・天津などでは、洋務派官僚と地域の経済界が、商会の前身となる団体を組織した。制度としては、一八九六年以降、各省に商務局がおかれ、中央では農工商総局が設立された(7)。さらに一九〇三年四月にはこれを発展させて、商部を作り、一九〇六年一一月には工部と合併して農工商部とした(8)。官庁のこの動きとともに商人団体に対する規定も整えられていった。一九〇四年一月一一日には全国に対して商人団体の組織を規定した「商会簡明章程」が公布された。これによって上海・天津などの商人団体は総商会と位置づけられ、商部の下におかれることになった。

東北でも趙爾巽が光緒三二（一九〇六）年農工商務総局の設立を上奏した。奉天商務総局の下に農業試験場・工芸伝習所・商品陳列館・漁業公司・官牧廠・造磚廠がおかれた。光緒三三（一九〇七）年に、民政が施行され、東三省の官制が整備された。これにともない、勧業道が設置され商務総局が廃止となった(9)。民国期以降は、勧業道は実業司、実業庁へと機能を受け継いだ。この一連の機構が奉天での商会の管理機関となった。

農工商務総局は四月の段階では商務総局章程、商訴暫行章程を商部に提出しており(10)、これを受けて四月二二日づけの商部からの上奏文に奉天商務総会の成立が述べられている(11)。また『東三省政略』の記述によれば、商務総局設置の二ヶ月後には奉天の商会として商務総会の組織整備が行われたとしている。このときに、地方各県へ人員を派遣して県レベルでの商会開設も推し進め、六ヶ月後には従来存在した公議会などの商人団体を商会に改組させ、一部の県では新たに商人に商会を組織させた。その結果、奉天省全体で五〇余りの商会が成立したという。その内訳は奉天・安東・営口の三総商会と三八の分会、一六の分所からなっている(12)。

以上は『東三省政略』『商務官報』などの政府系の史料による改組の動きであるが、実際にはかなり紆余曲折があった。先にあげた徐世昌の商界への批判からもうかがえるように、商人や公議会は政府の指導を簡単には受けつけなかった。おりしもロシアとの戦闘を経て奉天に軍を置くことを可能にした日本は、占領地での軍政を敷き、このころの奉天を子細に観察して『軍政志』などの記録を残している。これらの記録のうち、『南満洲に於ける商業』として外務省がまとめたものは、商会改組をめぐる混乱について詳細な報告を挙げている。『東三省政略』の記載との間にいくつか異同があり、全面的には肯定できないが、政府系史料の記述の裏にはさまざまな問題が生じていたことは否定できない。以下にこの史料をもとに商会への改組を見ていきたい。

『南満洲に於ける商業』によれば、趙爾巽は、商会簡明章程に沿って、地方の商務分会を奉天の商務総会に統轄させ、これら商会を管理監督する機関として将軍衙門に直属する商務総局を光緒三一（一九〇五）年旧暦一〇月の段階で開設した。公議会をベースに商会へと改組することは考えられていたが、外国の商業会議所をモデルにした商務会に対して、公議会側は新奇の目で見ていたため、改組を促す商務考察委員という役割が作られ、二名一組からなる計四組が組織され、各地に派遣された。彼らは公議会改組の趣意書を配布しながら、各商業地につき半月から一月滞在し、商会の設立を説得してまわった。

『南満洲に於ける商業』によれば内容は以下のようなものとなっている。(13)

一、考察委員は其筋の命令に基きもっぱら商務を振興し商民を保護する為め派遣せられたるものなり
一、考察委員は決して金銭を賦課せず大小商民と会見の際は平等たるべし
一、考察委員は先づ各商民に速に商務会を設立するを勧告す其章程等は追て交付すべし
一、考察委員は各商組合より各其代表者一二人を出して会議に列席せしめんことを望む
一、代表人とは乃ち同業組合を代表して同業者の意思を発表するものを云ふ即ち俗に所謂頭行人となり（代表人とは日本的熟語にて其侭用ひしに依り特に説明を附したるなり頭行人とは尚ほ組合頭と云ふが如し）
一、此回章を接受したる後一〇日以内に或は手紙若くは舌代を以て考察委員に回答あるべし
一、代表人選定の上は考察委員は案内を発して会議を開くべし

一、商務会設立の事並に其地方を定むることは投票の法に拠りて之を行ふ
一、此回章は毎戸に送付するも若し送付漏れのものあるときは直ちに追送すべし
一、右紙片は必ず切開して使のものにて交付ありたし

これから、同業組合を基準にその代表を把握し、彼らを中心に商会としての体裁を整えようとしたことがわかる。また章程は後に交付というところから、商務会という新しい組織の形を整えるよりも、商務総局→商務会という指揮系統を確立することが第一とされていた。また実質的には前段階の公議会と大差ない商会や、改革をしてもすぐに公議会の状態に戻った商会がほとんどであったと報告されている。このように、地方については商会改組は一過性で大きな問題にならず、監視も行き届かなかったが、奉天では問題が生じていた。

奉天の場合は一九〇六年二月一一日（旧暦一月一八日）に長安寺に商務総会が設立された。その長である会頭には孫百斛が選ばれた。表向きは商工業者の推薦によるとされている。『商務官報』（光緒三二年第四期一七丁）には孫百斛(14)が総理（商会長に相当）、梁維康(15)が協理（副会長に相当）に選ばれ、商務総会が機能し始めたと記載されている。他方、孫百斛による商会が設立されたことを伝える『南満洲に於ける商業』は、同時に公議会も並存していたとしている。これを記録した日本人調査員は、公議会で聞いた「商務の事は商人の直接利害を感ずるものにして其如何にせば利を興し害を除くを得べきか等、一に商民団体の処理に一任するを至当とす突然紈袴者流の一人を選見て我等の頭上に戴かしめ門外漢をして我等の利害問題に容喙せしめんとするは不条理の甚しきものなり狗が鼠を捕ふる如き余計の御世話は真に難有迷惑の極に非ずや(16)」という会員からの意見を記述している。これにより、公議会側は商会の設立を不本意なものと考えていたことが推測される。おそらく、公議会が商会の体裁に改組できないので、商務総局が官吏経験のある孫百斛を長とする形で、公議会とは別に商会を設

表1-2　正副商会長一覧

	商会長	副会長	副会長	備考
1902	田子超	甘益堂		
1905	趙国廷	楊化霖		
1908	孫百斛	梁維康		抗捐運動後
1909	田子超	甘益堂		
1911	孫百斛	崔立瀛		
1917	楊玉泉	崔立瀛		孫の死去に伴い会長交代
1918	魯宗煦	崔立瀛		楊の失脚に伴い会長交代
1920	魯宗煦	劉愛賢		
1922	魯宗煦	劉愛賢		
1923	魯宗煦	劉愛賢	薛志遠	商会工会合併
1924	張志良	呉宝書	趙保安	魯の失脚に伴い選挙.〔劉　1982〕は保を宝とする．JC10-3617には呉は名を玉麟とも.
1926	張志良	丁広文	劉継伸	
1927	丁広文	盧秀岩	劉継伸	
	丁広文	梁景芳	劉継伸	盧の辞任に伴い副会長交代
	丁広文	杜重遠	劉継伸	梁の辞任に伴い副会長交代
1928	丁広文	杜重遠	劉継伸	
1929	金恩祺	盧広積		商会改組

満洲中央銀行調査課『本邦農工商会調査 奉天省之部』（一九三六年）一頁「沿革」より作成

立したと考えられる。

これは、史料によって商会長の異同がある点からも推測される(17)。同時代史料である『商務官報』と『南満洲に於ける商業』は孫百斛を商会長としている。しかし、その後に編まれた『本邦農工商会調査』に掲載された沿革では公議会改組を一九〇二年とし、孫百斛が商会長に就任した年を一九〇八年にしている(18)。一九〇二年に公議会改組を行い商会を組織することは商会簡明章程の公布に先んじるのでありえないが、孫百斛以外の名前が挙がっていることは注目に値する。さらに商会長については、一九〇二年の会長に田子超、[19]副会長に甘益堂、[20]一九〇五年の会長に趙国廷、[21]副会長に楊化霖[22]の名前が挙がっている。彼らのほとんどを『南満洲に於ける商業』は一九〇六年時点で公議会幹部としている[23]〔表1-2「正副商会長一覧」〕。

これらの史料内容の混乱から、公議会改組の過程は以下のように考えられる。光緒三二（一九〇六）年時点の改組では公議会と商務総局の管理下にある商会とが一時的に並立していた。商務総局は孫百斛を中心に商業会議所をモデルとした総商会を組織しようと試みた。総商会の設置場所を公議会と同じく長安寺としているところから、理想的には公議会を吸収改組するつもりだった。しかし、公議会の反発を受けたため、改組は容易には進まなかった。また最終的には孫百斛が趙爾巽と対立したこともあり、[24]孫百斛は商会長を退いた。公議会の指導部も一歩ゆずり、趙国廷に商会長を任せることで、商会と公議会との間で妥協が成立し、ひとつの組織として奉天総商会が成立した。

二　光緒三四（一九〇八）年抗房捐運動

しかし、商会設立にともなう対立は、元公議会幹事を商会長としたことでは収まらなかった。一九〇八年夏から秋にかけて、奉天では都市民の間で抗房捐運動がおこった。この運動によって商会長人事が再び紛糾した。この事件は、光緒三四（一九〇八）年旧暦七月に巡警局が房捐を設定したことを受けて、商人層が猛反対したことに端を発する。事件の状況は『盛京時報』において逐一報道され、収束後にはこれを題材として「奉天房捐風潮記」と題する特集記事が連載された。ここでは『盛京時報』を中心にこの事件の経過を追い、商会改組以来の問題について考えたい。

奉天では光緒新政に対応して近代化を計ろうとしたが、政府は財政赤字を抱えていた。光緒三三（一九〇七）年初代東三省総督徐世昌は治安維持体制改革のために、巡警局を設置した。これは主として奉天都市域の治安維持を請け負う警察にあたり、この経費は奉天城を含む承徳県財政でまかなわねばならなかった。そこで、天津等で行われている房捐を導入し、家主（房主）から房捐を徴収することにした。家屋を五等級にわけ、三間以下の家屋は免除し、それ以上の家屋からは等級に応じて税を集めることになった〔『盛京時報』光緒三四年旧暦七月一日、以下本章では月日のみ記載〕。

これに対し、商工業者側は主な同業組合の代表が旧暦（以下本項では略す）七月一〇日に長安寺で集会をもち、不況のおりから新税を認めることはできないと主張した。これに対し当時商会長であった趙国廷は、官が新政を行う費用は商人が負担せざるをえないと説得にまわった。しかし集会に参加した商工業者との間の溝は埋めがたく、集った商会員から商会長が殴られるほど混乱した。勧業道総辦からの連絡で警察が介入し、勧業道総辦の仲裁によってやっと鎮静化した。その後、商会本部のある長安寺と商会各支部では、毎日房捐反対の集会が開かれた〔七月一二日〕。一七日の紙面には二〇〇〇人余りの反対署名を勧業道と督撫に提出したことが報じられている〔七月一七日〕。二〇日には各支部代表合計三、四〇人が直訴するため列車で北京に向かった〔七月二二日〕。彼らは二万元の運動費を工面して北京に向かったという〔七月二九日〕。この状況に、商会長は一七日に辞任の意思を勧業道に伝えたが認められなかった〔七月一九日〕。他方反対派の一部には趙国廷を商会長職からおろすべく、勧業道に訴えるものもあらわれた。その言い分は、趙国廷が房捐を支持し商業界に混乱をもたらしたというものだった〔七月二七日〕。また巡警局側もおれず、房捐徴集準備をすすめ、店舗ごとに課税額を公示した。八月二日には趙国廷は房捐に関し協議するため、各支部代表を招集したが、集会出席を拒否され、趙国廷は商会内での実質的な指導力を失った〔八月三日〕。

八月になるとこの混乱を見かねた孫百斛が仲裁にはいった。八月九日の紙面には孫百斛から巡警局へ宛てた説得の文書が載せられた。それによれば、民との間で協議し、反対派の説得のためには房捐の使用明細をだすべきだとしている。これに対し返答は、局員五七人警兵二〇〇余人をかかえ、軍備から衛生問題にいたるまで全てを自弁している。これには年三〇万両余りを必要としており、毎月九〇四〇両の節約を行っていても間に合わない。開埠され、外国人の目もあり、治安維持を怠ることはできないと、房捐の必要を主張している（八月九日）。

他方、北京直訴組は農工商部と民政部へ直訴にまわったが、決定的な効果はあげられなかった（八月一三日）。九月になると朝廷でも話題にされるまでになった。巡警局総辦も上京し、民政部へ説明に出向いた（九月二日）。この過程で商店側では抵抗をあきらめる者も出始めた。特に零細家主は請求額が小さいこともあり、その傾向が強かった。九月初めの段階で、全戸数の一〇分の一以下三〇〇〇余戸が房捐を払った（九月五日、八日）。

省政府は喧嘩両成敗の形をとり、巡警局総辦王馨齋、商務総会総理（会長）趙国廷を辞任させた。抗拒捐款運動を行ったものは死刑あるいは笞杖のところを、商会が卹銀を一〇年間支払うことで刑が免除されることになった（九月一〇日）。また、房捐については、考慮の余地ありとしながらも、徴収することが一一日公示された（九月一三日）。

一旦終息するかに見えた抗房捐運動は、徴収の実施が決まって再燃した。商工業者たちは一二日飛帖（ビラ）によって結果を市内に知らせ、継続して抵抗することを訴えた（九月一四日）。この飛帖（ビラ）を貼ってまわっていた商会メンバーが逮捕されるに至り、商工業者側は翌日（一六日に）全市ボイコットを行うことを一五日に宣言した。彼らは徐世昌と勧業道の説得を無視し、一六日朝六時から実行に移った。商人のボイコットは省城外の商店にも及んだ。これは消費者にとって食料供給不能を意味するため、巡警局は備蓄してあった糧食を市民に配布した。その一方で、勧業道が商工業者の説得にあたった。一七日には政府側の妥協をみ、房捐の軽減が約束された〔九月一七日〕。広さ一〇間以上の家屋からは家屋の評価額の二%、一〇間未満で三間より広い家屋は評価額の一%、三間以下の家屋からは房捐をとらないことになった〔九月一九日〕。

事件の経過は以上のとおりである。さらにこの事件の新聞報道からは以下の二点がよみとれる。第一に、一九〇八年当時、商会は公議会とよばれ、公議会時代の機能を持っていた。この見方は政府見解にもあらわれていた。九月二〇日記載の記事には政府側からの情報として次のように伝えている。

衛生費は従来公議会が代理で徴収してきた。衛生局が巡警局に入れられたため、巡警局の経費であっても衛生費は同じように公議会を通じて徴収されるものである。しかし、公議会の中の少数の不良分子が人々を扇動し、房捐反対を口実にボイコットにまで至った〔九月二〇日〕。

第二に、この事件を通じ、商工業者と政府の関係に変化が生じつつあった。光緒三二（一九〇六）年の商会改組時には、改組をめぐる紛糾のあと、公議会幹事の趙国廷が商会長を引き受けることになった。これにより形のうえでは政府側が公議会に譲った形になった。しかし、光緒三四（一九〇八）年の抗房捐運動では趙は政府に反対する商人達を説得する側にまわり、商人層から遊離せざるをえない状況におかれた。逆に翰林院編修という肩書きを持ち政府に近い立場の孫百斛が商工業者に受け入れられるようになった。『盛京時報』は、抗房捐運動の混乱を解決できるという期待をもって孫百斛をとりあげ、彼が巡警局へ意見書を提出したことを評価している。例えば、実際には誤りであったのだが、孫百斛は上京直訴組に同行したとまで記載されるほどに、期待が高まっていたと伝えている〔『盛京時報』九月二〇日、二八日〕。

この事件の結果、孫百斛は趙国廷の辞任後に商会長に就任した。本来商会長は旧暦一月の年会での選挙で決定されるのだが、それ以前に中央の農工商部からの指示で着任した。翌年には、商会長職は商工業者代表の田子超にかわり、孫百斛は地方議会の前身にあたる諮議局に商会代表として参加することになる。ここでは一九〇六年の公議会改組時には反対されていた孫百斛が商会長職に就くことが受け入れられるまでになっているのである。辛亥革命までの間、商会長職は官と商人との対立で紛糾することが多かったと文史資料では指摘されている。[25]官か商人かという視点から見れば、孫百斛は官寄りとみなされる。しかし抗房捐運動を通じ、孫百斛は一定程度商工業者の間で有能かつ権威を持つ人物とみなされるようになった。孫百斛は企業や商店を経営することはなかったが、商会や奉天官銀号など政府と関わる経済団体や組織で活動した。彼は辛亥革命直前一九一一年に商会長に就任後は、死去する一九一七年まで会長職にあった。公式には選挙により、毎年改選することになっている職に六年間在任し続けた。これは清末民国期の商会長としては最長の任期であり、商人層の支持を得ていなかった光緒三二（一九〇六）年の改組時から比べると、彼の立場が大きくかわったといえる。[26]

三　小括

この章でとりあげた商会の混乱には徐世昌のいうまとまりのなさがさまざまな形であらわれている。商会長であっても商人層に対して絶対的な影響力を持つわけではない。うわさによって立場は容易にかわり得た。だが、商人たちは商務局や巡警局の決めたことに簡単に反対し、抗議行動をとっている。八旗秩序の街とも近代的な都市行政の行われる姿とも違う、街の現実的な主人公としての商人の強さが、政府から見たときのコントロールのしにくさとあいまって、まとまりのない混沌とした姿として映っていたといえる。

また、商人内での混乱は、この時期の奉天経済界が在地の経済人ではなく、客商つまりは外地資本が中心であったことも、無関係とはいえない。清朝期の官庫の運営は山西人の票荘にまかされ、その結果、山西商人は奉天において最も経済力ある資本とみなされていた。しかし趙爾巽はその改革の一環として奉天官銀号を設立し、官費の運営を奉天官銀号に任せ、山西票荘は公費運用の役目を失った。それと時を同じくして、育ち始めた公議会、その後の商会には山西資本は参加するものの、中心にはいない。

これに対して、中心となったのは絲房とよばれる山東資本の雑貨商だった。資本主は山東や東北各地の商業地にある支店をまわり経営状況の確認はしているが、直接経営に参画しない。かわりに掌櫃とよばれるマネージャーが経営にあたり、公議会や商会の運営にも店を代表して参加した。掌櫃は十五歳前後で山東から店員見習いとして店に入り、経験を積んで店を任されるようになった人々である。掌櫃をはじめとして店員たちは基本的には非奉天生まれで、故郷に家族を持ち、引退後は故郷の山東に帰った。奉天で活動する商人であるというアイデンティティを有しているとしても、山東人と自認している人々であった。さらには資本主ではなく掌握にすぎないという立場でもある。このような存在が商会幹事となっていたのである(27)。

混乱期は日露戦争から辛亥革命の時期に重なるが、この時期は奉天においては鉄道が敷設され、外国資本が入り急速な経済発展を見せた時期でもある。制度はかわり、商人たちは外から集って競い、あらたなビジネスチャンスが生まれ続けるなかで、誰が経済界において代表たりえるのか、見えない時期であったともいえるだろう。

注

（1）前掲、『南満洲に於ける商業』三三八頁。
（2）当該時期の張作霖政権と在地社会の研究については、松重充浩「「保境安民」期における張作霖地域政権の地域統合策」（『史学研究』第一八六号、一九九〇年三月）、同「張作霖による奉天省権力の掌握とその支持基盤」（『史学研究』第一九二号、一九九一年六月）、同「奉天における市政導入とその政策意図について」（今永清二編著『アジアの地域と社会』勁草書房、一九九四年）、澁谷由里『張作霖政権の研究――「奉天文治派」からみた歴史的意義を中心に』（博士学位論文、京都大学、一九九七年）等を参照のこと。
（3）倉橋正直「営口の公議会」（『歴史学研究』第四八一号、一九八〇年六月）。
（4）附属地華商については、大野太幹が重点的に研究成果を発表している。大野太幹「満鉄附属地華商商務会の活動――開原と長春を例として」（『アジア経済』第四五巻第一〇号、二〇〇四年）、同「満鉄附属地華商と沿線都市中国商人――開原・長春・奉天各地の状況について」（『アジア経済』第四七巻第六号、二〇〇六年）。
（5）前掲『南満洲に於ける商業』三〇八―三一一頁。
（6）『東三省政略』巻十一実業、奉天省一二五丁「紀商会成立」（長白叢書版、下、一五八四頁）。
（7）朱英・石柏林『近代中国経済政策演変史稿』（湖北人民出版社、一九九八年）三一頁。
（8）同右、四〇―四一頁。
（9）『東三省政略』巻五官制、奉天省一―八丁（長白叢書版、上、八三一―三五頁）。
（10）『商務官報』第二冊、二一丁「批奉天商務議員呈所呈商務局章程匯予核定由」三九丁「提倡奉天商会」（光緒三二年）。
（11）『商務官報』第四冊、一七丁「商部奏奉天設立商務総会摺」（光緒三一年四月二一日具奏）。
（12）『東三省政略』「紀商会成立」では本文以外の付表に四二の分会、一一の分所が記載され、付表と本文の内容に異同がある。『東三省政略』巻十一実業、奉天省一二五―一二七丁（長白叢書版、下、一五八四―八六頁）。
（13）公議会から商会への改組過程については、外務省前掲、『南満洲に於ける商業』三二一―三二六頁。
（14）孫百斛、字鼎臣、祖籍は天津、父の代に瀋陽に移住する。一八九〇年の進士で、翰林院編修。一九〇〇年義和団事件のおり、故郷である瀋陽に戻り、東三省官銀号総辦、諮議局省議会議長などを歴任する。『奉天通志』巻二一三人物、四一行誼三二丁（東北文史叢書版、五巻、四六二四頁）。
（15）梁維康、記載によっては康は宣とも。裕民銀号経理。劉恩涛前掲、「瀋陽商会七十五年（一八七四―一九四八）」一六九頁。

(16) 前掲、『南満洲に於ける商業』三一四頁。

(17) 以下の商会幹事の異同については、次の史料を比較した。『商務官報』第四冊一七丁「商部奏奉天設立商務総会摺」（光緒三二年四月二二日具奏奉）、満洲中央銀行調査課『本邦農工商会調査 奉天省之部』（一九三六年）一頁「沿革」。前掲『南満洲に於ける商業』（一九〇六年）三〇九頁、三一三頁、三一四頁。

(18) 「奉天市商会沿革」（満洲中央銀行調査課『本邦農工商会調査　奉天之部』一九三六年）一頁。

(19) 田子超、天合東絲房経理。劉恩涛前掲、「瀋陽商会七十五年（一八七四―一九四八）」一六八頁。

(20) 甘益堂、記載によっては堂は棠とも。また甘志謙とも。瀋陽で二〇〇年余の歴史を持つ最も古い薬舗宝和堂経理。商会では田子超と同じ時期に副会長職にあり、彼の助手的存在。前掲劉恩涛「瀋陽商会七十五年（一八七四―一九四八）」一六八頁、前掲『南満洲に於ける商業』三〇九頁。

(21) 趙国廷、記載によっては趙清璽とも。南煙行の蘭茂厚を経営する。また一九〇七年創業の日中合弁会社瀋陽馬車鉄道公司の総理。同右劉恩涛「瀋陽商会七十五年（一八七四―一九四八）」一六八頁、同右『南満洲に於ける商業』三〇七頁。

(22) 楊化霖、銀号経理。同右劉恩涛「瀋陽商会七十五年（一八七四―一九四八）」一六八頁。

(23) 『南満洲に於ける商業』では光緒三二年時点（一九〇六年）の公議会役員として甘益堂、劉賢基（田子超と同じ商店天合東のもの）、張玉書、玉聚千、趙国廷の五人があげられている。三〇九頁。

(24) 前掲澁谷由里『張作霖政権の研究――「奉天文治派」からみた歴史的意義を中心に』一章二節三項、二章三節三項に政権側の改革からみた文脈で房捐について触れられている。

(25) 趙国廷は蘭茂厚という南煙行の商店を経営しつつ、日露戦争時の戦争成金的な成功を収め、日本との合弁で奉天の馬車鉄道経営に参与した後発の商人であった。また、従来の主流派五行（糧桟・銭行・絲房・皮貨・山貨）でもなく、財力はあるものの少数派であったと考えられる。前掲劉恩涛「瀋陽商会七十五年（一八七四―一九四八）」一六九頁。

(26) 一九一二年孫百斛は奉天官銀号総辦の職にもついている。王元澂「東三省官銀号之沿革」『東三省官銀号経済月刊』第一号（一九二九）一三頁。

(27) 上田貴子「東北アジアにおける中国人移民の変遷一八六〇―一九四五」（蘭信三編著『日本帝国をめぐる人口移動の国際社会学』不二出版、二〇〇八年）。

第二章　辛亥革命後の奉天経済界
——奉天地域社会の階層分化

一　工会の成立

前章で見てきたように孫百斛は商工業者と一見無関係な立場から商会長の職に就任したが、一九一一年以降六年間商会長を務めた。在任中には辛亥革命を経験しつつも、革命が商会組織自体に大きな影響を与えることもなく、安定的に主導権を握っていたと考えられる。しかしこの間に商会から分離した商工業者によって組織された工会との間の確執が商工業者の間で問題となった。一九一〇年から奉天では工会を組織することが議論されはじめ、一九一二年三月に勧業道の命令により薛志遠（永来）・李福堂（玉麟）らが中心に勧業道公署の建物のなかに場所をかり、工会組織の準備がすすめられ、薛志遠が会長に選ばれ「奉天工務総会」（以下工会と略す）が発足した。(1)

のちに労働組合と同等の存在として組織される労働者による工会とは性格を異にしており、商会内の製造業者を分離独立させたかたちで、製造業に重点を置く商工業者の組織といえる。工会は工芸を研究し工業を改良することを目的とし、商会は商業を保護し商業事情について研究することを目的とすると、省政府側はうたっ

図2－1　奉天城内之景（日本大学文理学部所蔵『満州出征記念寫眞帖：皇軍飛行第十隊第一中隊』所収）

ていた[2]。しかし当時の奉天における工業はいずれも製造販売業であり、流通業との間にはっきりとした線引きはできなかった。このことが原因となって商会と工会の間では会員争奪をめぐってたびたび紛争が生じた。この章では、工会と商会との紛争を通じて、同郷・同業とは違う視点からみえてくる経済界の構成要素を考える。

工会成立の翌一九一三年七月に工会に所属する灰舗永順合（石灰業者）が、商会の水会がやってきて無理矢理商会会員の看板を掲げさせられたと工会に申し出て、工会はこれを省公署に呈文で訴えている。工会商会どちらに所属するかについては商工業者個人の自由にまかされていたようで、工会側はこのような混乱が生じることから区別をはっきりさせることを希望していた。これに対して、省公署側は、永順合が工会入会時に商会からの脱退を表明しておらず、このため商会が干渉したのではないか、工会に入会するならば、事前に商会に告げてから入会するように指導するに止まっている[3]。

これは奉天省城だけの問題ではなく、撫順においても同じ一九一三年七月、同様のトラブルが生じていた。撫順には県の中心から少し離れて、炭鉱開発にともなって発達した千金塞に商業地区があった。ここの工業系の商店を撫順県工務分会と千金塞商務分所のどちらが管轄するかで問題となっていた。撫順工務分会から奉天省公署に、千金塞商務分所が千金塞の工業系の商工業者がかかげる撫順工務分会会員の看板をはぎ取ったことが訴えられた。これに対して、千金塞商務分所側は撫順工務分会が横暴であるので千金塞の工業系の商工業者を撫順工務分会の管轄下に置くことはできない、千金塞商務分所に千金塞工務分所を附設して管理したいと省公署に申し出てきた。省公署側は千金塞商務分所の言い分を退け、千金塞の工業系商工業者を撫順工務分会の所属とするよう指示を出した(4)。

このように一九一三年当時何度も各会会員の表明である看板の奪いあいという形で商会と工会が対立していた。奉天で八月三〇日に発生した事件は、両者の暴力沙汰にまで発展し調停に二ヶ月の時間を要している。この事件の発端は三〇日夜に工会の看板四七個が囲城団体会の名のもとにはがされたことによる。この事件についての工会側の言い分は次のとおりである。

八月三〇日午後八時に本会は流氓（ごろつき）の徳恵臣・王寿山らから囲城団体（正式には認められていない）名義でつくった工会を辞める文書を受け取った件について報告する。

囲城の店舗の報告によれば、徳恵臣らは午後九時各戸にやってきて、眠っているところに、鉄鋏などをもちいて、本会の会牌をこっそりはがした。会員の明らかにしたところによると四七の会牌がはがされたときに警察の知るところとなった。三一日午後二時徳恵臣ら五人は自ら会にやってきて牌をはがしたことを認めた。わるびれずにいる不届き者である。思うに商会が主動し、徳恵臣らが会費を（商会側に）入れさせたうえ、官捐を私し、ひそかに会牌をはがすなど公益を破壊するなどの罪状をおかさしめたのである。警察に訴えると商会側が徳恵臣らの懲罰を求めてきた。さてこの徳恵臣は工でも商でもない、はずれものである。もとより常には財産もなく、専制時代は会名をかりて囲城の店舗から毎月約七〇余元もたかっていた（以下略）(5)。

この囲城団体会とは囲城会（以下囲城会とする）ともよばれ、奉天省城の城壁外、つまり囲城とよばれる部分の商工業者を統括しようとしていた団体であった。清末からすでに主要人物は活動していたようで、城内の街路ごとに成立していた商会の分所である十六道街商会と類似した商工業者の営業地における団体である。囲城の商工業者は露天商も多く、零細業者が多かった。むしろ囲城会の幹部を自認する徳恵臣らも流氓などと表現されるような流れ者で、財産を持たない流入者があつまる囲城地区で頭角をあらわし団体を組織しようとしたと考えられる。一九一三年五月には正式な団体として認められようと公印をつくったが工会側に偽造といわれ〔『盛京時報』一九一三年五月一五日、以下本章では月日のみ記載〕、簡章をつくり省公署に提出したが認められずにいた〔八月二〇日〕。最終的には商会の分所のひとつとして認められるようになるが、この時期には組織としてかなり曖昧な立場にあったといえる。

徳恵臣らは工会からのならずもの扱いに対して、反駁を試みている。彼らが九月一一日に商会工会の直接の統括機関にあたる実業司に提出した呈文によると、囲城の弱小商工業者を保護するために囲城会を組織し、工会成立時に商会を脱退して工会に所属することにした。しかし囲城の商工業者達は会費がきついので軽減してほしいと要求し、工会を脱退して商会に戻ろうとしたが、工会が水会の人間をつかって自分達をつかまえて警察に連れて行ったという(6)。そして工会を横暴であると主張している。

この囲城会の主張に対しては、囲城の個別の商工業者から徳恵臣らを非難する呈文がだされている。

連名で囲城舗戸姚等呈にて報告する。強制入会と看板の強制について、懲罰を請い、境外へ追い出し、善良を安んじ秩序を維持することを請う。

我らは専制時代に徳恵臣・于子霊・王寿山・劉富貴・郭子印らの虐げにあい、民国元年はじめて囲城各戸は一斉に工会に入り、安心無事となった。思わぬことに、徳恵臣らは最近商会とはかり我々に禍をもたらした。先に、ひそかに工会の牌を盗み、商会の牌をかかげた。またこれと別に商会水隊二〇余名をつれて入会を迫りにきたこともある。徳恵臣らはもともとごろつきで城で詐欺やたかりを行っている。我々が工会に入ると漁夫の利を得ることができないのである。（徳恵臣らは）商会と図って、囲城の商工業者から利益をあげようとしている。我々はどうしてまたこのような虐待に耐えねばならないのか。もし厳しくこらしめ追放し、二度と囲城で騒ぎをおこし公安を害さないようにしなければ、我々はこれの圧迫をうけ、公憤を表すことになるであろう（以下略）。(7)

これら当事者らの主張から総合すると、囲城の商工業者は囲城会が代理徴収する会費に不満を持っていた。また囲城会側は当初工会側に所属していたが、公印の偽造の件などで工会側との関係が悪化していたことが考えられる。当時、商工業者が工会商会いずれに所属を決定するかについて注目されていたこともあり、囲城会は工会脱退、商会入会を強行し、夜陰にまぎれての看板の取り替えを行った。この事件自体には商会は出てこないが、ある程度囲城会との間で連絡がとられていたと考えられる。工会からの呈には、工会側が事件のあと九月三日に囲城の商工業者の間を慰問してまわっていると、商会側が水会隊員二〇余人をつれてあらわれ、暴行を働いたと報告しており、(8)囲城会が工会の看板をはがしたことに連動しての行動と考えられる。

この事件は工会を構成する商工業者の感情を逆撫ですることとなった。九月一〇日には工会会員四〇〇余人が勧業司の役所前に集まり、奉天一の商業地区である四平街に行き、商会会員から商会の看板をはがすと息巻いていた〔九月一二日〕。その翌日承徳県（奉天城域を内包する県）知事と管轄官庁から派遣された調停係が工会へ会員をなだめに来たが、これに対して、商会の嫌がらせに対する不満を工会会員はぶつけていたと報道されている〔九月一三日〕。一二日には商会によってとりかえられた看板をかけ直そうとしていたが、商会の水会隊員に襲撃され、そのうえ一〇〇元をとられたという〔九月一四日〕。また一〇月九日づけの工会からの呈には、囲城から工会が会費を集めるに際し、二班にわかれ各班五人で囲城をまわったが、商会水会隊員四〇余名が商会の楊座辦の命令だとして、費用を集めることを許さないといいながら暴力行為におよび、会費を奪って去ったと報告している(9)。これに対しても工会会員は五〇〇名近くが集まって、商会との武力による決着も辞さないという態度を見せた〔一〇月一九日〕。結果として、いたずらに工会の感情が高ぶることとなっていった。

二　商会内部の構造

これら奉天と撫順の例からわかることを整理してみよう。商会は一〇月になってほかの都市商会へ連絡をとり工会対策の会議を計画していたことからも〔一〇月二八日〕、工会と商会の会員獲得をめぐっての対立は奉天に限ったことではなく、多くの都市で共有できる問題であった。会員の獲得はそこからの会費収入ひいては会の財政運営に関わる問題であった。それと同時に対立が商会工会それぞれの指揮下にある水会をつかっての看板のとりあいや、水会隊員の抗争という形になっていたことからわかるように、社会の下層へのそれぞれの権威に関わる問題となっていた。水会とは消防団でありかつ自警団的機能も有していたが、商工業者当人が担当するのではなく、商会や工会に雇われた半ば無職のものである。当時商会の水会隊員の給料は一ヶ月九元で(10)、事業を行うことのできない都市下層民の就職先であった。おそらく工会に会員が集まって商会からの横暴に対する示威行動を起こしていた中心には水会隊員がいたと考えられる。

またこの事件からは、商会が圧倒的に有利な立場にあることが見てとれる。事件に対して工会側は何度も呈文を省公署へ提出し陳情しているが、商会側からの呈文は檔案のなかに含まれていない。また工会商会両者顔をあわせての調停の席においても歩みよる気配はなく、商会側は横暴で情けがないと工会側が嘆いている(11)。当時の『盛京時報』の報道などから判断すると、理は工会側にあるように報道されているものの、形勢はいたって工会側に不利で、当事者徳恵臣らの追放などの言い分はほとんど通らず、省公署側もなだめるばかりであった。実際、事件当事者の囲城会の徳恵臣は囲城会がほかの商会分所に吸収されて閉鎖されるまで囲城会の代表として存在している。

商会と工会を比べた場合、構成員の違いも両者の力関係に影響していると考えられる。このような紛争もあったためか、一九二三年工会を商会に合流させることになった。その際、合流させたばかりの時点では商会幹事の被選挙資格を、これまで営業資本額一万元以上だったものをこの回にかぎり五千元以上としていた(12)。つまり、元工会員にとって一万元以上という条件は高すぎたのである。また先に述べたように囲城の商工業者は流氓（ごろつき）とよばれる徳恵臣らに抑えこまれるような弱小な零細商工業資本が多かった。彼らが当初は工会に入会しようとしたことから見て工会は弱小零細資本を多くふくんだ存在と考えられる。これに対して、工会会員らが商会への仕返しとして四平街の商会看板をはずしに行こうとしたことから、商会の主要会員が四平街に集中していたことがわかる。四平街は奉天でもトップクラスの絲房や雑貨商・金融業者が軒を連ねており、これらが商会の主要会員であるということは、商会に奉天商工業者の上位陣が所属していたことがわかる。奉天は元来消費都市であったため、製造業は芳しくなかった。むしろ、雑貨卸業・金融業が花形業種であった。

会員争奪をめぐっての紛争はその後沈静化し、新聞紙上を賑わすことはなくなった。だが工会と商会という形で顕在化した商工業者内部の対立は常に存在し、解消されることはなかった。工会は一九二二年冬に商会との合併を省政府から指示され、翌一九二三年五月の選挙で、商工一体化した商会指導部が選ばれた。しかしそのなかで、副会長のうちひとりは常に工会系の人材があたることと決められ、工会という派閥の存在が自明のものとされていた。その後一九二八年一一月に杜重遠と馮庸を省政府が派遣して再度工会を復活させることが企画された[13]。しかし翌一九二九年四月に商会が改組されるに際し、奉天の特殊事情からという理由をつけて工会はやはり商会内に残されることになった。この判断はその後も重視され、国民政府からの指示により一九三一年三月再度工会が組織されることになったが、やはり奉天では商会内部に工会を置く形をとった。これについては第四章で再度ふれたい。

上海や広州のような経済先進地域では商工業者は資本規模や業種・出身などによる細分化が進み、これらが商工業者による法定団体の名のもとに結集し派閥争いを行っていた[14]。しかし奉天の場合はそこまで分化はすすまず、主流派と主流派に対して一定の距離を持ち、申し立てを行う側の二つの派閥しか成立しなかった。この傾向は実は公議会を改組して商会がつくられた段階ですでに存在していた。第一章でみた抗房捐運動のなかで抗房捐派が公議会の名でとりあげられていたことがその一例である。そしてこの間の商会工会間の対立時に工会長であった薛志遠は、抗房捐派の人物であった。彼は一九一〇年には承徳県城廂議会議長に選ばれ、一九一二年には省議会議員にも選ばれる社会的名望を獲得した人物であった。経済人としては工会長就任当時は天興義絲房を経営しており、一九三二年に死去するまでに複数の絲房と茶荘、薬店、金店を経営していた実業家である[15]。工会自体の構成員は零細資本が多かったと考えられるが、指導部については、商会に所属しても何ら問題がないが、商会主流派から一線を画しつつなお名望を持つ人物が担当していたといえる。薛志遠とともに工会運営に係わっていく李福堂は先代から続く名門の薬舗を経営し、その後の商会内での主流派に対抗する主要人物となっていった[16]。

三　小括

第一章でみたように、公議会から商会への改組において、政府の指導どおりには動かない商人層が存在していた。奉天ではほかの地域に比べ、辛亥革命の影響は大きくなかったが、清末に改革を進めようとした趙爾巽は辛亥革命後に奉天を去った。その後しばらくは趙爾巽や徐世昌ほどの指導力を発揮する行政担当者があらわれないなか、商会自体は安定し、商人層の支持を獲得したといえる。

商会として存在し続ける主流派は経済界をコントロールする有効な回路であった。それだけに、必ず公議会や工会という形でオルタナティブな意見が存在することとなった。一九一二年に成立した工会はこのような経済界指導層に異議を申し立てることができる存在となっていった。拡大し続ける都市奉天では、常に零細資本が存在した。その脆弱性については第九章でとりあげるが、彼らは彼らなりにある程度の結集をしており、そのひとつが工会であった。さらには商業活動には従事しない雑業者が水会として商会・工会の下に組み込まれていた。(17) 水会は消防を基本的な仕事としつつも、本章で見てきたように商会や工会の暴力装置としても機能した。

第一章、第二章で見てきた商会および経済界のありようは『盛京時報』の記事からも追うことができた。このことからもわかるように、経済界の動向は都市全体で話題とされる問題となっていた。次章以降では、商会の変動期をとりあげ、商会の力が地方政権に対して相対的に弱まり、権力に接近していく過程を見ていく。

注

（1）満洲中央銀調査課『本邦農工商会調査 奉天省之部』（一九三六年）八頁。
（2）ＪＣ一〇‐一一九一八「民国二年年七月一九日工務総会呈、奉天行政公署指令」。
（3）同右。
（4）ＪＣ一〇‐一一九一八「民国二年七月五日撫順県工務分会呈」「八月二九日奉天行政公署指令」「八月二五日千金塞商務分所呈」。
（5）ＪＣ一〇‐一一九一八「民国二年九月四日奉天工務総会呈」。
（6）ＪＣ一〇‐一一九一八「民国二年九月九日囲城会代表等呈」。
（7）ＪＣ一〇‐一一九一八「民国二年九月囲城花戸代表呈」。
（8）注（5）に同じ。
（9）ＪＣ一〇‐一一九一八「民国二年十月九日奉天工務総会呈」。
（10）『盛京時報』八月二一日。当時一九一三年八月で高粱一斗が〇・六五元前後であった。ＪＣ一四‐四一七四「金融整理委員会物価調査表」より。
（11）注（8）に同じ。
（12）ＪＣ一〇‐三六一七「民国一二年二月一五日総商会呈」。
（13）ＪＣ一〇‐一一九二二「民国一七年一一月九日委任馮庸杜乾学訓令実業庁警務処総商会為飭籌辦工会由」。
（14）上海の事例については以下参照、小浜正子『近代上海の公共性と国家』（研文出版、二〇〇〇年）四章参照。金子肇「商民協会と中国国民党（一九二七―一九三〇）――上海商民協会を中心に」（『歴史学研究』第五九八号、一九八九年一〇月）。
（15）瀋陽商会志編纂委員会『瀋陽商会志』（白山出版社、一九九八年）一九二―一九三頁。
（16）田辺種治郎編『東三省官紳録』（東三省官紳録刊行局、一九二四年）一一〇頁。
（17）水会は地域によっては火会ともよばれる。天津における火会については、吉澤誠一郎『天津の近代――清末都市における政治文化と社会統合』（名古屋大学出版会、二〇〇二年）第二章参照。

第三章　山東幇の衰退と権力性商人
――奉天総商会内における張作霖勢力の拡大

孫百斛が一九一七年に死去したあと、商会長職についたのは楊占山（玉泉）で彼が張作霖によって短期間で商会長の職を追われたあと、魯宗煦（棣琴）が商会長となり、一九二四年に失脚するまで長期にわたって職にあった。その後は張作霖政権の監印官であった張志良（恵霖）が会長に就任する。本章では孫百斛死後から魯宗煦が失脚し張志良が商会長職につく時期を対象とし、この時期の商会長の変化を質的転換ととらえ、魯宗煦から張志良へ商会長職が移行したことの意味を考察したい。

一　一九二〇年代前半期商会長の経歴

孫百斛は天津人で父の代に瀋陽に移り住み、彼自身は光緒庚寅（一八九一年）の進士であったがもっぱら瀋陽地域社会を中心に活動を行っていた。商会長のほかに東三省官銀号や興業銀行で総辦を務めるとともに、諮議局議員も務めていた(1)。このあとを引き継いだ楊占山は興業銀行で副総理を務めていたが、同時に経営していた慶会祥銀号での投機的兌換の補填を興業銀行からの不正融資に頼ったため、これが破綻し興業銀行経営悪化の責任をとって逮捕され、商会長職を追われることとなった(2)。

魯宗煦（棣琴）は山東省を原籍とし定員外生員の資格を持ち、一九〇九年から総務商会の幹事職にあった。一九一二年からは日本の大倉組との合弁で経営されていた瀋陽馬車鉄道公司の経理に就任している(3)。また一九一四年に設立された華茂猪毛公司の経理に(4)、一九一五年には王永江が組織した東省興利公司の股東として四万元を出資している(5)。

張志良は瀋陽県衙門につとめ、一九一二年には奉天督軍署の監印官に就任、その後張作霖政権において巡閲使・督軍・省長の監印官を一九二四年までつとめ、張作霖の秘書的役割を果たした。張志良が経済界に身を投じた背景には奉天儲蓄会の存在があった。奉天儲蓄会は一九一七年、張志良が発起人となり張学良を名誉会長に迎えた信託預金機関であった。会員から集めた株を資本とし会員のみに資金を融資した。一九二三年当時月一元ずつあるいは年一元ずつの払い込みで会員資格が得られ、幅広い社会階層から資金を集めることを可能としていた。また奉天儲蓄会はほかの儲蓄会とは異なり、新興企業のうち有望なものの株式を積極的に引き受けていた。この業務の枠組で八王寺啤酒汽水公司（一九二一年創業）や恵臨火柴公司（一九二三年創業）への資本提供がなされていたのだが、これらの企業以外にも肇新窯業公司（一九二三年創業）や東興色染織公司（一九二四年創業）、奉天紡紗廠（一九二三年創業）といった新興企業にも資本提供を行っていた。また親銀行として東三省官銀号の後ろ盾を有していた(6)。その詳細については第二部でとりあげるが、官商筋といわれた張作霖政権と密接な関係を持つ金融機関の特産物取引を通じて蓄積した資金を奉天儲蓄会というルートを通じて近代工業へ投資していた。つまりここでとりあげる時期は政府系金融機関の蓄積した富が近代工業に注入され、これらの産業が一定の成長を遂げていく時期であった。そしてこれらの企業の成長を背景として、張志良が経済界において信用を獲得し商会長に就任したことは、権力性商人による商会運営の掌握といえる。ではいかに張志良の商会長就任が正当化されていったのかを検討していきたい。

二　一九二四年商会長選挙——権力性商人の台頭

前章でとりあげた商会工会の対立は、一九二二年の省政府からの指令によって、一九二三年工会が商会に合流することで表面的には収束をみた。このとき、両者を合併した商会長の選挙が一九二三年五月に行われている。この選挙の下馬評では魯宗煦はさまざまな障害があり辞職すると思われると報道され、最有力候補は張志良と彭賢の二氏といわれていた（『盛京時報』一九二三年五月二七日、以下本章では年月日のみ記載）。この時期選挙前から魯宗煦は副会長の劉愛賢に会務を任せていたようで（一九二三年五月一〇日）、魯宗煦には会長職を務めることはできないと考えられていた。選挙結果としては魯宗煦が会長に、劉愛賢が副会長に再選され、今回から合併された工会系副会長のポストには工会会長であった薛志遠（永来）が選ばれた。魯宗煦はここで病を理由に辞任したところ、ほかのメンバーもともに辞任するという態度を示したため、会議を行って議論し、会長には魯宗煦が留任することとなった。しかし魯宗煦の病はかなり重かったようで、再選後も副会長劉愛賢および参事らが会務を処理することとなった。選挙前に会長職を期待されていた張志良と彭賢は、彭賢が三票、張志良が一票を得たのみだった。張志良は奉天儲蓄会名義で商会に参加し、彭賢は東三省官銀号総辦代理の資格で被選挙権を有していた。また彭賢も張作霖と個人的に密接な関係を持ち、東三省官銀号およびその系列糧桟での特産物買占めを積極的に進めた人物である。このように一九二三年五月の段階で張志良および彭賢という張作霖との個人的関係を濃く持つ人物が商会長職に就任することが一部に期待されていた。

この期待は翌一九二四年五月の商会長選挙で達成されることとなった。病をおして商会長となった魯が一九二四年四月に不正を理由に告発されたことにより商会長から降された。張志良が会長となるにあたっての強力なライバルがいなくなったという点で、この事件は張志良の商会長就任を容易にしたと考えられる。では魯宗煦に対する告発とはどのようなものであっただろうか。

一九二四年四月七日および一三日の『盛京時報』の報道によると、商会では参事らの求めに応じて、一九二三年一月から一九二四年一月までの収入三万余元、支出四万余元の会計報告を公開した。ここに約一万元の赤字が存在しており、これをはっきりさせるためにと、四月一一日の会議で監査を行うことが決定された。当初、魯宗煦会長の選んだメンバーによって監査委員が組織されようとしたところ、章程にはそのような規定がないとの異議が生じ、参事間での推薦によって、李蘊山・張宝鎔・李福堂・曹毓が選ばれ監査を行った。この結果、不正経費がみつかり、魯宗煦会長がこの責任を問われることになった。四月一七日工会系副会長薛志遠と参事李福堂によって省政府に不正のリストが提出された。それによれば以下のとおりである。(7) 括弧内は監査を行った調査者による付記である。

民国十一年一一月、印花税九六六・四五元を選挙の酬金費にした。（酬金とは賄賂である）
民国十一年一二月一一日、新民賑災の際に、五〇七五元を孫百斛の名義で使用した。（この時点で孫百斛は故人である）
民国十一年一二月三〇日、火柴公司に一六七六・一二元が出資、楊座辦が龍化南を通じて行った。（主客転倒している）
民国十一年一二月三〇日、競売に出品し、貨洋一五四二・九元を得る。十六道街分会の欠損を補うため楊座辦が行った。（競売出品への署名がどのように行われたか不明）
民国十一年一二月三一日、商業銀行に現洋一万元を支払う。受け取りはあるが会計の帳簿に記載がない。（不正

行為は明らかである）

民国十一年一二月三一日、商業銀行からの一六二六五・六八元を受け取る。商業銀行からの公函は民国十二年一月八日のものだが、会計は民国十一年度の帳簿で受け取ったとしている。民国十二年度の収支明細にはこの金銭は書かれていない。いわずと知れたことである。

民国十二年夏、本会が請け負った救済中俄貧民奨券事業の収支が帳簿に記載されず、会計が五二九・六元貯金したというのみで証拠がない。（本件に関しては当事者を調査すべきである）

民国十二年一二月三一日、洋烟銭九〇元を支払っているが、烟公司助賑交会から寄付をうけたものであり、購入したわけではない。会計が出したという九〇元は偽りである。

民国十一年皇姑屯分会からの大洋三〇〇〇元を理事尚国仁が持参したが、帳簿に記載がない。この金銭がどうなったかは不明である。会計がいうには、会長が知っているというが、会長は知らない。

この一覧からは、魯宗煦自身の不正というよりも、在任中のずさんな財政管理が露見したという観がある。このほかに選挙で決定される商会幹事職以外に座辦や理事という名で役職をつくったことも批判された。実際は座辦は章程にないものの、民国初期の商会と工会の衝突の時点から史料にあらわれる役職で、魯宗煦の責任といえないものである。

この事件によって魯宗煦以下幹部四人が警察庁に拘束され、商会董事と商会長の選挙が行われた。省政府は今回の問題は会長が小資本経営者と徒党を組んで会務をほしいままにしたとして、会長の被選挙権を営業資本額五万元に、董事の被選挙権を四万元にひきあげ、選挙権は一万元以上と指示を出した(8)。この規定に基づき、選挙権・被選挙権の有資格者リストがつくられ、五月一九日に董事選挙、二一日に董事内の互選によって議事が選ばれ、二六日には正副会長選挙が行われた。その結果五八人の董事が選ばれ、会長には張志良が、副会長には呉玉麟と趙保安が選出された。

この事件当時、商会内部にはいくつかの対立する勢力が存在し、牽制し合っていた。一つ目は前章で見た旧商会派と旧工会派の対立である。一九一二年から一九二三年の一時、奉天では工会が組織されていたが、商会と工会との間で会員の争奪をめぐっての対立が生じ、一九二三年に再び商会に一本化させられた。合併されたものの、商会内部の派閥として元工会系のまとまりが存在した。一九二四年四月二三日の『盛京時報』には、今回の魯宗煦会長への告発も、工商合併後の両派の軋轢を原因としているという見解を載せ、工会系幹事が商会系幹事との意見の不一致から魯宗煦会長を告発したとしている。

二つ目は山東幇への反感である。(9) この事件の前年、一九二三年商会長選挙が終ったあとで、省政府に匿名の魯宗煦告発状が送られてきた。それによれば、一九二三年五月の選挙で、魯宗煦当選のために代理投票や脅迫が行われた。このような不正が可能だったのは魯宗煦以外の二人の副会長とも山東幇で、商会内部が山東人に牛耳られていたためであると告発している。また一九二二年奉直戦争時に、魯宗煦は張作霖の敵である呉佩孚と同郷であることで疑惑を持たれるとの心配から精神を病み、このような人物に商会を任せられない、とも指摘している。この告発全てが信じられるわけではないが、魯宗煦が、山東幇の一員であることは疑いない。

選挙の下馬評も商会内の勢力争いを反映していた。政権との関係が強い張志良や東三省官銀号の彭賢、山東幇を代表する絲房（洪順茂・吉順昌など）が商会長の有力候補といわれていた。しかし同時に、山東幇への反感が存在することを山東幇が自覚し、商会長には就かないだろうと、『盛京時報』は伝えていた〔一九二四年四月二九日〕。他方、張志良については王永江が商会長に就かせるのではないかという報道もされていた〔一九二四年四月二五日〕。

不正事件の処理が終わり、魯宗煦自身の負債も整理され、商会内の不正資金がそれぞれの当事者によって処理された段階で、老天合・会元豊という老舗の連名で魯宗煦の監視解除が申請され、魯宗煦は自由の身になった。

この一連のプロセスは、山東幇が商会の主流であったなかで、一九二三年ごろには反感が強まり、より張作霖政権に近い立場の人物が商会長に就任することが期待され、一九二四年五月の選挙によって達成されたと解釈できる。その過程で利用されたのが旧工会系メンバーと商会主流派の反目であった。決して魯宗煦自身が省政府と対立していたわけではない。魯宗煦が商会長であった時期の第一次奉直戦争において、商工業者から舗捐という形で一〇万元を集め張作霖に軍餉として提供している。しかしこの一〇万元の軍餉でさえも商会内で不正に捻出した資金として扱われた〔一九二四年四月二〇日〕。

魯宗煦から張志良に商会長がかわったことは商会内部での政争というだけでなく、経済界における主流が権力と結びついた新しいものにかわったことを意味する。それまでの絲房という流通業で経済力を築いてきた山東幇から、政権の権力を積極的に使い官商筋による特産物流通によって蓄積された富を使用できるもの、つまり権力性商人へと指導層が変化していったことを意味している。

三　張志良の商会改革

では張志良が商会長であった時期にはどのような商会運営がされたのだろうか。彼の任期は一九二四年五月から一九二六年八月までで、この間には商会内でいくつかの改革が行われた。そのうちの主なものとして以下の四点があげられる。

第一に、経済部という部門を設立し、商業事情の調査を行うとともに、『奉天省城商会月刊』『省城商工名録』などの出版事業を行い、会員へ商会執行部の意図を伝えるようになった。『奉天省城商会月刊』は一九二四年一〇月に創刊され、毎月三〇〇〇部余りの発行を数えた。発行目的は商業に関する啓蒙と業種間の相互理解を深めることとうたわれている(10)。紙面には毎月の収支報告が掲載されたが、第五冊目には特集として会務報告が掲載された。一九二四年の改組以前に、会員から商会内部の情報が不透明だという不満が出ていたが、それにある程度こたえたものである(11)。

第二に、分会の整理を行った。公議会以来、一六の街路ごとにあった分会を六ヶ所にあらためた。さらに城外に設立された北市場と南市場に分所を設立し、城から離れた皇姑屯の分会所とあわせて分会を九ヶ所に再編した。

第三に、十六道街分会の整理にともなって、各分会に附属した水会も整理して、消防隊とし商会直属とした。監督には工会系の李福堂が就任し、四四人の人員を雇い、自動車二台、新式水龍車（消火用ポンプ）二台、人力消火器具五台を備えた。分会の整理は商会内の地縁的な結束の分解を可能にした。前章で見たように、水会は商会内での揉め事の際に、暴力装置として機能しがちだった。水会を分会から切り離し商会直属にしたことで、水会は専門機能の完成度を高めた。

第四は東三省商会聯合会の創設である。一九二四年六月に、東三省内の全商会の聯合組織として東三省商会聯合会が、吉林総商会会長張松齢を代表とした各地商会長の連名で提案され、組織された(12)。それまでの商会の聯合組織は省ごとの全省聯合会にとどまっていた。東三省商会聯合会の会長には張志良が推されて就任したことで、奉天総商会が東三省の全商会のなかで指導的立場に立つことを明確化した(13)。しかしその影響力が絶対のものではなかったことに留意したい。この点は第五章でとりあげる。

張志良以前の商会長、特に在職時期の長かった孫百斛や魯宗煦は地域社会の代表だった。彼らと政権との関係は、互いの利害の一致を模索しながらのパートナーシップというべきものだった。これに対して、張志良以降はより地方政権との密着度が高いものへと変化した。一九二五年には張作霖の北京進出を後ろ盾に、張志良は全国商会聯合会会長にも選出されている(14)。またこれ以降ほぼ二年ごとという、従来に比べて短期間で商会長が交替した。その際には張作霖・張学良政権の介入があったが、この介入も政権との密着度を表すものである。

張志良は一九二六年八月に奉天票暴落の責任をとり辞職した。当時張志良は全国商会聯合会会長という立場から北京に滞在していたが、張作霖によって強硬に商会長改選が行われた(15)。張志良の後任には丁広文が商会長に選ばれ、副会長には劉継伸、盧秀岩が選出された。盧秀岩はすぐに辞任し後任の梁景芳も辞任、後には杜重遠が副会長職に就任している。丁広文は公民儲蓄会会長、利達公司経理を務める人物である。利達公司は東三省官銀号の附帯事業のひとつである(16)（第七章参照）。

丁広文が商会長を担当した一九二七年には臨江日本領事館分館設置事件がおこった。商会幹部の丁広文・杜重遠らを中心に外交後援会が組織され、反日運動が高揚した。この反日運動はそれまで商会が対日強硬姿勢をとらなかったことに比べると、大きな方針転換となった。商会指導層が輸入代替をめざす新興企業家にかわったこと、さらにこれらの企業が輸入代替をめざす製造業であったことが一因といえる。しかし、商工業者すべての利害を代表していたわけではない。奉天の商工業者のなかには日本からの輸入品を扱う貿易商や日本からの棉糸を使用する零細織布業者がおり、こちらの方が日本製品と競合する近代的製造業者より会員数は多かった。零細織布業者は経済界の非主流派を構成する工会に従来所属していた。また日本からの輸入品を扱う貿易商の主要なメンバーは山東幇が中心的役割をはたす絲房だった。彼らはこの時点では商会の主導権を奪われた側ではあったが、商会幹事に複数の代表を出していた。このような現実は商会内部における反日運動の足並みを乱すことにもなった。

このため丁広文が再任をかけた一九二八年の商会長選挙戦においては、これらの勢力を排除する動きが見られた。被選挙権資格を資本額四万元から一〇万元に引き上げるとする新章程を発表し、工会系の弱小資本を董事から排除しようとした。これに対して反丁広文派は新章程の規定は合法的になされたものではないとして反対し、商会内が決裂する事態となった。工会系で反丁広文派の先頭に立ったのは李福堂で、彼を中心に奉天総商会会董臨時委員会が組織された。この両派閥の対立について商会の直接の管理機関である実業庁ではらちがあかなくなり、決着は奉天省瀋陽地方検察庁にゆだねられた。最終的には一九二九年四月に改選を行うにあたり、丁広文は選出されないこと、李福堂は商会に関与しないことが決められてこのトラブルは終息をみた(17)。またこれが工会系との対立であったことも考慮して省政府は再度工会を独立させることを考え、杜重遠、馮庸を派遣して工会籌辦事務所を組織させた(18)。しかし満洲事変までに工会が完全に独立したものとして組織されることはなかった（第四章参照）。

四　小括

魯宗煦までの経済界の指導者層は公議会改組時に名前のあがる梁維康や楊占山のように、銀号などの民間金融機関の経営者が商会長や副会長に選出されていた。しかし、その後は減少し、経済界の花形業種として雑貨業が成長した。表３－１「一九二三年奉天総商会幹事名簿」に見られる幹部は雑貨三〇人（うちわけ絲房一六人、その他雑貨等販売が一四人）、金融関係九人（うちわけ質屋五人、金店二人、官銀号一人、銭舗一人）、それ以外では薬舗六人である。計七一人の幹部のうち、雑貨販売業の多さは留意に値する。この雑貨業が取り扱っている商品は、綿糸布・海産物・薬品・その他雑貨で、主に上海・天津・大阪から仕入れた商品である。雑貨業は第一次大戦後の東アジアでの軽工業の発達にともない、その市場である「満洲」への商品輸移入を行い繁栄した。商会の安定期はちょうどこの時期となる。

しかし一九二四－一九三一年の変動期のなかで、彼らは商会における指導権を、新興企業経営者に奪われていった。新興企業経営者とは、第二部でとりあげる政府系金融機関である東三省官銀号や官僚や軍人たちが主な出資者となり官商筋とよばれた金融機関から、資金援助を受けた存在である。本書でいう権力性商人とはま

表３－１　一九二三年奉天総商会幹事名簿

職名	人名	商号名	業種	所在地
会長	魯宗煦	永豊慶	油房	大西関
副会長	劉恩齋	宝源居	醤園	大西門内
	薛志遠	大徳祥	絲房	小西関
董事 城内八街24名	楊恩道	天合利	絲房	中街
	張徳純	謙祥泰	絲房	中街
	姜蔭橋	洪順盛	絲房	中街
	楊鵬徳	永和皮店	皮店	鼓楼北
	王有堂	恒発成	洋貨店	鼓楼北
	劉春田	恒興成	洋貨店	鼓楼北
	馬相九	徳順長	絲房	鼓楼南
	童撝卿	春発長	洋貨店	鼓楼南
	王岐山	関東印書館	関東印書館	鼓楼南
	羅清齋	同順祥	洋貨店	鼓楼西
	張益芳	会元公	洋貨店	鼓楼西
	李潤堂	慶元永	洋貨店	鼓楼西
	韋熙亭	大順永	綢緞荘	大西門裡
	王佐臣	信元慶	洋貨店・菸行	大西門裡
	劉喜漢		粮米舗	大西門裡
	王徳馨	益源齋		鐘楼南
	張宝鎔	増盛和	金店	鐘楼南
	李会卿	春和堂	薬舗	鐘楼南
	李錫九	天成永	雑貨舗	鐘楼東
	ト雲衢	萬生堂	薬舗	鐘楼東
	楊祝三	天増福	絲房	鐘楼東
	王敏卿	天合東	絲房	鐘楼北
	楊春華	興順利	絲房	鐘楼北
	梁鶴亭	宝和堂	薬舗	鐘楼北
董事 城外八関24名	李富堂	公裕東当	当業	小東関
	王化民	興隆豊	絲房	小東関
	馬生山	源合東	絲房	小東関
	陳陰溥	同興徳	銀匠舗	大東関
	欒殿甲	義順徳	雑貨舗	大東関
	査子清	永増慶	粮米舗	大東関
	張吉軒	彩合居	醤園	大南関
	劉子謙	晋源当	当業	大南関
	王潤芝	永源徳	布舗	大南関
	王巨川	公興当	当業	小南関
	婁海峰	徳増永	絲房	小南関
	謝巨卿	天恒永	粮米舗	小南関
	魏俊亭	大和堂	薬舗	大西関
	羅春山	興隆徳	絲房	大西関
	張栄春	信義長	絲房	大西関
	張鳳翔	豫徳店	山貨皮張	小西関
	楊守中	広勝店	山貨皮張	小西関
	陳訓	同興長	絲房	小西関
	李文伝	人和堂	薬舗	小北関
	劉益三	徳順祥	鉄局	小北関
	曹玉仁	公裕北当	当業	小北関
	王鴻図	恒盛東	塩店	大北関
	朱敬齋	錦徳当	当業	大北関
	呂子文	義盛焼鍋	焼鍋	大北関
参事員 10名	何慶三	恒泰長	金店	大西関
	張子揚	吉順昌	絲房	中街
	彭賢	東三省官銀号	東三省官銀号	鐘楼北
	王維垣	福記煤局	煤局	小北関
	武明甫	咸元会	銭舗	小北関
	李福堂	老福順堂	薬舗	大南関
	武萬枝	内賓陞	鞋舗	中街
	孫雅軒	電鍍金廠	電鍍金廠	鐘楼北
	李蘊山	保権永	雑貨舗	鐘楼北
	胡慶福	徳順和	軍衣荘	鐘楼北
議事員 10名	王鶴年	信源長	絲房	小西関
	龍化南	東興和洋蝋公司	洋蝋公司	鐘楼東
	劉炳燐	徳勝和	鞍韂舗	鐘楼北
	喬盡臣	恒聚成	線貨舗	鐘楼北
	張程信	慶徳昌	雑貨舗	鐘楼北
	安華亭	同慶長	木舗	鐘楼北
	王盡臣	存議織綢公司	織綢公司	鐘楼北
	張鳴九	同合永点心舗	点心舗	鐘楼北
	王興久	慶春久	木局	鐘楼北
	康子栄	三合皮房	皮房	鐘楼北

1923年５月23日発行『東亜興信所週報』第34号所収（鉅鹿1924，47−50頁）

さにこのような存在である。業種としてはマッチ、ビール、紡績業、窯業などで、これらの企業は輸入代替化を計ることをめざした。この点に、輸入により利益を蓄積してきた安定期の商会指導層である雑貨業とは利害の対立が存在していた。また新興企業の育成は政権の殖産興業政策の一環であることから、経済界の指導者層の交替は張作霖・張学良政権の後ろ盾のもとになされた。

混乱期を経たのちの安定期においては、商会幹事の交替は少なく、政権に対して独立性を有していた。しかし張作霖政権が東三省を掌握し、北京政局に影響力を持つようになった一九二四年からは、商会は再び政権からの働きかけを受けるようになった。それとともに政権を後ろ盾とする経済人が権力を帯びることによって、商会内で有利にふるまうようになった。この段階で商会は地方政府に連動して動く存在となっていった。次章では、この地方権力が国民政府の下に組み込まれたことによって生じる商会の混乱を検討する。

注

（1）『奉天通志』巻二一三人物、四一行誼三二丁（東北文史叢書版、五巻、四六二四頁）。
（2）南郷龍音『奉天票と東三省の金融』（南満州鉄道庶務部調査課、一九二六年）六九頁。瀋陽商会志編纂委員会『瀋陽商会志』（白山出版社、一九九八年）一五頁。
（3）田辺種治郎編『東三省官紳録』（東三省官紳録刊行局、一九二四年）一〇七頁。
（4）ＪＣ一〇‐三一三六「周作孚設立華茂猪毛公司請立案」（一九一四年）。
（5）ＪＣ一〇‐三一四三「王永江等為興辦実業組織東三省興利公司」（一九一五年）。
（6）「東三省に於ける儲蓄会事情」『満鉄調査時報』第三巻第一〇号（一九二三年一〇月）。
（7）ＪＣ一〇‐三六一七「民国一三年四月一七日工務系副会長薛永来・参事李福堂呈省政府」。
（8）ＪＣ一〇‐三六一七「民国一三年四月一七日省政府指令薛李・訓令省会警察庁高等検察庁商会実業庁警務處」。

（9）日本側の調査では山東幇に対する姿勢として以下のような報告もされている。「先年奉直戦後ヨリ奉天ニ於テハ暗ニ山東出身者ヲ圧迫スルノ観アリ尚其後市政公所ノ創立ヲ見ルヤ益々此傾向ヲ明瞭ニシタリ現ニ奉天総商会会長魯宗煦氏（山東人ニシテ呉佩孚ト同郷ナリ）ノ如キ事ニ托シテ之ヲ検束シ近々改選ノ挙ニ出ヅルト云フ」鉅鹿貫一郎『支那ニ於ケル商会法ト商事公断處章程』（遼東事情研究会、一九二四年五月）。

（10）邵伸「総商会月刊的使命」『奉天省城商会月刊』第五期（一九二五年二月）。

（11）ＪＣ一〇‐三六一七「民国一一年一二月永年西薬房李秉辰稟省政府」。

（12）ＪＣ一〇‐三六一六「民国一三年六月一六日奉天総商会呈奉天省長公署」。

（13）ＪＣ一〇‐三六一六「民国一三年九月二四日奉天省長公署咨東三省保安総指令部」。

（14）陳來幸「中華民国初期における全国商会連合会について」（『富山国際大学紀要』第二号、一九九二年三月）一四六頁。

（15）『奉天商業会議所月報』第一六四号（一九二六年八月）四頁。

（16）奉天興信所『満洲華商名録』（一九三二年）一五三頁。

（17）以上丁広文と李福堂の対立については松重充浩「一九二八年奉天総商会会董改選紛糾問題と省政府の関与――遼寧省档案館所蔵奉天総商会関係档案史料の可能性について」（平成九年―一一年度科学研究費補助金〔基盤研究（A）（二）〕研究成果報告書『近代中国東北における社会経済構造の変容』研究代表者江夏由樹、二〇〇〇年三月）参照。

（18）ＪＣ一〇‐一一九二二「民国一七年一一月二七日省公署指令杜乾学馮庸」。

第四章　張学良時期の改革

——南京国民政府と東北地域主義

一　国民政府期の商会改組過程

丁広文の再選をめぐるトラブルのあと、商会は組織の大幅な改編を迫られた。一九二八年六月の張作霖死後、あとを継いだ張学良は一九二八年一二月二九日易幟を宣言して、国民政府に合流した。これにより、商会運営も国民政府が決める規定にあわせる必要が生じた。しかし実際には、奉天独自の事情という口実をもとに、中央の規定から外れる部分を維持し、張学良政権の商会への指導性を失うことなく商会改組が行われた。

この時期に国民政府は、上海、漢口、広州などで見られた国民革命をめぐる商人団体間の抗争に決着をつけ、統制を目的とした改革を行いつつあった。一九二七年国民党二全大会での「商民運動決議案」の採択の結果、上海では左派を中心に滬商協力会が組織され、右派は商民協会準備大会を開催した。同時に旧来からの上海総商会、上海各路商界総連合会も存在し、それぞれが国民政府内での勢力争いに係わりながら対立状態にあった。この状態に対して国民政府では一九二八年末に商人をひとつの組織に統合することをめざし、商人団体を商会の名の下に再編することが試みられた。その指標とされたのが上海の全国商会聯合会事務所から提出された商会改組大綱である。(1) 最終的には新しい商会法を公布することが予定されたが、暫定的にこれをもとに改組をすすめることを工商部は全国の商会に伝えてきた。(2)

改組大綱の内容は以下のとおりである。(3)

一、執行委員

総商会執行委員四九人、候補執行委員一五人。商会執行委員二五人、候補執行委員七人。全て会員の選挙によって選出。

二、監察委員

総商会監察委員二三人、候補監察委員七人。商会監察委員一一人、候補監察委員三人。全て会員の選挙によって選出。

三、常務委員

総商会常務委員七人、商会常務委員五人。執行委員の互選により、うち一人は主席とする。

四、各股委員

総商会、商会とも事務上の必要から各股委員会を設定し、その人選は常務委員が執行委員会に提出し決定する。

五、総務處

総務處は主任一人、書記長一人、書記若干、収発・管巻・録事・庶務・会計若干、常務委員会により別に雇用する。

六、商事公断委員会

甲、評議委員、総商会二一人、商会一一人、会員の選挙による。

乙、調査委員、総商会七人、商会五人、会員選挙による。

丙、常務委員、総商会五人、商会三人、評議委員による互選。

丁、書記、総商会五人、商会三人、一人を書記長とし、録事若干は常務委員会が別に雇用する。

七、選挙時にはすべて記名投票とする。

八、旧会長制の任期が満了する商会は本大綱に照らして改組を行い、任期が満了しない場合は幹事を執行・監察両委員会にわけ、その期間が満了になるまで不足人員は候補委員によってしばらく補う。

九、候補執行・監察委員は従来どおり、開催時に列席する。発言権・建議権を有すが、表決権は有さない。執行・監察委員が欠席の場合は該当する会議が終るまで臨時にその欠を補う。

一〇、そのほか上海・漢口両総商会暫行章程を参考に処理する。

改組大綱の八条には任期満了の場合は改選を、満了でない場合は会董を特別会董として扱い不足分を補充するという部分的な改組を行うことが示されていた。奉天総商会の場合はもともと丁広文会長の退陣により、改選を予定していたこともあり、補充選挙ではなく完全改選を行うことになった。しかし省政府への呈文にはそれは書かず「執行委員四九人監察委員二三人合計七二人の代表が必要になるが現行の会董（幹事）は三〇人と大いに不足し、補充する人数が四二人にもなる」ことを主張して完全改選を行うと報告していた。商会改組の進捗状況は省政府を通じ国民政府に伝えられる。このような建前が省政府に提出されたのは、前商会長をめぐる内紛を国民政府に伝えないための配慮が働いていると考えられる。(4)この報告の直後に省政府は金恩祺と盧広積を派遣し、暫代執行正副会長として改組にあたるよう指示を出した。(5)この指示とほぼ同時期四月二日に前会長丁広文、前副会長劉継仲の正副会長資格を取り消すことが省政府の上位に位置する東北政務委員会に伝えられた。(6)

この改組にあたって派遣された金恩祺は恵臨火柴公司、八王寺啤酒汽水公司、奉天儲蓄会で経理などの職にあり、張志良の後継者的存在だった。商会長時代には東北火柴聯合会会長、国民外交協会長も務め、「国貨運動」（国産品販売促進運動）および排日運動の中心的存在だった。[7] 盧広積は一九二六年までは小学校長職を中心に教育界で活躍し、張学良側近の閻宝航らとも親しい関係にあった。一九二六年から実業界での活動を開始し、楊宇霆らが出資した奉復印版石鉱公司経理を務めている。また一九二八年奉天総商会幹事として上海で開催された中華国貨展覧会に派遣され、上海の馮少山の知遇を得て全国商会聯合会代表に選ばれている。[8] さらに国民外交協会副会長も務めた。これらの経歴から、金恩祺・盧広積はこの時期の張学良政権がめざす国貨運動や国民政府との協調という政治方針を共有できる人材といえる。彼らの経営する企業は資本主に東北政権内部の有力者を迎え、東三省官銀号や奉天儲蓄会からの融資を受けていた。また張学良周辺にあつまる、張作霖らの世代よりも若い、国民政府を意識した閻宝航、王化一らとの交友を持つ点も特徴だった。[9] このため金恩祺・盧広積による商会改組は、権力性商人に有利に商工業者を動かすという、以前からの商会運営方針と、国民政府を意識しその示す形に近づけるという二つの柱から成り立っていた。

国民政府が強く意識されるようになったことは、国民政府から奉天の商会に至る命令伝達系統が確立され、逐一檔案が残されるようになった点からもわかる。商会と関わる檔案は、それまでは商業を管轄する省の役所（時期によって勧業道や実業庁、農鉱庁など）と省政府に提出されるにとどまっていた。しかしこの時期には、奉天総商会→農鉱庁→省政府→工商部、あるいは奉天総商会→省政府→工商部という順で上級官庁への呈文が出され、その逆の手順で上から下への指示が出された。ここから商会が行政システムの末端に組み込まれ、上意下達の枠におさめられつつあったことがわかる。

二　商会法と改組の実際

では具体的に金恩祺・盧広積による改組の過程を検討したい。両者は四月一八日づけで着任し、改組の方針に関する草案を作成している。四月二〇日に二人の名で省政府に提出された文書では、会董（幹事）をすべて解職したが二人ですべて決定することはできないので、選挙により委員を選び改組準備に参加させたいと要請している(10)。これは認められ、委員を選出するための商工代表大会は六月一四日に行われた。この間に選挙方法を決め、選挙権・被選挙権の資格を審査するために各商工業者の調査を行い、これらの通知をするという作業がされた。代表大会のために各商店に入場券を一枚ずつ配布し、当日は一万人余りの参加があったと『東三省民報』は報道している(11)。

この大会で金恩祺は以下のようにスピーチを行った。

国民政府から商工業者に関する法律はまだ公布されていないが、上海や漢口では商工業者の組織と救国団体の間で衝突が発生している。これを参考に商会改組を行うことは困難である。ましてや遼寧省は特殊な状況にあり内地とは違う。今回の改組は困難を極めたが、日本の経済侵略やソ連の共産主義宣伝にさらされており、商工業における唯一の団体である我々はこの被害を受ける立場にあり、改組が必要である。この遼寧省の現状を考慮し、代表を選ぶにあたってはくれぐれも注意をはらってほしい(12)。

このスピーチには、商工業発展のための商会像はほとんど提示されていない。むしろ金恩祺等と省政府側が商会に期待するものを提示する内容となっている。第一に外国勢力に対し強硬姿勢をとること、第二に、上海などの他地域を視野にいれつつも改革は一線を画し、地域事情を優先することが強調されている。

これまでは商会の会議に出席するものは商店の代表が選ばれていたが、今回の改組から業種ごとの商会下部組織である同業公会のなかから代表を選出することになった。一四日の大会以降、一五日から七月二日にかけて各業種ごとに代表選出選挙が行われ、七月四日にはこの代表のなかから委員を選出する選挙が行われた。ここでは三五人の臨時委員が選出され、七月八日から章程や細則・組織綱要について議論を行った。同時に法規・総務・金融・税務の四部門に各委員をわけ、仕事を分担させた。八月六日には選挙各行代表暫行簡章・選挙代表須知・選挙各行代表名額日期榜・各行代表姓名・選挙委員暫行簡章・委員会議暫行規則・委員会議事細則・臨時委員分組会組織綱要・分組委員姓名表を省政府に提出し、改組の進捗状況を報告している(13)。

これを認める省政府の文書が八月一三日づけで出された(14)。しかしその二日後の八月一五日には国民政府が商会法を公布し、九月になると同業公会法が公布された。このため国民政府の商会関連法の規定と改組したばかりの商会の実情をすりあわせる必要に迫られた。

一九二九年四月から始まった改組大綱に基づく改組と、一九二九年八月一五日に公布された商会法に基づく改組のなかには大きく二点の違いがあった。この対応のため、さらに一年半近くが改組に費やされることになった。第一に工会と商会の分離を求める国民政府商会法に対し、奉天では商工総会という名のもとに合併した組織をつくろうとしたこと。第二に「人民団体設立程序」に基づき、国民党の各地最高党部の承認を経て商会を成立させるという規定に対し、遼寧省国民党支部が成立していないため、国民党の承認が得られないことであった。さらに県レベルの商会改組が、商会法および人民団体設立程序からずれ、改組が不徹底であること、国民政府が要求する期間内での改組が不可能という問題もともなっていた。改組の間、これらを争点として国民政府工商部の要求がつきつけられた。

第一の工会商会合併については、一九三〇年七月になって工商部からこの件に関して指示があったことが推測される。それまでは国民政府からの指示を待つ姿勢だったが、この時に農鉱庁から省に対して、商工別々に組織しなければならないとの議案が提出されている。しかし、この問題はさらに半年あまり放置された。改組が終了する一九三一年三月二四日の改選が近づいた三月二〇日になり、盧広積に工会部門を担当させ、同業公会のうち一〇あまりを集めて工会として組織させた。このとき盧広積は商会副会長の肩書きを有したままで、工会事務所も商会内部におかれていた。つまり商工分離という問題を先送りしながら、期限ぎりぎりで形のみ国民政府からの指示に従ったにすぎなかった。この結果、工会として分離される部分は従来どおり商会内部にとどめ置かれた[15]。

第二の国民党支部の承認については、同党支部の東三省における成立を待たねばならなかった。易幟を実行し、国民党が指導する国民政府に合流したものの、張学良政権は国民党の活動を制限していた。国民党中央から委員が派遣されても党支部の設立は難航した。結局、一九三〇年一一月に張学良の責任のもとで紹介された人員が国民党に入党を許可されることになり、張学良政権の強い指導下で国民党支部が組織された[16]。これが商会改組の完了を遅らせた。本来は商会法公布後一年の猶予期間内に改組を完了することとされていたが、一九三〇年八月になっても完成できなかった。農鉱庁は省政府に奉天以下の地方商会の改組状況を次のように報告している。「本省の状況を斟酌して処理しており、本庁は商会改組を催促している。商会法は去年八月一五日に公布され、商会法施行細則は一一月一三日に工商部より公布され今日に至っているが、各県レベルで商会改組を報告してきたのは一〇余県にすぎない。このようになっている原因は、改組をしていない県があるだけでなく、手続きが煩雑で遅れている所も多数存在するためである。」農鉱庁はこの状況から、改組の延長願いを工商部に出すよう省政府に要求した[17]。この結果さらに半年の猶予が得られた。ここでいう煩雑な手続きとは国民党の承認だった。国民政府は改組期間延長という妥協をしてでも国民党の承認という手続きを守らせたかったことがわかる。この延長期間がきれる直前の一九三一年一月になると国民政府実業部（元工商部）から省政府に進捗状況についての問い合わせが行われた。一月三一日づけの実業部から省政府への咨文では、①商会と公会に密接な連絡がない②章程の多くは法にしたがわず処理されている③各地商会改組が遅れている④商店会員とは同業者が七を下回る場合のみ認められるとしているが守られていない⑤中央発布の修正人民団体法案各規定（当該地の最高党部の許可指導を先に申請し、その後地方主管官庁に送って法令との整合性を問うというもの）が守られていない、の五点が指摘されている[18]。

結局、国民党支部の成立は間に合わず、実業部から臨機応変な対応をせよとの妥協を引き出した[19]。この結果商会工会を別個に組織するという問題も国民党支部の指導を受けるという問題も回避し、一九三一年三月二四日に商工総会の全員大会を行い、執行委員・監査委員が選出され、翌二五日には執行委員のなかから常務委員と商会長に相当する主席の選挙が行われた。主席には金恩祺が選出され、盧広積も常務委員に選出された。また一九二八年の商会長をめぐるトラブルで商会への関与を禁止されていたはずの李福堂も常務委員に選出されている[20]。ここで選ばれた委員と主席は四月一四日に宣誓式を行い、正式に業務を行うことになった。しかし五月の段階では実業部はこの改組が人民団体組織法案に照らされて行われたものではないとし、まだ認可ができないとした[21]。八月になっても党の承認は得られなかったが、商会章程および委員名簿の審査が平行して行われ、九月五日に「瀋陽市商会修正章程」が承認された。これが実業庁（元農鉱庁）に伝えられたのは九月一七日だった。結局、国民政府が指定した全過程をふまえた改組が満洲事変以前に完遂されることはなかった。

このように一九二九年初頭以来の改組を見てくると、二年と八ヶ月あまりの時間が改組にかけられている。

しかし改組のために商会の活動が滞っていたわけではない。この改組期間中に遼寧省商会聯合会が開催され、金恩祺の指導権が確立された。また、外交協会の活動なども行われ、暫行会長にすぎないはずの金恩祺を中心とした経済界指導体制が整えられていった。この時期は改組に集中していたというよりは、国民政府「商会法」の要求を満たせないことを理由に、改組を保留してきたといえる。張学良政権および金恩祺・盧広積らの改組籌備員にとっては、一九二九年夏時点で地域政権に必要と思われる改組は完成していた。国民政府の商会法とのすりあわせは、達成する必要性は小さく、保留のまま一年余りを経過させ、国民政府の妥協を引き出した。

三　小括

ではこの間の改組がめざしたものはなにか。一九三一年三月二四日の商工総会全員大会の金恩祺や監視員として派遣された省政府代表らのスピーチのなかでは、常に国民政府の指導に沿って改組が行われたことが強調されている(22)。実際には、国民政府の求めた国民党支部の指導、商会と工会を別個に組織することは守られたとはいいがたい。その一方で、同業公会を組織させ、業種ごとに商工業者を管理し、個別の商店から直接商会へ代表を送らせないとする指導は徹底された。それまでの商会幹事は資本額によって資格が制限された選挙によって選出されていた。その結果、多数の幹部が絲房経営者から選ばれることも可能であった。しかし業種ごとに代表を一、二名選出と制限されたことで、絲房出身の幹事数は大幅に減少した。これによって、権力性商人を唯一おびやかすことができる絲房の商会内での発言力を弱め、権力性商人による商会運営をより円滑なも

表4－1　一九三一年商会幹事名簿
瀋陽市商会職員履歴表（1931年4月24日づけ）

職名	人名	年齢	籍貫	商号名	業種	在経済界年数
主　席	金恩祺	37	撫順県	恵臨火柴公司	火柴公司	10
常務委員	盧広積	38	海城県	奉復印版石砿公司	印版石砿公司	6
	李福堂	57	瀋陽県	老福順堂	中薬商	30
	王桐軒	45	瀋陽県	慶泰徳	参茸商	15
	喬藎卿	52	楽亭県	恒聚成	批発雑貨商	25
執行委員	劉貫一	63	瀋陽県	聚隆和	山海雑貨商	40
	方煜恩	31	新民県	大東印刷局	印刷局	6
	王筱為	38	瀋陽県	福記煤局	煤局	20
	齋子栄	47	瀋陽県	義発和	雑貨商	25
	王恒安	44	瀋陽県	萃華新	金銀首飾商	25
	高振鐸	55	鉄嶺県	志仁堂	中薬商	30
	劉兆祥	36	瀋陽県	永和当	当商	16
	王敏卿	53	黄県	天合東	絲棉雑貨商	30
	鞏天民	30	臨楡県	世成慶	貸款商	10
	李蘊山	50	臨楡県	運象乾	皮革商	15
監察委員	馮春軒	53	瀋陽県	泰山永	糖果商	34
	高捷升	46	臨楡県	永徳厚	転運商	5
	于煥卿	36	掖県	普雲居	猪業商	17
	趙沢浦	49	瀋陽県	麗生金	鞋業商	34
	李仁芝	52	深県	仁義合	鶏菜商	22
	張海峰	40	安邱県	祥順成	煎餅磨房商	20
	郭樹藩	60	昌黎県	春和堂	中薬商	40

JC10-12033より作成

のにすることに成功した（表4－1参照）。

またそれまで安東と営口の商会が総商会と名乗っていたことに対し、これも商会法に従うという形で「総」の文字をとらせ「商会」としている(23)。他方、奉天総商会は瀋陽市商会に改称するにあたって抵抗をしめした。奉天という都市名が瀋陽に改められたことによって、省名と都市名が一致しなくなり、瀋陽市商会では奉天総商会が持っていた省を代表するという象徴性がなくなることにこだわり、遼寧省城商工総会という名称を維持しようとしていた。改組完了後章程を省政府及び農鉱庁に提出する段階になって、初めて省政府からの指令を受けて瀋陽市商会の名をつかうことになった(24)。しかし、遼寧省商会聯合会では指導的立場を明確化させた。聯合会主席は国民政府商会法に準拠した改組の際に、一旦営口商会長郝殿卿が選出されたが、郝殿卿の辞任によって金恩祺が就任している[25]。次章では聯合会を通じて奉天総商会が東北における指導的立場に立とうとした動きを検討する。

注

（1）金子肇「商民協会と中国国民党（一九二七―一九三〇）――上海商民協会を中心に」（『歴史学研究』第五九八号、一九八九年一〇月）。
（2）JC一〇-三六四四「民国一八年一月一一日工商部咨省政府」。
（3）JC一〇-三六四四「商会改組大綱」。
（4）JC一〇-三六四四「民国一八年三月二三日総商会呈省政府」。
（5）JC一〇-三六四四「民国一八年三月二八日省政府指令農鉱庁」。
（6）JC一〇-三六四四「民国一八年四月二日省政府呈政務委員会」。
（7）外務省情報部編纂『現代中華民国満洲帝国人名鑑』（東亜同文会、一九三七年）一〇九頁。
（8）瀋陽商会志編纂委員会『瀋陽商会志』（白山出版社、一九九八年）一九七―二〇〇頁。
（9）西村成雄は張学良周辺に集まる人材をヤングチャイナと呼び、地域主義から一歩踏み出す中国ナショナリズムに呼応する存在としてとらえ、それまでの張作霖政権の指導層とは性格を異にしているとする。西村成雄『張学良――日中の覇権と「満洲」』（岩波書店、一九九六年）。
（10）JC一〇-三六四四「民国一八年四月三十日暫代執行正副会長金恩祺盧広積呈省政府」。
（11）『東三省民報』一九二九年六月一四日。
（12）JC一〇-三六四四「民国一八年八月六日総商会呈省政府」。
（13）同右。
（14）JC一〇-三六四四「民国一八年八月一三日省政府指令総商会」。
（15）JC一〇-一二〇三三「開会選挙記録」。
（16）尾形洋一「易幟後の東北に於ける国民党の活動に就て」（早稲田大学史学会『史観』第九一冊、一九七五年三月）。

(17) ＪＣ一〇‐一二〇三三「民国一九年八月九日農鉱庁呈省政府」。
(18) ＪＣ一〇‐一二〇三三「民国二〇年一月三一日実業部咨省政府」。
(19) ＪＣ一〇‐一二〇三三「民国二〇年二月二八日省政府指令農鉱庁」。
(20) ＪＣ一〇‐一二〇三三「瀋陽市商会職員履歴表」。
(21) ＪＣ一〇‐一二〇三三「民国二〇年五月一四日実業部咨省政府」。
(22) ＪＣ一〇‐一二〇三三「開会選挙記録」、このなかの金恩祺、省政府趙代表、農鉱庁李代表らのスピーチより。
(23) ＪＣ一〇‐三六四四「民国一八年九月二六日農鉱庁長劉鶴齢議案」「民国一八年九月二六日省政府訓令農鉱庁」。
(24) ＪＣ一〇‐一二〇三三「民国一九年農鉱庁議案」「民国一九年七月三一日省政府訓令農鉱庁」「民国二〇年四月一五日遼寧省政府指令農鉱庁」「遼寧省政府指令総商会」。
(25) ＪＣ一〇‐三六四四「民国一八年一二月一九日遼寧全省商会聯合会呈省政府」。

第五章　東三省商会聯合会と奉天総商会
——奉天総商会による東三省経済界統合の試み

一　商会聯合会とはなにか

近代の東北地域では商会簡明章程の公布後、商会の設立がすすみ、満洲事変の時点で約二〇〇の商会が成立し、そのなかには六つの総商会が存在した。哈爾濱、斉斉哈爾、長春、営口、安東と奉天である。分布としては、黒龍江省に一ヶ所、吉林省に二ヶ所、遼寧省（奉天省）に三ヶ所の総商会が存在した。このように多くの総商会が存在するという分布からみれば奉天はいくつもある経済拠点のひとつにすぎないといえる。しかし、張作霖の勢力が東北三省に広がるにつれて、奉天総商会はその影響力を拡大し、ほかの総商会を超える存在となった。奉天総商会のこの勢力拡大過程において利用されたのが、商会聯合会のネットワークである。省級の商会聯合会だけでなく、東三省商会聯合会を組織し、そのネットワークが活用された。さらに、東北には鉄道沿線の商会を組織した商会聯合会、中東鉄道沿線の東省特別区商会聯合会が存在した。このほかにも満鉄附属地商会も満鉄附属地商会聯合会を組織しようと試みたが、これは日本側の妨害にあって成功しなかった。ここではこのような重層的な商会聯合会の存在から、東北の経済構造とそこにおける奉天総商会の位置づけについて議論を行う。

商会聯合会について議論しているいくつかの論文のうちでも、虞和平の『商会与初期中国早期現代化』と陳來幸の「中華民国初期における全国商会聯合会について」をもとに商会聯合会について考えたい。虞の研究によれば、中華全国商会聯合会は一九〇七年に創設が提案され、一九一二年に全国的な商会聯合会が成立した(1)。清末の商会は、各地の総会、分会、分所の間に縦方向の上下間のネットワークが存在した。このほかに、総商会同士、分会同士それぞれ同等のレベルの間には水平方向のネットワークも存在した。しかし聯合会が組織されるまでは、水平方向のネットワークは恒常的につかわれるわけではなかった。また上下の間の関係も上から下への連絡関係しかなかった。つまり、省をまとまりとして、総会を中心とした閉じた関係である(2)。しかし一九一二年に商会聯合会が全国の総会、分会、分所をまとめる形で成立すると、上下、水平双方に回路が形成された。この回路を通じて個々の商会の意見を集め、政府に資産階級の考えを伝えることができ、政府から相対的に独立した態度を表明することができるようになった(3)。しかし、陳の研究によれば、商会聯合会内には地方間の対立が存在した。例えば北京政府の影響が強い華北の商会と上海を中心とした華中や江浙商会の間で聯合会会長をめぐって対立した(4)。また、一九二五年には第五回商会聯合会は張作霖が掌握した北京政府の影響をうけ、奉天総商会長の張志良を会長に選んでいる(5)。ここでは商会聯合会は時には政府が資産階級をコントロールするための回路にもなっているといえる。これほどに直接的な政権の影響をうける奉天総商会を擁する東北地域の商会聯合会は、全国商会聯合会にみられるような上下水平方向の回路として機能しえたのだろうか。以下では東北の商会聯合会をとりあげ、東北の特徴を分析していく。

二　全省商会聯合会と東三省商会聯合会

一九一二年中華全国商会聯合会の成立後、一九一三年には中華全国商会聯合会章程に基づいて、各省に全国商会聯合会の分事務所が作られた。黒龍江省では一九一三年五月一四日に黒龍江省事務所が斉斉哈爾総商会内に作られ、総商会の職員が業務を兼ねた。一九三〇年には黒龍江全省商会聯合会に改組された[6]。吉林省では一九一三年六月一八日に吉林省事務所が成立した[7]。一九一六年八月には省事務所は改組されて中華全国商会聯合会吉林聯合会となり、満洲事変後の一九三二年には吉林全省商会聯合会へと改変された[8]。奉天では一九一四年に聯合会の奉天省事務所ができた。一九二四年には奉天全省商会聯合会に改められている[9]。黒龍江省と吉林省については資料の限界からこれ以上詳しい変遷はわからない。これに対して、奉天について奉天省公署檔案と奉天総商会檔案を分析することで、ある程度の分析が可能である。

奉天における商会聯合会の積極的な活用は第三章でとりあげた張志良の商会改革のなかで行われた。一九二四年六月、彼が商会長となった二か月目に正式に東三省商会聯合会の設立の動きが見られる。この計画は東北のその他の商会に認められてのものであった。奉天総商会から奉天省公署への一九二四年六月一六日の呈によれば、「外商がわが東三省の商業地において金銭をかすめとり、我々の心を痛めること久しい。ここに三省が合同することによってこの外商の勢力を抑えたい。いまや、全国商会聯合会が成立し、わが東三省は特殊な立場にあり、ひとつに結集して心を同じくすれば外商よりも優位となる。奉天省・吉林省・黒龍江省の総商会によって東三省商会聯合会を組織したい[10]」という。この呈は奉天総商会長張志良と二人の副会長、黒龍江総商会、吉林総商会の会長副会長、哈爾濱総商会（哈爾浜道裡商会）の座辦と濱江商会長（哈爾浜道外商会）の連名で提出された。

一九二四年の奉天総商会会務報告によれば、東三省商会聯合会は「それぞれ名称はあったが、実際には正式な組織としては動いていなかった。総商会の改組以後、これを積極的に組織し六月一五日に東三省商会聯合会と正式に名づけた(11)」としている。さらに報告では「東三省は特殊な立場にあり、お互いの連絡が必要である(12)」という。この特殊な地位と理解されているひとつは、日本・ロシアなどの外国勢力が特権を有していることであろう。しかし、東三省においては張作霖が保安総司令として地域を掌握している点がさらに重要な要素といえる。外国人商人との競争という課題は、上海・天津などの租界のある都市にも存在し、東三省だけの特殊な事情ではない。むしろ、東三省商会聯合会は張作霖の指導の下の統一という点から存在を求められていると考えられる。報告はさらにいう「この聯合会の成立後、三省の商事は手をたずさえ、大きく進展した。今回の時局における通電についても、聯合会の名のもとに軍へ振恤を行い、同じ態度を取り、外に対してともに行動していく(13)」。これはつまり東三省商会聯合会が東三省軍に協力することを意味している。

簡章によれば、「この期間の総会は奉天省城におき、吉林省・黒龍江省には分会を置く。三省の各総商会の推薦により会長・分会長を選び、二四名の幹事を推薦する。定例会議は毎年五月に召集し、このほかにも臨時に特別会議をひらく(14)」とし、「第一回定例会議は一九二五年七月二二日に奉天総商会において開催する(15)、第二回定例会議は一九二六年五月一五日に吉林省総商会で開催するというように、毎年三省で輪番で開催していくものとする(16)」と決められた。

このように三省の総商会の連盟によって東三省商会聯合会は成立し、定例会議が輪番制で開催という表面上は三省の公平性が保たれた。しかし、張志良が一九二四年九月に東三省商会聯合会の会長に就任し、総会の所在地が奉天総商会内となっていることから実際には東三省商会聯合会は奉天を中心としたものといえる。[17]

奉天総商会檔案のなかの東三省商会聯合会公函のほとんどは一九二四年と一九二五年のものである。この二年の文献の主要なものが東三省商会聯合会の設立プロセスと第一回定例会議の議案である。第一回定例会議は一九二五年七月一五日から二二日に奉天総商会内で開催され、吉林・黒龍江・長春・安東・営口・奉天の各総商会及び呼蘭・巴彦の両県の商会も参加した。各総商会が提出した議題は以下のとおりである。

奉天総商会は、三省特産品展覧会を開催して工商振興を図ること、東三省造紙廠を組織して利権の挽回を図ること、といった東三省全体に及ぶ計画の提案をしている。これに対し、長春総商会は税制に関する不満を述べ、その解消を求めている。例えば、中国人商人と外国人商人の税制不均衡の是正や、印花売買にともなう税制違反での処罰問題などである。外国人商人を偽って脱税するものがいるので外国人商人からも中国人と同等の税金をかけることを吉林総商会も提案している。それぞれの地域の問題をあげてきているものとしては、黒龍江総商会がルーブル紙幣による損失補填と洮昂鉄道を省城にも通すことを求めている。安東総商会も商事公断処設置要求と安東警察経費の公正な徴収要望をあげるとともに、土布の免税期間延長をあげている。[18] 奉天総商会以外は税制に言及し、外国商人との競合のなかで税制の不利をあげるという点が特徴的である。またいずれの総商会も地元の問題に外国や他地域が関係するものを議案としてあげてきている。[19]

ちなみに、奉天の全省商会聯合会では、他地域同様の土布の免税や営業税などの税制問題が主なものとしてあがっている。[20] これに対して、奉天総商会が東三省商会聯合会で討論しようとした問題は東三省の名を冠した行事や工場の設立である点は興味深い。

一九二四年、二五年の張志良時代以外の東三省商会聯合会の主な檔案は、一九三〇年の臨時会議のものがある。東三省商会聯合会から遼寧省政府への呈には「金高銀安のために三省の市況は極限的な恐慌状態となっており、手段を講じて救済しなければ工商業者は破産の恐れがある」として臨時会議を七月一日遼寧総商会で開催するとしている。(21)この招集に対し、遼寧総商会・吉林総商会・黒龍江総商会・安東総商会・営口総商会・長春総商会・哈爾濱総商会・濱江商会・黒山商会・開原商会・新民商会・蓋平商会・遼陽商会が代表を送ってきている。(22)各商会の提出した議案は一九にのぼる。

国産品提唱を軸としており、工場建設提唱、国産品陳列館設立、外国製品使用制限を挙げるとともに、投機的な金票購入禁止や、金票だての貸借禁止など金票の制限も提案している。同時に、幣制統一、国内紛争終息願などの経済安定に必要な全国的な課題への意思表明も行っている。(23)

一九二五年の第一回定例会議と比べると、一九三〇年の東三省商会聯合会の臨時会議の主要な議題は国貨運動の具体的な実施に関わるものである。東三省商会聯合会と遼寧全省商会聯合会はともに遼寧総商会主席の金恩祺が主席を担当した。この時期の遼寧総商会の主な論点は国貨振興だった。さらに金恩祺は東北国民外交協会の会長であり、遼寧総商会は東北国民外交協会の中心的な存在だった。(24)

これに対して一九三一年一月一〇日に開催された遼寧全省商会聯合会の議案において最も多かったのは国貨運動と関わるものではなく、各県商会から省政府に対する農商民救済のための借款の実施要求であった。(25)省聯合会に期待されることはより実務的な経済対策といえる。一九二五年の場合も一九三〇年の場合も全省商会聯合会は個別の商店や商業地の経済救済に必要な、税制優遇や補填といった具体的な問題がとりあげられている。救済を求める各県レベルの商会の要求を上に伝える機能を有しているといえる。これに対して省中央は下に向かって制度や調査の情報などを伝えるという聯合会の使い方をしている。(26)

このように東三省商会聯合会と全省商会聯合会には機能に違いが存在している。全省商会聯合会は省内の問題解決のためにより具体的な事案を取り扱っているが、東三省商会聯合会は外に向けたパフォーマンスを行うような宣伝活動が意識されている。それは外だけでなく三省の統一的な意思形成も意図していたであろう。遼寧総商会は東三省商会聯合会と全省商会聯合会を使い分け、両者を通じて省レベル、東三省レベルそれぞれで積極的に活動を行った。省レベルは省経済政策の伝達と提言であり、東三省レベルではある一定レベルの合意のある東三省経済界の形成であったといえよう。

三　鉄道沿線商会による聯合会の組織

(1) 鉄道沿線の商会

東北の鉄道沿線には商人が駅を中心に集まり、商業地区を形成し、商会を組織した。もともとは鉄道沿線は附属地として外国勢力に掌握されていた。例えばロシアの支配する中東鉄道特別区、日本の支配する満鉄附属地である。これらの商人は商会を組織する際に、中国政府の商会法を遵守する必要はなく、名称も商会ではなく、商務会や公議会などを名乗るものもあった。しかし、商業地区における商人の互助組織としての機能は共通していた。商会によっては外国勢力当局の認可を必要としていたが、認可なしに存在する商会もあった。ここでは中東鉄道沿線と満鉄沿線の商会の間での聯合会について検討していく。

(2) 中東鉄道沿線と東省特別区商会聯合会

中東鉄道は鉄道会社用地と駅の商業地区を所有していた。(27) ロシア革命以後、中東鉄道におけるロシア勢力の減退にともない、鉄道にまつわる権利も次第に中国側に回収され、一九二〇年には鉄道の所有する土地は東省特別区とよばれるようになった。一九二二年末には東省特別区行政長官人事条例大綱に依拠して、張作霖政権から行政長官が派遣されてきた。中国側の特別区設立以後、中国人の商会は東省鉄道特別区商会とよばれる。具体的には、昂昂渓駅、一面坡駅、海林駅、安達駅、満溝駅と長春の中東鉄道側の駅である二道溝にあった。[28]

哈爾濱は特別区のなかでも特殊な立場にあった。つまり中東鉄道本社の所在地であり、鉄道網の中心に位置していた。このため哈爾濱総商会も東省特別区商会の中心に位置していた。一九二六年三月に哈爾濱の中国人がロシア側から市の自治権を回収した直後の五月二九日に東省特別区商会聯合会が哈爾濱総商会を中心に成立した。[29]張廷閣哈爾濱総商会会長を聯合会会長に選出し、聯合会の会址は哈爾濱総商会内とした。会員は東省特別区内の各商会代表が一名とされたが、哈爾濱総商会は六名を代表とすることができた。章程に書かれた聯合会の仕事は特別区内の商業に関する調査・改良・維持とされ、商務行政について意見を述べ、工商情報誌を発行し、商品の競争力に関する情報を集めることとされている。[30]

東省特別区商会聯合会の設立が意味しているものは、哈爾濱の中国人商人の勢力強化がそのひとつといえる。[31]さらに、奉天を中心とした東三省商会聯合会の設立後二カ月という設立時期から考えると、東省特別区行政長官の管理の下で、これらの商会は各省の全省商会聯合会に属していないために、上への意見陳述回路を持たなかった。これを解消するものとして聯合会を組織したといえる。

（3）満鉄沿線と華人商務会

長春以南の中東鉄道南部沿線をもとに成立した満鉄も附属地を有していた。満鉄は附属地の行政管理権を有したが、警察権はなく、関東庁の警務局の管理の下で警察署が附属地の治安および各種団体の設立認可にあたった。

この部分については大野の研究に依拠して満鉄附属地商会の聯合会に対する態度を紹介していく[32]。一九三一年はじめに奉天南満駅中華商務会が日本側に対して全線商務聯合会の設立を申請した。その設立理由は恐慌が生み出す華商の困難を解決するためとしている。計画上の規定では満鉄商会法と中国側商会法を遵守し、奉天を代表とし輪番制とする。幹事は主席団の代表とし、執行委員と常務委員の互選で代表を選出する。この代表は国民会議に参加を希望した。しかし、関東庁警務局と満鉄は聯合会の組織を許可しなかった。一九二九年四月からの奉天の商会改組以降、奉天の経済界には反日意識が吹き荒れ、商会・商会聯合会がその先導役となっており、日本側としては華商の反日運動を警戒した。例えば東三省商会聯合会が一九三〇年に臨時会議を開催し国貨運動を推進したことが附属地華商に影響を与え、一旦聯合会を組織すれば、積極的に反日活動を行うのではないかと恐れた[33]。奉天南満駅中華商務会自体の希望は聯合会を通じて中国全国レベルの問題に関わることであった。そのため、国民会議への参加や幹事の委員制導入という一九三〇年の商民運動の流れにのろうとするものであった。

四　小括

奉天全省商会聯合会の例から見ると、全省商会聯合会は東北における省レベルの商会の意見を集約して上に伝える機能、より上位の機関の情報や要求を下へ伝える機能があった。これはつまり虞のいう上下と水平のネットワークとしての機能である。全省聯合会と比べると、東三省商会聯合会は例外的な存在である。東三省商会聯合会の主な構成メンバーは各地の総商会であり、東三省のすべての商会ではなかった。上下と水平の伝達機能は重要ではなく、簡章には全国商会聯合会との関係も書かれていない。

東三省商会聯合会の誕生した一九二四年には張作霖が第二次奉直戦争を起こし、翌一九二五年末には郭松齢の反乱があった。張作霖は東北においては並ぶ者のない地位にあったが、依然として戦闘は続いていた。この状況下で東三省商会聯合会は成立しているのである。さらに、東三省商会聯合会は一九三〇年の臨時会議において は国貨運動にとりくんだ。この議論は当時の東北において焦点となっていた問題である。つまり、全国商会聯合会がまさに全国的な問題の解決に対応したのと同様に、東三省商会聯合会は全東北レベルの問題にとりくんだのである。ただし、その問題は実際の施策というよりは経済界の問題意識を共有し、対外的な意見表明という示威行為の形をとった。だからこそ、奉天南満中華商務会もここに参加することを希望し、逆に日本側は参加を禁じたのである。

奉天の商会は公議会改組の段階ではばらばらであると徐世昌から批判をうけ、行政の指示に従わないこともたびたびであった。ところが権力との密接な関係を持つ商会長を擁するようになると、権力の後ろ盾によって東三省全体へと影響力を行使するようになった。とはいえ、各地域には省ごとの商会聯合会があり、中東鉄道沿線には東省特別区商会聯合会があった。また本書ではとりあげていないが、大連には大連華商公議会が存在しているのである。経済的影響力の実態を越えた権力の力による作用が存在して、奉天総商会は東三省商会の中心にいるといえよう。公議会改組からの二〇年のうちに、奉天の経済界のありようは大きく変化したのである。それを可能にしたものがなにか、第二部ではそこに焦点をあてる。

注

（1）虞和平『商会与初期中国早期現代化』（上海人民出版社、一九九三年）九九頁。
（2）同右、一〇〇頁。
（3）同右、一一六―一一七頁。
（4）陳來幸「中華民国初期における全国商会聯合会について」（『富山国際大学紀要』第二号、一九九二年）一三四頁。
（5）同右、一四六頁。
（6）前掲、虞和平『商会与初期中国早期現代化』一一九頁。満洲中央銀行調査課『本邦農工商会調査　竜江省及黒河省三江省之部』（一九三五年）一頁、六頁。
（7）満洲中央銀行の調査によれば、一九一三年九月に成立している。満洲中央銀行調査課『本邦農工商会調査　吉林省及間島省之部』（一九三五年）一頁、六頁。
（8）前掲、満洲中央銀行調査課『本邦農工商会調査　吉林省及間島省之部』六頁。
（9）満洲中央銀行調査課『本邦農工商会調査　奉天省之部』（一九三六年）一頁、七頁。
（10）ＪＣ一〇‐三六一六「民国一三年六月一六日奉天総商会呈奉天省長公署」。
（11）奉天総商会『奉天省城商会月刊』第五期、二五―二六頁。
（12）同右、二五頁。
（13）同右、二六頁。
（14）ＪＣ一〇‐二〇八五「民国一三年七月一日東三省聯合会呈為擬訂簡章」。
（15）ＪＣ一四‐四九四三「民国一四年七月二五日東三省商聯会公函奉天総商会」。
（16）ＪＣ一四‐四九四三「民国一五年五月三日東三省商聯会公函奉天総商会」。
（17）一九二四年九月二九日づけの東三省商会聯合会から奉天総商会に宛てた書簡には、「吉林・黒龍江・哈爾浜・奉天の各総商会および濱江商会の各会長が集まり、東三省商会聯合会の設置およびその章程について議論した。その折の推薦によって奉天総商会長張志良を会長に、吉林総商会長張松齢と黒龍江総商会副会長馮寛均を副会長とすることが決まった」とある。ＪＣ一四‐六三二〇「民国一三年九月二九日東三省商会聯合会函為選挙会長啓用関防由」。
（18）注（15）に同じ。
（19）設立プロセス以外の奉天総商会档案としては以下のようなものがある。ＪＣ一四‐三七五五「民国一三年八月六日東三省商会聯合会函為日本増加奢侈品進口税請転知由」、ＪＣ一四‐三八七三「民国一四年七月一五日東三省商会聯合会函為

蘇聯南新新城開定期集市会期由」、ＪＣ一四‐四九二〇「民国一四年七月函三省商聯会為交渉総署代電請条議関于中俄会議事項由」、ＪＣ一四‐八四四五「民国一五年一二月二三日東三省商会聯合会函為呼青幹線昭能自籌股本応妥訂章則呈送核奪由」。

(20)　典型的な檔案としては以下のようなものがある。ＪＣ一四‐三六四〇「民国一五年七月奉天全省聯合会函為土布免税」、「民国一五年七月奉天全省聯合会函為臨時会議決転呈取消営業税」。

(21)　ＪＣ一四‐四一七四「民国一九年七月東三省聯合会臨時会議議事録」。

(22)　同右。

(23)　ＪＣ一〇‐三六二七「民国一九年七月一四日東三省商会聯合会呈遼寧省政府計呈議案一份」。具体的には「提倡国貨」「成立国貨陳列館案」「宣伝国貨之出品以喚醒民衆周知案」「創辦国貨工廠案」「節用外貨以減少漏巵案」「収買国産品提倡国外貿易案」「禁止搗買金幣與金票並案討論」「請各銀行号充分接済案」「発行虚金紙幣案」「提倡崇倹案」「禁止貸借金票案」「快復交易所案」「銀行号違反固有営業性質請求制限案」「中東南満両路運票客票請減軽案」「本会籌辦東北商工旬刊案」「停止金金価交易案」「籌謀幣制統一案」「宜し早息内争案」「経設経済討論会案」の一九件である。

(24)　ＪＣ一〇‐三六四四「民国一八年一一月一五日遼寧全省商会聯合会呈遼寧省政府」。

(25)　ＪＣ一〇‐三三九四「民国一九年一月一〇日全省商聯会臨時会議記録」。

(26)　典型的な檔案としては以下のようなものがある。ＪＣ一四‐四〇九五「民国一九年七月二九日遼寧全省商聯会函為調査境内工廠表曁調査国貨洋貨輸出入種類額表請査填」、ＪＣ一四‐三四五五「民国二〇年八月二二日遼寧全省商聯会函本省各市鎮営業税評議委員会簡章法依照進行」。

(27)　満洲事変以降、日本側は中東鉄道を購入し北満鉄道と改称し、その附属地である東省特別区を北満特別区と改称し、商会も北満特別区商会とよばれるようになった。

(28)　前掲、満洲中央銀行調査課『本邦農工商会調査　竜江省及黒河省三江省之部』（一九三五年）。同『本邦農工商会調査　濱江省之部』（一九三五年）。「東省特別区商会聯合会職員表」（哈爾浜市檔案館『哈爾浜経済文集二』（一九九〇年）一二五頁）。

(29)　「東省特別区商会聯合会函（第一四号）民国一五年七月二一日」（哈爾浜市檔案館『哈爾浜経済文集二』（一九九〇年）一二四頁）。

(30)　「東省特別区商会聯合会章程」（哈爾浜市檔案館『哈爾浜経済文集二』（一九九〇年）一二五－一二六頁）。

(31)　この時期の哈爾浜総商会会長の張廷閣は哈爾浜市長でもあった。これを奉天経済界の中心的存在であった張志良と比較しても、張廷閣の地位はかなり高いといえる。張廷閣については、黒龍江省地方志編纂委員会『黒龍江人物伝略四』黒龍江人民出版社、一九九二年、四七―五〇頁。

（32）大野太幹「満鉄附属地華商と沿線都市中国商人――開原・長春・奉天各地の状況について」（『アジア経済』第四七巻第六号、二〇〇六年六月）。

（33）外務省記録［E・二・六・〇・二］「外国商業会議所並経済団体関係雑件第三巻」三一―三三頁。

第二部　東北の経済構造

——東三省官銀号と奉天紡紗廠を中心に

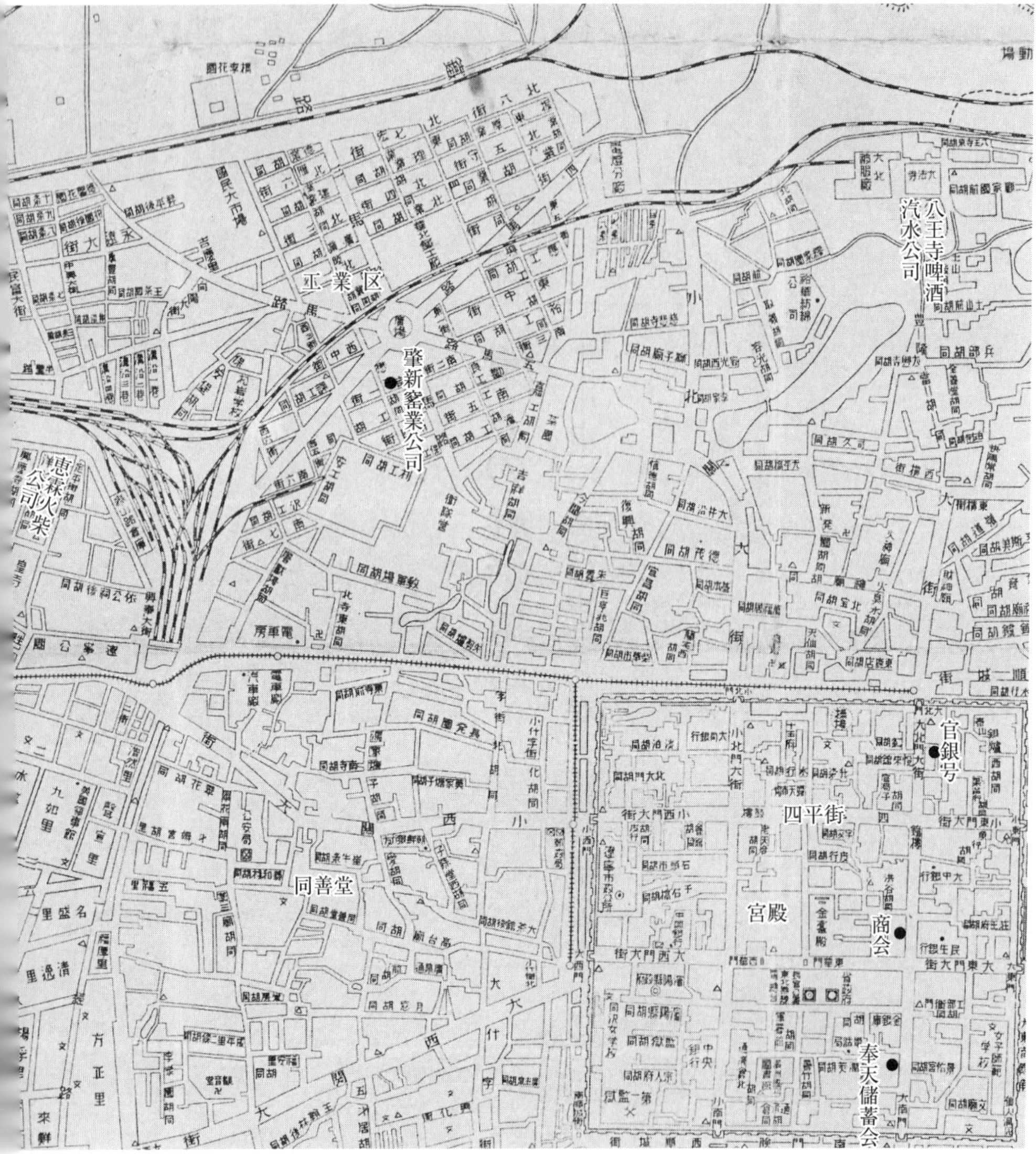

1931年ごろの奉天城北西から奉天駅にかけて
(『実測最新奉天市街附近地図』宮阪徳次郎，1935年，部分)

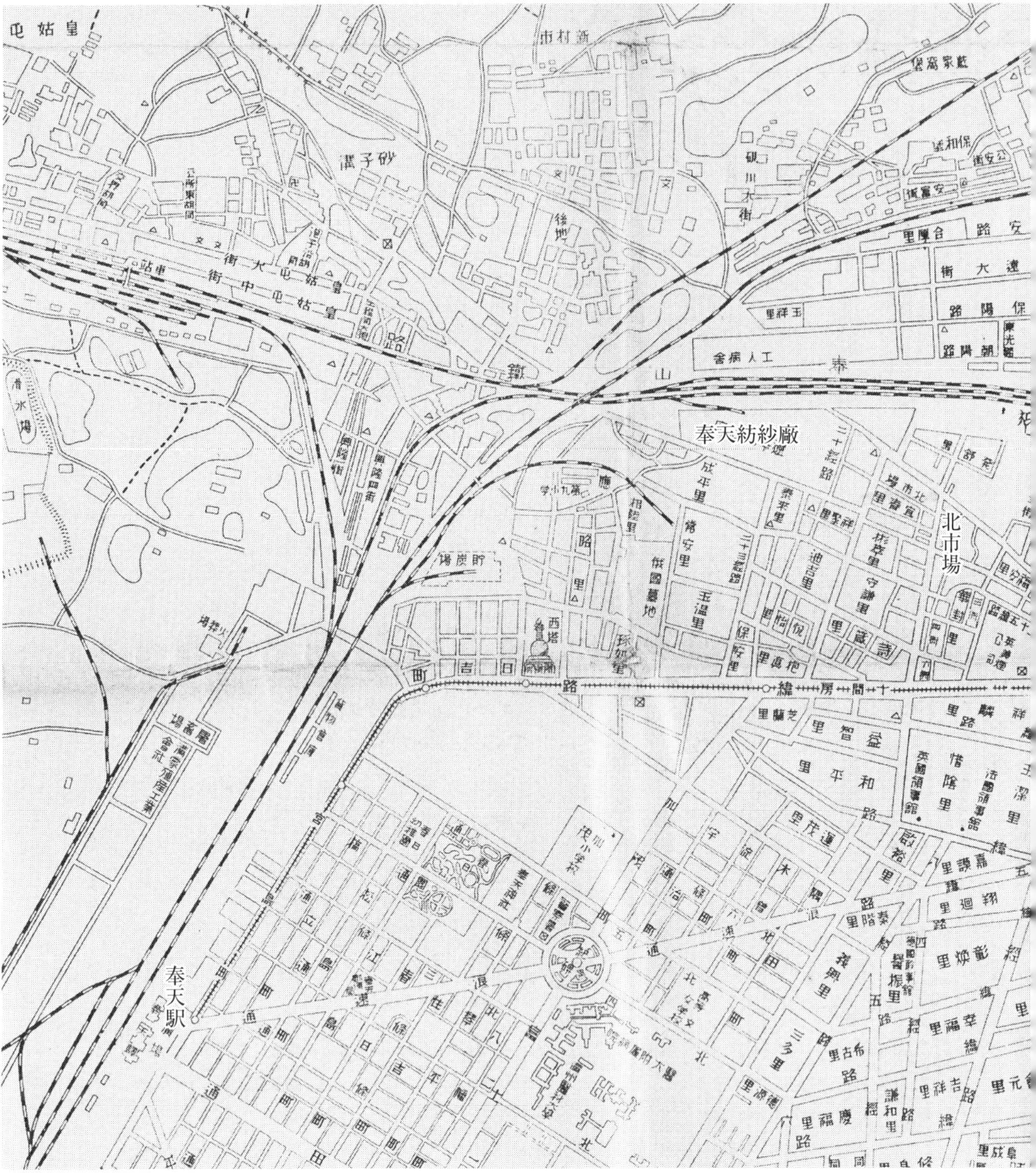
奉天紡紗廠
北市場
奉天駅

奉天経済の近代化

第二部では、第一部で対象とした奉天総商会に結集する経済人を支える経済構造や企業について分析を行う。第一部で検討したように、辛亥革命前の二〇世紀初頭から一九三一年満洲事変がおこるまでの奉天経済界では、中心となる業種が金融業・流通業から工場制製造業へと変化した。それとともに指導者層が伝統的な商業経営者から近代的商工業経営者にかわった。伝統的商業の特徴は、人的ネットワーク、特に同郷・同業間での紐帯を重視する点である。例えば、金融業者の票荘では出資者も働くものもほとんどが山西省出身者だった。また雑貨商の一種である糸房の場合は山東省出身者によって構成されていた。このように、業種ごとに特定の地域出身者が、資本主、経営者、従業員を構成した。これらの構成員は、同郷の縁者知人などの紹介による人的ネットワークによって集められた。

では近代的商工業は何を重視し、何によって特徴づけられるのだろうか。たとえば、藤井諒『満洲特産界に於ける官商の活躍』（満鉄、一九二八年）に象徴されるように「官商」つまり権力との関係の強さが言われる。この点が強調されることによって、日本側からは不公平感をもって捉えられることになり、経営戦略や企業としての実績には注意が払われてこなかった。ここでは権力との関係を否定的にとらえるのではなく、それを活用することで可能となった奉天の近代的企業の成長を、檔案を用いることで可能な限り実態に迫りたい。

最初に第六章で消費者であり生産者である農民と、金融業、流通業、製造業との間に成立していた物流上の関係を検討する。これにより東北に成立し、社会のあり方を規定していたモノの流れをモデル化する。

第七章では、第六章のモデルを構成する要素のうち金融業を対象とし、東三省官銀号がいかにカネの流れを掌握していったかを検討する。第八章では製造業の事例として奉天紡紗廠をとりあげる。奉天紡紗廠については奉天省公署とのやりとりが多数残されており、東北地方政権の企業育成戦略を読み解くことができる。最後に、第九章では流通業をとりあげ、政府が資金を投入し奉天紡紗廠など製造業を梃入れし、奉天の経済が活況をしめすなか、実際にこれらの商品を販売した雑貨商はどのような状況にあったか、倒産事例を通じて分析する。

第六章　一九二〇年代東北の経済構造
――金融・特産物取引における権力の伸張

一　奉天の政治の変遷と経済

本論に入る前に、張作霖・張学良政権をめぐる奉天の政局を整理しておきたい。辛亥革命前夜に盛京将軍、東三省総督によって制度改革の先鞭がつけられた。辛亥革命に際しては当時の東三省総督であった趙爾巽によって革命派が抑えられ、在地有力者も趙爾巽の施策を支持し、勢力の入れ替わりを見ることなく中華民国に移行した。革命後は東三省総督は廃止されたが、中央から派遣された官僚が都督として省を管轄した。

一九一五年に派遣された第二代奉天都督段芝貴は、袁世凱の意向を受けて赴任した。しかし、袁世凱帝政に対する反対運動が高まり始めると、段芝貴の立場もゆらぎ、張作霖は在地有力者の支持を集めて段の追い落としをはかり、袁世凱死後の一六年には奉天省の政治・軍事を掌握した(1)。そして二二年に呉佩孚との戦争（第一次奉直戦争）に敗れると、張作霖は対外戦争を控え、在地有力者が求める東三省地域内の安定を図った。この時期、張作霖政権下で民政を担当した在地出身の地方官僚である王永江が財政改革を行い、経済力・軍事力を充実させた。二四年に張作霖は第二次奉直戦争に勝利し、中央政界に影響力を行使するようになった。この頃になると、張作霖や奉天の中国人社会と日本の間に摩擦が生じ始めた。経済面では、日本からの輸入代替を可能とする企業の育成がすすめられ、満鉄線に対抗する瀋海鉄道などの中国側鉄道がつくられた。また排日運動も起こるようになり、二七年には臨江領事館分館設置反対運動が高まるなか、商会内に奉天全省商工拒日臨江設領外交後援会が結成された(2)。これらの状況に日本側も刺激され、強硬姿勢をとるようになり、二八年六月には張作霖爆殺という事態に至った。張作霖のあとを継いだ張学良は、はっきりと日本との間に距離を置く態度を示し、その年の一二月には従来の東三省独立姿勢をやめて、南京国民政府と歩調をあわせることを宣言した（易幟）。この過程で日本の影響力はさらに減少したため、日本側に危機感が醸成されるなかで、三一年九月一八日に関東軍による満洲事変が起こったのである。

二　東北物流モデル

張作霖政権の成功の背景には、軍事力を支えた経済力があった。税収などの正規の収入については、清末以来の税制改革と幣制改革を引き継いだ王永江の財政管理による点が大きい。この点は澁谷、王による詳細な研究があるので参照されたい(3)。ここでは張作霖政権の経済力を支えたもうひとつの要素、大豆流通に注目する。二〇世紀初頭の中国の貿易収支は、中国全体では輸入超過であった。だが、東北では輸出超過傾向にあった。この超過分が東北の潜在的な経済力となった。そしてその大きな部分は大豆輸出によっている(4)。

ここでは本書が対象とする時期の東北の特産物、特に大豆と農村の日用消費財の流通網のモデル化を試みる。東北の平野部に広がる畑では大豆が生産され、鉄道網を通じて大連や営口、北部の場合はウラジオストクを経由して輸出された。大豆は夏の終わりには収穫を終え、秋から冬にかけて出荷される。この際、生産者である農家から大豆を買い付けるのは、各地の糧桟とよばれる穀物問屋である。彼らは使用可能地域が限られる地域通貨をつかって大豆を買い付けた。奉天省では主として張作霖政権が東三省官銀号に発行させた銀建ての滙兌券、通称奉天票が地域通貨として使用された。買い付けられた大豆は、鉄道沿線の集散地にある経営規模の大きな糧桟に買い取られた。集散地の糧桟は営口、大連、哈爾濱などの国際取引が行われる市場で輸出業者に大豆を販売する。このとき、輸出業者は大豆の代金を国際通貨で支払った。これは、金建ての朝鮮銀行券(金票)やルーブル紙幣で、国際決済に使用できるほか、異なる地域通貨を使用する中国国内の地域間決済にも使用できた。このように、大豆販売利益は最終段階では金建てで入手されるが、農村市場では、金建ての通貨は流通せず、銀本位(初期には銅銭)に基づく地域通貨が流通していた。このため、生産地で大豆を買い付けるためには、大豆販売利益を銀本位の地域通貨に両替する必要があった。

糧桟が大豆購入のために、銀建ての地域通貨を準備するということは、金融機関側からみれば、大豆購入資金を融資することになる。地域通貨の需要は大豆の出荷に左右され、大豆出回り時期には地域通貨の需要が高く、それ以外の時期には地域通貨の需要は下がり、価値が下がる。金融機関はこの変動を利用して、利益を得ていた。(5)

農村から輸出までのカネとモノの流れは以上のとおりだが、逆の流れ、輸入と農村へのモノの流れはどうだろうか。大豆を外国に売ることで東北に入ってくる金建ての通貨を必要としたのは、外国製品を輸入販売していた雑貨商である。彼らは綿糸布、日用品の購入に金建て通貨(主として金票やルーブル)を用いた。このような雑貨商は東北外で生産されたものを輸移入し、小売商や支店を通じて都市部から農村部に至るまで、上は政府関係者から下は農民に至る各階層に提供した。この流通過程では、一般消費者は奉天票などの銀建ての地域通貨を使用しており、雑貨の売上は地域通貨で計上された(6)。そこで雑貨を東北に買い入れる業者は、商品を販売して得た利益を、金融機関を通じて金建ての通貨に換えて、仕入れ資金とした。つまり金融機関は大豆を東北外に販売したときに東北に入ってきた金建て通貨を、雑貨商が商品を買い付ける際に提供することで、金建て通貨と銀建て通貨を循環させていた。

このような流通と貨幣の循環について詳細な考察を行ったのが石田興平である(7)。本章では、金融の詳細を分析することが目的ではないので、石田の研究に依拠して、東北での流通を簡略化したモデルを図6－1として提示したい。

このモデルでは、特産物を農村から吸い上げ、外国へ輸出するルート、外国からの輸入品を農村の消費に提供するルート、両者をつなぐ金融業の三つの要素が基本となる。

これら各要素の動きに注目すると、東北におけるモノ・カネの流れの変遷を次の四段階にわけることができる。第一段階は、農村からの集荷、農村への流通、農村と都市の使用貨幣の違いを調整する金融、これらがそれぞれ別の背景を持つ資本に経営されている段階である（図6－1①）。農村からの集荷は、在地化してはいるものの農民と同じルーツつまり山東や河北に祖籍を持つ商人があたった(8)。農村への流通については、山東商人が東北の外でつくられた商品を都市部へ持ち込み、さらに、流通の末端である農村部へは、在地化の度合いの強い商人が商品を販売した。金融業者は、東北外との取引は山西票荘が為替業務を、東北内でも都市ごとに違う貨幣の交換には銭荘や銀荘が両替にあたった。成功をおさめた商店は、糧桟・銭荘（銭舗）・雑貨商を同一資本で経営する「聯号」とよばれる形態をとるものもあった(9)。

第二段階は、集荷、流通、金融のうち、金融機関が政府系金融機関に置き換わる時期である（図6－1②）。第一段階と第二段階の画期は、東三省官銀号の前身である奉天官銀号が一九〇五年に設立された時点である。

〔図6－1①〕

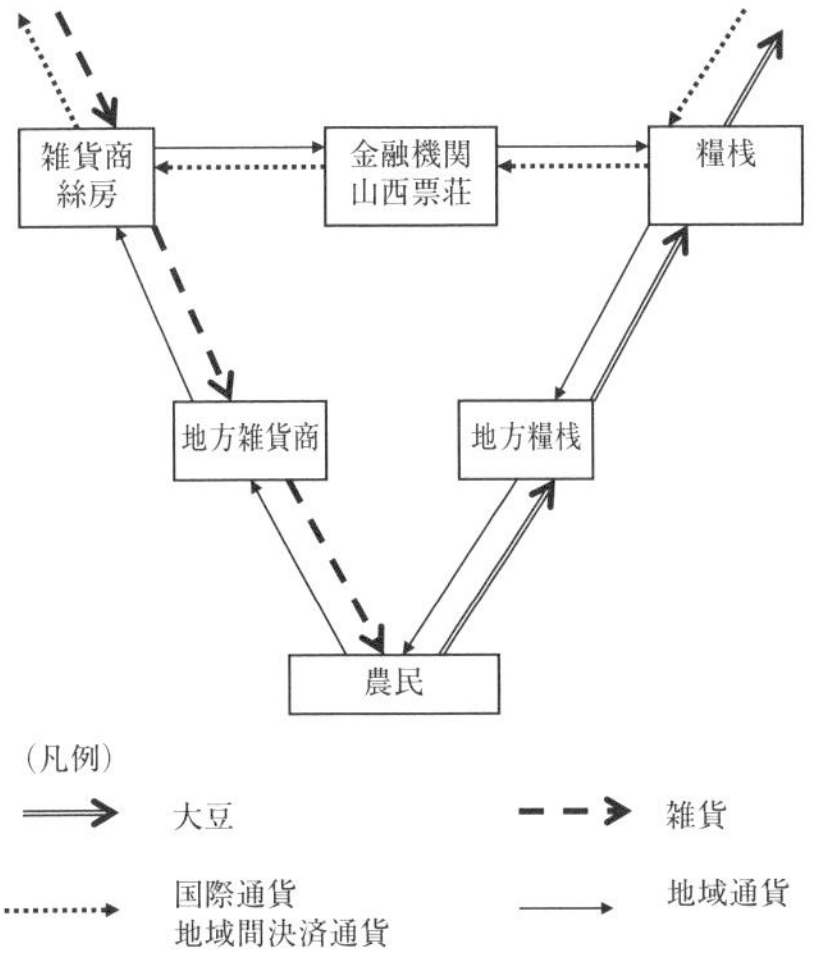

〔図6－1②〕

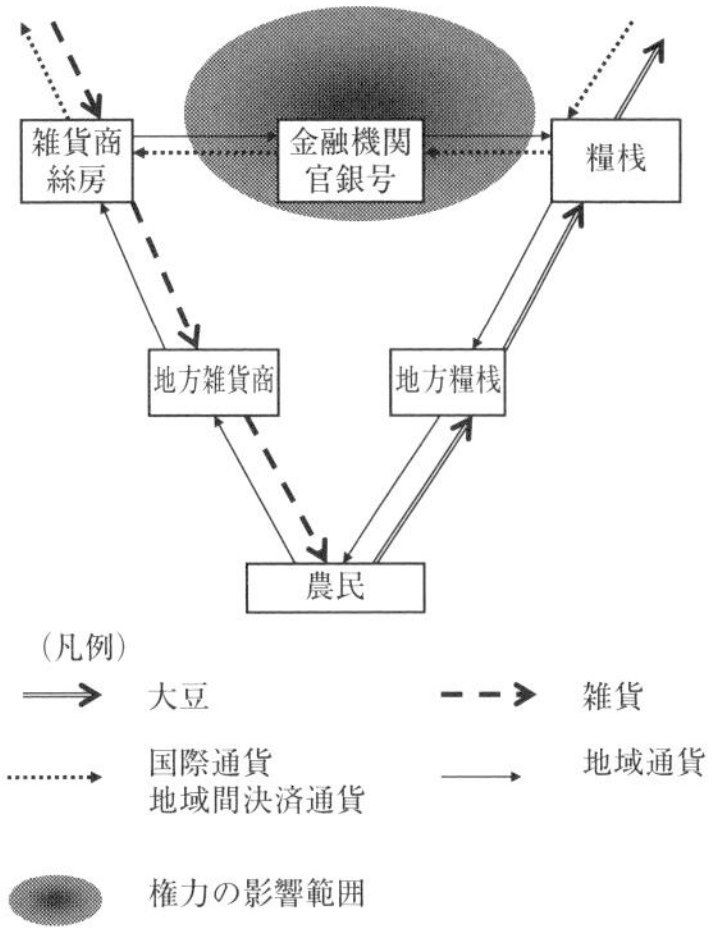

〔図6－1③〕

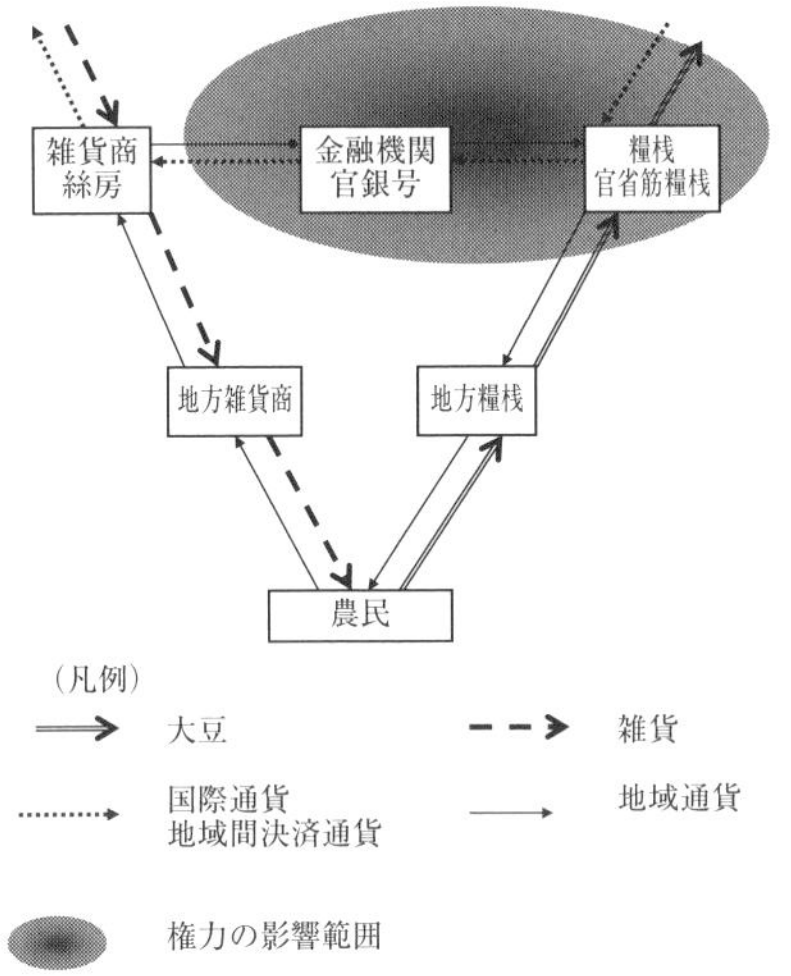

〔図6－1④〕

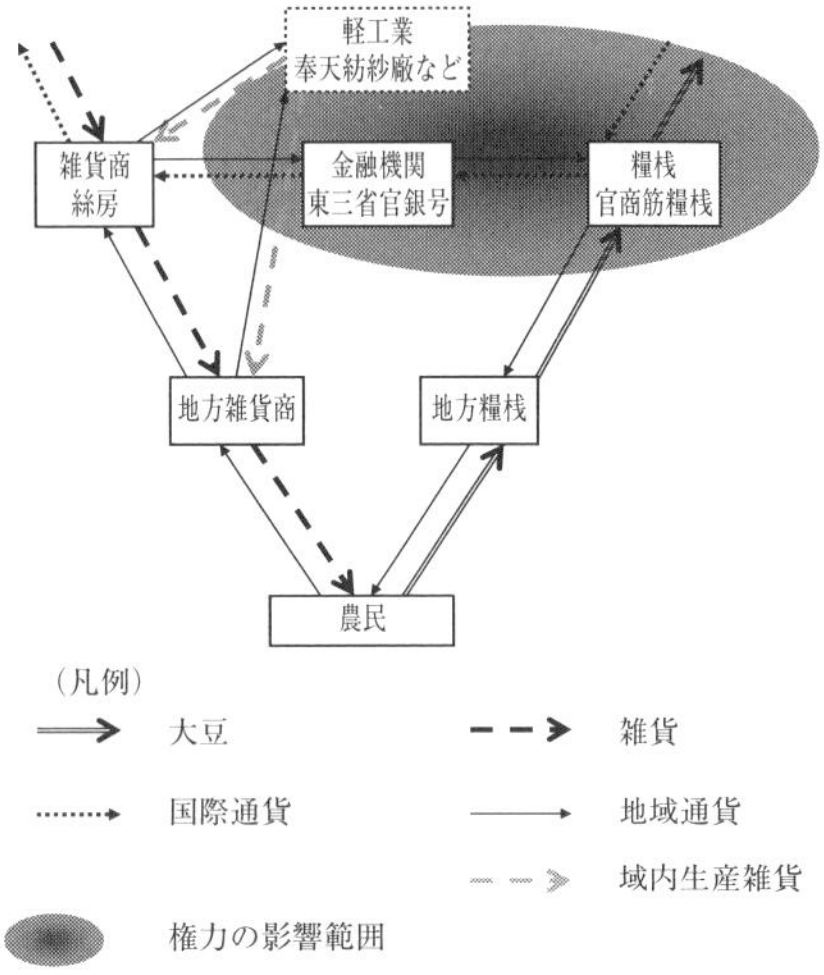

図6－1　東北における流通モデル

これにより都市ごとに違った貨幣は官帖によって一定程度の統一が達成された。かわって都市ごとの貨幣の違いを調整していた両替を行う金融業者の衰退を招いた。官銀号が設立される以前、光緒三一年の調査によれば奉天の民間金融業者は、票荘一三軒、銭舗四九軒を数えた(10)。

票荘は山西人の寡占業種で、全国的なネットワークを持つ為替商である。この山西商人の遠距離間の為替取扱業は明代に始まる。明代、清代の大半の時期には東北で都市と呼べるものは軍の駐屯地であり、駐屯地への糧食および軍備の供給は東北への主な物流のひとつだった。これらの業務のなかから、為替業務も生まれ東北でも軍駐屯地を中心に山西商人が拠点を持つようになった(11)。

銭舗は票荘に比べると規模の小さい金融業者である。山西商人が経営するものが過半数を占めた。業務は銀両の販売、預金貸付、帳簿上で取引される抹兌銀の販売、発行地のみで紙幣として使用される銭票（私帖）の発行である。票荘に比べると、地元の人間のための金融機関といえる(12)。

しかし一九〇五年の官銀号の設立を転機として、これら民間金融機関は衰退した。それ以前、官庫の管理は票荘に任されていたものが官銀号へ移されたこと、銭票（私帖）の発行が禁止されたことが票荘、銭舗に影響を与えたのである(13)。その後の銀行や儲蓄会といった新しい金融機関の登場も、伝統的な金融機関の減少に影響を与えている。票荘はその後の史料からは姿を消し、銭舗も二四年時点で三一軒、三二年時点では一八軒へと減少していった(14)。

第三段階は、政府系金融機関の影響が集荷にまで及ぶ段階である（図6－1③）。つまり、東三省官銀号が糧桟との関係を緊密にし、官商筋とよばれる糧桟ができる段階である。時期としては開原に東三省官銀号の支店がおかれた一九一二年を起点とする。満鉄沿線に合計二七ヶ所の東三省官銀号支店が設置された一六年から、東三省官銀号の附帯事業である公済桟（糧桟）が開業した一八年にかけて、東三省官銀号は特産物の流通に本

表6－1　資本規模十万元以上の主要大資本

企業名	業種	資本額	資本主	創業年
東三省官銀号	金融	2000万	省政府	1909
奉天辺業銀行	金融	2000万	張学良ほか	1919
奉天匯華銀行	金融	100万	張志良ほか	1926
奉天商業銀行	金融	100万	泰記銭号ほか	1914
世合公銀行	金融	100万	張幹臣ほか	1906
奉天儲蓄会	金融	225万	張志良ほか	1917
奉天紡紗廠	製糸・織布	450万	官商合弁	1923
奉天純益繅織公司	製糸・織布	10万	東三省官銀号・張学良ほか	1918
東興紡織工廠	織布	50万	張志良ほか	1924
東興帆布染色公司	染色	公称50万	泰記銭号･奉天商業銀行ほか	1924
八王寺啤酒汽水公司	ビール･飲料･醤油	25万	東三省官銀号・張志良ほか	1920
奉天副食品醤油公司	醤油	15万	楊宇霆・常蔭槐ほか	1926
博源公司	醤油	15万	奉天儲蓄会ほか	1916
恵臨火柴公司	マッチ	50万	東三省官銀号・奉天儲蓄会・張志良ほか	1921
基泰建築公司	建築	20万	梁士怡ほか	1929
多小公司	貿易・建築	公称200万	呉俊陞ほか	1926
利達公司	貿易	100万	東三省官銀号	1920
四先公司	貿易	公称50万	奉天儲蓄会・張志良ほか	1928
肇新窯業公司	陶磁器・煉瓦	42万	杜重遠・張学良	1923

『満洲華商名録』第1回・第2回（1932，1933年），『商業彙編』（1933年）『瀋陽金融志』（1992年）より作成．

格的に関わり始めた。

第四段階は、一九二四年を起点とする（図6－1④）。この時期の特徴は、東北のカネ・モノの流れに作用する第四の要素として製造業が登場することである。表6－1のうち製造業はそのようにして登場した。なかでもその象徴的存在が張作霖政権によって創設された奉天紡紗廠である。それまでは農村への商品供給が雑貨商による東北外からの輸移入に任されていた。しかし、製造業の成長によって、輸移入品のシェアを東北内で製造された製品が切り崩していった。これによって流通における雑貨商の勢力は相対的に弱体化した。製造業は政府や政府関係者の出資により、免税措置などの政策的な優遇を受け、販路についても、政府関係の工場を顧客にするなどの優遇を受けていたのである。

三　小括

本章で描いたモデルは大豆や高粱といった穀物が域外へ輸出可能な生産量に達した近代のものである。それ以前の東北は『「満洲」の成立』で永井リサが描いた森林資源を基礎とする生態環境に根ざした社会であった。(15) それが農産物を輸出港へ運ぶ鉄道の敷設によって加速度的に農業の比重を高め、特産物生産が経済の中心となった。その生産だけでなく、取引で得られる利益を吸い上げる機構として金融が機能していた。(16) この利益を支店網によって奉天に集中させたものが東三省官銀号であり、蓄積されたものによって工業化を試みた例が奉天紡紗廠なのである。

注

（1）前掲、松重充浩「張作霖による奉天省権力の掌握とその支持基盤」（『史学研究』第一九二号、一九九一年六月）。

（2）商会を中心とした経済界の反日の動きについては、以下参照。松重充浩「国民革命期における東北在地有力者のナショナリズム──奉天総商会の動向を中心に」（『史学研究』第二一六号、一九九七年七月一五日）。

（3）澁谷由里『張作霖政権の研究──「奉天文治派」からみた歴史的意義を中心に』（博士学位論文、京都大学、一九九七年）、同『馬賊で見る「満洲」——張作霖のあゆんだ道』（講談社、二〇〇四年）。王鳳傑『王永江与奉天省早期現代化研究』（吉林大学出版社、二〇一〇年）。
（4）西村成雄『中国近代東北地域史研究』（法律文化社、一九八四年）一四一—一四三頁。
（5）南郷龍音『奉天票と東三省の金融』（南満州鉄道庶務部調査課、一九二六年）一一六—一一八頁。
（6）農村では、雑貨店と糧桟が同一資本に経営される「聯号」形態をとることも多く、この場合は、農民の大豆代金によって雑貨支払いがされることもあった。石田興平『満洲における植民地経済の史的展開』（ミネルヴァ書房、一九六四年）二四二—二四五頁。
（7）石田、同右書、清朝末期の「満洲」における農村での地域決済の流れは二二七—二八二頁、営口に焦点をあてた分析は三〇一—三一七頁、民国期の北部「満洲」（所謂「北満」）を対象に輸出入から農村での売買までをモデル化した分析は五八五—六一二頁参照。
（8）東北全体をみた場合、商人の籍貫は平野部では河北省、東辺道など朝鮮半島の付け根に近い場所では山東省を主張するものが多い、これはこの地域の農民の出身と呼応すると考えられる。このことから、穀物を産出する平野部の特産物取扱い商である糧桟は河北系の商人が多く、山間部からの特産物である山貨を扱う山貨商は山東系の商人が多いと推測される。上田貴子「山東幇于東北的情況」（蔣恵民『丁氏故宅研究文集』華文出版社、二〇〇五年所収）。
（9）前掲、石田興平、二二七—二四二頁。河北幇であるが長春の益発号の業種展開を事例として見ることができる。賈涛・劉益旺「京東劉家与長春益発合」『吉林文史資料』第一五輯（一九八七年）。
（10）外務省『南満洲に於ける商業』（金港堂、一九〇七年）二四五頁。
（11）山西商人は軍需品調達のみかえりに、関内での塩の販売権を手にし、やがては為替業務を行い、全国に足跡を残した。特に出身地の山西や、商業の発達した北京・蘇州などの地域では綿布・絹織物の販売、運輸商として活躍した。寺田隆信『山西商人の研究』（東洋史研究会、一九七二年）二三三—二四九頁。
（12）山西商人のうち富森竣・咸元会・淵泉溥・義泰長・錦泉福は「満洲国」期まで残り、合併して志城銀行を組織した。瀋陽市政府地方志編纂辦公室編『瀋陽市志』第一〇巻（瀋陽出版社、一九九二年）四四七—四四八頁。
（13）同右書、四三六—四四〇頁。
（14）一九二四年時点については、奉天総商会経済部調査股編『民国一三年奉天省城商工名録』、三二年時点については奉天興信所『満洲華商名録』より数値をとった。山西商人の立場の弱体化は、山西会館における廟の祭祀にも見られ、山西会館の関帝廟が関岳廟となり、祭祀が政府によって行われるようになった。『遼陽県志』（一九二八）第二巻五、一七丁、武廟の項「廟内附設山西会館泊民国三年領定典礼合祀関岳改称為武廟毎春秋二仲月上戊地方正印官率警察所長親致祭行礼」と記述がある。また同様の記述は『興城県志』（一九二七）、『岫岩県志』（一九二八）などにも見られる。

（15）永井リサ「タイガの喪失」（安冨歩・深尾葉子編『満州の成立』名古屋大学出版会、二〇〇九年）。

（16）一例として、郭志華の研究をあげる。郭志華「一九二〇年代後半東三省における「奉天票問題」と奉天軍閥の通貨政策の転換——為替市場の構造と「大連商人」の取引実態を中心に」（『アジア経済』第五二巻、二〇一一年八月）。

第七章　東三省官銀号の東北経済における役割
——支店網の拡大と附帯事業

一　官銀号沿革

東北地域権力にとっての中央銀行にあたり、省財政の預金および流通貨幣である奉天票の発行に係わり、権力性商人に資金を融通する根本に存在したのが東三省官銀号である。第七章では東三省官銀号の沿革にふれながらその性質について分析を加える。

その起源は、一九〇五（光緒三一）年一一月一日年付で開設された、奉天官銀号である。当時の盛京将軍であった趙爾巽による財政改革の一環として設立された。それまでは、山西票荘に官庫の管理が委託され、票荘や銭荘といった民間の金融業者が発行する私帖が紙幣として流通していた(1)。資本金は瀋平銀三〇万両で、税収が充てられた(2)。またこの時期は完全な官の運営ではなく、民間の資金も投入されていた。〇七（光緒三三）年には新たに、東三省総督が創設され、初代東三省総督として徐世昌が就任した。この時期には官銀号のさらなる充実がはかられ、〇八（光緒三四）年名称が奉天官銀号から東三省官銀号に改められ、〇九（宣統元）年には資本金が六〇万両に増資された。さらに民間からの資本は撤去され、完全な官営の金融機関となった(3)。一八（民

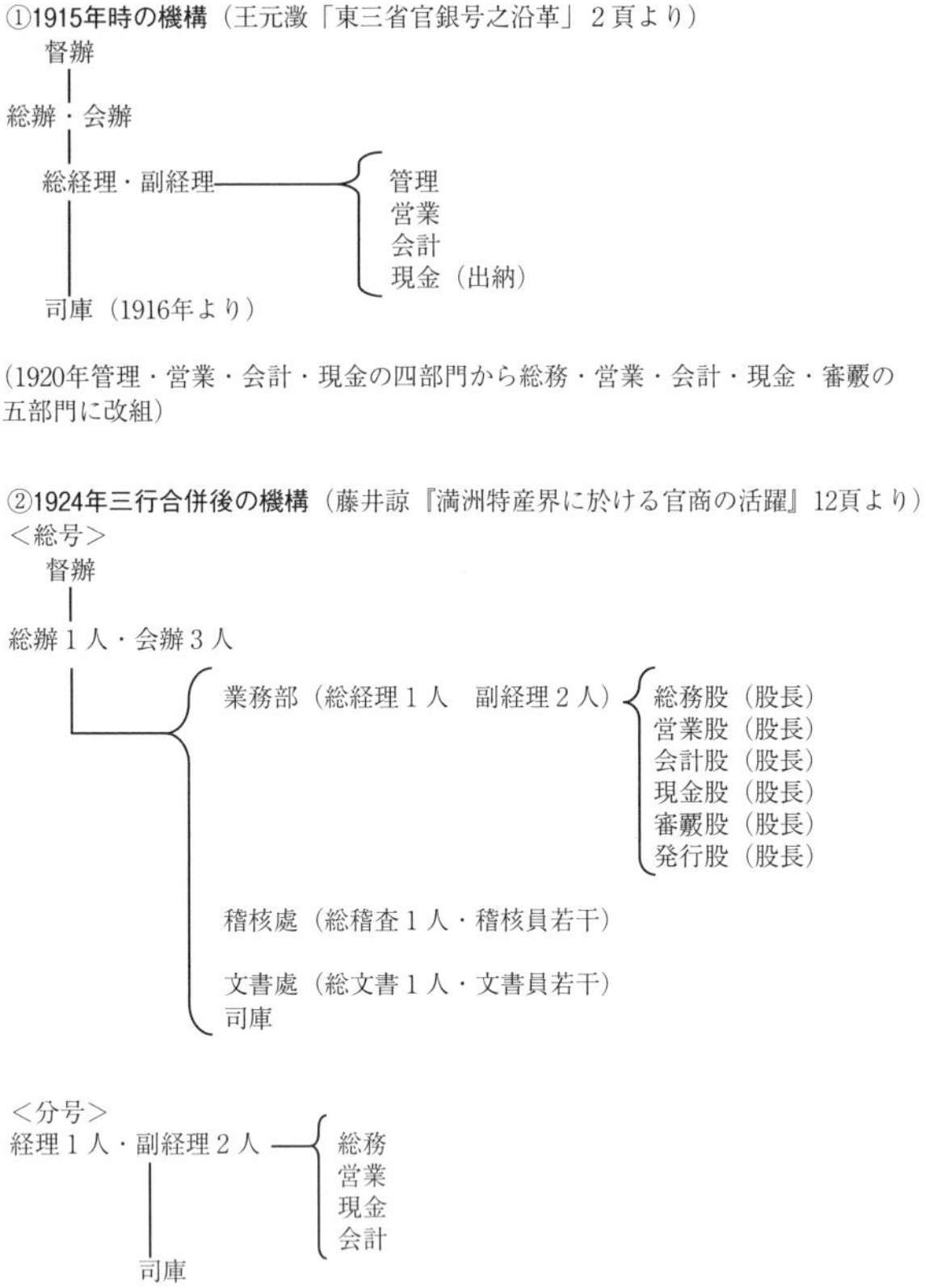

図７－１　東三省官銀号機構図

国七）年には資本の表示が両建から大洋銀建に変更され、資本額一〇〇万元となった。一九（民国八）年には一四〇万元に、二三（民国一二）年四月には五〇〇万元になり、二四（民国一三）年七月の興業銀行・東三省銀行との合併によって、一挙に二〇〇〇万元（実収資本一四一七万九千元余）となった。(4)

創設初期（一九〇五―一四年）は比較的簡単な機構からなり、総辦（総理とも）・会辦（一九〇八年より）・総経理（総商とも）・副経理（副商とも）・総稽査によって構成されていた（図７－１参照）。総理は官銀号の代表として対外的な活動を行い、会辦はその補佐にあたる。総経理・副経理は実務としての官銀号運営を行った。一五（民国四）年には分荘（支店）の増加にともない業務が増加し、総副経理の下に管理・営業・会議・現金の四部門を設けた。また翌年には金庫・省庫を扱う部門として司庫を独立した一部門とした。二〇（民国九）年には彭賢(5)が総辦と総経理を兼任し、機構の改革を行っている。先の四部門を総務・営業・会計・現金（出納）・稽核（審覈・査定）の五部門とした。二四（民国一三）年三行合併後は、五部門に発行股を増やして六部門とした。総辦と会辦の上には形式的な督辦というポストがあり、財政庁長が兼任し官銀号を監督した。この三行合併後の機構がその後の基本的な機構となっている。(6)

これらの役職のうち、督辦・総辦・会辦は奉天省長に任命され、実務を司る総経理以下は総辦・会辦に人事権があった。初代総経理が山西票号の元経理であったのをはじめとして、総経理以下には実務経験のある人材があたっている。二〇年以降はまた、人材採用にあたり、商業学校卒業生を積極的に採用する方針がとられるようになり、二九年の時点では商業学校等の学歴を有するものが大半となっている（表7-1参照）。

東三省官銀号の主な業務は、紙幣の発行など幣制管理、融資と預金の引き受けで、後者には省や県の公金も含まれていた。名称に東三省とつくが、東三省全体の金融を管理するには至らなかった。いわゆる奉天票とよばれた東三省官銀号発行の紙幣も、奉天省とそれに隣接する吉林省の一部で使用されたにとどまっていたが、このような地域限定の中央銀行としての機能を持つと同時に、一般企業や民間の団体との取引を行うという一般銀行の業務も行っていた。(7)加えて、多くの附帯事業を有していたことも東三省官銀号の特徴である。公済当という質屋や、公済銭号という銭舗が清末に東三省官銀号の出資の下で開設された。二四年の東三省銀行・興業銀行との合併後は、両銀行経営の起業も傘下におさめた。(8)

表 7 - 1　1929年時点東三省官銀号職員履歴

職名	人名	原籍	年齢	学歴
総辦	魯穆庭	営口	36歳	北京大学経済科
(兼) 会辦・督辦	張振鷺	開原	37歳	北京大学経済科
(兼) 会辦	韓麟生	東三省	28歳	イギリス留学
会辦	呉恩培	遼陽	52歳	奉天法政専門学校
総経理	単有珍	新民	64歳	官銀号はえぬき
副経理	劉徳文	新民	32歳	奉天商業学校
副経理	孫耀宗	蓋平	34歳	北京大学経済科
副経理	王元澂	新民	46歳	日本京都大学
総務股長	王兆璐	河北省	32歳	軍人出身
営業股長	周振羽	河北省	34歳	直隷高等学校
会計股長	洪錫来	海城	31歳	奉天商業学校
審覈股長	王恩齢	営口	37歳	営口商業学校
発行股長	王運元	新民	27歳	奉天商業学校
出納股長	呉俊琨	遼陽	47歳	不明
総文書	王述文	営口	41歳	奉天法政専門学校
収発員	金錫慶	瀋陽	53歳	官銀号はえぬき
文書員	胡長泰	江西省	49歳	
文書員	趙万壁	瀋陽		北京高師
総稽核	朱光沐	江蘇省	32歳	北京大学文科
副総稽核	王徳恩	営口	32歳	アメリカ留学
稽核員	劉錫嘏	海城	39歳	両級師範
稽核員	銭啓岱	浙江省	33歳	北京大学文科

1929年 4 月の時点
出典　関東庁財政部『東三省官銀号論』38-40頁

二　事業概要

一九一〇から二〇年代を通じて、東北の経済を語るうえで、当時常に注目されていたのが、奉天票とよばれる紙幣である。これは農村で大豆を買い付けるためには必要不可欠であったこと、奉天省内での主要流通紙幣であることから、一般購買層がつかう紙幣であったためである。また、政権の安定に左右され、戦争時に濫発されることもあったため、価値の変動が激しく、相場に注意を払わざるをえない存在であった。

ここでは奉天票をコントロールすることによって東三省官銀号がいかに利益を得ていたか見ておきたい。奉天票のレート差から利ざやを得る方法には時間差を利用したものと、地域差を利用したものとにわけることができる。

時間差を利用する方法は以下のようなプロセスを経ていた。大豆は九月に収穫を終え、一〇月中旬頃から鉄道沿線に出荷される。出荷のピークは一一月と一二月で、この時期には大豆に対して支払われる奉天票の需要が高まり、市場では奉天票が不足しがちになる。これに対して、東三省官銀号は関係を有する糧桟に奉天票を供給し、大連に売却して鈔票（横浜正金銀行券）あるいは金票を獲得し、これを外国銀行に預金する。五月、六月ごろになると、奉天票の価格は最安値になるため、金票・鈔票を売って奉天票を回収する。大豆売買による利益と、奉天票の時期的レートの変動による利益で、東三省官銀号には毎年数百万元の利益があるといわれている(9)。

一方、地域差を利用する方法は、上海向け為替を活用したものである。東三省官銀号は雑穀をも含めた特産物を買い、大連市場で売り、代価を金票あるいは円で獲得する。ただし、この代金は大阪の金融機関を使い、上海向けの為替に組み、上海で銀にかえ、この銀を東北に持ち帰る。上海と大連とでは大連の方が銀価がやや高いため、大連で特産物を購入する際に支払った銀以上の銀が上海では手に入り、ここに利益が生じる。これにより特産物販売の利益と大連上海間の銀価の格差を利用した利益が得られる。例えば、上海両対金票相場が金票一〇〇円＝上海両八三両は金票一二〇・四円＝上海両一〇〇両。この時に奉天票対金票相場が金票一〇〇円＝奉小洋四二〇元の場合、上海両一〇〇〇両＝金票一二〇四円＝奉小洋五〇五六・八元となる。しかし、大連の奉小洋対上海両相場は上海両一〇〇〇両＝奉小洋五一六五元なので、一〇八・二元の利得となり、これを

表7－2　東三省官銀号支店設置一覧

西暦	年号	分号	所在地	等級	備考
1906年3月	光緒32年2月	安東	城内中国地	2	
1906年6月	光緒32年閏4月	営口	東大街	2	
1906年7月	光緒32年5月	遼陽	公済當内寓	3	
1907年10月	光緒33年9月	彰武	豊盛當内寓	4	宣統2裁撤，民国11年復活
1907年10月	光緒33年9月	長春	北大街路東	1	
1907年11月	光緒33年10月	新民	中街路北	3	
1908年7月	光緒34年5月	哈爾濱	道外	1	
1908年7月	光緒34年5月	山城子	双成富	3	
1908年8月	光緒34年6月	洮南	洮南北門内	3	
1908年8月	光緒34年6月	鉄嶺	公済糧桟内寓	3	
1908年8月	光緒34年6月	昌図	公済當内寓	3	
1908年8月	光緒34年6月	上海	英租界	2	
1908年8月	光緒34年6月	天津	日租界	2	
1908年8月	光緒34年6月	錦県	城内	2	
1908年8月	光緒34年6月	通化	県街	3	
1908年8月	光緒34年6月	煙台			撤去
1909年8月	宣統1年6月	北京	打磨廠	4	民国17年撤去
1910年3月	宣統2年2月	遼源	大街	3	
1910年6月	宣統2年5月	山海関	東大街	3	
1910年7月	宣統2年6月	蓋平	福泰厚内寓	3	
1910年7月	宣統2年6月	綏中	天興泉内寓	4	
1910年	宣統2年	漢口			撤去
1912年2月	民国1年2月	開原	開原駅	2	
1915年5月	民国4年5月	公主嶺	朝日町	2	
1915年12月	民国4年12月	西豊	城内東永桟内寓	3	
1916年4月	民国5年4月	西安	北大街路東	4	
1916年10月	民国5年10月	新立屯	福升東	4	
1916年11月	民国5年11月	海城	慶余當内寓	3	
1916年11月	民国5年11月	遼中	県城内晋升當内寓	4	
1916年11月	民国5年11月	興京	福隆店内寓	4	
1916年11月	民国5年11月	法庫	城内合興号内寓	4	
1916年11月	民国5年11月	東豊	東興當内寓	4	
1916年11月	民国5年11月	海龍	富源長内寓	4	
1916年11月	民国5年11月	復県	公和當内寓	4	
1916年11月	民国5年11月	荘河	徳聚豊内	4	
1916年11月	民国5年11月	鳳城	裕慶厚内寓	4	
1916年11月	民国5年11月	寛甸	福徳厚内寓	4	
1916年11月	民国5年11月	本渓	張碗舗内寓	4	
1916年11月	民国5年11月	撫順	千金塞新市街増益泉内寓	4	
1916年11月	民国5年11月	岫岩	福慶廣内寓	4	
1916年11月	民国5年11月	興城	輔政隆油坊内	4	
1916年11月	民国5年11月	錦西	慶徳當内寓	4	
1916年11月	民国5年11月	義県	寶興瑞内寓	4	
1916年11月	民国5年11月	北鎮	権済公内寓	4	
1916年11月	民国5年11月	黒山	福昇東内寓	4	
1916年11月	民国5年11月	盤山	同興隆内寓	4	
1916年11月	民国5年11月	台安	徳源増内寓	4	
1916年11月	民国5年11月	柳河	大街	4	
1916年11月	民国5年11月	康平	廣益恒内寓	4	

1916年11月	民国５年11月	臨江	興和順内寓	4	
1916年11月	民国５年11月	桓仁	慶和発内寓	4	
1916年11月	民国５年11月	梨樹			撤去
1916年11月	民国５年11月	懐徳			撤去
1916年12月	民国５年12月	四平街	鉄道西天益恒内寓	3	
1917年６月	民国６年６月	輝南	輝濛木業公司内寓	4	
1917年６月	民国６年６月	留守営			撤去
1917年６月	民国６年６月	灤県			撤去
1917年６月	民国６年６月	楽亭			撤去
1919年５月	民国８年５月	八面城	巨源益焼鍋内寓	3	
1919年９月	民国８年９月	通遼	東街	3	
1921年６月	民国10年６月	昌黎			撤去
1921年12月	民国10年12月	吉林（省城）	省城	2	
1921年12月	民国10年12月	綏化	吉泰厚内寓	4	
1921年12月	民国10年12月	双城	徳順興	4	
1921年12月	民国10年12月	巴彦			撤去
1921年12月	民国10年12月	龍口			撤去
1921年12月	民国10年12月	黄県			撤去
1923年10月	民国12年10月	黒龍江（省城）	省城	3	
1924年５月	民国13年５月	輯安	天聚福内寓	4	
1924年７月	民国13年７月	大連	敷島町	2	
1924年７月	民国13年７月	黒河	江南街	3	
1924年７月	民国13年７月	延吉	商埠	3	
1924年７月	民国13年７月	瀋所ママ（瀋陽）	鼓楼南	3	総号業務増加につき匯兌事業の半分を分離，第一匯兌所とする
1924年７月	民国13年７月	海拉爾	新街	4	
1924年７月	民国13年７月	寧安	東大街	4	
1924年７月	民国13年７月	呼蘭	南大街路東	4	
1924年７月	民国13年７月	安達	大街	4	
1924年７月	民国13年７月	郭家店	同仁桟	4	
1924年７月	民国13年７月	范家屯	附属地	4	
1924年７月	民国13年７月	下九台	長発糧桟	4	
1924年	民国13年	長白	福豊公内寓	4	
1925年６月	民国14年６月	永平			撤去
1925年６月	民国14年６月	蘆台			撤去
1925年６月	民国14年６月	済南			撤去
1925年６月	民国14年６月	熱河			撤去
1925年６月	民国14年６月	赤峰			撤去
1925年６月	民国14年６月	凌源			撤去
1925年６月	民国14年６月	綏東			撤去
1925年６月	民国14年６月	朝陽			撤去
1925年６月	民国14年６月	開魯			撤去
1925年７月	民国14年７月	開通	永盛興内寓	4	
1925年７月	民国14年７月	双山	福盛街	4	
1925年７月	民国14年７月	一面坡	天寶當内寓	4	
1925年７月	民国14年７月	拝泉			撤去
1926年４月	民国15年４月	開原城内	増益湧	4	
1928年12月	民国17年12月	第二匯兌所	遼寧省城小西関路北	3	匯兌業務増加にともない設立
1929年２月	民国18年２月	田荘台	大徳恒	4	
1929年12月	民国18年12月	日站分号	日本站	3	
不明	不明	小河沿経理處	遼寧省城外東南隅	不明	小河沿の全施設不動産現洋約30万元

王元澂「東三省官銀号之沿革」より作成

東三省官銀号が得ていた(10)。

これらの方法で利益を得るにあたって、東三省官銀号は特産物流通のどのような場面に関わっていたのだろうか。第一に、時期による奉天票の価格差を利用した部分で述べたように、糧桟が農民から特産物を買い上げる際に奉天票が大量に必要になり、これを供給すること。第二には附帯事業として東三省官銀号自身が糧桟をはじめとする、特産物集荷業を営むことである。

まず、第一の場面の規模を検討するために、東三省官銀号の支店のあり方について見てみよう。支店は第一級から第四級にわかれており、二九年時点では第四級の支店が最も多く四四ヶ所あった。第一級の支店は長春と哈爾濱のみで、上海などの東北外の主要な支店でも第二級だった。表7－2の「東三省官銀号支店設置一覧」は支店の設置を年代順に並べたものである。

奉天官銀号の開設後まず一九〇六年に安東と営口という二大開港地に支店が設置された。次に、東三省官銀号と改められて後には、上海・天津・煙台など、東北と取引のある関内の開港地と奉天省内の東山・東辺道・遼西・東蒙古各地域の主要都市に支店がおかれている。この段階では鉄道の影響はほとんどなく開港地からの水運と陸運の拠点に支店がおかれている。

民国期に入って一九一二年開原、一五年公主嶺といった満鉄敷設後に発達した都市に支店がおかれ始めた。特に急増したのは一九一六年一一月で、二六ヶ所、このうち二三ヶ所が現地の商店に寓居した。海城支店を除いてすべてが最も規模の小さい第四級の支店である。一六年一一月とは、四月に張作霖が段芝貴を駆逐し、奉天省の実権を掌握した直後である。この時期に設置された支店は満鉄と京奉鉄道に沿って分布している。このような支店の展開は、鉄道へと集まる特産物を買い付ける糧桟への資金供給が、本格化したことを表している。

次の急増は一九二四年の一三ヶ所で、主として吉林省・黒龍江省を中心に設立された。二四年は第二次奉直戦争をひかえた、保境安民期の最後にあたる。この段階では、奉天の影響力が吉林省・黒龍江省に東三省官銀号を設置できるまでに浸透したことがわかる。二五年には熱河省を中心に、一三ヶ所の新設があるが、熱河省のものは二九年時点では撤去されている。

次に附帯事業について見ていきたい。表7－3「東三省官銀号附帯事業一覧」に挙げた東三省官銀号傘下の事業は大きくわけて、金融・加工業・特産物商・その他にわけることができる。

金融業の筆頭は公済平市銭号でこれは一九一九年以降は銅元票を行う東三省官銀号の別部門といえる。このほかは質屋業で、清末の不況に対応するために奉天・遼陽・昌図などで設立された公済当と、東三省銀行・興業銀行との三行合併時に東三省官銀号傘下に組み込まれたものである。加工業は光緒年間に設立された呼蘭製糖廠・奉天および開原の三軒の焼鍋（焼酎醸造業）・哈爾濱の東興火磨（製粉業）・東済油房（製油業者）で、甜菜・高粱・小麦・大豆といった東三省特産物の加工を行う。このうち、東興火磨と東済油房は独自の集荷ネットワークを有しており、特産物出回り期には糧桟と同様の活動を行った。特産物商の主なものは公済桟（糧桟）である。最初は一九一八年鉄嶺に開設され、奉天・開原などに支店を開いたが、後に奉天を本店としている。[11]

特産物加工業者も特産物商も特産物の流通と関わり、なかでも公済桟・東済油房・東興火磨は、特産物流通を掌握する日本人商人と競合し、日本人商人のシェアを切り崩すことが期待されていた。公済糧桟・東済油房・東興火磨は特産物出回り期になると、鉄道沿線に臨時支店を設け、特産物の集荷にあたった。公済糧桟は奉天省内を中心に、東済油房と東興火磨は哈爾濱という立地から吉林省黒龍江省に臨時支店を置いている。これらの存在は日本人特産物取扱商にとってはかなりの脅威であった。資本金一三一万二五〇〇元に対し、二六年には二九八万三二五六・六〇元、二七年には七九五万四四〇・二六元、二八年には一八二八万六八二〇・〇四元の利益をあげている。[12]

附帯事業のうち、その他としたものは、東記印刷所・純益繅織公司・利達公司である。東記印刷所は官公庁

公済北当	遼陽公済当	昌図公済当	同興当	東興泉	東興官当	廣泉公	利達公司	東記印刷所	純益繊織公司
	日露戦後倒産あいつぎ，遼陽州の要請にこたえ８月設立小洋５万元								
		12月小洋５万元で創業			東豊県金融状況悪化官費により東豊官当設立				
８月設立小洋５万元									
			奉天蘭家昌図に同立当開業双廟子にも支店，のちに鉄嶺萃豊公接収興業銀行最終的に接収し同興当に		官費不足により興業銀行が接収東興官当と改名				
	１月増資し大洋５万元	大洋５万元に				廣泉湧を接収･公済号と鉄嶺農商儲蓄会出資小洋2.5万元			
				世義泉債務関係により省城郊外の焼鍋典当接収，小洋15万元		４月阿吉堡子に焼鍋設立，改名廣泉公			
			三行合併にともない官銀号下へ資本５万元増資		三行合併にともない官銀号下へ資本５万元				
								３月官銀号倉庫内に東記印刷所出資５万元	
奉大洋60万元に資本改める支店四個所	奉大洋30万元に資本改める		資本20万元に改める双廟子設立同興号採買雑貨糧石				３月利達公司に出資400万元		３月奉天純益繊織公司に出資600万元
		奉大洋30万元に			20万元に資本を改める，時期不明西安に分所				
				現在奉大洋30万元小東関に支店２，大東関に１，千金塞に１		現在鉄嶺･開原･公主嶺･遼陽･営口･黒山に分荘あり資本30万元			

表7－3　東三省官銀号附帯事業一覧

年号	関連組織	公済平市銭号	公済糧桟	東済油坊	東興火磨	東三省呼蘭糖廠	万生泉
光緒31年						光緒年間李三品創業その後負債を負い奉天省接収·三省出資とするも吉黒出資せず	
光緒32年		公議商局を官銀号·公議会·公議会長趙国廷の出資で公済銭号に改組					
光緒33年							
光緒34年		公済銭号から商股撤出官本増加					
宣統1年							
宣統2年						完全成立	
宣統3年							奉天源生泰債務をかかえ, 懐徳県の支店東升泉焼鍋を官銀号接収万生泉と改名, 小洋5万元
民国1年		公済銭号中街に移転					
民国2年	農業銀行成立のちの興業銀行資本30万元						
民国3年							
民国4年	農業銀行改名興業銀行						
民国5年							
民国6年							
民国7年		公済銭号10万元増資銅元鋳造	鉄嶺に公済糧桟資本10万元奉天にも分桟				増資小洋1万元
民国8年		公済銭号官本90万元増資100万元に, 公済平市銭号に, 銅元票発行, 鉄嶺·開原站·公主嶺·范家屯·長春·西安·西豊·山城子·遼陽·遼源·錦県に分荘設置	公済糧桟開原站分桟		哈爾濱設立西義順火磨を接収奉小洋190万元		
民国9年	10月東三省銀行活動開始		大豆価格不安定につき経営悪化の公済糧桟に20万元増資, 開原分桟に油坊附設				
民国10年							
民国11				東三省銀行哈爾濱に東済油坊開業			
民国12年							
民国13年		公済平市銭号東華門外興業銀行跡に移転, 各地分荘撤回		三行合併にともない東済油坊官銀号に, 資本30万哈大洋元			
民国14年			公済糧桟大連分桟毎秋公主嶺·四平街·山城子·海龍·西豊·洮南·遼源·法庫·通遼·新民等に臨時分荘設置	東済油坊接収裕源油坊値哈大洋30万元		営業状況不良官銀号の附属営業となる20万元融資, アルコールビール電灯等の事業も行う	
民国15年							公主嶺益升恒接収資本を奉大洋30万元に改める
民国16年			公済糧桟開原油坊停止	東済油坊, 聚盛泰油坊買収, 毎秋, 大連·開原·奉天·公主嶺·三岔河·張家湾·双城·烏珠河·一面坡·海林·牡丹江·寧安·安達站·満溝·小蒿子·拝泉·克山·富錦·佳木斯·三姓·新甸·綏化·望奎などに分荘をおく	万福廣火磨接収, 安達·甜草崗·綏化·佳木斯·富錦·奉天·開原·四平街·遼陽·公主嶺などに分荘		
民国17年			公済糧桟資本100万元に改める				
民国18年							四平街·郭店·遼源·范家屯·長春·開原に分荘

王元澂「東三省官銀号之沿革」より作成

で使用する印刷品を作成し、文房具等の代理販売を行い、印刷部門を事業として切り離したものである。純益繅織公司・利達公司は当初民間資本により経営されていたが、業績悪化から、一九二七年三月に東三省官銀号が出資し、経営を援助した。純益繅織公司は機械を導入し、織布・染色・絲繰を行い東北内と関内への販売を目的とした国産品生産企業である。また利達公司は当初、皮およびその加工を行い輸出するのみであったが、業務内容を拡大し、輸出入ともに扱う貿易商社となった(13)。

三　糧桟業務

(1) 糧桟の分類

東三省官銀号の附帯事業のなかでも日本側から重要視されていた糧桟について注目し、大豆流通のなかでどのようにして利益を得ていたか、具体的に分析する。当時の日本の調査では糧桟は三つのタイプにわけられていた。『満洲特産界に於ける官商の活躍』によると、糧桟は官商筋と準官商筋とそれ以外の一般糧桟にわかれる(一九二八年当時)。官商筋とは東三省官銀号・吉林永衡官銀号・黒龍江広信公司の分号および出張所で特産物を買い付けるもの、およびこれらが公式に出資する糧桟などの特産物取扱商である。出資する糧桟としては東三省官銀号系列であれば公済桟・東興火磨・東済油房である。吉林永衡官銀号系列であれば永字号と総称され、永衡通(哈爾濱)・永衡達(安達)などがあった(14)。黒龍江広信公司系列であれば支店に糧桟部をおいて穀物を扱うとともに、哈爾濱には広信升という名称で糧桟を経営している(15)。準官商筋としては官銀号関係者が出資する糧桟および官銀号関係者と個人的に親密な関係、例えば親戚や友人などという関係にある人物が経営を担

表7－4　事変前における官銀号系商店の大豆売買数量

単位：南満1車（30 t）

		現物		先物		合計		総計
		買	売	買	売	買	売	
東三省官銀号	1930	7,730	6,305	9,579	7,783	17,309	14,088	31,397
	1931	12,402	13,322	14,405	12,518	26,807	25,840	52,647
永衡官銀号	1930	9,937	8,513	—	—	9,937	8,513	18,450
	1931	13,584	13,829	—	—	13,584	15,829	27,413
黒龍江省官銀号	1930	18,769	16,669	9,893	9,091	28,662	25,760	54,422
	1931	17,978	12,487	3,055	5,741	21,033	18,228	39,261
合計	1930	36,436	31,487	19,472	16,874	55,908	48,361	104,269
	1931	43,964	39,638	17,460	18,259	61,424	57,897	119,321

出典　斎藤征生『事変後に於ける糧桟の変革』 8－9 頁.

当する糧桟で、官銀号関係者の依頼によって買い付けを行う糧桟であるとしている。本書であつかう権力性商人に該当する糧桟としてはこの官商筋と準官商筋糧桟をあげることができる。

これらの官商筋糧桟は特産物の買い占めを行っていたことが特徴としてあげられるが、実際にはどの程度の量であったのだろうか。表7－4「事変前における官銀号系商店の大豆販売数量」は一九三〇年、三一年の官商筋糧桟の大豆売買数量である[16]。これは直系と断り書きがあるので官商筋のみをさし、一部売りと買いが重複するケースも含まれているとされているので概数としてしか捉えることできない。それでもこの表から中国東北地域全域の大豆収穫量三〇年で一七万五千余車（満鉄貨車一台を単位とする）中一〇万四千余車（約六〇％）、三一年で一七万四千余車中一一万九千余車（約六九％）が官商筋糧桟によって集荷されているといわれている。

(2) 一般糧桟

ではこれら官商筋糧桟と一般糧桟の違いについて考えてみよう。まず一般糧桟のなかでも有力であると日本側からもみなされていたものを例にとりあげた。ここでは益発合と天合盛という糧桟をとりあげることにする。両者は『満洲に於ける糧桟』のなかでも言及される有力糧桟であった(17)。中国東北地域における商店は糧桟に限らず、規模が大きくなると自己資本や他店との共同出資などの方法によって支店や姉妹店を持つようになる。これらを一般には聯号関係にあるというが、ここでは糧桟をめぐる聯号関係を中心に検討してみたい。

益発合は「京東劉家」とよばれた企業集団の一分派に属している(18)。劉家は河北楽亭県に基盤をおき、東北での商業に出資していた。当初は河北から東北への雑貨移入と小売を行っていたが、光緒期には長春周辺で雑貨小売商などのための馬車宿（大車店）を経営し、雑貨の卸売りと兼業するようになった。一八九二年には長春に益発合の名で大車店を開業し、雑貨だけでなく大豆などの特産物を運んでくる馬車をも顧客とし、糧穀店つまり糧桟の機能も有するようになった(19)。一九〇四年には益発銭荘を開業し、一九〇七年に倒産した同和盛という大手銀号の経営陣をむかえて、金融業者としてのノウハウを確立した。同時に大豆仲介と雑貨卸売り業部門の店舗を鉄道附属地付近に開業し、満鉄の発展に乗じて規模を拡大していった(20)。ただし鉄道の発展は馬車輸送を農村から鉄道沿線までの中距離輸送へとシフトさせたため、従来の馬車による長距離移動は鉄道によって取ってかわられ、益発合の大車店の業務はふるわなくなり一九一七年には整理された。一方でこの時期に哈爾濱に糧桟を開業し北部での糧桟活動に力を入れ始めた。一九一九年には近代的銀行組織による益通銀行を開業している(21)。その後、一九二一年には長春に油房、一九二四年には製粉工場、一九二二年には大連・開原・佳木斯に糧桟を開業し、この時期から一九二六年ごろまでは特産物取扱業を事業の中心に据えている(22)。張作霖政権は一九二〇年、一九二六年とたびたび両替商一斉摘発を行っていたが、このような政権による圧迫を回避するために、一九二六年益発銭荘を銀行形式に改組している(23)。民国期に筆頭経営者であった孫秀三は積極的に権力者との関係を構築するように方針を転換し、一九一七年に長春商会の董事に就任以後、積極的に商会幹事を務めるとともに、袁金鎧や藏式毅らを銭荘の顧客とし官僚との関係を深めていった。[24]

もう一方の事例天合盛も同時期に聯号を増やし多業種を経営していた規模の大きな商業集団であった。しかしこちらは一九二六年の張作霖による両替商取締の標的となり大きな打撃を受けている。天合盛は一九〇七年公主嶺附属地外に貴金属細工店としてスタートし、原材料として貴金属を扱うことから両替商も兼営するに至る。その後附属地内での銭舗経営によって基礎を確立した。資本主は在地化してはいたが、河北系の出自を持っており、銭舗支店を楽亭・昌黎に置くような河北帮に属する商店であった。第一次大戦時期の好景気によって支店を増やし、一九一四－一六年にかけて、四平街・昌黎・楽亭・長春・開原の出張所を支店へと格上げしている。一九一八－一九年の銀価高騰時期にも取引量をのばしている。また一九二〇年には張作霖政権による銭荘圧迫事件に対応するために奉天出張所を支店に格上げしている。その後、哈爾濱に支店を置き、油房経営を行うとともに、北部での糧桟業・銭荘業を展開した。一九二二年には開原で、一九二五年には公主嶺で既存の糧桟に資本投資を行うことで聯号関係に置いている。ところが一九二六年八月に奉天票暴落の対策として、張作霖政権が金票取引を禁止した際、違反者取締の対象となり、奉天・哈爾濱等の支店長五人が捕まり銃殺されるとともに、開原支店は閉鎖された。その後、天合盛は規模を縮小されるに至っている。[25]

糧桟の例としてとりあげたが、益発合も天合盛も実際は糧桟だけを経営しているわけではない。多角的な営業を行う聯号全体のなかで糧桟を経営し、糧桟だけをとりあげても一流糧桟に位置づけられるレベルにあるとされている。つまり、日本側の調査にとりあげられるような一流糧桟といわれるものは聯号関係にある企業集団のなかの特産物取引部門ともいうべき存在である。このように、一流糧桟とよばれるものは雑貨・馬車宿・金融などの業種から派生している。逆にいえば、ある程度資本蓄積がされてくると、投資対象として考えられるほど特産物売買は魅力的な取引でもあるといえる。また聯号で結びついた企業集団の中心軸には金融業が含まれているケースが多い。大豆をはじめとする特産物取引には、その収穫に対応した季節性があり、大豆の場合であれば一年のうち、八月、九月から出回り出し、一月ごろから減り始める。このようなサイクルを持つために特産物取引には一時的に資金を必要とし、糧桟として利益をあげるためには、資金融資を有利な条件で行ってくれる金融業者の協力が必要であった。このように一流糧桟としての必要条件が金融業との密接な関係だとすれば、官商筋糧桟が東三省官銀号・吉林永衡官銀号・黒龍江広信公司の出資あるいは関係者によって経営されていることも、一般の一流糧桟と同じ条件、金融業を主軸とした聯号のなかにあることと同様ともいえる。

(3) 官商筋糧桟

では次に、官商筋糧桟の特徴について検討してみたい。官商と総称されていても東三省官銀号系統と吉林永衡官銀号・黒龍江広信公司系統では若干体質が違う。官商筋糧桟の母体にあたるこれらのうち、東三省官銀号は投資先が負債を返せない場合の代理的営業以外は一般的な商業活動を行えないと章程で規定されている。[26]これに対して吉林永衡官銀号・黒龍江広信公司は貨幣管理業務のほかに各種事業を行うことが章程のなかで認められている。[27]東三省官銀号は資本投資している公済桟等の個別の組織が特産物売買にあたることを建前とし、自らの支店が特産物売買に係わることはないとしている。しかし実際には籌調科という部門を持ち、ここに属する出張員が公済桟・関係者経営糧桟および場合によっては一般糧桟に指示を出して特産物売買を行っているとされている。[28]つまり吉林永衡官銀号系・黒龍江広信公司系の糧桟が支店あるいは聯号という形ではっきりと特産物取扱業を行うことがわかるのに比べ、東三省官銀号系は出張員による特産物売買がかなりの範囲で行われ、これが水面下で行われるという見た目ではわからないインフォーマルな聯号関係が張り巡らされているといえる。

①開原

例えばこの東三省官銀号系糧桟のあり方を開原を例に見てみよう。開原は鉄道敷設後附属地が急速に発展して形成された中国東北地域でも有数の集散地である。開原には東三省官銀号の分号は一九一二年二月に等級上は安東・営口・上海・天津などと同等の第二等級のものが設置されている。一九二六年当時、経理には総辦彭賢が信任する関善夫があたっていた。開原では関善夫の着任後、東三省官銀号系官商の特産物買い付けが積極化した。東三省官銀号が公式に資本出資をしていた公済桟は一九一九年八月に開原に支店を開いていたが、このほかに公済桟経理張景春が個人的に出資している義興元・その親戚による通記号という糧桟があった。また関善夫と交友関係にある人物が経理を務める糧桟として、東永茂・純慶茂・義恒達・運通達・金麗泉が存在していた。またこれらとは若干距離を置いてはいたが張学良出資による富増祥、楊宇霆縁故者出資による圓通桟、王永江縁故者出資による信和永の計一二店舗が官商筋・準官商筋といわれる糧桟であった。このほかの一般糧桟は一八店舗となっている。これらの糧桟が扱う大豆の量を発送量から見てみると表7－5「開原駅大豆発送取扱量」のようになる。約三分の一強にあたる官商筋糧桟によって半数近くの大豆が取り扱われている。官商筋糧桟が買い付けを強化し始めた一九二五年、一九二六年は特に高い買い占め率を示している。

また開原には一時期吉林永衡官銀号系の糧桟が出店していたこともあったが、経営不振に陥り、一九二六年には撤退している。先にあげた天合盛の閉店も一九二六年であった。これは、母体となる金融機関としての吉林永衡官銀号や天合盛自体の金融機関としての能力がどれほどのものであろうとも、東三省官銀号がその発行する奉天票流通圏内において、積極的に組み上げた人脈と、弾圧という手段を使用すれば、ほかの有力糧桟が

表 7－5　開原駅大豆発送取扱量

単位：車

		1922年	1923年	1924年	1925年	1926年	1927年
官商筋	公済桟	6100	1444	3546	16774	18276	33202
	義興元	—	—	—	—	919	5265
	東永茂	67060	73669	70562	54227	44151	55082
	純慶茂	—	3346	3509	3779	1281	14410
	義恒達	9900	3441	1476	3057	5183	—
	通運達	—	—	1804	1481	14305	5847
	金麗泉	9514	12562	14676	15666	16720	51554
	通記号	—	—	—	—	—	—
	冨増祥	—	—	—	—	—	494
	円通桟	—	—	—	—	2268	198
	信和永	—	—	—	—	361	17243
	広信恒	—	—	—	—	—	2935
	合計	92574	94462	95573	94984	103464	186230
非官商筋	恒豊乾	4158	4395	4939	12844	22146	22820
	義順号	9224	5051	6632	10393	16689	—
	慎徳成	—	—	—	2662	5046	4123
	鼎新昌	16800	2788	4658	4775	6674	—
	宝星玉	—	—	—	394	1165	—
	広永泰	11400	15710	16109	6993	5115	—
	世合公	1584	8462	1738	1251	3129	—
	同泰合	2290	—	—	—	—	—
	天祐桟	—	—	—	658	1211	—
	巨昌徳	600	1082	1710	852	1149	—
	同順祥	1425	98	1511	197	1017	1547
	益昌恒	—	—	—	—	1252	—
	天興福	—	1640	1082	—	33	—
	益順増	—	—	—	—	1715	—
	双星福	—	—	—	—	821	1482
	万和源	—	—	196	494	411	1748
	増益通	23670	3510	5486	2435	1223	—
	万聚桟	—	—	—	1511	526	4136
	合計	71151	42736	44061	45459	69322	35856

出典　藤井諒『満洲特産界に於ける官商の活躍』69-70頁，75-78頁

太刀打ちできないことの現れといえる。

また開原で東三省官銀号が特産物取引に積極的になり始めた一九二五年と一九二六年は、全東北地域を対象として東三省官銀号系官商筋が特産物売買に積極的になり始めた時期であった。例えば鉄嶺・新台子・昌図でも一九二六年から官商筋が買い占めを強化しているとの記述が見られる[29]。また具体的な官商筋特産物取扱業者の支店網も急速に展開し始めている。公済桟の設立自体は一九〇八年の鉄嶺での開業、一九〇九年の開原での

開業ののち一時拡大することはなかったが、一九二五年以降は大豆出回り期に公主嶺・四平街・山城子・海龍・西豊・洮南・遼源・法庫・通遼・新民などに臨時分荘を設置するようになった。また一九二七年には哈爾濱を中心に特産物取引を行っていた東済油坊も開原・公主嶺・三岔河・張家湾・双城・烏珠河・一面坡・海林・牡丹江・寧安・安達站・満溝・小蒿子・拝泉・克山・富錦・佳木斯など北部を中心に出回り時期限定の臨時分荘を設置、東興火磨も同様に北部を中心に臨時分荘を設置するようになっている（表7－3参照）。

②奉天

次に奉天省城における特産物取引についてもとりあげてみよう。奉天は鉄道敷設以前は馬車輸送によって大豆・高粱が集められる特産物の集散地であったが、満鉄開業後は特産物が奉天省城で取引される量が減り集散地とはいえなくなっていった[30]。表7－6「開原からの糧穀種類別発送先別発送量」は開原からの糧穀種別発送量であるが、大豆はほとんど奉天に送られていないことがわかる。ここからも主要輸出品である大豆は奉天を素通りして輸出港へと運ばれてしまうことがわかる。一方で高粱の奉天への発送量の多いことが特徴的である。高粱は輸出商品というよりは、白酒の原料あるい

表7－6　開原からの糧穀種別発送先別発送量

単位：t

		大豆	高粱
1929年	大連	288571.0	33002.8
	営口	10083.5	11335.0
	奉天	234.0	15391.8
1930年	大連	107263.9	9209.3
	営口	36409.1	4223.5
	奉天	8119.0	19163.5
1931年	大連	130590.4	22051.8
	営口	47975.5	19404.5
	奉天	7780.0	21674.1
1932年	大連	110169.3	17700.9
	営口	37740.6	19630.7
	奉天	0.4	330.7

各年次は前年10月から当該年９月まで
出典　関東庁開原取引所『開原取引所月表』
（1929年９月，1930年９月，1931年９月，1932年９月）

来貨地				販路								取引銀行								
瀋海路	安奉路	北満	備考	地元	当地日系	当地鮮系	大連	営口	安東	河北	備考	官銀号	公済平市銀号	東北官僚系	中国全国系	山東系	日系	欧米系	取引銀行備考	支店備考
●			満鉄鉄嶺以北・四洮路	●	●		●	●			日商は三井・橋口・小寺洋行，大連・営口の油糧業者	●		●			●		銀号	
●				●	●		●	●	●		日商は三井・橋口・小寺洋行	●		●			●		正金銀行儻紙押匯	山城子玉成糧桟等経営
●			満鉄・瀋海・奉山・吉海・四洮路	●	●		●	●	●		日商は三井・佐伯洋行	●		●	●		●		銀号	
●		●	満鉄・瀋海・奉山・吉海・四洮・東清路				●	●	●		大連・営口・安東・中外諸出商	●					●			
●			満鉄全線・瀋海・吉海・四洮路	●	●		●	●	●		日商は三井·橋口·小寺·佐伯洋行,大連·営口·安東諸油糧·焼鍋	●			●		●			
●			満鉄沿線北・瀋海路	●	●		●	●	●			●		●			●			
●			遼陽以北満鉄線・西は錦県・四洮線	●	●		●	●	●					●			●		銀号	
●			撫順・黒山・東豊など	●	●		●	●	●			●		●	●					
		●	四洮・奉山・北満路	●	●		●	●		●	錦県以西各奉山路駅	●		●			●			
●			満鉄奉天以北・四洮	●	●		●	●	●					●			●			
	●		遼陽奉天間北鎮・台安	●	●		●	●	●			●		●			●			
●	●		満鉄の公主嶺・長春方面，四洮線	●			●	●	●			●		●		●	●			
●			通化・桓仁など東山	●			●	●	●					●			●		銀号	
			奉山・満鉄・四洮路	●			●	●	●	●				●			●		銀号	
			満鉄・四洮線奉天路	●	●		●	●	●					●					銀号	民16失敗までは通遼·洮南·范家屯に支店
●			遼陽から長春までの満鉄沿線	●	●		●	●	●					●		●			銀号	
●	●		奉天以南車站	●	●		●	●	●			●		●	●		●			
●			四洮・奉山線	●	●		●	●	●			●		●			●		銀号	
●			満鉄沿線	●	●		●	●	●					●	●					
●			奉山・洮南	●	●		●	●	●					●			●		奉天儲蓄会	
●			奉天以北の満鉄沿線	●	●	●	●	●	●					●		●	●			
●			奉山・瀋海	●	●	●	●	●	●				●	●	●				銀号	
●			各沿線のうち奉天に近いあたり	●	●	●	●	●	●					●	●		●		国際公司	
●			遼陽から長春までの満鉄沿線・奉山は黒山方面	●	●	●	●	●	●			●		●			●		銀号	
		●	南満・奉山・四洮・東清	●	●	●	●	●	●					●					銀号	
●			南満・奉山・瀋海	●	●	●	●	●	●					●					銀号	

来貨地、販路、取引銀行の該当するものがある場合は●を記した。

表7－7　奉天省城主要糧桟

					財東		掌櫃		売り上げ	来貨地			
	聯号関係	創業年	創業備考	店舗名	名前	籍貫	名前	籍貫		地元	奉天以南	奉天以西	奉天以北
糧桟	福勝公本店	光27糧米舗	民５大糧桟民10軍糧秣	福勝公	多立山･王耀廷･王堯階･趙子陽･張茂春の合資	当地など	張茂春	河北楽亭	30				●
	裕豊源	民16		裕豊源	王子除	奉天，木局鞋舗等経営	李閣忱	奉天錦県	160				
	会元亭聯東不聯財	民13	民13以前油坊	会元亭	孫烈臣の子孫憲鈞		趙中孚	河北臨楡	110		●	●	●
	公済糧桟本店	民７		公済糧桟	官銀号		李子敬	奉天遼陽	400		●	●	●
		民10焼鍋	民13糧桟	東興泉	官銀号		呉秀山	奉天海城	300		●	●	●
	同義隆	民６		同義隆	張景恵	台安・吉黒督軍	賈守田	奉天開原	85	●			●
	厚記糧桟	民５		厚記糧桟	善継堂・余豊堂・楊楷平の合資	奉天当地富紳	楊楷平	河北昌黎	95		●	●	●
	慶泰長本店	光20	民５糧桟代理店・軍用糧秣	慶泰長	郭恒久・夏善廷・張守理の合資	郭は遼陽・夏は撫寧・張は深県	劉恩	河北臨楡	110			●	●
	慶裕長本店	民15		慶裕長	興順糧桟・孟印深・孟隷店の合資	興順糧桟軍人張作仁出資の黒山の糧桟	廉紹亭	河北寧河	61			●	●
		民５		同合成	福勝公（215）糧桟・劉蔭三の合資		劉蔭三	河北臨楡	55				●
		民８糧米舗小売	民15糧桟代理店	長興順	明遠堂＝張立中	奉天大南関富戸	趙子芳	河北楽亭	68		●	●	
	豊記糧桟本店	民３	民14軍用糧秣	豊記糧桟	高鶴年	河北昌黎・東三省内計15家	劉永廷	河北昌黎	73				●
	天和湧走一本紅販	民５	咸豊年間新賓創業	天和湧	袁昆山	新賓の富商	袁賓秋	山東黄	55				
		民５糧車店	民16失敗	全興長	麗哲卿	奉天錦県皇姑屯商会長	麗哲卿	奉天錦県皇姑屯商会長	35		●	●	●
		康熙年間	光緒末年糧桟代理店	天泰号	婁堂陛	河北深県	王逢春	河北東鹿	68	●	●		●
		民12		同合公	賈向陽・康子笙・孫顕忱の合資	河北撫寧	康子笙	河北撫寧	85		●		●
	東昇泰走一本紅販	光10磨坊	民８糧桟	東昇泰	張錦忱	糧業40年	馮建勳	河北深県	53	●	●		
	東源豊本店	民７糧米舗小売	民12糧桟代理店・支店拡大・軍納入	東源豊	高子軒・王永慶・李省三	高氏撫寧の富商哈爾濱に雑貨・吉林に糧商	張慶三	河北昌黎	85	●		●	●
		民７糧車店	民14糧桟代理店	成泰店	顧文閣	当地糧界の名将	張作舟	河北撫寧	43	●	●		●
		光30糧車店	民12糧桟代理店	永生和	龍雨田	河北昌黎	龍桂林	河北昌黎	58			●	●
		民５糧車店		東成玉	張煥相・張興舟の合資	張煥相錦県軍人	侯稔軒	奉天鉄嶺	63	●			●
	天合号走一本紅販	民12		天合号	王巨川	奉天海城	趙雲九	河北昌黎	78	●		●	
		民７糧車店		鴻順隆	馬占鰲	当地望族父吉林各県知事等	李益三	河北昌黎	83	●		●	●
	春和店走一本紅販	光30糧車店	民５糧桟代理店	春和店	景佩芝牢	当地商界の巨擘・長春大連哈爾濱にも投資	杜興舟	河北深県	65	●	●	●	●
	天聚厚走一本紅販	民６	民13糧桟代理店	天聚厚	林鈞増・張明九・褚益譜・孫徳	張氏瀋陽の望族・父は衆議員省議会議員	蘇福壽	河北東鹿	81		●	●	●
		光５糧米舗		万聚福	李春璞	河北昌黎富戸三世代の糧商	趙万春	河北東鹿	86		●	●	●

奉天興信所『第一回満洲商工名鑑』より作成　光＝光緒　民＝民国、売り上げの単位は元（現洋）

は東北地域内での住民の主食としての需用が高かった。つまり奉天に送られる高粱は在地需用を満たすためのものと考えられる。奉天糧桟の商品の販路は表7－7「奉天省城主要糧桟一覧」からわかるように大連・営口・安東などの輸出港とともに地元小売業者が多いことからも、高粱が地元での消費に供されることがわかる。また大連・営口・安東への輸出港への発送があるという点で、周辺後背地からは大豆が移入していることがわかる。

先ほどの表7－7を見ると糧桟の創業年に一九一六年、一九一七年が目立つ。また創業年ではなくても、この時期に業種を糧桟に転換したものもある。この年は東三省官銀号の分号が急増した年でもあり、奉天での特産物流通網がこの時期に拡大したことがあきらかである。また奉天の糧桟の多くは創業時の業種は糧車店となっており、鉄道輸送以前の特産物取引のなごりといえる。糧桟の次の転期としては一九二四年前後で、この時期に糧車店から糧桟に業種を変更しているものが多い。この時期は張作霖政権が第二次奉直戦争に勝利した時期にもあたり、第二節で見た東三省官銀号の二回目の分号の増加時期とも一致している。ちょうどこれらの糧桟のなかには発展のきっかけに軍用糧秣を扱っていることが報告されている商店が四軒あり、張作霖政権の軍事的成功の影響が糧桟にもあらわれていると考えられる。奉天省城での官商筋にあたるものは公済桟・東興桟だけだが、準官商筋としてはこの表の段階では倒産してしまっているが張作霖出資の糧桟として著名な三畲桟、その他会元亨をはじめとしてかなり存在すると考えられる。軍用糧秣を扱っていることが明示されていない糧桟でも資本主に軍人・地方官僚が名前を連ねているものもあり、これらは準官商筋としての働きをしていると考えられる。

以上から奉天省城糧桟界にもやはり官商筋・準官商筋ともいうべき糧桟がほかの地域同様に存在していること、ただしこれらの取り扱う商品としては高粱が多く含まれ、軍を顧客として優遇されているものが多いと判断できる。集散地の規模としては奉天省城は大きくないが、政治の中心であるため軍糧の買い付けなど特殊な機会が存在すること、大都市であるため在地で消費される量が多いことが特徴といえよう。大豆自体は奉天省城を素通りするものが多いとしても、官商筋・準官商筋といわれるところの権力性商人が特産物のうち人々の自家消費分ともいうべきものの流通によって財力をたくわえるシステムが奉天省城には存在していた。

四　権力性商人の影響力の拡大

それでは次に、このようにして蓄えられた財がどのように他業種、特に近代産業にながれていくのかを見てみよう。ルートとしては二つ考えられる。ひとつは東三省官銀号からと、もうひとつは個人によるものである。東三省官銀号ルートとは東三省官銀号系列の公済桟・東興桟・東興火磨・東済油坊および東三省官銀号自体といういわゆる官商筋の売買によって得られた利益が、東三省官銀号の附帯事業に使用されるもの、東三省官銀号からほかの企業へ融資される形でもたらされるものである。個人ルートとは準官商筋にあたる糧桟の利益が官僚・軍人個人の名義で企業に投資されるものである。

東三省官銀号ルートのなかでも、前者は第二節で見た東三省官銀号の附帯事業のうち「その他」とした部分である。奉天純益繅織公司・利達公司がこれにあたる。利達公司は資金難に陥り、東三省官銀号から資本を提供され、東三省官銀号傘下となってから事業を拡大している。ハンブルクとニューヨークに支店をもち、東三省官銀号発行の『経済月報』に大豆をはじめとする東北特産物の海外価格を報告している。その活動ぶりは絲房や雑貨輸入業者というよりは三井などの日系商社に対抗することを目的とした御用商社としての役割を期待

表７－８　公金当座貸越金（1926－1928年；奉票分のみ）

		最近三年間年末残高平均	最近三年間年年額取扱高平均
遼寧省財政関係		320,590,264.05	681,070,506.28
	割合	99.24%	98.84%
外省その他財政関係		288,149.90	1,409,264.51
	割合	0.08%	0.20%
東北商場		830,563.71	2,668,617.54
	割合	0.25%	0.38%
張学良関係		1,098.712.82	2,778,983.33
	割合	0.33%	0.40%
慈善団体		41,462.79	475,680.66
	割合	0.01%	0.06%
官銀号検査員旅費		4,524.40	17,648.80
	割合	0.001%	0.002%
奉天農務総会		107,673.48	334,514.62
	割合	0.03%	0.04%
錦県電灯廠		3,735.42	629.0208
	割合	0.0009%	0.008%
華富銀行破産没収地税金		83.33	83.33
	割合	0.00002%	0.00001%
個人経営志賢煤鉱		2,777.77	2,777.77
	割合	0.0001%	0.0002%
les榆県農会		4,222.23	4,222.23
	割合	0.001%	0.0005%
奉天電車廠		22,500.00	166,976.04
	割合	0.005%	0.01%
官商合弁機関		46,952.37	315,008.43
	割合	0.01%	0.04%
内訳	奉天紡紗廠	32,666.66	110,255.53
	瀋海鉄路公司	14,285.71	204,752.90
公金当座繰越総計		323041622.26	689307185.62
	割合	100%	100%

出典　関東庁財政部『東三省官銀号論』381-388頁.

されていた。(31)奉天純益繰織公司は絹糸絹織物製造業でこれも経営不振に陥っていたところを東三省官銀号が出資して傘下としたものであった。満洲事変以後も存在し、設備と規模は東北地域随一といわれている。(32)

このほか附帯事業以外の企業への東三省官銀号の融資について、全容はわからないが、公的部門への貸し越し金については報告があるので、これを表7－8「公金当座貸越金」として提示しておく。このなかで純粋に営利企業といえるものは瀋海鉄道と奉天紡紗廠である。このうち瀋海鉄道は東北政権側にとっては、満鉄によって削られた後背地を再度奉天と直結させるための手段として重要な鉄道であった。また奉天紡紗廠は次章でとりあげるが、東北地域での紡績織布業の成功例であり、国貨運動（国産品生産販売促進運動）の象徴的な企業である。

次に個人によるルートであるが、これは表7－9「東三省有力者投資事業」をもとに見ていこう。これらの投資先は大別すると、資金源にあたる準官商筋商店、金融業者、近代的製造業の三つにわけることができる。雑貨・糧桟という業種が先に見た準官商筋にあたり、政府関係者の個人資金源ともいうべきものである。これ

表7－9　東三省有力者投資事業

張作霖	三畲糧桟等の聯号
	八大濠炭鉱
	西安煤鉱公司
	奉海鉄道
	政記輪船公司
	奉天紡紗廠
	東北銀行
	東北航業公司
楊宇霆	東北銀行
	東北実業銀行
	大同儲蓄会
	東辺実業銀行
	金城泉軍衣荘
	大亨鉄工廠
	大冶鉄工廠
	奉海鉄道
	奉天紡紗廠
	西安煤鉱公司
	悦新窰業公司
	法庫門電灯廠
臧式毅	奉天裕民儲蓄会
	奉天裕民林業公司
	奉天儲蓄会
	双合金店
	増盛東洋貨荘
	東北銀行
	大東辺華商五金行
張学良	東北銀行
	大昌興軍衣荘
	強華公司
	永興鉄工廠
	魁畲祥単衣荘
	東辺実業銀行
	東北飯店
	大昌盛皮靴廠
	大亨鉄工廠
	大冶鉄工廠
	奉海鉄道
	奉天紡紗廠
	政記輪船公司
韓麟春	東北銀行
	奉天儲蓄会
	奉天裕民儲蓄会
	公民儲蓄会
	世合公銀行
	悦新窰業公司
	八王寺啤酒汽水公司
	大亨鉄工廠
	大冶鉄工廠
	永興鉄工廠
	大昌興軍衣荘
	会源東単衣荘
劉尚清	奉天印刷局
	徳増号絲房
	肇新窰業公司
	義和当
	延生堂薬舗
	義勝金店
	広裕慶糧桟
	万豊糧桟
	巨城糧桟
	通源公司
	大東桟店油房
	義泰昌火磨
	同人泰皮荘
于冲漢	東興色染公司
	丙寅公司
	奉天匯業銀行
張志良	奉天儲蓄会
	瀋陽儲蓄会
	朝陽金店
	中美金店
	世合銭舗
	元寶官紙局
	洪順源絲房
	同順祥雑貨舗
	運通達洋貨店
	徳興和絲房
	恒興源絲房

出典　満鉄『東三省官憲の施政内情』附録より主要な投資例.

らは個人あるいは三人以下の合資によるものが多く、聯号を持っているものが多い。金融業者としては銭荘などよりは、儲蓄会や銀行といった近代になって生じたタイプのものが多く、出資や預貯金という形での投資が行われている。近代的製造業としては、肇新窰業公司や八王寺啤酒汽水公司のような政府関係者の発案で開業し、国産品製造業の一環として保護を受けてきた企業である。個人名義の投資もあるが、先に挙げた儲蓄会などの政府関係者が出資する金融機関からの融資をうけ、間接的な政府関係者の資金による融通も受けている。いずれも中国東北地域においてはパイオニア的な企業であり、本来リスクも大きいはずであるが、これらの企業は政府から輸送・免税・販売ルートなどのうえで優遇を受けており失敗の少ない投資先となっている。そしてこれらの優遇措置は結果として権力性商人が近代的製造業を独占していくことを可能にしている。業種のうえでは輸入代替品を製造するものであるため、流通する雑貨も権力性商人の経営する企業によって製造されたものになり、雑貨流通から生じる利益を政権に還元することを可能にしている。

五　小括

東三省官銀号の成立は私帖を奉天票に統一し、奉天省での共通の通貨を形成しえた。しかし大豆が輸出商品であることや、中国東北地域が工業品を輸入しなければならないことから、輸出入では対外決済貨幣を必要とした。大豆の買い付けは季節性があるため、一年のうちで出回り期である秋から冬にかけて奉天票の価値が高騰し、春から夏にかけては下落する。東三省官銀号はこの年間の価格差を利用して奉天票の両替によって利益を得ていた。また同時に大豆取引で得る決済通貨も朝鮮銀行券と日本銀行券とでは実売上価格差があり、これを利用して利益を得ている。これらは金融機関としての利益である。

他方、東三省官銀号は附帯事業として特産物流通業を行っており、東北地域全域に分布している。また主要集散地では東三省官銀号分号と附帯事業店舗のそれぞれの責任者によって築かれた人脈によって集散地での特産物買い占めを可能とし、ほかの特産物取扱商よりも有利な売買を行っていた。このようにして得た特産物の売却による利益も東三省官銀号の財源となっている。また東三省官銀号と連携を可能にする政権および官銀号関係者の経営する特産物商も同様に有利に利益を得ている。また、このようにして得られた利益は特産物売買の再生産に用いられるほか、輸入代替品製造業に投資された。この業種で製造された製品は免税をうけ、販売のうえで優遇されていた。東北地域政権は常時軍事的緊張を背負ってはいたが、そのための軍糧という農産物、軍服という衣料の消費者であった。食は特産物のうち輸出品ではない高粱によってまかなわれ、軍服は輸入代替品製造業によってまかなわれていた。そしてここにも軍および政府との関係を持つ資本が介在し、権力性商人へ利益がまわる。

このような構造の形成は一九一六年に張作霖が奉天省の政権を掌握したことが大きな契機となっている。これによって、東三省官銀号の支店網の拡大が始まっている。その後一九二四年の第二次奉直戦争に勝利したものの、一九二五年郭松齢の反乱以降、奉天票の価値が急速に下落し始める。この時期までは一般糧桟および銭荘など一定の独立性を許容していたが、これへの取締を強化し始める。金融対策ではあるが、この取締は東三省官銀号の潜在的なライバル抑圧でもあった。なぜならば一流糧桟は一流銭荘と聯号関係にあり、つまり金融機関と特産物流通業者のコンビネーションという点ではまったく東三省官銀号とその附帯事業と同じ構造をもち、これらの有力なライバルでもあったからである。糧桟・銭荘の組み合わせとして形成される一流糧桟と銭荘の聯号のケースも、ちょうど一九〇〇年代官銀号が形成される時期に金融業にのりだし、一九二〇年代に糧桟として名を馳せている。[33] このプロセスはほぼ官銀号が附帯事業として糧桟を本格化させるのと同様であり、時間的にもほぼ同時期である。権力性商人以外の経営による糧桟・銭荘への弾圧が一九二六年に行われるように、この段階までは金融・特産物流通・日用品流通の三つの部分は権力性商人の絶対性が確立されていなかった。この圧迫をのがれた商店は事前に政権関係者とのコネクションを形成することにつとめ、東三省官銀号の意向をのみ準官商筋として機能するようになっている。つまり一九二〇年代後半になって権力性商人はその独占性を強めていったといえる。そして権力性商人は一九二〇年代には蓄積された財を投じて近代的な製造業の育成に力を注ぐようになるのである。次章ではその典型例としての奉天紡紗廠をとりあげ、権力性商人がどのような条件下で輸入代替品製造業を成長させていったかを検討する。

注

（1）石田興平『満洲における植民地経済の史的展開』（ミネルヴァ書房、一九六四年）二六九―二八二頁。
（2）一両五五五・四二、純度九九・五％、奉天で流通していた寶銀。安東で使用された鎮平銀は一九二〇年代まで使用されたが、奉天では早い時期につかわれなくなり、多くは小銀元に改铸された（財政部『満洲貨幣史』一九三六年、七二―七八頁）。対庫平銀比率は瀋平銀一〇三六・一〇両＝庫平銀一〇〇〇両（瀋陽市政府地方志編纂辦公室編『瀋陽市志』一〇巻（瀋陽出版社、一九九二年）二三三頁）。
（3）関東庁財政部『東三省官銀号論』一九二九年、一頁。
（4）王元澂「東三省官銀号之沿革」『東三省官銀号経済月刊』第一号、一九二九年五月、二頁。
（5）彭賢（一八八四―一九五九）字相亭、遼寧省新民人、張作霖を義父としたい、東三省官銀号会辦・総稽核を兼任、一九二五年には総辦に昇進。個人的にも財力があり、多くの商店の資本主である。遼陽の美綸祥・福聚源・福源祥など。一九二八年張作霖死後はその葬儀籌備処処長などを務める。易幟後は張学良と意見があわず辞職、満洲事変以後は満洲中央銀行総裁、中華人民共和国成立後は北京にうつり、一九五九年北京にて死去（『東北人物大辞典』第二巻上、一六〇〇頁）。

（6）王元澂前掲「東三省官銀号之沿革」二―三頁。
（7）前掲、『東三省官銀号論』一六二―一六三頁。
（8）王元澂前掲「東三省官銀号之沿革」二六―三四頁。
（9）南郷龍音『奉天票と東三省の金融』（南満州鉄道庶務部調査課、一九二六年）二一六―二一八頁。
（10）この事例は『奉天経済旬報』第一巻第一号（一九二六年一二月五日）三―四頁。上海における大連向け為替で利益を得ていた商人を大連商人とよび、彼らも上海と大連の銀の市場価格差を利用していた。これについては松野周治「東アジアの金融連関と対満州通貨金融政策」（『両大戦期のアジアと日本』大月書店、一九七九年）、安冨歩「大連商人と満洲金円統一化政策」（『証券経済』第一七六号、一九九一年六月）、郭志華「一九二〇年代後半東三省における「奉天票問題」と奉天軍閥の通貨政策の転換――為替市場の構造と「大連商人」の取引実態を中心に」（『アジア経済』第五二巻、二〇一一年八月）参照。
（11）王元澂前掲「東三省官銀号之沿革」。奉天興信所『満洲華商名録』一九三二年、一一八―一一九頁。
（12）前掲、『東三省官銀号論』三二八―三二九頁。
（13）王元澂前掲「東三省官銀号沿革」二六―二七頁。
（14）藤井諒『満洲特産界に於ける官商の活躍』（南満洲鉄道庶務部調査課、一九二八年）三〇―三四頁。
（15）同右、四八―四九頁。
（16）斎藤征生『事変後に於ける糧桟の変革糧桟』（満鉄経済調査会、一九三六年）八―九頁。
（17）斎藤征生『満洲に於ける糧桟（再版）』（満鉄経済調査会、一九三三年）三〇頁。
（18）賈涛・劉益旺前掲「京東劉家与長春益発合」（『吉林文史資料』第一五輯、一九八七年）三頁。
（19）同右、一一一五頁。
（20）同右、一七―二一頁。
（21）同右、三一―三二頁。
（22）同右、四〇―四二頁。
（23）同右、三五頁。
（24）同右、四二頁。
（25）南満州鉄道株式会社興業部商工課『対満貿易の現状及将来』下巻（南満洲鉄道、一九二七年）九七―一〇二頁。
（26）前掲『満洲特産界に於ける官商の活躍』八頁。

(27)　同右、三〇頁、四七頁。
(28)　同右、一七–二〇頁。
(29)　同右、八九頁、九七頁、一〇二頁。
(30)　奉天商業会議所『奉天経済二〇年史』（一九二七年）四二二頁。
(31)　前掲『東三省官銀号論』三〇九頁。
(32)　南満洲鉄道総務部調査課『満洲の繊維工業』（一九三一年）一七二頁。
(33)　前掲、奉天興信所『第一回満洲華商名録』の商店の関係より。またこのような金融業者は従来が山西系であったのに比し、河北幇のものが多い。この点でも官銀号系列と同様の後発資本であった。

第八章　東北における近代産業の育成
――奉天紡紗廠を中心に

一　中国東北地域の綿糸布市場と奉天紡紗廠の創業

ここでは第六章でモデル化した東北における物流の第四段階において登場した製造業について検討していく。一九二〇年代になると張作霖政権は近代的な工業の育成と経済制度の転換を図った。工業製品の多くは日本や上海からの輸移入品だったが、一九二〇年代後半になると輸入代替品が製造できるようになった。この変化によって東北経済は輸移入先から相対的に自立しつつあった。それは日本からの自立だけでなく、上海などの中国本部からも自立しつつあるという二面性を持っていた。

(1) 奉天紡紗廠成立以前の綿糸布市場

満鉄の調査によれば、一九一九年から一九二五年の東北の全輸入総額に占める綿糸と綿布の割合は三〇％近くを占めていた（表8－1参照）。この輸入綿糸布のなかで日本製品が占める位置は大きく、一九二一年以降の一〇年間で、綿糸では九五％以上（一九二二年の七八％をのぞく）を日本製品が占め、綿布でも一九二五年以降に

表 8－1　満洲綿糸布輸入情勢　単位：海関両

	綿糸	綿布	綿糸布合計	輸移入総額	輸移入総額に対する綿糸布の%
1918年	8,212,955	35,740,278	43,953,233	157,385,003	28
1919年	13,526,851	54,296,171	67,823,022	212,125,978	32
1920年	13,367,635	50,665,471	64,033,116	181,933,261	35
1921年	16,660,854	46,589,973	63,250,827	189,386,739	33
1922年	16,090,859	49,312,634	65,403,493	188,150,488	35
1923年	15,767,649	47,223,946	62,991,595	198,391,369	32
1924年	12,886,502	38,083,185	50,969,687	192,437,382	26
1925年	15,567,872	56,974,952	72,542,824	238,030,371	30
1926年	16,330,869	60,008,200	76,339,069	269,126,077	28
1927年	12,900,092	54,424,198	67,324,290	261,090,000	26
1928年	12,654,383	58,181,825	70,836,208	295,040,490	24
1929年	12,070,367	66,868,794	78,939,162	324,287,803	24

出典　満鉄『満洲の繊維工業』10頁
北支那貿易年報に拠り，愛琿，龍井村，琿春分を欠く，但し小額.

表 8－2　満洲輸入綿糸布における日本品の地位

	綿糸				綿布			
	日本品		外国品		日本品		外国品	
	価格	割合%	直接輸入価格	中国経由価格	価格	割合%	直接輸入価格	中国経由価格
1921年	8,556,118	99	143,236	2,143,164	23,081,287	70	307,659	9,605,521
1922年	8,467,583	78	33,777	940,444	28,405,182	79	345,112	7,330,177
1923年	6,290,277	97	3,377	217,887	22,333,124	81	389,575	4,878,704
1924年	4,771,669	98	5,060	85,725	22,182,014	88	379,994	2,753,916
1925年	5,721,226	95	96,958	177,566	35,167,628	91	404,411	2,898,331
1926年	3,634,318	98	131	79,367	36,540,848	90	594,961	3,734,228
1927年	2,512,527	100	—	4,010	32,006,891	91	348,894	3,099,367
1928年	3,381,377	100	—	396	37,262,004	93	454,903	2,414,794
1929年	3,008,468	100	105	249	41,116,584	92	1,177,802	2,212,203

出典　満鉄『満洲の繊維工業』14-15頁

は九〇%以上を占めていた（表8－2参照）。

日本紡織布業は日露戦争後に新たな市場として東北に期待し、一九〇六年には三井物産が提唱者となって日本綿布満洲輸出組合を結成した。これ以降、中国農村部での需要が高い太番手の綿糸や大尺布などの製品を供給したことで、日本製綿糸布がほかの外国製品を駆逐し市場を拡大していった。第一次大戦後はヨーロッパからの製品の途絶により、日本の紡績織布業者は細番手の綿糸および細地綿布の輸出を開始し一定の地歩を築いた。また、加工綿製品も第一次大戦後はヨーロッパからの製品の途絶により長足の発展をみた。同時にこれらの製品は、一九一三年六月二日からの「満鮮国境通過税」三分の一減税、一九一四年七月からの「内地発南満線行綿糸布運賃」割引の優遇措置による輸送費の軽減によって競争力を獲得した(1)。

一九二三年に奉天紡紗廠が創業する以前の東北の紡織業は次のような条件下にあった。東北で棉花を栽培していたのは奉天以南と遼西に限られており、綿糸布が必需品であっても、製糸から織布を東北内でまかなうことには限界があった。開港以前は主として山東や直隷からの移入に頼っていた。それでも、遼河の水運が主要な物資輸送方法だったときには、奉天は棉産地から水運で繋がり、東北における中心的な紡織地であった。営口の開港後、外国の機械織り綿布の輸入が始まったが、在来織布業に激しい打撃をあたえはしなかった。一八九〇年には二〇余戸が手織機によって在地の綿糸を用いて製品を製造していた(2)。また営口は開港地で輸移入綿糸の供給に地の利があったことに加え、棉産地に近いことから中小規模織布業が盛んだった。

第一次大戦後には、二一ヶ条約反対運動のなかで、日本製品排斥国産品奨励運動の影響を受けて東北では一時的に織機の増設が見られた。奉天や営口では当時、一〇〇余の織布工場が設立され、北部の黒龍江省や極東ロシアにまで販路をのばしていった。粗布にいたっては日本製品と競合さえした。しかし、第一次大戦後欧米の工業が復活し、一九一九年から一九二〇年にかけて奉天票の価値が下落することで損失を被り多くの閉鎖を見ている。[3]織布業界ではこの後も頻繁に新しい工場ができ、その多くが倒産するというサイクルが繰り返された。一九二七年の奉天票の暴落においても弱小織布業（機房）の倒産が相次いでいる（第九章参照）。

綿布は東北一円の農民が購入する雑貨の主要品のひとつであり、その需要は大尺布や花旗布など比較的粗い織りの綿布に集中しており、高い織布技術を要求されなかった。その意味で、織布業は外国製品から市場を取り戻すことが可能な業種だと中国側経済界では期待された。民間の中小零細織布業が不況に弱く不安定だったのに比べ、奉天紡紗廠は本格的な電力による機械制紡織工場で、多くの優遇措置を得て安定的な経営がなされた。紡績業は奉天紡紗廠の成立以前には、棉産地で農家が副業的に行うに留まっていた。[4]製糸・織布業ともに奉天紡紗廠の設立は大規模工場での機械による製品の製造開始という点で東北においては一時代を画すものだった。

（2）奉天紡紗廠の設立経緯

奉天紡紗廠は一九二三年一〇月一日、二〇〇余人の参列者を集めた式典によって正式開業した。最初に設立が提案されたのは開業の約四年前だった。一九一九年一一月一八日奉天省議会は奉天紡紗廠設立案の省政府への建議を決定し、二二日には「籌設紡紗廠一案」を省政府に提出している。これに添えられた「建議理由辦法」では、外国製品購入が現銀の流出を招き民衆の暮らしの困窮化をもたらしていることから、国産品を製造し、利権を挽回することをめざすことが主張されていた。しかし、輸入代替が可能な企業の育成が不十分なことから、輸入代替化達成には省政府の力が必要であると主張されていた。さらにその計画案では、①財源として自治付加税と省財政をあてること、②原料としての棉花栽培を奨励すること、③燃料としての石炭を供給するために炭鉱開発をすること、④省長の下に実業の心得のある官紳を管理職として採用することを提案した。[5]

しかし、当時の奉天省財政の資金繰りは決してよいものとはいえなかった(6)。省政府側は財政的な難点を楽観的にとらえることはできず、実業庁と財政庁に諮問した。両庁合同の議論によって答申されたのは一九二〇年三月三〇日になってからだった。この答申のなかで当時財政庁長であった王永江は、省議会側が期待するような自治費や、省財政の余裕はないことを述べた。加えて、軍事的な臨時出費を懸念するとともに葫蘆島建設計画をかかえており、財政的余裕がないと主張し、時局の安定後に再考することを提案した。これに対して、設立を求める省議会のメンバーは即座に反論を省政府に提出した(7)。省公署は四月一二日づけでこの紡紗廠建設推進派の意見に応えて、財政庁に計画を実行に移す指令を出した。この指令が省政府による実質的な許可となったとみえ、これ以降は開設準備に関する機械買い付けなど実質的な執行段階に入った(8)。

(3) 奉天紡紗廠設立準備

中国資本による東北での初めての近代的な紡織工場ということから、設立にあたっては紡績織布業としてすでに実績のある南通・上海・天津の紡紗廠での実地調査が行われた。佟兆元ら五人の奉天紡紗廠幹部は一九二一年四月から五月にかけて約四〇日におよぶ調査に出た。この調査では各工場の建築設計図面や営業規則などの資料が収集された。調査後、奉天紡紗廠は直隷省と連絡をとり技術者の研修先を選定した。気候風俗が、東北に近いという点で、天津が研修先に選ばれた。直隷省から恒源・裕元・北洋第一の三ヶ所の紡績工場の推薦をうけ(9)、最終的には恒源紡紗廠が見習い技師の研修先となった。一九二二年には二名の技師と三〇名の研修生が恒源紡紗廠に派遣された(10)。

研修生は試験で選抜され、中学校卒業程度の学歴が求められ、工業学校卒業生であればなおよしとされた。彼らの研修期間は基本的には一年だったが、操業開始時まで約二年の研修をした者もいた。研修期間中の衣食住は奉天紡紗廠が支給し、正規の半額の給料も支払われた。ただし、研修終了後は奉天紡紗廠での三年間の勤務が義務づけられていた(11)。

操業開始直前の一九二三年時点の職員表を見ると、技術者として天津、上海の紡紗廠での労働経験のある人材に加え、イギリス留学経験者や日本留学経験者の名が並んでいる(12)。これらの技師は一九二八年の職員表では管理職に昇格し、その下に一九二二年に採用され天津で研修を受けた技師の名が連なっている(13)。

このようにして集められた技術者によって、奉天紡紗廠は一九二三年七月に試運転を開始し、七月には三八四〇錘、一〇月には一万五三六〇錘、一二月には一万九二〇〇錘を稼働し、ほぼ目標の二万錘に到達した(14)。

二　奉天紡紗廠の企業経営

それではこのように設立された奉天紡紗廠はどのような企業経営をしていたのか、資本の募集、原料調達、販路の三点から検討を加えたい。

(1)　資本の募集

奉天紡紗廠の資本総額は「奉大洋」だてで四五〇万元、一株一〇〇元とし四万五〇〇〇株からなっていた。このうち民間からの株主（商股）は一九二二年一一月で一万六六二三株（全株数の約三七％）、一九二三年一一月で一万八八九九・五株（同約四二％）、一九二五年末で二万一一一七株（同約四七％）、一九二七年末で二万一一二〇株（同訳四七％）であった（表8－3参照）。

民間株主は奉天省内一円の県から募っており、省公署から県知事への指令によって募集が行われた。また株主総会（股東会議）召集の指令も省公署から県知事を通じて行われ、株主総会出席者の選定も県知事にまかされていた[15]。奉天紡紗廠と株主との関係は、間に省と県の政府が介在していた。資本金出資の多寡から見て、県ごとの奉天紡紗廠に対する協力の程度が推測できる。省政府官僚を輩出している遼陽などは比較的高額の資本金が民間から集まった。

これら民間株主によってまかなわれたもの以外の株は「官股」とよばれ省財政から出資されており、当初は

表 8 - 3　奉天紡紗廠商股一覧

股数：1件

商股	1922年	1928年
東三省官銀号	1000	3395
東三省銀行	1000	合併
興業銀行	1000	合併
交通銀行	1000	1128
中国銀行	1000	1128
奉天儲蓄会	500	528
奉天総商会		1097
海城県	529	575
通遼県	10	12
遼源県	66	88
開原県	833	1155
臨江県	93	96
寛甸県	91	100
洮南県	21	21
西安県	220	235
台安県	68	75
興京県	44	64
錦西県	87	95
黒山県	58	64
興城県	147	154
復県	362	388
康平県	93	101
梨樹県	70	107
錦県	188	209
法庫県	128	141
遼陽県	1018	1292
遼中県	323	345
輯安県	78	84
通化県	159	177
西豊県	152	167
撫順県	202	355
岫岩県	124	170
鉄嶺県	236	341
桓仁県	191	239
北鎮県	130	143
盤山県	40	44
新民県	77	304
彰武県	46	60
東豊県	415	487
綏中県	106	116
懐徳県	359	408
瀋陽県	687	767
海龍県	213	291
鳳城県	139	266
蓋平県	384	428
鎮東県	3	12
営口県	693	779
安東県	1203	457
安東総商会		646
荘河県	301	313
義県	23	27
輝南県	50	54
長白県	20	22
昌図県	501	531
撫松県	21	23
本渓県	77	165
柳河県	33	57
開通県	10	11
突泉県		5
瞻楡県		8
金川県		6
清源県		2
洮安県		3
営口個人		2
東辺実業銀行		545
安東鉄路警局		4
奉天業業商船保護局		8
合計	11622	21120

1922年についてはJC10-3294「商股股款表」より、
1928年については『奉系軍閥檔案彙編』8巻58-59頁より作成

約六三%を占めていた。また先に見た民間株主のうちでも、約三分の一にあたる五五〇〇株（一九二二年時点）は東三省官銀号・中国銀行・交通銀行・東三省銀行・興業銀行・奉天儲蓄会によってまかなわれた。省財政の運用にあたる東三省官銀号を筆頭に、奉天省城六銀行の資金が投資されていることは、官の主導下で奉天紡紗廠は公的資金に依存していたことを示しているといえよう。

しかし、省政府自体はこのような体質を改善しようとした。奉天紡紗廠章程には、株の利益を順次持ち株に繰り込み、その比率だけ省が保有する株を引きあげることが規定されていた。一九二四年には三九万余元の利益のうち一五万余元を資本に組み込むことが財政庁から指示された(16)。この結果、一九二五年に民間の持ち株数が増え、銀行などの大口株主の持ち株数に端数が見られるようになった。

このように見てくると設立初期には省財政からの出資があったが、その後は直接には省からの資金を受けずに企業運営されていたという点で、資本金のうえでは、次第に自立していったといえる。

(2) 原料調達

東北（関東州を含む）に存在した紡績工場で一九三一年当時操業を続けていたものには内外綿株式会社（以下内外綿と略す）・満洲福紡株式会社（以下満洲福紡と略す）・満洲紡績株式会社（以下満洲紡績と略す）・奉天紡紗廠の四工場があった。この四工場のうち、奉天紡紗廠以外は日本資本によって経営されていた。これら日本系工場では主としてインド棉、アメリカ棉、中国関内棉を使用し、東北産の棉花はほとんど使用していない（表8－4参照）。これに比べ、奉天紡紗廠は東北産の棉花を中心に使用している。このように在地棉花使用は奉天紡紗廠に特徴的なことで、その集荷方法には日本側商工会議所も注目していた。

東北産の棉花は、従来繊維が短く高級品の製造に不適といわれてきた。しかし満鉄や関東庁において品種改

表8－4　各工場棉花使用量および価格比較

奉天紡紗廠　　価格単位：奉大洋元

		インド棉	中国棉	アメリカ棉	東北棉	その他	合計
1926年	数量（斤）	637000		1245000	3213000	670000	5765000
	価格（元）	1,524,888		2,988,292	6,414,412	1,328,840	12,256,432
	斤あたり価格	2.394		2.400	1.996	1.983	2.126
1927年	数量（斤）	435000		1563000	4152000	310000	6460000
	価格（元）	2,613,205		9,470,630	21,097,005	1,568,443	34,749,283
	斤あたり価格	6.007		6.059	5.081	5.059	5.379
1928年	数量（斤）	531000		1963000	3985000	710000	7189000
	価格（元）	10,534,225		45,673,800	63,785,922	12,300,555	132,294,502
	斤あたり価格	19.838		23.267	16.007	17.325	18.402
1929年	数量（斤）	745000		2531000	4789000	673000	8738000
	価格（元）	31,296,322		107,004,322	177,615,223	23,894,300	339,810,167
	斤あたり価格	42.008		42.277	37.088	35.504	38.889

各年度は１月から12月まで
出典　満鉄『満洲の繊維工業』38頁

満洲紡績株式会社　　価格単位：円

		インド棉	中国棉	アメリカ棉	東北棉	その他	合計
1926年	数量（斤）	3724176	1269628	222672	174895		5391371
	価格（円）	2,213,759	872,389	144,857	115,489		3,346,494
	斤あたり価格	0.594	0.687	0.651	0.660		0.621
1927年	数量（斤）	4949829	39730	582860			5572419
	価格（円）	2,348,326	19,576	275,137			2,643,039
	斤あたり価格	0.474	0.493	0.472			0.474
1928年	数量（斤）	3813656	1658082	42827	49869		5564434
	価格（円）	1,886,804	783,037	21,176	24,398		2,715,415
	斤あたり価格	0.495	0.472	0.494	0.489		0.488
1929年	数量（斤）	5612796	1475223		82114		7170133
	価格（円）	2,635,008	723,991		42,148		3,401,147
	斤あたり価格	0.469	0.491		0.513		0.474

各年度は11月から10月まで
出典　満鉄『満洲の繊維工業』43頁

満洲福紡株式会社　　価格単位：円

		インド棉	中国棉	アメリカ棉	東北棉	その他	合計
1926年	数量（斤）	1625680	39080	263840		31710	1960310
	価格（円）	851,169	18,757	155,209		25,067	1,050,202
	斤あたり価格	0.524	0.480	0.588		0.791	0.536
1927年	数量（斤）	2416870		442620	32160	128640	3020290
	価格（円）	1,090,103		229,837	12,865	60,254	1,393,059
	斤あたり価格	0.451		0.519	0.400	0.468	0.461
1928年	数量（斤）	2570130	32610	351290		13860	2967890
	価格（円）	1,202,074	19,406	286,941		7,002	1,515,423
	斤あたり価格	0.468	0.595	0.817		0.505	0.511
1929年	数量（斤）	3062810	317610	404950		20020	3805390
	価格（円）	1,294,876	138,836	256,975		12,415	1,703,102
	斤あたり価格	0.423	0.437	0.635		0.620	0.448

各年度は12月から１月まで
出典　満鉄『満洲の繊維工業』48頁

良が行われていた(17)。また中国側でも奉天紡紗廠の設立にあたって、東北産棉花を使用することを予定しており、作付け指導を行っていた。この結果、一九三一年時点では年間生産量は二〇〇〇万斤といわれ、このうち機械紡績に向くのは四〇〇万斤から五〇〇万斤程度だったといわれる(18)。

奉天紡紗廠は、東北産棉花の使用によって原料費を安く抑えることを可能にし、日本製品や在華紡の製品に対する競争力を持っていた。また東北産棉花の独特な買い付け方法の確立は、原料費を低く抑えるための重要な要件だった。表8－4にあげた満洲福紡・満洲紡績・奉天紡紗廠の三工場の各産地棉花の平均価格に注目してみよう。奉天紡紗廠は元で表示され、ほかは円を単位とするため、簡単に価格を直接比較することはできない。しかし奉天紡紗廠はインド棉、アメリカ棉よりも東北産棉花を安く買っているのに対して、満洲紡績は東北産棉花をインド棉よりも高い価格で購入している年の方が多い。ここから、奉天紡紗廠はほかの工場よりも有利な条件で東北産棉花の価格を決定することができたと考えられる(19)。

では奉天紡紗廠が使用していた集荷方法は具体的にどのようなものだったのだろうか。一九二一年一一月二〇日づけの奉天紡紗廠側から省政府への呈文には以下のように述べられている。

操業開始をひかえ多くの原棉が必要となってきた。去年省長と財政庁の訓令によって棉産各県に棉花作付けを奨励した。この春、本工場では人員を各県に派遣して作付けを奨励してきた。棉産県のうち南部、西部の一五県で秋には派遣員が買付てくる。今年買付が少ない場合は、農家は幻滅して来年作付けを減らしかねない。信用を得るためにもできるだけ買付したい(20)。

このように奉天紡紗廠は操業開始前の一九二一年の春からすでに棉花の作付け奨励をし、生産された棉花を積極的に買い取ることで、農民の生産意欲の維持を図っていた。さらに作付け時期、六月、集荷時期に人員を派遣して棉花購入の約束をとりつけていた。その方法は、農家に対し、ほかへの販売を厳禁するという取り決めを行って、立替金として一〇畝につき奉票五〇元を貸し、原綿の苗ができるころにさらに五〇元を貸与、収穫時に価格のなかから貸し出した金額を控除し、原綿価格は荷を渡した時点での市価で決定するというものだった。この立替金は無利子となっていた(21)。また東北随一の棉花生産量と品質を誇る遼陽には奉天紡紗廠の買い付け専門の出張所が存在した(22)。

このような買い付けを継続するために奉天紡紗廠は省政府に積極的に働きかけ、各棉産県の行政の協力を仰いでいた(23)。

例えば、奉天紡紗廠は一九二三年六月一一日づけの呈文で省政府に原料購入についての配慮を依頼している。その呈文では、日本資本による紡績工場が設立され、原料の供給が厳しくなることを予測し、奉天紡紗廠の原料確保のためには、奉天省産の棉花をすべて奉天紡紗廠で購入することを理想とし、日本側工場が買うことができないように、省公署の命令によって、棉産県での奸商による日本人商人をはじめとする外国人商人への棉花販売を禁止し、価格高騰を防ぐこと、奉天紡紗廠の原棉購入特権を保障するよう依頼している(24)。

これを受けて省公署は六月一九日づけ指令で棉産各県宛に「産棉各県に密命する。状況を考慮し随時法律を定め、禁止せよ。また当該地の大義に理解ある士紳と連絡をとり援助をあおげ」と指示した(25)。これに対する具申のなかには、具体的な方法として、「各区長・警察官に厳しくとりしまらせるとともに、商会に手紙でこの旨しらせ、外国人には売らないようにする」あるいは「警甲所・各区長に連絡し、大義に理解ある士紳と協力して棉業を管理し、農民に棉の作付けを増やさせるとともに、商人には外国人に棉花を販売することを禁止させる(26)」と提案し、行政・警察機構とともに商会を中心とした士紳つまり在地の有力者に協力させる方針を出していた。

実際の買い付け過程は県によって若干違いがあるようだが、おおむね農民が馬車で県城や駅の棉花市場に持ち込み、仲買人が買い付けた。仲買人は奉天紡紗廠の代理店として、奉天紡紗廠に提示された価格によって委託収買を行っていた。仲買人の手数料は七分から一割五分程度で、仲買人の本業は凌源県の場合、旅館経営者とされており、おそらく派遣員を受け入れているそうした「客桟」が受託業務を行っていたと考えられる。(27)

このような独占的な購入を維持できたのは、買付時期にあたる初夏から秋にかけての時期に銀行からの原棉買付のための融資を受けていたことも大きい。奉天紡紗廠が工場の拡張を計画し始める一九二八年には、バランスシートにおける銀行からの借りた資金の大半が棉花買い付けにあてられていたと考えられる。檔案から追えるだけでも五月二七日づけ一回分の報告で一〇〇万元の借り入れがあったとされている。(28)このほかにも、一度に五〇〇万元や一〇〇〇万元単位の融資を受けている。(29)

さらに奉天紡紗廠は棉花購入に際して、域内関税にあたる「銷場税」の免税措置を受けていた。開業前から奉天紡紗廠は省政府に対し、銷場税免税も依頼していた。これに対し、税務督辦孫寶綺は免税に反対していたが、最終的には奉天紡紗廠は免税の特権を取得した。(30)

(3) 販路確保

奉天紡紗廠にとっての主要な顧客は奉天市内の織布業者、靴下製造業者、タオル製造業者だった。彼らは奉天紡紗廠が創業する以前の一九二〇年代初期には、日本人や中国人の綿糸取扱業者を通じて日本製綿糸を購入し材料としていた。(31)しかし、一九二九年になると使用する綿糸の上位を奉天紡紗廠製品が占めるようになった。『満洲華商名録』(一九三二年)にあがる靴下製造工場の「来貨地」には、奉天の日中綿糸商と大連営口の貿易商とともに奉天紡紗廠の名前があがっている。『満洲経済調査彙纂』一二輯(一九二九年一一月)掲載の調査では「当地支那側機業者の使用する綿糸、シルケット、人造絹糸等は主として奉天に於ける日本及支那側の扱商より仕入れられ、直接大阪、上海等の産地より仕入れられることは殆どない。その産地別としては大体に於て奉天紡紗廠物が大部分を占め、次は上海物で日本物は現在のところ比較的少数である」とされていた[32]。

これら奉天繊維製品製造業はタオル製造業で一六番手を、織布業においては大尺布が一〇番手から一六番手を使用しており、これらが主力商品であったため、奉天紡紗廠の能力と見合っていた。また大尺布からややきめの細かい花旗布へと売れ筋が変化し始めると奉天紡紗廠側も一六番手から二〇番手へと生産の中心商品をシフトするようになった[33]。

大口の顧客としては、各省の被服廠での軍服や軍需品への原材料供給や、製粉業者の小麦粉袋用綿布があり、先物取引が行われていた。特に一九二八年は受注が好調であったようで、増産計画のために臨時工を雇い入れている[34]。またこれらの受注に応じるためか、あるいは在庫を維持するためにほかの織布業者からの製品を買い占めて補っていた[35]。

このほか小売については雑貨商に代理店としての名前を与え、製品を販売させた。また、販路拡大のために毎年創立記念日にあたる一〇月一日には工場での販売会も行っていた[36]。

以上のようなマーケティングがどのような実績をもたらしたのか、同時期に遼陽に建設され、紡績・織布ともに行っていた満洲紡績と比較しながら検討しておこう。表8－5は両工場の販路ごとの実績を比べたものである。それぞれの所在地では一定の販路を確保しているが、長春では奉天紡紗廠は綿糸の販売量は満洲紡績を凌駕している。しかし綿布になると満洲紡績にはおよばない。また満洲紡績は哈爾濱をも市場圏に含み都市部に強い。都市部以外では奉天紡紗廠が四洮線・瀋海線という中国側によって建設された鉄道沿線での販売がのびている。特に瀋海線は鉄道開通以前から奉天の後背地にあたり、奉天紡紗廠にとっては有利にはたらいてい

表 8－5　奉天紡紗廠と満洲紡績の販路比較

奉天紡紗廠販路

単位：綿糸（梱），綿布（疋）

		1926年	1927年	1928年	1929年
綿糸	奉天	5,000	6,000	7,300	6,500
	長春	3,200	4,300	3,100	2,500
	四洮路	1,600	2,200	2,100	2,300
	瀋海路	500	700	1,200	1,300
	京奉路			1,300	1,300
	東清路				3,500
	その他	3,226	2,221	2,125	3,383
	合計	13,726	15,421	17,125	20,783
綿布	奉天	55,300	49,200	65,700	62,200
	吉林	21,200	25,000	31,300	30,500
	黒龍江	14,300	15,300	13,000	12,300
	長春	12,400	14,500	16,700	17,300
	四洮路	16,700	2,100	25,200	22,200
	瀋海路	7,100	7,000	6,500	13,400
	京奉路	8,600	12,000	11,300	15,600
	東清路	15,000	13,500	10,500	13,700
	その他	29,276	29,775	43,784	40,993
	合計	169,876	187,275	223,984	228,193

満洲紡績販路

単位：綿糸（梱），綿布（疋）

		1926年	1927年	1928年	1929年
綿糸	遼陽	1,212	1,804	2,440	3,275
	奉天	447	513	863	2,688
	鉄嶺	2,235	5,235	2,428	2,391
	長春	911	3,977	2,618	4,796
	哈爾濱	20	633	357	105
	安東	752	810	92	323
	東北内その他	1,417	119	79	43
	東北外				
	合計	6,994	13,091	8,877	13,621
綿布	遼陽	11,308	72,601	47,277	42,526
	奉天	3,200	1,200	840	
	鉄嶺		5,600	620	
	長春	45,900	182,240	153,000	129,600
	哈爾濱	1,900	26,000	37,380	18,600
	安東		3,600	300	
	東北内その他	18,680	900	760	460
	東北外	600	600		
	合計	81,588	247,741	240,177	191,186

出典　満鉄『満洲の繊維工業』39-40頁，44-45頁
合計に誤差あり，原史料のままとする．

る。ほかの日本側の報告では棉糸布の販路は吉林省と黒龍江省の各県に最も多く、生産額の六〇%を占め、花旗布・粗布が最も多いこともいわれている。(37)

また奉天紡紗廠は原綿の収買において銷場税の免税措置を受けていたが、生産品についても銷場税の免税を受けていた。一九二九年になると免税について省政府レベルで議論され、市価の七割の価格と見積もっての徴税であり、ほかの企業よりは依然として優遇措置を受けていた。(38)

奉天紡紗廠はこのように東北で広範囲に市場を確保してはいた。ただし、商品販売においても、免税措置と軍需品への原材料供給という政府の影響力が強い顧客に依存する側面もあった。

表８－６　奉天紡紗廠の総資本と負債合計

	民国12年	民国13年	民国14年	民国15年	民国16年	民国17年	民国18年	民国19年
a 総資本（固定資産＋流動資産）単位：元	6,324,506.94	7,575,725.64	8,244,861.45	11,433,996.07	26,861,518.07	61,925,635.81	159,239,668.34	131,686,552.34
b 負債合計（固定負債＋流動負債）単位：元	6,024,092.84	7,015,382.09	6,810,015.10	9,766,582.77	19,729,173.28	36,517,322.82	106,627,047.52	142,205,958.01
経常利益（a-b）単位：元	300,414.10	560,343.55	1,434,846.35	1,667,413.30	7,132,344.79	25,408,312.99	52,612,620.82	-10,519,405.67
総資本対経常利益率（%）（a-b）/a	4.75	7.40	17.40	14.58	26.55	41.03	33.04	

単位　元，民国12年から民国17年までは「奉大洋」だて，ただし民国18年以降は「現大洋」だて．
説明　民国19年については経常利益がマイナスのため総資本対経常利益率は計算しない．
出典　民国12年［JC10-3296「第一期営業報告書」］，民国13年［JC10-3296「第二期営業報告書」］，民国14年［JC10-3296「第三期営業報告書」］，民国15年［「第四期営業報告書」『奉系軍閥檔案彙編』６巻244-45頁］，民国16年［JC10-3299「第五期営業報告書」］，民国17年［「第六期営業報告書」『奉系軍閥檔案彙編』８巻59-61頁］，民国18年［「第七期営業報告書」『奉系軍閥檔案彙編』９巻409-10頁］，民国19年［JC10-3308「民国19年資産負債表」］各文件は奉天紡紗廠を冠するがここでは省略する．

三　小括

以上の企業経営実態から見て、奉天紡紗廠は一定の実績をあげていたといえよう。遼陽の日本人経営による満洲紡績は、一九二六年から一九二九年の四年間のうちで一九二六年から一九二八年までが損益差はマイナスとなっており、利益の出た一九二九年も前年度からの繰越損のために次年度繰越金もマイナスとなっていた[39]。これに対して、奉天紡紗廠は一九二九年までは常に利益をあげていた（バランスシートは章末参考資料）[40]。

表８－６は一九二三年から一九三〇年のバランスシートから作成した損益の一覧である。損益の差益を経常利益とみなすと、経常利益は初年度は約三〇万元だったが、年々増加し一九二九年には約五二六一万元となった。総資本対経常利益率を計算すると、一九二三年は四・七五％であるが、年々増加し、一九二八年の四一・〇三％を最高値とし、一九二九年には三三・〇四％となっている。このような収益業績を踏まえて、一九三〇年には工場の拡張も行った。一九二九年初頭に董事監査会議と省政府に提出した

表8－7　東北における輸移入綿糸量

	輸入数量	移入数量	合計
1926	64,914	243,028	307,942
1927	40,457	225,474	265,931
1928	56,889	204,296	261,185
1929	44,797	194,993	239,790
1930	36,553	172,832	209,385

出典　満鉄『満洲紡績業に対する方針及満洲に於ける棉花改良増殖計画』43頁

表8－8　紡績会社生産比較

会社	所在		1926年	1927年	1928年	1929年
満洲福紡	（周水子）	綿糸（梱）	5,468	8,438	8,537	10,509
内外綿	（金州）	綿糸（梱）	13,306	8,248	11,461	15,620
満洲紡績	（遼陽）	綿糸（梱）	9,295	11,132	8,764	13,665
		綿布（疋）	196,036	139,633	235,456	201,340
奉天紡紗廠	（奉天）	綿糸（梱）	13,726	15,421	17,125	20,783
		綿布（疋）	169,876	187,275	223,984	228,193

出典　満鉄『満洲の繊維工業』51-52頁

報告書には、「現在本工場は紡錘二万錘で、一〇から一六番手の糸を生産している」、しかし「現在社会の需要は一六から二〇番手のやや細めの糸でなければ販売をのばすことができない。紡錘一万錘を増設し発展を図らねばならない」と述べられていた[41]。奉天紡紗廠は一九二九年段階で当初予定していた低価格品である太番手の市場で優位に立ち、日本製品や上海製品が優位であったやや細番手の市場獲得を新たなターゲットとし始めていた。

満洲事変直後に行なわれた日本側の調査では「業績は（中略）極めて良好にして、他社の遠く及ばぬところである」といわれ、高い評価が与えられていた[42]。

一九三〇年ごろの東北における綿糸布の需給は、綿糸では中国国産品が優勢で七七%のシェアを占め、綿布では日本製品が優勢を保ち六三%のシェアを占めていた。東北では手機による綿布生産がある程度存在したため、手機で使用される一六番手二〇番手の綿糸が輸移入綿糸の中心だった[43]。しかし中国国産品のうち東北以外の製品の量は次第に減少し始めた（表8－7参照）[44]。これは、東北産が上海近郊や天津で造られる製品の市場に参入しつつあることを意味している。さらに、東北紡績業のなかでも奉天紡紗廠の生産高が最も高かった（表8－8参照）。

「満洲国」期になると、奉天紡紗廠は日本側資本に経営が移譲された。しかし、日本側経営陣、および「満洲国」の産業計画は、張作霖・張学良政権期の奉天紡紗廠を中心とした綿業構造を継承した。生産は、従来から東北地域で需要の高かった太番手に照準をあわせていた。また原料綿の買上は、満洲棉花協会、満洲棉花会社、などの棉作奨励機関、買上機関をつくり統制しようとした[45]。その際、省長‐県長の命令伝達を活用していた[46]。製品においても、原料調達においても奉天紡紗廠の運営方法が引き継がれていた。

つまり、こうした従来からの奉天紡紗廠の事業方針とその経営展開は、結果として東北を中国から切り離そうという「満洲国」の方針と適合する側面を持っていた。張氏政権の東北の自立的発展をめざそうとした経済制度とその実態を、初期の段階では「満洲国」が継承したのである。その限りで、張氏政権は東北が中国本部に従属するのではない自立した発展をめざしていたといえるだろう。この一定の経済的自立に依拠して地域権力と地域社会は中国本部に対して地域主義ともよばれる自主性を保持していた。「満洲国」成立に際して、地域主義を標榜する一部の在地有力者層はこのため「満洲国」に取り込まれていくことにもなったのである。

注

（1）「満洲に於ける綿糸布発展の過去」（『奉天商業会議所月報』第一六三号、一九二六年七月）一三頁。
（2）「奉天に於ける支那側紡織業調査」（『満蒙経済時報』第八八号、一九二〇年二月）一三―一四頁。
（3）「満洲に於ける紡績業及棉花栽培の将来」（『満鉄調査月報』一一月号一九三三年一一月）二五八―二五九頁。「奉天に於ける支那側織物業」『奉天商業会議所月報』第一四三号（一九二四年一一月）一頁。
（4）前掲、「満洲に於ける紡績業及棉花栽培の将来」（『満鉄調査月報』一九三三年一一月号）二五八頁。
（5）ＪＣ一〇‐三二九四「議決建議籌設紡紗廠一案之理由辦法」。ＪＣ一〇‐三二八七「一九一九年一一月二二日省議会咨文」。
（6）澁谷由里『張作霖政権の研究――「奉天文治派」からみた歴史的意義を中心に』（博士学位論文、京都大学、一九九七年）一一二―一一三頁。
（7）ＪＣ一〇‐三二八七「民国九年三月三〇日奉天省財政庁長王永江呈」。
（8）ＪＣ一〇‐三二八七「民国九年四月一二日奉天省庁張作霖指令」「民国九年六月一六日奉天省財政庁長王永江呈」。
（9）ＪＣ一〇‐三二八八「関于調査津洋滬等処紗廠情形」。
（10）ＪＣ一〇‐三二九二「民国一〇年一〇月一五日紡紗廠長佟兆元呈」。
（11）ＪＣ一〇‐三二九二「考送北洋学習紡織学生江簡章」。
（12）ＪＣ一〇‐三二九六「民国一二年四月二五日奉天紡紗廠総理孫祖昌協理韓岡岑呈」。
（13）ＪＣ一〇‐三三〇二「奉天紡紗廠職員履歴清冊」（一九二八年）。
（14）ＪＣ一〇‐三二九六「奉天紡紗廠一二年度営業情況報告記録」（一九二四年）。
（15）ＪＣ一〇‐三二九四「奉天紡紗廠選挙商股董事監察員曁協理簡章」（一九二二年）。
（16）ＪＣ一〇‐三二九六「民国一三年五月六日財政庁庁長王永江呈」。
（17）南満洲鉄道株式会社総務部調査課『満洲の繊維工業』（一九三一年）六六頁。南満洲鉄道株式会社経済調査会『満洲紡績業に対する方針及満洲に於ける棉花改良増殖計画』（一九三五年）一五三―一六三頁。
（18）前掲、『満洲の繊維工業』六七頁。
（19）内外綿はインド棉とアメリカ棉を主として用い、東北棉はほとんど使用していない。前掲『満洲の繊維工業』四七頁。
（20）ＪＣ一〇‐三二九三「民国一〇年一一月二〇日奉天紡紗廠総理佟兆元協理林成秀呈」。
（21）『奉天経済旬報』第一巻第一九号、一九二七年六月五日、四―五頁。

(22)「遼寧紡紗廠概略」一九三〇年六月一日（遼寧省檔案館編『奉系軍閥檔案史料彙編』一〇巻、江蘇古籍出版社・香港地平出版社、一九九〇年、八九-九二頁）。奉天省の名称は一九二九年一月に遼寧省と改称され、これにともない奉天紡紗廠も遼寧紡紗廠と改称された。

(23)原綿出回り時期になり、外国人商に購入されると奉天紡紗廠の受ける影響が多大であるとし、省公署を通じ、各県知事に原綿輸出厳禁・出張員の買い占めへの助力依頼の命令を要請した。これは常套手段であり、奉天紡紗廠の原綿買い付け方法は青田買いによってほかの商人に侵害されることはなくなったと、日本側奉天商工会議所は報告している。『奉天経済旬報』第四巻第一三号、一九二八年一一月五日、九-一〇頁。

(24)ＪＣ一〇-三二九六「民国一二年六月一一日奉天紡紗廠総理孫祖昌・協理韓岡芩呈」。

(25)ＪＣ一〇-三二九六「民国一二年六月一九日省公署指令奉天紡紗廠・訓令単開各県」。

(26)ＪＣ一〇-三二九六「民国一二年六月三〇日北鎮県知事呈」「民国一二年六月三〇日義県知事呈」。

(27)「奉山沿線に於ける棉花取引状態」（『満鉄調査月報』第一六巻第二号、一九三六年二月）一九九-二〇八頁。

(28)ＪＣ一〇-三二九六「一九二四年五月二七日奉天紡紗廠総理孫祖昌協理韓岡芩呈」には「原綿購入時期となった。資金不足のため東三省官銀号・興業銀行から軽利で一〇〇万元借入れた。東三省官銀号六〇万元・興業銀行四〇万元（奉大洋）で一年の期限、月利息七厘である」との報告がある。

(29)一九二八年の日本側奉天商工会議所の報告として、原綿青田買い付け用として、東三省官銀号より奉大洋五〇〇万元を借款（『奉天経済旬報』第四巻第二号、一九二八年七月一五日、一一-一二頁）また同年、東三省官銀号から奉小洋一〇〇〇万元を限度として随時借款可能との官銀号新総辦李友蘭から許可をえた（『奉天経済旬報』第四巻第五号、一九二八年八月一五日、二一-二三頁）との記事もある。一九二九年には、辺業銀行から多額の融資をうけ、例年三割程度のところの原綿の手付け金を五割近く渡す事が可能、すでに実棉一八〇万斤購入、九月末には五〇〇万斤に達し、例年の倍にあたる成績となった（『奉天経済旬報』第四巻第八号、一九二八年九月二五日、七頁）。また東三省官銀号からは、現洋六〇万元、期間六ヶ月、月利八厘、一ヶ月おきに三回融通を受ける長期融資予定で、ただし東三省官銀号規定により、奉大洋五〇元を現洋一元とする換算率で奉大洋によって交付される予定であり、一〇月一日に現洋二〇万元に相当する奉大洋一〇〇〇万元の貸し出しを受けたという記事がある（『奉天経済旬報』第六巻第一一号、一九二九年一〇月一五日）。

(30)ＪＣ一〇-三二九三「民国一年一一月二〇日奉天紡紗廠総理佟兆元協理林成秀呈」「民国一〇年一一月三〇日奉天紡紗廠総理佟兆元協理林成秀呈」「民国一〇年一二月二七日税務督辦孫寶綺呈」「民国一一年一月六日奉天省政府訓令」。たび たび省政府内では奉天紡紗廠の原料購買に課税すべきであるという議論がされていた（『奉天経済旬報』第四巻第一一

号、(一九二八年一〇月一五日) 九—一〇頁)。
(31) 「奉天に於ける支那側紡織業調査」『満蒙経済時報』第八八号、一九二〇年二月二五日、一三—一四頁。
(32) 『満洲経済調査彙纂』第一二輯、一九二九年一一月、四頁。
(33) JC一〇-三二九九「民国一九年遼寧紡紗廠第八次董事監察会議録」。
(34) 「紡紗廠の大活況」『奉天経済旬報』第三巻第一〇号(一九二八年四月五日)、七頁。「紡紗廠製織盛況」『奉天経済旬報』第四巻第七号(一九二八年九月五日)、一〇頁。
(35) 「紡紗廠綿布買占」『奉天経済旬報』第四巻第五号(一九二八年八月一五日)、三頁。
(36) 「紡紗廠秋期売出」『奉天経済旬報』第四巻第九号(一九二八年九月二五日)、一二—一三頁。
(37) 「紡紗廠吉林進出」『奉天経済旬報』第四巻第三号(一九二八年七月二五日)、五—六頁。
(38) 「紡紗廠税に悩む」『奉天経済旬報』第五巻第一三号(一九二九年六月五日)、六頁。
(39) 前掲、『満洲の繊維工業』四六頁。
(40) 一九三〇年年には工場拡張とアメリカ棉の高騰で損益差がマイナスとなった。また一九三一年は満洲事変の影響をうけ、軍隊警察など従来の政府関係からの制服の発注をうけられずに赤字となった(奉天興信所『第一回満洲商工名録』一九三二年、一五一—一五二頁)。
(41) JC一〇-三二九九「民国一九年遼寧紡紗廠第八次董事監察会議録」。
(42) 前掲、『満洲の繊維工業』四〇頁。
(43) 前掲、『満洲紡績業に対する方針及満洲に於ける棉花改良増殖計画』四三頁。
(44) 張暁紅はその研究のなかで中国人資本による中小の織布業者の発展を指摘するとともに、東北市場の綿布の三割以上が東北産であったことを指摘している。張暁紅『近代中国東北地域の綿業——奉天市の中国人綿織物業を中心として』(大学教育出版社、二〇一七年)。
(45) 前掲、『満洲紡績業に対する方針及満洲に於ける棉花改良増殖計画』一三頁。
(46) 前掲、『満洲紡績業に対する方針及満洲に於ける棉花改良増殖計画』九五頁。

第八章　東北における近代産業の育成

	民国18年		民国19年		民国20年	
	237,554,761.00		306,227,428.00		324,739,585.00	
	183,214,937.00	322日	230,526,700.00	全年326日	272,425,200.00	
1錘で1.08ポンド1日で19440ポンド全年322日全年15083.5件1件840元	145,178,687.00	1日19440ポンド全年15083件1件9625元	196,085,500.00	1錘972ポンド20000錘15083.5件1件13000元	237,575,000.00	1錘997ポンド上半期1日19440ポンド計7452件下半期1日29410ポンド計11554件
1600錘正号2件副号5件正号644件副号1610件正号1件1130元計727720元，副号1件1125元計1811250元	28,118,650.00	正号2件副号5件正号1件12600元計8114400元副号1件12425元計20004250元	25,305,750.00	1日880錘計1467件1件17250元	25,305,750.00	880錘1日4.5件全年1467件1件17250元
1日2件全年644件1件1500元	9,917,600.00	1日2日全年644件1件15400元	9,135,450.00	1日1.5件全年303日計454.5件	9,544,500.00	1日1.5件全年303日計454.5件1件21000元
	50,717,984.00		71,875,828.00		46,085,250.00	
175台1日完布425疋全年136850疋1疋28.5元	nd	190台1日完布443疋1匹340元計50006840元	nd	190台1日完布473疋全年70931080疋1疋460元	nd	245台1日完布345疋303日で104550疋1疋435元
	nd		nd		nd	
全年9660ダース1ダース9元	nd		nd		nd	
	1,049,240.00		1,524,900.00		1,529,085.00	
	401,940.00		612,900.00		445,085.00	
	647,300.00		912,000.00		1,084,000.00	
	2,280,000.00		2,000,000.00		4,000,000.00	
	292,600.00		300,000.00		700,000.00	
	nd		nd		nd	
	nd		nd		nd	

8章末附表　奉天紡紗廠営業予算（民国17年を欠く）

		民国14年		民国15年		民国16年
	合計収入	9,177,610.00		12,309,580.00		20,501,104.94
棉糸全年	棉糸全年	6,999,610.00		8,868,760.00	昼夜22時間40分全年工作319日	16,175,111.00
	16番手	5,850,000.00	1件390元	7,500,000.00	毎紡錘車紡績1ポンド1，1日平均運転紡錘車18000錘1日生産19800ポンド，全年紡績数15000件1件奉大洋501元とする	12,670,140.00
	合股紗	890,410.00	1日2170錘で正号2件副号4件一年で正号638件副号1270件正号1件470元副号1件465元	1,032,760.00	1日平均運転紡錘車1500錘1日生産正号2件半副号2件半，全年紡績数正号797件副号797件正号1件奉大洋650元副号1件645元とする	2,538,970.00
	染色紗	259,200.00	1件540元	336,000.00	1日1件半，全年出紗480件，1件700元とする	966,000.00
棉布全年		2,011,000.00		3,200,900.00		4,006,887.50
	平布	1,836,000.00	160台運転1日472疋で全年136000疋，1疋13.5元	3,158,100.00	180台工作，1日495疋全年で157905疋，1疋20元	nd
	残布	175,000.00	残布7000疋1疋12元計84000元，不合疋布7000疋1疋13元計6800元	42,800.00	全年約2000疋1疋18元合計36000元，不合疋布約400疋1疋17元合計6800元	nd
線襪全年		nd		57,420.00	1台1日6ダース5台運転で30ダース全年9570ダース，1ダース6元	86,940.00
廃棉及廃紗		84,000.00		66,500.00		62,167.44
	廃棉	73,000.00		39,500.00		18,571.94
	廃紗	11,000.00		27,000.00		43,595.50
雑益		50,000.00		63,000.00		90,000.00
利息		33,000.00		53,000.00		80,000.00
	銀行貯金利息	30,000.00		50,000.00		80,000.00
	勧導種棉貸款	3,000.00		3,000.00		0.00

	民国18年		民国19年		民国20年	
	220,568,596.00		286,540,546.00		314,696,709.00	
1件352斤全年15083件5309392斤1斤2元	106,187,840.00	1件352斤全年15083件原棉5309392斤1斤20元	140,452,896.00	1件388斤全年15083件計5852204斤1斤24元	182,883,334.00	1件388斤生産19006件原棉7374328斤1斤24.8元
	76,663,920.00		86,821,750.00		65,298,875.00	
1疋13ポンド全年14875疋糸4413件1件800元	45,045,000.00	全年149400疋生産糸4680件必要1件9625元	57,720,000.00	1疋11.8ポンド全年156480疋糸4440件1件13000元	37,243,750.00	1疋11.8ポンド全年106050疋糸2979.5件1件12500元
糸2379件1件800元	23,504,520.00	全年糸2379件必要1件9880元	21,148,000.00	全年糸1555件使用1件13600元	20,215,000.00	必要糸1555件1件13000元
全年644件	8,114,400.00	糸644件	7,953,750.00		7,840,125.00	必要糸454.5件
1台10ダース糸14ポンド全年9660ダース糸33件1件1400元	nd		nd		nd	
	3,328,368.00		3,580,000.00		4,175,000.00	
	3,019,200.00		3,240,000.00		3,638,000.00	
	309,168.00		340,000.00		537,000.00	
	2,306,548.00		3,243,600.00		3,207,300.00	
	486,400.00		717,750.00		810,000.00	
	6,017,600.00		11,367,100.00		15,085,700.00	
	3,425,000.00		5,980,000.00		8,453,000.00	
	11,642,020.00		17,468,200.00		17,648,400.00	
	7,148,000.00		10,439,750.00		9,870,100.00	
	3,135,000.00		5,850,000.00		8,900,000.00	
			455,000.00	職業学校工人識字班・南通紡績大学生へ支給	470,000.00	職業学校工人識字班・南通紡績大学生へ支給
	136,700.00		99,500.00		870,000.00	
	91,200.00		65,000.00		35,000.00	
	16,986,165.00		19,686,882.00		10,042,876.00	

出典　民国12年［JC10-3296「第一期営業報告書」］，民国13年［JC10-3296「第二期営業報告書」］，民国14年［JC10-3296「第三期営業報告書」］，民国15年［「第四期営業報告書」『奉系軍閥檔案彙編』6巻244-45頁］，民国16年［JC10-3299「第五期営業報告書」］，民国17年［「第六期営業報告書」『奉系軍閥檔案彙編』8巻59-61頁］，民国18年［「第七期営業報告書」『奉系軍閥檔案彙編』9巻409-10頁］，民国19年［JC10-3308「民国19年資産負債表」］各文件は奉天紡紗廠を冠するがここでは省略する．

		民国14年		民国15年		民国16年
合計支出		8,640,460.00		11,683,450.00		19,457,077.00
原棉		5,187,000.00	1斤0.95元	6,825,000.00	綿糸1件に棉364斤全年綿糸15000件とすると原棉5460000斤1斤1.25元と計算	10,618,784.00
綿糸		2,490,660.00		3,492,380.00		5,967,640.00
	綿布用糸	1,521,000.00	160台5120ポンド必要全年3900件1件390元	2,187,500.00	1台糸32ポンド1日180台運転計5760ポンド，全年で4375件1件500元と計算	3,503,040.00
	合股紗用糸	746,460.00	1件390元	957,000.00	1日6件全年1914件1件500元	1,903,200.00
	染色用糸	223,200.00	1件465元	312,000.00	1日1件半全年480件1件650元	515,200.00
	線襪用糸	nd		35,880.00	1小包紗で6ダース全年で9570ダース生産糸は1595小包1小包22.5元	46,200.00
薪工全年		56,000.00		67,200.00		143,400.00
	職員	45,000.00		60,000.00		118,900.00
	差役工	5,600.00		7,200.00		24,500.00
営業費全年		61,100.00		84,000.00		185,000.00
保険費		20,000.00		20,000.00		25,000.00
工廠消耗全年		134,500.00		374,650.00		590,160.00
燃料消耗全年		93,400.00		187,220.00		313,460.00
工事費全年		224,550.00		379,500.00		1,067,433.00
原料製品使費全年		203,500.00	15年は営業費に含む			268,500.00
利息全年		170,000.00		250,000.00		330,000.00
教育費						
工廠存品折旧銷毀全年		4,450.00		2,500.00		6,150.00
家具折旧及銷毀全年		700.00		1,000.00		1,550.00
差額利益		537,150.00		626,130.00		1,044,027.94

	民国16年		民国17年		民国18年		民国19年	
	機器	3,305,025.89	機器	3,781,058.22	機器	4,456,942.49	機器	5,800,515.86
							機器価款	5,995,385.40
	不動産	1,098,738.30	不動産	1,175,948.34	不動産	1,703,046.17	不動産	4,244,313.82
							建築估款	2,347,840.00
	家具	79,675.67	家具	100,745.71	家具	96,222.75	家具	70,458.85
	工廠存品	135,823.65	工廠存品	493,594.90	工廠存品	830,256.61	工廠存品	1,055,341.80
	工廠備料	936,331.49	工廠備料	2,597,316.71	工廠備料	5,484,572.69	工廠備料	
	燃料	6,765.32	燃料	125,041.53	燃料	166,069.56	燃料	
	存儲物料	77,695.09	存儲物料	171,494.53	存儲物料	688,735.93	存儲物料	8,135,750.86
	原棉	4,548,560.18	原棉	4,555,795.94	原棉	10,649,313.36	原棉	28,427,855.29
	綿糸	5,346,035.61	綿糸	11,858,740.08	綿糸	25,796,956.23	綿糸	2,648,322.99
	綿布	1,667,331.99	綿布	2,194,480.81	綿布	17,068,983.47	綿布	11,362,861.18
	線襪	143,849.93	線襪	219,808.15	線襪	152,827.74	線襪	123,971.83
	廃棉及廃紗	63,585.59	廃棉及廃紗	1,471.08	廃棉及廃紗	216,741.00	廃棉及廃紗	88,513.40
	未到原棉	4,002,166.53	未到原棉	9,718,171.38	未到原棉	36,764,816.59	未到原棉	5,108,738.13
	外存棉籽	336,521.92	外存棉籽	1,254,826.21	外存棉籽		外存棉籽	
	存放銀行号	259,604.68	存放銀行号	705,735.27	存放銀行号	208,422.70	存放銀行号	1,819,608.50
	辦事處往来	359,073.50	辦事處往来		辦事處往来	178,605.84	辦事處往来	1,214,677.92
	未収紗布款	4,122,807.28	未収紗布款	21,515,517.80	未収紗布款	48,563,383.68	未収紗布款	26,225,641.50
	暫記欠款	325,194.64	暫記欠款	1,315,349.52	暫記欠款	6,072,903.90	暫記欠款	2,775,515.22
							安装費	16,320.50
	現金	46,730.81	現金	140,538.91	現金	140,867.63	現金	392,919.29
		22,242,254.56		56,374,287.92		152,153,200.32		88,340,696.61
								110,172,696.61
		26,861,518.07	合計	61,925,635.81	合計	159,239,668.34		131,686,552.34
				上記合計は表記合計に0.72不足				上記合計は表記合計に21832000不足
	利益	7,132,344.79	利益	25,408,312.99	利益	52,612,620.82		
		26.55		41.03		33.04		
		154.75		191.16		162.09		98.87

8章末附表　奉天紡紗廠　貸借対照表（民国15年を欠く）

貸借対照表　資産の部	民国12年		民国13年		民国14年		民国15年を欠く
固定資産	機器	2,797,236.99	機器	3,152,251.74	機器	3,232,852.65	
	不動産	843,174.66	不動産	948,114.73	不動産	952,553.91	
	家具	13,799.99	家具	25,472.04	家具	33,418.65	
	工廠存品	22,454.99	工廠存品	72,939.00	工廠存品	64,961.13	
流動資産	工廠備料	29,019.90	工廠備料	83,860.59	工廠備料	153,049.81	
	燃料	4,720.69	燃料	456.64	燃料	2,182.77	
	存儲物料		存儲物料	20,932.71	存儲物料	34,341.66	
	原棉	713,929.22	原棉	1,244,006.23	原棉	466,340.68	
	綿糸	271,460.49	綿糸	878,574.52	綿糸	825,097.21	
	綿布	76,300.61	綿布	39,480.84	綿布	334,138.18	
	線襪		線襪		線襪	1,033.49	
	廃棉及廃紗	9,745.62	廃棉及廃紗	12,340.80	廃棉及廃紗	7,584.58	
	未到原棉	453,281.57	未到原棉		未到原棉	706,196.72	
	外存棉籽		外存棉籽		外存棉籽		
	存放銀行号	283,495.43	存放銀行号	168,080.60	存放銀行号	701,600.44	
辦事處往来は17年度のみ負債の部に	辦事處往来	185,548.92	辦事處往来	86,655.30	辦事處往来	196,007.36	
	未収紗布款		未収紗布款	437,441.54	未収紗布款	447,104.91	
	暫記欠款	129,939.49	暫記欠款	32,103.29	暫記欠款	66,191.70	
	現金	5,558.38	現金	22,015.07	現金	20,205.56	
	建築備料12年のみ	2,592.64					
	開辦費	112,073.29					
	安装費	117,336.88					
	勧導種棉貸款	27,375.02					
	廃籽	65.00					
	批棉定期	225,397.16					
流動資産計		2,647,840.31		3,025,948.13		3,961,075.07	
総資本	合計	6,324,506.94		7,575,725.64		8,244,861.45	
				上記合計は表記合計に35100不足		上記合計は表記合計に0.04不足	
経常利益	利益	300,414.10		560,343.55		1,434,846.35	
総資本対経常利益率（%）		4.75		7.40		17.40	
流動比率		176.31		122.58		184.96	

	民国16年		民国17年		民国18年		民国19年	
	利益	7,132,344.79	利益	25,408,312.99	利益	52,612,620.82		
	資本金	4,500,000.00	資本金	4,500,000.00	資本金	4,500,000.00	資本金	4,500,000.00
	公債金	375,680.00	公債金	1,088,880.00	公債金	3,629,680.00	公債金	8,100,680.00
							特別公債金	7,890,000.00
	固定資産消却金	385,080.00	固定資産消却金	1,098,280.00	固定資産消却金	3,639,080.00	固定資産消却金	8,110,080.00
	教育基金	40,388.00	教育基金	183,028.00	教育基金	691,188.00	教育基金	2,032,488.00
	慰労金	39,296.71	慰労金	103,731.71	慰労金	217,984.38	慰労金	869,661.38
	奨励金		奨励金	8,519.64	奨励金	14,403.01	奨励金	40,165.65
	未付紅利	11,376.25	未付紅利	32,331.01	未付紅利	41,141.78	未付紅利	21,256,036.94
	前期滾存	144.01	前期滾存	488.80	前期滾存	801.79	前期滾存	13,422.61
	建築保固金	3,824.96	建築保固金	11,816.96	建築保固金	20,474.96	建築保固金	42,481.62
	借入金	5,000,000.00	借入金	7,000,000.00	借入金	15,169,280.00	借入金	5,000,000.00
	銀行から借り越し（透支）	7,367,389.31	銀行から借り越し（透支）	18,534,685.70	銀行から借り越し（透支）	61,097,862.64	銀行から借り越し（透支）	69,343,509.68
	未付棉価	138,059.74	未付棉価	195,700.00	未付棉価		未付棉価	
	暫記存款	1,831,684.97	暫記存款	3,611,033.93	暫記存款	17,584,317.63	暫記存款	14,986,598.80
			辦事處往来	113,993.74				
	応付未付利息	23,524.33	応付未付利息	34,833.33	応付未付利息	20,833.33	応付未付利息	20,833.33
	票拠存款	12,725.00						
		14,373,383.35		29,490,246.70		93,872,293.60		89,350,941.81
	合計	19,729,173.28	合計	36,517,322.82	合計	106,627,047.52		142,205,958.01
	利益	7,132,344.79	利益	25,408,312.99	利益	52,612,620.82		

出典　民国12年［JC10-3296「第一期営業報告書」］，民国13年［JC10-3296「第二期営業報告書」］，民国14年［JC10-3296「第三期営業報告書」］，民国15年［「第四期営業報告書」『奉系軍閥檔案彙編』6巻244-45頁］，民国16年［JC10-3299「第五期営業報告書」］，民国17年［「第六期営業報告書」『奉系軍閥檔案彙編』8巻59-61頁］，民国18年［「第七期営業報告書」『奉系軍閥檔案彙編』9巻409-10頁］，民国19年［JC10-3308「民国19年資産負債表」］各文件は奉天紡紗廠を冠するがここでは省略する．

負債の部		民国12年		民国13年		民国14年		民国15年を欠く
資本		利益	300,414.10		560,343.55		1,434,846.35	
		資本金	4,500,000.00	資本金	4,500,000.00	資本金	4,500,000.00	
		公債金		公債金	9,400.00	公債金	65,400.00	
固定負債		固定資産消却金		固定資産消却金	18,800.00	固定資産消却金	74,800.00	
		教育基金		教育基金	3,760.00	教育基金	9,360.00	
	慰労金（18年度は撫恤退職慰労金）	慰労金		慰労金	3,760.00	慰労金	9,234.00	
	奨励金（18年度は労働奨励金）	奨励金		奨励金	1,260.00	奨励金	2,302.00	
		未付紅利		未付紅利	361.66	未付紅利	2,878.06	
		前期滾存		前期滾存	340.81	前期滾存	684.36	
		建築保固金（保険）	22,244.17	建築保固金	9,181.69	建築保固金	3,824.96	
流動負債		借入金		借入金		借入金		
		銀行から借り越し（透支）	655,284.11	銀行から借り越し（透支）	2,096,944.48	銀行から借り越し（透支）	1,774,370.52	
		未付棉価	394,441.67	未付棉価	246,179.98	未付棉価	94,852.86	
		暫記存款	74,604.98	暫記存款	125,393.47	暫記存款	272,308.34	
		未付股息	377,517.91					
		応付未付利息		応付未付利息		応付未付利息		
				票拠存款		票拠存款		
流動負債計			1,501,848.67		2,468,517.93		2,141,531.72	
		合計	6,024,092.84	合計	7,015,382.09	合計	6,810,015.10	
		利益	300,414.10		560,343.55		1,434,846.35	

	民国16年		民国17年		民国18年		民国19年	
60,990.76	薪工	261,051.62	薪工	1,217,533.36	薪工	3,199,270.94	薪工	3,675,076.10
15,434.46	津貼	12,886.32						
123,067.16	営業費	459,165.22	営業費	1,237,624.12	営業費	2,835,469.95	営業費	3,437,621.42
		21,950.85	教育費	131,473.54	教育費	384,089.00	教育費	477,021.90
528,611.22	工事費	1,542,640.27	工事費	6,345,283.83	工事費	14,325,929.30	工事費	15,642,109.25
448,245.96	工廠消耗費	1,168,043.44	工廠消耗費	3,809,468.49	工廠消耗費	8,915,443.38	工廠消耗費	13,323,642.17
241,122.80	燃料消耗費	676,214.30	燃料消耗費	2,051,260.23	燃料消耗費	4,599,842.64	燃料消耗費	7,253,265.01
18,683.15	保険費	46,330.25	保険費	230,866.19	保険費	1,269,057.56	保険費	816,580.17
178,052.97	利息	422,293.01	利息	1,368,821.38	利息	5,420,590.99	利息	10,038,217.01
406,259.05	兌換	1,147,793.69	兌換	2,120,048.12	兌換	6,196,489.56	兌換	16,141,152.43
9,828.31	工廠存品折旧及銷毀	21,495.33	工廠存品折旧及銷毀	67,557.02	工廠存品折旧及銷毀	131,070.23	工廠存品折旧及銷毀	876,223.27
11,464.22	家具折旧及銷毀	40,324.48	家具折旧及銷毀	67,125.50	家具折旧及銷毀	48,205.48	家具折旧及銷毀	35,268.57
50,057.34	未到原棉折価	210,640.34	未到原棉折価	511,482.71	未到原棉折価	1,934,990.35	未到原棉折価	268,880.95
							線襪損失	12,379.75
2,091,817.40		6,030,829.12	合計	19,158,544.49	合計	49,260,449.38		71,997,438.00
1,479,066.52	工廠往来	2,770,458.23	工廠往来	7,243,669.69	工廠往来	35,282,330.22	工廠往来	39,053,455.27
326,964.79	原棉利益	1,382,656.82	原棉利益	10,043,559.77	原棉利益	8,947,701.20	原棉利益	5,768,988.80
1,457,529.74	棉糸利益	6,237,937.56	棉糸利益	20,373,297.59	棉糸利益	40,327,015.72	棉糸利益	8,468,193.97
372,413.09	綿布利益	1,928,623.19	綿布利益	3,716,088.42	綿布利益	10,457,112.80	綿布利益	2,804,764.41
2,007.26	線襪利益	90,909.12	線襪利益	123,885.90	線襪利益	209,120.59	線襪利益	
30,070.83	廃棉及廃紗利益	207,063.10	廃棉及廃紗利益	849,897.58	廃棉及廃紗利益	1,116,428.33	廃棉及廃紗利益	373,368.96
	棉籽利益		棉籽利益	338,666.85	棉籽利益	2,279,582.44	棉籽利益	
91,178.47	雑益	545,525.89	雑益	1,877,791.68	雑益	3,253,778.90	雑益	4,468,199.25
							機械料利益	541,061.67
3,759,230.70	合計	13,163,173.91	合計	44,566,857.48	合計	101,873,070.02		61,478,032.33
1,667,413.30		7,132,344.79		25,408,312.99		52,612,620.82		-10,519,405.67

8章末附表　奉天紡紗廠　損益計算表（一部民国14年15年を欠く）

	民国12年		民国13年		民国14年を欠く	民国15年
営業損益表　損失之部						
	薪工	20,197.47	薪工	46,256.66		薪工
	津貼		津貼			津貼
	営業費	35,240.71	営業費	81,758.47		営業費
	工事費	67,735.00	工事費	220,469.71		工事費
	工廠消耗費	37,935.93	工廠消耗費	132,836.55		工廠消耗費
	燃料消耗費	21,167.17	燃料消耗費	75,533.06		燃料消耗費
	保険費		保険費			保険費
	利息		利息	72,207.76		利息
	兌換		兌換	40,670.72		兌換
	工廠存品折旧及銷毀	3,217.99	工廠存品折旧及銷毀	4,305.92		工廠存品折旧及銷毀
	家具折旧及銷毀	887.72	家具折旧及銷毀	63.87		家具折旧及銷毀
	未到原棉折価		未到原棉折価			未到原棉折価
	股息	390,267.91				
	合計	576,649.90	合計	674,102.72		合計
利益之部						
	工廠往来		工廠往来	433,366.61		工廠往来
	原棉利益	74,723.43	原棉利益	148,033.47		原棉利益
	棉糸利益	54,792.43	棉糸利益	408,272.69		棉糸利益
	綿布利益	43,028.28	綿布利益	144,317.24		綿布利益
	線襪利益		線襪利益			線襪利益
	廃棉及廃紗利益		廃棉及廃紗利益	8,681.91		廃棉及廃紗利益
	棉籽利益		棉籽利益			棉籽利益
	雑益	25,812.00	雑益	91,774.35		雑益
	兌換	82,912.12				
	利息	517,073.50				
	工廠利益	63,931.20				
	売棉盈余	14,791.04				
	合計	877,064.00	合計	1,234,446.27		合計
差額		300,414.10		560,343.55		

	民国16年		民国17年		民国18年		
	利益	7,132,344.79	利益	25,408,312.99	利益	52,612,620.82	
		144.01	前期滾存	488.80	前期滾存	801.79	
		7,132,488.80		25,408,801.79		52,613,422.61	
	端数次期繰り越し	488.80	端数次期繰り越し	801.70	端数次期繰り越し	13,422.61	
	繰り越し引き後	7,132,000.00	繰り越し引き後	25,408,000.00	繰り越し引き後	52,600,000.00	
	配当対象分	7,132,000.00	配当対象分	25,408,000.00	15%を特別公債金として引いた残額配当対象分	44,710,000.00	
	公債金10%	713,200.00	公債金10%	2,540,800.00	公債金10%	4,471,000.00	
	固定資産消却金10%	713,200.00	固定資産消却金10%	2,540,800.00	固定資産消却金10%	4,471,000.00	
	教育基金２%	142,640.00	教育基金２%	508,160.00	教育基金３%	1,341,300.00	
	慰労金１%	71,320.00	慰労金１%	254,080.00	撫恤退職慰労金２%	894,200.00	
	奨励金４%	285,280.00	奨励金10%	2,540,800.00	労働奨励金10%	4,471,000.00	
	紅利73%	5,206,360.00	紅利67%	17,023,360.00	紅利65%	29,061,500.00	
	紅利の73%は股東に27%は職員に		紅利の73%は股東に27%は職員に		紅利の73%は股東に27%は職員に		

出典　民国12年［JC10-3296「第一期営業報告書」］，民国13年［JC10-3296「第二期営業報告書」］，民国14年［JC10-3296「第三期営業報告書」］，民国15年［「第四期営業報告書」『奉系軍閥檔案彙編』6巻244-45頁］，民国16年［JC10-3299「第五期営業報告書」］，民国17年［「第六期営業報告書」『奉系軍閥檔案彙編』8巻59-61頁］，民国18年［「第七期営業報告書」『奉系軍閥檔案彙編』9巻409-10頁］，民国19年［JC10-3308「民国19年資産負債表」］各文件は奉天紡紗廠を冠するがここでは省略する．

	民国12年		民国13年		民国14年		
純益分配案							
	利益	300,414.10		560,343.55		1,434,846.35	
	開辦費	112,073.29					
	端数繰り越し	340.81	端数繰り越し	343.55		46.35	
	開辦費繰り越し引き後	188,000.00	繰り越し引き後	560,000.00		1,434,800.00	
	配当対象分	188,000.00	配当対象分	560,000.00	配当対象分	1,434,800.00	
	公債金５%	9,400.00	公債金10%	56,000.00	公債金10%	143,480.00	
	固定資産消却金10%	18,800.00	固定資産消却金10%	56,000.00	固定資産消却金10%	143,480.00	
	教育基金２%	3,760.00	教育基金１%	5,600.00	教育基金１%	14,348.00	
	撫恤金２%	3,760.00	撫恤金１%	5,600.00	慰労金１%	14,348.00	
	奨励金２%	3,760.00	奨励金２%	11,200.00	奨励金４%	57,392.00	
	安装報酬２%	3,760.00					
	紅利77%	144,760.00	紅利76%	425,600.00	紅利74%	1,061,752.00	
	紅利の70%は股東に30%は職員に		紅利の73%は股東に27%は職員に		紅利の73%は股東に27%は職員に		

第九章　奉天票暴落期の倒産から見る経済界
――新興零細資本と伝統的商業資本

一　一九二〇年代後半期奉天商工業者の概要

日本人奉天商業会議所発行『奉天経済旬報』の一九二八年第一号「昨年の満洲経済を顧見て」と題した記事に、「近年満洲の経済界は、年々歳々悪くなる一方」という会頭庵谷忱のことばがある。また同所発行の『奉天経済二〇年史』では、一九二五年までの奉天経済をふりかえり、一九二〇年来、世界経済の大変動の影響と張作霖の軍事行動のために、奉天経済は不況であると悲観的評価を下している(1)。実際、張作霖政権が発行する匯兌券、通称「奉天票」の対外価値指標である対金票価格は、一九二五年以来下落し続けていた。

他方、一九二〇年代は、東三省官銀号をはじめとして、中国人有力資本家により近代的設備を備えた製造業の育成が図られていた。前章で見たように、奉天紡紗廠を例にとると、一九二三年創業当初二万錘、織機二〇〇台から始まり、一九二九年には三万錘、織機二五〇台へと規模を拡大していた(2)。

一九二〇年代後半の奉天経済は、奉天票の暴落と不況を示しつつ、近代的工業化の展開という二つの側面を持っていた。この経済過程のなかから、張学良政権期には製造業の成長が見られ、これと同時に金融改革が一定の成果をあげ、奉天は奉天票を中心とした現大洋系通貨を基軸とする東北経済の中心的な位置を獲得した(3)。

一九二〇年代後半、倒産のピークは二つ存在する。第一回目は一九二六年末から一九二七年上半期、奉天票下落の最初期である。その後、奉天票下落が常態化すると、倒産は一段落するものの、一九二九年末から一九三〇年にかけて、金融恐慌による銀安の影響によって、再び倒産が激化する。本章ではこの第一回目のピークを中心にとりあげる。第一回目の倒産ピークは、張作霖政権が東北の内治に力を注いだ一九二二年から一九二四年の成果としての工場制製造業の成長と、それにともなう奉天経済の再編過程であった。

一九二〇年代の奉天経済を分析するうえで、奉天における商工業者の資本規模分布傾向を明らかにする必要がある。資本額が当該商工業者の実力を表すとは限らないが、商工業者同士の相対評価には有効であると考える。

ここでは一九二五年一二月奉天総商会発行の『民国一三年奉天省城商工名録』（以下『商工名録』と略す）と一九三三年一月奉天市商会発行『商業彙編』に記載される商工業者の資本規模別分布を考察する(4)。『商工名録』は張作霖が第二次奉直戦争で勝利を収め、一時的に奉天経済が好転した時期の商会会員名簿であり、『商業彙編』は満洲事変直後の商会会員名簿である。両者とも業種ごとに店舗名・主要出資者・経営者・資本規模・創業時期が記載されており、基本的に両者は類似した構成の商会会員名簿と考えてよい。今回は全てをとりあげることはせず、主要な業種、また両資料で業種の分類基準が同一であると考えられるものを選択して比較した。なぜならば、分類による業種数は『商工名録』で一六一、『商業彙編』で一二〇と一致しておらず、業種分類において若干の不一致があるためである(5)。

選択した業種は、全部で一〇業種になる。このうち八業種は①金融業（金店・銭舗・当舗）②流通・貿易業（絲房・京洋貨商）③特産物取り扱い業者（糧米油房・焼鍋酒局）(6)④近代的工業（機房）の代表としてとりあげた。このほか二業種（雑貨小舗・飯舗）は倒産事例が多い業種で、第三節の倒産の分析に必要であるため、とりあげた（表9‐6参照）。

以上を資本規模別に件数を数えたものが表9‐1、割合を表記したものが表9‐2である。これらの表から、資本規模別分布のピークが大別して三ヶ所にあるといえる。第一は五〇〇元以下の範囲、第二は一万元以下一千元を超える範囲、第三は一〇万元以下一万元を超える範囲。この三つの範囲を基準に、五〇〇元以下を零細資本、五〇〇元を超え一万元以下のものを小資本、一万元以下のものを中資本、一〇万元を超えるものを大資本と分類する。(7)

近代的な会社制度ができあがっていない段階において、資本規模が意味するものは、現在と同じではない。零細資本から大資本、伝統的産業から近代的産業までを含めた商会名簿に表記される商工業者に対していえることだが、資本規模は建前としての実力を示す目安ととることが妥当である。このような資本規模は、奉天票の暴落・物価上昇にあわせて、評価が下がったとは限らない。よって、二節以下に使用した資料には、資本表示が奉天票・現大洋・不明のものと不統一ではあるが、資本規模の相対評価のうえでは、換算を考慮せずに、上記分類をあてはめた。

次に『商工名録』『商業彙編』を用い、一九二〇年代後半、奉天票暴落時期の倒産の量的把握を試みたい。ここでは、両資料に記載された商工業者を業種別・創業年別に数え、表9‐3「業種別年次創業件数比較」を作成した。表上の残存率とは『商工名録』一九二四年時点の店舗が『商業彙編』一九三二年時点でどれくらい残っているか目安として算出した。実際には店舗の創業年が両資料でくい違うこともあったが、傾向を判断するためには許容できる範囲と考え、資料記載どおりの創業年を採用し、修正はしていない。予想残存率は、『商工名録』であれば一九二四年と一九二三年、『商業彙編』であれば一九三二年と一九三一年を比較した数値

表 9 - 1　業種別資本規模別分布　　　単位：件

業種	資料	表示通貨	資本規模(単位：元)	合計戸数	10万元より大	10万元以下	5万元以下	1万元以下	5千元以下	1千元以下	500元以下	100元以下	50元以下	不明
金店	商工名録	奉天票	40,000～奉小洋300	29			10	9	4	3	1			2
	商工名録現大洋換算		23,529～147	29			5	11	6	2	2			
	商業彙編	現大洋	60,000～100	43		1	6	5	10	4	16	1		
銭舗	商工名録	奉天票	360,000～100	40	2	14	13		2	2	5	2		
	商工名録現大洋換算		211,765～59	40	1	11	17		2	2	3	4		
	商業彙編	現大洋	300,000～100	99	1	1	18	12	59	4	3	1		
当舗	商工名録	奉天票	70,000～1,000	51		1	35	5	4	2				4
	商工名録現大洋換算		41,176～588	51			32	9	2	4				
	商業彙編	現大洋	70,000～4,000	43		1	12	7	18					5
京洋貨商	商工名録	奉天票	54,000～30	143		1	13	13	39	19	34	13	4	7
	商工名録現大洋換算		3,176～18	143			8	9	34	26	33	21	5	7
	商業彙編	現大洋	20,000～50	215			3	5	13	13	120	44	15	2
絲房	商工名録	奉天票	奉小洋120,000～900	92		3	25	30	29	5				
	商工名録現大洋換算		58,824～529	92		2	14	25	44	7				
	商業彙編	現大洋	90,000～400	83		3	20	27	26	5	1			1
糧米油房	商工名録	奉天票	100,000～30	163		1	8	15	66	35	32	3	3	
	商工名録現大洋換算		58,824～18	163		1	3	9	57	40	46	1	6	
	商業彙編	現大洋	300,000～100	260			5	11	73	57	101	12		1
焼鍋酒局	商工名録	奉天票	奉小洋37,500～80	52			4	2	8	8	23	7		
	商工名録現大洋換算		18,382～47	52			4	2	6	7	24	8	1	
	商業彙編	現大洋	58,500～50	65		1	1		11	6	33	11	2	
機房	商工名録	奉天票	478,000～50	157	1			4	10	17	112	12	1	
	商工名録現大洋換算		281,176～29	157				1	9	9	111	23	3	
	商業彙編	現大洋	4,500,000～小洋30	118	3		1	3	9	16	68	13	5	
飯舗	商工名録	奉天票	30,000～30	416			1	1	9	17	238	114	36	
	商工名録現大洋換算		17,647～18	416			1		8	7	184	66	150	
	商業彙編	現大洋	30,000～20	474			1		11	8	199	174	81	
雑貨小舗	商工名録	奉天票	550～10	455						1	212	166	73	3
	商工名録現大洋換算		324～6	455							150	211	91	3
	商業彙編	現大洋	400～10	958							318	434	206	

奉天総商会『商工名録』(1925年)，奉天市商会『商業彙編』(1933年) より作成.
資本額のうち小洋は1.2で割り奉大洋に換算した.
『商工名録』については，1924年時点の奉天票対現大洋公式レートの概数1.7で割り，現大洋に換算したものも併記した.
公式レートは『瀋陽金融志』34頁による.

表 9－2　業種別資本レベル分布割合

業種			合計	大資本		中資本		小資本		零細資本		不明	
	資料	表示通貨	戸数	戸数	割合	戸数	割合	戸数	割合	戸数	割合	戸数	割合
金店	商工名録	奉天票	29			10	34.5%	16	55.2%	1	3.4%		
	商工名録現大洋換算		29			5	17.2%	19	65.5%	2	6.9%		
	商業彙編	現大洋	43			7	16.3%	19	44.2%	17	39.5%		
銭舗	商工名録	奉天票	40	2	5.0%	27	67.5%	4	10.0%	7	17.5%		
	商工名録現大洋換算		40	1	2.5%	28	70.0%	4	10.0%	7	17.5%		
	商業彙編	現大洋	99	1	1.0%	19	19.2%	75	75.8%	4	4.0%		
当舗	商工名録	奉天票	51			36	70.6%	11	21.6%			4	7.8%
	商工名録現大洋換算		51			32	62.7%	15	29.4%			4	7.8%
	商業彙編	現大洋	43			13	30.2%	25	58.1%			5	11.6%
京洋貨商	商工名録	奉天票	143			14	9.8%	71	49.7%	51	35.7%	7	4.9%
	商工名録現大洋換算		143			8	5.6%	69	48.3%	59	41.3%	7	4.9%
	商業彙編	現大洋	215			3	1.4%	31	14.4%	179	83.3%	2	0.9%
絲房	商工名録	奉天票	92			28	30.4%	64	69.6%				
	商工名録現大洋換算		92			16	17.4%	76	82.6%				
	商業彙編	現大洋	83			23	27.7%	58	69.9%	1	1.2%	1	1.2%
糧米油房	商工名録	奉天票	163			9	5.5%	116	71.2%	38	23.3%		
	商工名録現大洋換算		163			4	2.5%	106	65.0%	53	32.5%		
	商業彙編	現大洋	260			5	1.9%	141	54.2%	113	43.5%		
焼鍋酒局	商工名録	奉天票	52			4	7.7%	18	34.6%	30	57.7%		
	商工名録現大洋換算		52			4	7.7%	15	28.8%	33	63.5%		
	商業彙編	現大洋	65			2	3.1%	17	26.2%	46	70.8%		
機房	商工名録	奉天票	157	1	0.6%			31	19.7%	125	79.6%		
	商工名録現大洋換算		157	1	0.6%			19	12.1%	137	87.3%		
	商業彙編	現大洋	118	3	2.5%	1	0.8%	28	23.7%	86	72.9%		
飯舗	商工名録	奉天票	416			1	0.2%	27	6.5%	388	93.3%		
	商工名録現大洋換算		416					15	3.6%	400	96.2%		
	商業彙編	現大洋	474					19	4.0%	454	95.8%		
雑貨小舗	商工名録	奉天票	455					1	0.2%	451	99.1%	3	0.7%
	商工名録現大洋換算		455							452	99.3%	3	0.8%
	商業彙編	現大洋	958							958	100.0%		

表 9－1 をもとに作成.
割合の算出式は次のとおり．Y=X ÷ Z ×100,（Y ＝割合，X= 各レベルの戸数，Z= 各業種の合計）
ただし，少数第二位を四捨五入した，このため割合の合計が100%にならない業種も存在する．
500元以下を零細資本，500～１万元を小資本，１万元～10万元を中資本，10万元以上を大資本とする．

表9－3　業種別年次創業件数比較

分類	①金融業							②流通・貿易業					③特産物取り扱い業					④近代的工業			倒産事例の多い業種				
業種		金店		銭舗		当舗			京貨·洋貨		絲房			糧米油房		焼鍋酒局			機房			雑貨小舗		飯舗	
年代	西暦	名録	彙編	名録	彙編	名録	彙編	西暦	名録	彙編	名録	彙編	西暦	名録	彙編	名録	彙編	西暦	名録	彙編	西暦	名録	彙編	名録	彙編
大同1	32		3		52		3	32		82		5	32		77		14	32		35	32		578		289
民国20	31		5		7		1	31		31		5	31		32		17	31		16	31		147		49
民国19	30		4		4		10	30		48		6	30		24		10	30		14	30		138		54
民国18	29		3		8		7	29		8		6	29		15			29		4	29		13		16
民国17	28		1		8		2	28		2		4	28		8		2	28		2	28		10		7
民国16	27		6		14		2	27		13		12	27		26		8	27		6	27		26		18
民国15	26		3		2		1	26		4		4	26		11		1	26		6	26		7		2
民国14	25		1					25		2		3	25		5		1	25		4	25		1		4
民国13	24	2	2	13	2	2		24	19	2	10	4	24	22	4	1		24	37	2	24	146	9	145	3
民国12	23	1		1		4		23	16	2	3	2	23	11	2	8	1	23	28	5	23	48	4	36	3
民国11	22	3	2	1		7		22	16		2		22	6	5	3	1	22	27	3	22	29	2	29	6
民国10	21	1	1	1		4		21	9	3	5	2	21	11	9	3	1	21	21	7	21	45	6	32	2
民国9	20	2	1			3	1	20	4	1	5	1	20	7	1	2	2	20	7		20	30	1	20	2
民国8	19	1		1		1	1	19	5	2	3	1	19	6	1	3		19	7	4	19	18	4	19	2
民国7	18	1	2	3		5		18	5	1	5		18	9	3			18	11	3	18	14	2	11	4
民国6	17	2	2	2	1	4		17	5	2	2	1	17	8	3	2		17	6	2	17	14	3	14	1
民国5	16	1				2		16	7		6	1	16	6	4	3		16	3		16	16	1	17	1
民国4	15	2		1		3	1	15	2		1		15	6	2	2		15	1		15	12	1	9	2
民国3	14					3	1	14	5		2	1	14	8	3	1		14	2		14	12		9	1
民国2	13			1		1	1	13	6		3		13	2		2		13			13	14		10	
民国1	12	1	1	2	1	2		12	13	2	3	3	12	15	1	5	1	12	3		12	24	2	25	4
宣統3	11			2		1	1	11	3	4	1		11	4	3			11		1	11	5	1	8	1
宣統2	10					4		10					10			1		10			10	3		3	
宣統1	9					2	4	9	3	2	4	2	9			1		9	1	2	9	6		6	2
光緒34	8							8			3	3	8		1			8			8		1		
光緒33	7						1	7	2		1	1	7	1		1		7			7	1		1	
光緒32	6	1		2		2	1	6	3		1		6		1			6	1		6	2		4	
光緒31	5							5	1		2	2	5					5			5	1			
光緒30	4							4	1	1			4	2	4	1	1	4			4	2		4	1
光緒29	3	1						3					3	3			1	3			3				
光緒28	2	1						2	1		1	4	2	1				2			2	1		2	
光緒27	1	2	1					1	1		4	2	1	3	1	1		1	1		1	1		1	
1900年以前		6	4	9		1	5	以前	10	2	24	8	以前	30	14	12	4	以前	1	2	以前	8		10	
不明		1	1	1				不明	6	1	1		不明	2				不明			不明	3	1	1	
合計		29	43	40	99	51	43		143	215	92	83		163	260	52	65		157	118		455	958	416	474
残存率		55%		10%		33%			17%		41%			38%		22%			20%			8%		8%	
予想残存率		50%	167%	8%	13%	200%	33%		84%	38%	30%	100%		50%	33%	800%	121%		76%	47%		33%	25%	25%	17%

奉天総商会『商工名録』（1925年，表上では名録と略す），奉天市商会『商業彙編』（1933年，表上では彙編と略す）より作成.
残存率，『商業彙編』掲載商工業者中1924年以前創業数を『商工名録』掲載商工業者数で除法し百分率表記.
予想残存率，『商工名録』1923年創業件数の1924年創業件数に対する割合，『商業彙編』1931年創業件数の1932年創業件数に対する割合の百分率表記.
西暦は1900年代，下二桁を表示.

で、一九二三年の一九二四年に対する割合、一九三一年の一九三二年に対する割合である。この数値は、各資料の最新年度とその前年が、ほぼ同じように創業件数があると想定し、一年後に倒産により店舗の減少した結果を、前年の数値から予想できるものとして、一年後の予想残存率としたものである(8)。

では表9－1、表9－2、表9－3をもとに、各業種について概観する。

①金融業

金店は、金銀の販売・細工を行うもので、奉天城の中心的商業地四平街（中街）に集中していた。資本主には、東三省官銀号総辦彭賢など、地域有力者や商業資本家が多かった。主に金を扱うため、いわゆる「銀本位制」の当時にあっては、儲蓄投機の中心にはならず、補助的金融業と位置づけることができる。

銭舗は銀銭間の両替、為替取り扱いが基本業務であり、伝統的な民間金融機関である。『商工名録』では、銭舗と銀炉として業種を区別し、『商業彙編』では、銀炉を銭業に含めて銭業と分類しているため、ここでは、『商工名録』の銀炉・銭舗と『商業彙編』の銭業を比較する。この業種は資本規模分布範囲が広い。このうち規模の大きいものは地域有力者や東三省官銀号を資本主としており、一九二〇年代後半には銀行を名乗るようになるものもある。

当舗は、個人を対象とし、担保をとって資金を融通する質屋である(9)。為替両替等の業務を行わないので、商工業の営業にとっては、主要な融資元にはならない。

金融業全体で、零細資本が少なめで、小資本・中資本が多い。また投機的活動を最もよく行う銭舗が資本規模の分布する階級幅が最も広く、零細資本から大資本にまで及ぶ。資本規模だけを見れば、質屋にあたる当舗の規模が大きく、経済界における重要度と資本規模が一致するわけではないことがわかる。予想残存率では、銭舗は一〇％前後ときわめて低く、開業しても残るものが少ないことがわかる。一方、同じ金融業であっても投機性の小さい金店・当舗は変動も小さい。ただし当舗については漸次減少傾向にある。この理由としては、小零細資本の資金繰りが取引店との掛け売買に基づき、基本的には対個人融資・担保を必要とする当舗の需要低下が考えられる。

②流通・貿易業

日用雑貨の流通・貿易を行う業者は、広くは雑貨商といわれる。しかし、資料上の分類が錯綜している。『商工名録』では絲房・洋貨荘・京貨荘・雑貨舗・布荘と分類され、『商業彙編』では絲房・海外貿易・批発雑貨・京洋貨・山海雑貨・綢緞が、雑貨業者の範疇に入れることができる。このなかで、両資料において一致する割合が高いものは、『商工名録』の洋貨荘・京貨荘と『商業彙編』の京洋貨、および絲房である。

絲房は、もともと生糸・繊維製品を専門に扱う業者であったが、民国期には、一種の百貨店と化していた。例えば、吉順絲房などは四平街に五階建の店舗を構え、布・食器・帽子・旅行用品などを扱った[10]。これらの商品の多くは大阪・上海に店員を派遣して仕入れを行っていた。

京貨は、もともとは中国国内交易で奉天に持ち込まれた雑貨を扱い、洋貨は、外国製品を扱うものであったが、次第にすみ分けがなくなり、一九二〇年代後半には、両者とも内外雑貨をとり扱うようになった。また絲房と京洋貨商の間でも、双方とも日本製綿糸布・雑貨を取り扱うなど、すみ分けが不明確になっていった。これらは類似した商品を扱う業種であるのに、京洋貨商は残存率一七％、絲房は四四％と違いが大きい。図9－1のグラフを比較しても両者の残存傾向に違いがあることがわかる。

商会名簿における業種分類は、同業公会の存在を基礎に置いている。このうち絲房は、商会名簿において一

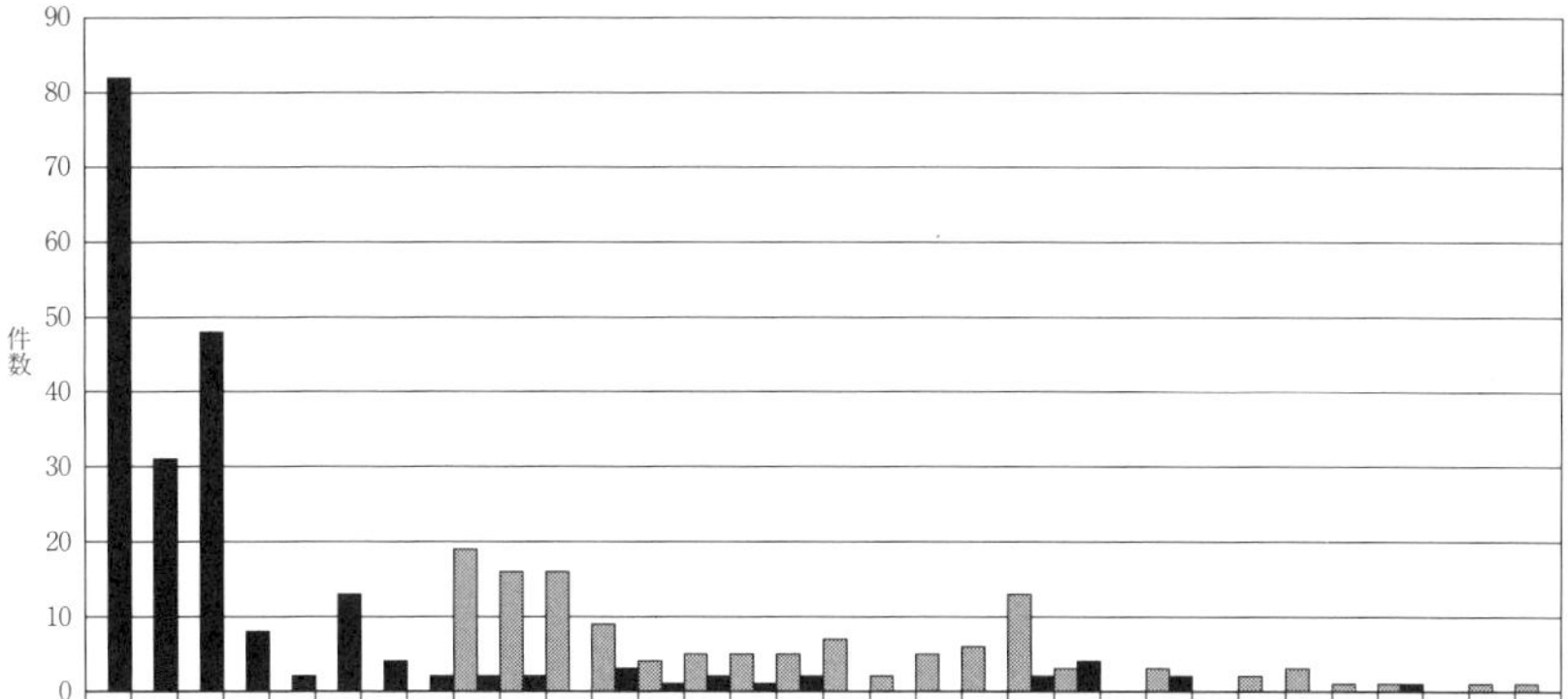

	32	31	30	29	28	27	26	25	24	23	22	21	20	19	18	17	16	15	14	13	12	11	10	9	8	7	6	5	4	3	2	1
▩商工名録									19	16	16	9	4	5	5	5	7	2	5	6	13	3		3		2	3	1	1		1	1
■商業彙編	82	31	48	8	2	13	4	2	2	2		3	1	2	1	2					2	4		2					1			

①京洋貨商年次別創業件数（表９－３より作成）

上段は1900年代下二桁を表示し年代を表す，下二段は件数

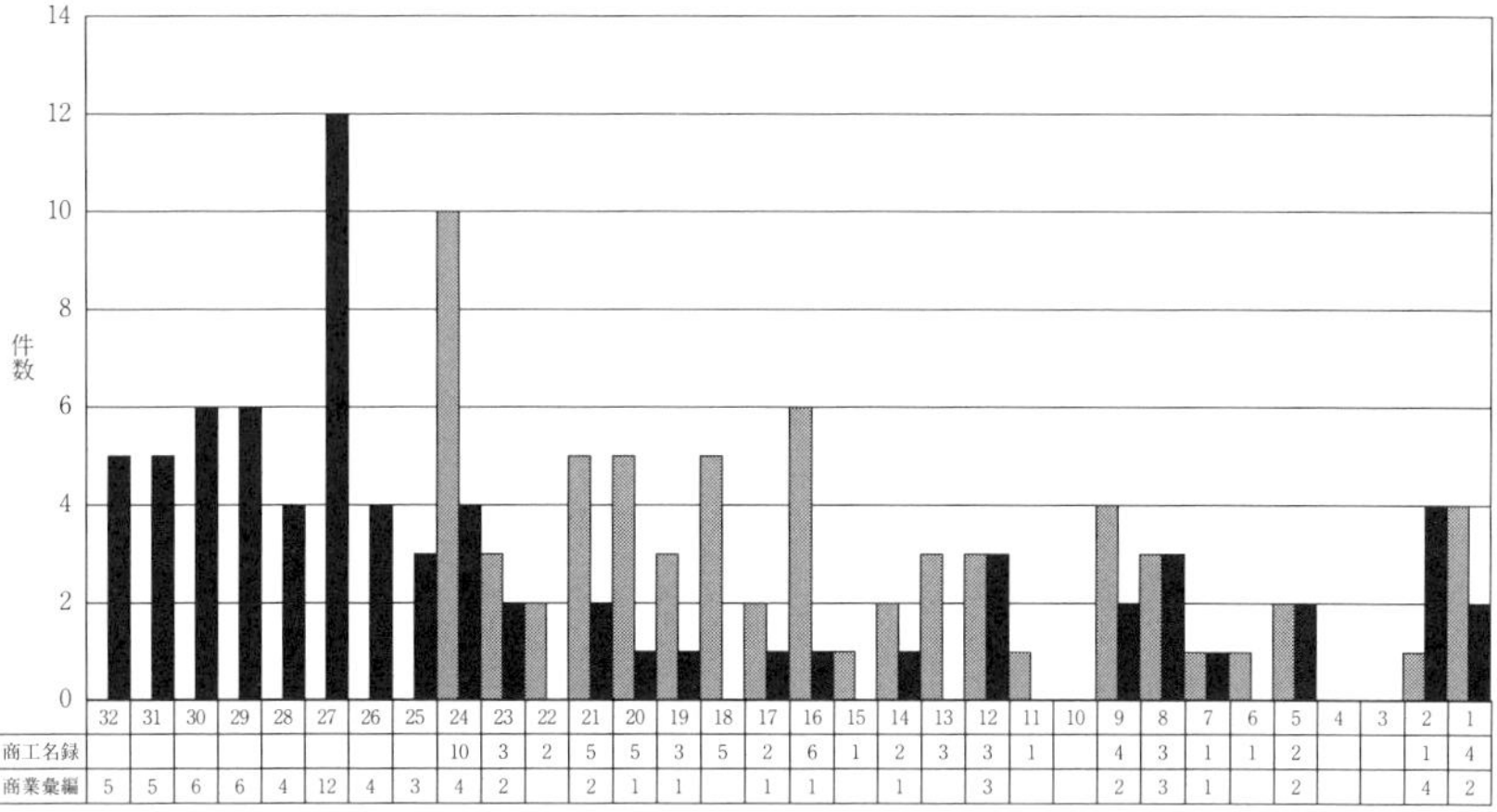

	32	31	30	29	28	27	26	25	24	23	22	21	20	19	18	17	16	15	14	13	12	11	10	9	8	7	6	5	4	3	2	1
▩商工名録									10	3	2	5	5	3	5	2	6	1	2	3	3	1		4	3	1	1	2			1	4
■商業彙編	5	5	6	6	4	12	4	3	4	2		2	1	1		1	1		1		3			2	3	1		2			4	2

②絲房年次別創業件数（表９－３より作成）

上段は1900年代下二桁を表示し年代を表す，下二段は件数

図９－１　流通・貿易業年次別創業件数

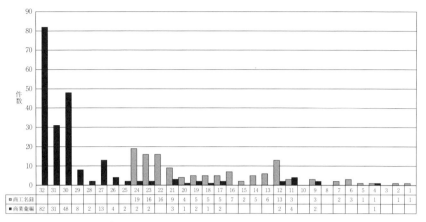

項目を設けて扱われていること、清末以来「満洲国」期に至っても、絲房という業種名が資料上使用されていることなどから、絲房という業種名には一定のブランド性があったことがわかる。また絲房の主流は、山東籍資本家の出資によるもので、非山東籍の雑貨卸新規参入者が、絲房を名乗ることを困難にしている。実際には、当該時期に山東籍資本が、奉天経済に雑貨業として新規参入するケースは少なく、絲房自体の業種としての拡大は小さい。一方、山東籍以外の者が雑貨業として新規参入をする場合は、京洋貨商など、ほかの業種名を選択することになる。この結果、不安定な新規参入者が、絲房という業種から排除される結果を生み、絲房が業種としての安定を持つと考えられる。この点で、絲房は伝統的な同業的紐帯を有する業種であるといえる。

これに対し、京洋貨商についてては籍貫に特別な限定はない。また京洋貨商の分類のなかには零細資本も含まれている。このような点で京洋貨商は絲房のような業種としての閉鎖性はない。以上から絲房が伝統的な同郷同業関係の紐帯によって経済的な衝撃を緩和し、倒産から免れていると考えられる。

③特産物取り扱い業

特産物取り扱い業の中心的存在は第六章や第七章でとりあげてきた糧桟（糧米業ともいう）である。このほかに、製油業である油房の生産物である豆粕・豆油は重要な輸出品のひとつであり、油房も特産物輸出に関わる業種である。ここでは、『商業彙編』が糧桟と油房を糧米油房として、同一項目で処理しているため、『商工名録』の糧米行・油房の合計と、『商業彙編』の糧米油房を考察した。『商業彙編』が糧桟と油房を同一項目で処理するようになる背景には、一九二〇年代、有力な油房が穀物集荷を積極的に行い、糧桟と一体化する傾向にあったことが考えられる(11)。

有力糧桟は、第七章で見たように東三省官銀号・張作霖をはじめとする軍の有力者を資本主とし、大豆・高粱などの特産物の先物買いを行うことで利益をあげ、一般糧桟と一線を画していた[12]。この有力糧桟が一〇％未満を占めるにすぎない、中資本クラスの糧桟である。これ以外の特産物取り扱い業は零細資本と小資本に集中している。

焼鍋は、高粱を原料とした焼酎醸造業で、『商工名録』では焼鍋酒局、『商業彙編』では白酒業と分類されている。一九二九年奉天商工会議所の報告では、中国側経営の焼鍋は全一〇軒と報告されている。『商工名録』『商業彙編』にあがるもののうち、酒局業とよばれるものは酒類小売業者をさすと考えられる。焼鍋は二〇世紀以前には、山西資本によって経営され、資本規模の大きい業種の代表であった。しかし、先の奉天商工会議所の報告では、電力を使用しない在来旧式工業に分類され、製品は地方的需要をみたすのみとされている[13]。

④近代的工業

奉天における中国資本の近代工業化は、東三省官銀号からの資金をもとに、同号と関係を持つ者が経営する工場が中心となって進められた。その多くは奉天に既存の産業がない、マッチ・ビール・ジュース・陶磁器製造業などで、官銀号と関係のある企業が独占している状態であった（第六章表6－1「資本規模十万元以上の主要大資本」参照）。

これに対し、機房の名で資料にあらわれる紡績業には、職人数一名の小規模機織業者から、官辦工場で奉天最大規模の奉天紡紗廠まで含まれている。一九二九年奉天商工会議所の調査によれば、紡績業者は大小五〇〇余軒、このうち、電力織機を使用するものが一三〇余軒、人力織機を使用するものが二四〇余軒、副業的経営が一五〇軒存在する[14]。しかし表9－2から判断すると、八〇％近くが零細資本にあたる。紡績業のうち一〇万元をこえるものは奉天紡紗廠、奉天純益繅織公司、東興紡織工廠の三企業で、東北政権関係者及び東三省官銀号からの資金援助を受けている大規模企業である[15]（表6－1参照）。

繊維紡織業は張作霖・張学良政権が最も力をいれた国産化産業のひとつである。第八章で見たように奉天紡紗廠を中心に輸入代替品生産を行うとともに、技術の近代化も進められた。電力織機に電力を供給するために、工業区に発電所が設置され、一九二九年二月からは関税が改正されるなど、繊維産業奨励政策が行われた。さらに、奉天紡紗廠に対しては、より一層の優遇措置がとられた。中国側鉄道での輸送費減額、国産棉花買い付けにあたっての政府の援助、織機税の免除、製品に対する免税、工場の規模拡大等の経営援助である。しかし、これは同時に、弱小機織業者の経営を圧迫するものでもあった。一九二七年の不況時には三〇％近くが倒産するであろうと予想されていた[16]。表9－3に見られる残存率の低さはこれを反映している。当時機織業は人気業種であったが、最大資本である奉天紡紗廠の存在は、零細機房の消長と市場淘汰を規定していたと考えられる。

最後に倒産事例の多い雑貨小舗と飯舗について触れておく。これらは各名簿において店舗数で上位二種にあたる。雑貨小舗とは、日用雑貨の小売を行う業者、飯舗は飲食業者であり、一般的都市住民の需要をみたす業種である。両業種は、『商工名録』と『商業彙編』とのあいだで、戸数の増加が見られ、奉天都市住民人口および、消費の拡大を反映している。しかし、九〇％以上が零細資本である。また両者は表9－3の残存率・予想残存率ともに低い。一九二三年の一九二四年に対する割合、一九三一年の一九三二年に対する割合から見て、次年度までに四分の三近くが倒産してしまうことがわかる。

以上、業種と資本規模をてらしあわせ、本節で設定した一九二〇年代後半、奉天都市経済における大・中・小・零細という資本分類から見ると、従来から東北農村における重要業種とされ、大資本とされてきた糧米油房・焼鍋酒局は、奉天という都市経済空間においては、相対的に小規模化の傾向にあることがわかる。従来の大資本のうち、糧桟・油房が担っていた特産物集荷は、儲蓄会や銀行などの金融業者、あるいはその付帯営業による糧桟によってなされるようになり、伝統的な糧桟はとりのこされている。また醸造業である焼鍋は電化もされず、近代的工場による大量生産が開始できず、地場産業の域を出ない段階にあった。この時期の奉天において、大資本の意味するところが変っているのである。大資本といえるものは、第六章でみたような近代的工場を有する企業や銀行形式の金融業になっている（表6－1参照）。

以上から、一九二〇年代後半奉天経済は、近代工業化と流通の拡大が生じていたことがわかる。工業化という点では、奉天都市経済は一定の水準を獲得し、かつ産業構造としてのヒエラルキーを形成しつつあった。さらに、流通の拡大という点では、京洋貨商・雑貨小舗のような、日用雑貨を扱う業種の店舗数増加は、都市消費市場の活性化を支えたある種の都市「中間層」の蓄積をも意味していたといえよう。このような都市経済の形成は、必然的に商工業者の淘汰を生じ、倒産現象の拡大の過程でもあった。

二　倒産処理

以下、実際に倒産の具体例を検討したい。

遼寧省檔案館所蔵の奉天総商会檔案は、全一〇八四三巻[17]中二五三八巻つまり約四分の一が商事公断処檔案であり、さらに、そのうち四三九巻が倒産関連檔案（うち四〇九巻が潜逃・逃逸つまり夜逃げに関する檔案）である。しかし、商事公断処の倒産檔案が奉天での倒産の全てを網羅しているわけではない。一九二七年を例にとると、商事公断処档案は九二巻、うち倒産関連档案は一四巻である。他方、『奉天票暴落ニ基ク城内商店倒産調』（一九二七年、満鉄奉天地方事務所、以下『倒産調』と略す）によると一九二七年一月から三月の間に四〇四件の倒産があったことが報告されており、档案よりもはるかに多い。また、『倒産調』記載ケースの档案は現存する奉天総商会档案のなかにはない。この原因は、倒産関連档案の大半が夜逃げに関する档案であることから、商事公断処に持ち込まれる倒産処理自体が、調停を必要とするものに限られると考えられる。これに対して、債権者と負債者の間で問題が解決されるケース、負債額が小さいケースなどは、商事公断処に持ち込まれないため『倒産調』との間に違いが生じたのであろう。しかし、ケーススタディとしてとりあげるには問題はないと考え、『倒産調』の対象時期である一九二七年一月から三月に倒産した事例の档案二件のうち、一件をとりあげて考察した(18)。

事例分析のまえに、倒産処理にあたった商事公断処について見ておきたい。商事公断処は商会内に組織された商工業者間の調停機関である(19)。商事公断処で処理される問題は大きく二種類にわけられる。ひとつは評議員と当事者による評議を経て、調停される紛争、もうひとつは処理プロセスが決まっており、評議を必要としないものである。前者としては、経営者と出資者の対立、保証人の責任問題、損失補填、賠償問題などがあり、後者としては、商会会費催促、倒産の債権処理が挙げられる(20)。これらの手続きに際し、評議費と調査員の交通費、訴訟の過程で必要な書類の代金が商事公断処の利用者によって支払われた(21)。

商事公断処の構成は、一九二七年時点では、処長・評議長・評議員・調査員・書記員からなっており、評議は、評議長・評議員二名・書記員の四名によって行われた。調査員は倒産店舗に派遣され、財産の査定や競売の立会人としての役割を担った。

では、実際に一九二七年の倒産処理をＪＣ一四－六六九七の事例「西分会所呈報同陞隆帽舗執事焦松林因債潜逃由」をもとに見てみよう。これは当時四ヶ所存在した商会分会のうち西部分会からの呈文によって、一九二七年三月五日づけで商事公断処に持ち込まれた案件である。この檔案での金額表記は奉天小洋票による。本節では現大洋換算の概数を括弧内に付記した。[22] 呈文によると、「第一区警察署第三分署の巡長李志安が、来所していうところによると、小北門内謙徳胡同の同陞隆帽子店執事の焦松林らが、負債多数のためにひそかに逃走した。このため、店舗物件の所有者（房東）とともに債権の補填のために残された物の確認を行った。物品の明細を添えて提出するので、よろしく処理されたい」というものであった。これを受けて商事公断処では、会員への布告と省会警察庁への連絡の草稿が三月九日づけで作成された。「西部分会の呈文にあるように、（中略）負債を原因とした夜逃げが発生した。債権者の権利を守るために、陽暦三月一九日本会から担当者と商董を派遣し、管轄警察署立会いのもと現地にて遺留品の競売を行う。また、債権者は定められた期間内に来会し申し出ること、これにより競売利益を債権額に応じて分配する。また、省会警察庁におかれては、所属警察署に競売時協力することを指示いただきたい」とする内容で、布告は総商会と同陞隆の門先にはり、省会警察庁には同様の書簡が送られ、競売への警察官の立会いを指示するよう要請している。三月一九日には予定どおり競売が行われ、商会の調査員万世栄が西部分会の商董王有堂とともに立会った。競売後、報告書が提出されている。内容は「私調査員は、同陞隆帽子店の補填の件で、商董王有堂および管轄警察署巡長李治安らとともに、当該商店において競売を行い、衆議を経て投票の結果、辺徳福が五八〇・〇〇（現大洋約五二・四九、以下現大洋を略す）元にて最高額を提示したため、物品を引き渡したことをここに報告する。」というものである。

この一連のプロセスと平行して、債権者からの債権申請書が提出されている。債権者は九名、総額は一〇二四・二四（約九二・六九）元である。債権の内訳は表9－4のようになる。債権の内、六一二・三〇（約五五・四一）元が業務上の取引先から請求されている。このように、原料商及び問屋から借金をする場合は掛売り無担

表9－4　同陞隆帽舗債権表

業者名	業種	債権額	現大洋換算	摘要	補填額
茂記織染工廠	染色業者	294.40	26.64	商品代金	
		32.30	2.92	染布代	
（茂記債権合計）		326.70	29.57		181.00
協力興	皮革業者	139.52	12.63	商品代金	77.20
永慶刷皮局	皮革業者	24.64	2.23	不明	13.60
興順徳	皮革業者	78.84	7.13	刷色費	43.70
全勝徳	帽子扇下請け	42.60	3.86	製作費	23.50
（業務関係総計）		612.30	55.41		
魁昇堂		140.00	12.67	家賃	77.50
福発祥		14.00	1.27	食材費	7.70
福順茂		233.30	21.11	食材費	129.20
永順興		24.64	2.23	不明	13.60
（債権合計）		1024.24	92.69		567.00

遼寧省檔案館所蔵 JC14-6697より作成.
原資料は奉天小洋票により表記されている．債権額のみ現大洋換算を表記した．
換算方法は次のとおり．
奉天票対現大洋1927年公式レート9.2088，小洋対大洋比1.2の乗法により，奉天小洋票対現大洋比11.05を算出，原数値を11.05で割り，四捨五入により少数第二位まで表記した（レートは『瀋陽金融志』34頁による）．このため現大洋換算部分は合計がずれる．

保の形をとることが多く、この例も典型的取引先との間に債権が蓄積されたケースである[23]。競売収益五八〇元のうち二%一一・六〇（約一・〇五）元が評議費として商事公断処に、車代として六・四〇（約〇・五八）元が調査員に支払われ、残額五六七・〇〇（約五一・三二）元が分配された。債権の回収率は五五%である。処理自体は、四月五日に各債権者の債権額と補填額の競売収益経費を明記した明細が提出されて、終了している。

檔案に見られる倒産では、この例のように営業上の取引相手が債権者であることが多い。表9－5は一九二七年の倒産・夜逃げ関連檔案の一覧である。これから債権の傾向を見ることができる。債権の種類として

表 9－5　奉天総商会檔案に含まれる1927年倒産関連檔案一覧

案巻番号	檔案名	時期	業種	債権総額	補填額	補填率	債権内訳
1350	拠西関分所呈報小西関聚盛園執事劉振先因債潜逃請核辦	5月14日	飯舗	2004.100	385.300	19%	煤款，房租・電燈費554.8元他
1354	拠文春浦呈訴栄記理髪舗避債潜逃請速破産免累房間	9月5日	理髪舗				
1358	准保安堡分会所函報商戸公立興果子舗因債潜逃所遺物品業経分会拍売分散開単備案由	9月23日	果子舗	447.500	185.000	40%	房租26元他
1365	拠西関分会所呈報第一商場永豊号執事武連山因債逃逸由	10月1日	不明	2404.700	561.400	23%	
1366	拠北関分会所呈報小北関双巨成執事王巨多因債潜逃	10月4日	不明	2243.180	511.000	23%	
1369	拠海茂永執事王茂海等呈訴聚盛達拖欠貨款縦子携貨潜逃	10月28日	不明	4900.200			
6682	拠永大興執事劉順慶呈訴王維三私虧銭款潜逃由	1月	皮革加工	1773.870	886.930	50%	
6697	拠西部分会所呈報同昇隆帽舗執事焦松林因債潜逃由	3月5日	帽子舗	1024.240	567.000	55%	材料費，工資他
6701	拠西関分会所呈報小西関中興華執事趙忠因債潜逃由	4月4日	鞋舗	630.050	84.200	13%	
6703	准警察六署第一分署函称逃戸公樂堂妓館李金安携眷潜逃由	4月8日	妓館				
6709	拠西関分会所呈報小西関福元斉鐘表舗執事柴徳福因債務逃逸由	7月15日	鐘表舗	487.000	59.300	12%	商品代他
6775	拠南関分会所呈報小南関三義興鏇匠舗執事王瑞泉因債潜逃由	5月25日	鏇木舗	93.400	93.400	100%	電燈費60.4元他
6779	拠西関分会所呈大西関泉記工廠執事戴華堂因債潜逃由	6月22日	鉄工廠	321.700	60.800	19%	房租220元他
6780	拠北関分会所呈報小北関協順永機房執事因債潜逃一案由	6月28日	機房	1243.755	305.000	25%	房租56元，工資89.6元他

金額の単位は奉天小洋元.

最も多いのが、商品代金にあたる貨款、次が家賃にあたる房租である。飯舗の場合は、燃料費である煤款、雑貨舗の場合は、布・靴などの仕入れ商品の代金、帽子舗・鞋舗・機房など製造業者は、材料費・労賃を債権として請求されている。ここからは掛買いにより借入金が積もり、倒産に至るケースが多いと考えられる。おそらく夜逃げの可能性がある中小零細資本に対する融資としては、取引相手および知人関係をたよるしかないのが現実であろう(24)。

次に債権額を見ると、負

債が二千（約一八一・〇〇）元を超えるものが三件、一千（約九〇・五〇）元を超えるものが三件となっている。一方、倒産店舗の遺留品を競売にかけての収益が五〇〇（約四二・二五）元代三件、三〇〇（約二七・一五）元代二件、一〇〇（約九・〇五）元に満たないもの四件、となっており、資本規模の記載はないものの、これらの事例は、資本規模一千（約九〇・五〇）元を超えるものではなく、零細資本であると考えられる。この債権額に対し競売収益での補填の割合は二〇％前後が最も多い。以上から自己資金の約五倍程度の資金が動かされていることが予想される。自己資金を上回っているとしても、返済の目途があれば問題はなく、例えば代表的な絲房で、中国資本の老舗百貨店と考えられていた吉順絲房の場合、一九三三年の『満洲華商名録』によると、資本現大洋一五万元、売上約一五〇万元と、公称資本額の一〇倍近い金額が動いていた。これに比べれば、檔案の例は、金額上も自己資金に比べて大きすぎる額ではない。しかし倒産あるいは夜逃げに至ったということは、返済目途がつかない状況があったということである。ここに、奉天都市経済の基底を構成していた小零細資本層の市場競争における劣位が明示されている。ではどのような条件下にある商工業者が倒産・夜逃げに負いこまれることが多かったのか、次節では『倒産調』をもとに倒産の条件を考察する。

三　一九二七年一月から三月における倒産傾向

まず、『倒産調』をもとに作成した表9－6「資本規模別件数」と表9－7「業種別倒産件数」から、一九二七年の倒産の傾向を把握しておく。資本規模としては、零細資本の倒産が多数にのぼる。特に、資本額が一〇〇元から七〇〇元の各クラスで一〇件をこえる倒産件数があり、なかでも二〇〇元六九件、三〇〇元六九件と、最高値である。業種のうえでも、小舗三九件、雑貨三六件、飯舗二七件、機房二二件、煎餅舗二二件と、零細資本が主流を占める業種の倒産が多い。(25) 地域別の特徴としては新しく開発された地域での倒産が多い。以下、この点について、詳しく見ておこう。

『倒産調』の対象地域には満鉄附属地は含まれず、中国側管轄地域である。奉天市域は、第一区警察署から第六区警察署の六つの警察管轄区域にわけられていた。『倒産調』はこの区ごとにまとめられている。(26)

表9－6　資本規模別倒産件数

資本規模	戸数
100元	25
150元	55
200元	69
250元	36
300元	69
350元	10
400元	29
500元	24
600元	11
700元	12
その他	64
合計	404

満鉄奉天地方事務所『奉天票暴落ニ基ク城内倒産調』1927年4月より作成.

表9－7　業種別倒産件数

業種	戸数
小舗	39
雑貨	36
飯館	27
機舗	22
煎餅舗	22
鞋舗	14
煤局煤舗	14
豆腐	8
当舗	6
焼餅	6
その他	210
合計	404

満鉄奉天地方事務所『奉天票暴落ニ基ク城内倒産調』1927年4月より作成.

各区別の倒産数は第一区四七件、第二区五一件、第三区五一件、第四区七一件、第五区一二五件、第六区五一件、不明八件の合計四〇四件である。第一区で最も倒産数が少ないのは、奉天内城の繁華街にあたる四平街（中街）を含んでおり、金店・絲房など一節で見た安定的業種や老舗商店が多いことを反映している。反対に倒産数が多いのは第四区・第五区である。第四区は奉天内城と外城にはさまれた部分のうち西側を占め、第五区は北側を占めている。第五区において倒産数が多いのは両区にまたがる工業区が設定されたことによると考えられる。この工業区は西北練兵場一帯から小北辺門に至る地域に、広場（現在の恵工広場）を中心とした放射線状の街路、第一馬路から第六馬路が整備され、北端に吉奉鉄道の瀋陽北駅を置くというものだった。[27] 工業区の第三馬路・小北辺門・西教場は全倒産事例のなかでも倒産数が多い地区上位三ヶ所である。工業区に新規開業したものは経営を維持できなかったケースが多いと考えられる。

このほかに一九二〇年代に、新規に開発されたのは、第四区に属する繁華街として造られた第一商場、瀋海鉄路の駅周辺（第五区から第二区に至る地域）、第二区の外側に位置する兵工廠周辺（『倒産調』対象外地域）である。これらの開発区は満鉄附属地と鉄西工業区の影響をこうむり成長が伸び悩んだことが考えられる。

しかし、それ以上に工業区のような新規開発地区に店舗を構えた商工業者にとって、直接的な影響を与えたのは家賃（房租）と考えられる。一九二四年に設置された工業区の地割と貸し出しに関する档案が、瀋陽市档案館に所蔵されている。これによれば、二畝単位で貸し出され、一畝あたり、保証金として奉大洋五〇元合計一〇〇元を支払い、土地を借りている。[28] 工業区が設定された一九二四年当初は奉天経済の悪化以前であったこともあり、旧来の店舗が手狭である、支店を出店したい、などの理由から工業開発区に土地を借りる業者が多かった。また、月々の家賃を支払って官営の店舗を借りる商工業者もいた。しかし、奉天票の下落が顕著になると、省政府側は家賃を引き上げ始めた。一九二六年年初、奉天小洋建四元が三月には八元に値上げされ、一二月には現大洋建に改正されたことで実質倍額の値上げとなった。これ対し、商工業者有志は、このように高額の家賃では、経営困難に陥り、工業区を出て行くものの存在や、家賃を払うことができなくなることを訴え、市政公所に値上げ撤回を要求している。しかし、対応にあたった市政公所側は、省の決定であるため、市政公所はこの問題に関しては無力であると返答している。[29] また、倒産関連档案上の債権として家賃が多かったことからしても、家賃は当時の零細レベルを抜けない商工業者にとっては厳しいものであったと考えられる。このような好景気時期の事業拡大が、不景気になったときに、予想外の負債として零細資本に課せられたことも開発地区での倒産を増加させている原因と考えられる。

最後に機房の倒産傾向について触れておきたい。『倒産調』にあがる機房の資本範囲は二〇〇元から八〇〇元で、三〇〇元のものが八件で最多数となっており、資本規模は雑貨業と同じレベルで、零細資本といえる。機房の特徴はむしろ所在地にあらわれている。二二件のうち小北辺門の七件を含めて第五区にあるものが一四件ある。これらの所在地が工業区およびその周辺であることから、多くが新規の機房である。また、機房はもともと、第五区に集中して分布していた。一九二九年の電化された機房リストによれば、一三〇軒のうち、六五軒が第五区にあたる部分に分布している[30]。一節で見たように、機房には、潜在的な競合相手として、奉天紡紗廠の存在があった。そのうえ、工業区で開業するための経費が高くつくという点で、機房は二重の意味での不利な条件を抱えていた。このため、一九二七年の不況時に、零細規模の機房が倒産したことが考えられる。

『倒産調』としてまとめられた調査は、倒産を一九二五年以降の奉天票暴落の影響ととらえて実施されたものであるが、実際は一九二六年から一九二七年の倒産および奉天票の暴落は、その後の続落のなかでは最初期である。むしろ、工業区周辺での倒産が多数にのぼっている点から、経済の悪化以前に行われた都市開発計画に応じたことにより経営に無理をきたした商店が、一九二七年時点の経済悪化に対応できなかった。つまり、開発ブームの反動が一九二七年時点の倒産の状況といえる。倒産をもたらす条件としては、もともと脆弱な資本のうえに、新規に開発地区に出店するなどの試みを行うことにより、余裕のない資金繰りをいっそう緊張させていた。これにより、奉天票暴落にともなうインフレの衝撃に絶えられなくなったためである。奉天票暴落という経済変動は奉天都市経済の基底層を直撃していた。

四　小括

以上の分析から明らかなことは、以下の四点である。①零細資本の寿命が短く、短期間に回転していること。②投機的業種である輸入雑貨商であっても、山東資本を基盤とする綵房は同郷的紐帯による資金循環メカニズムなどでの優位性によって、業種としての安定性を有していること。③奉天紡紗廠の存在により、零細紡績業の倒産が多数見られること。④不況開始以前になされた都市開発計画に基づく工業区に進出した零細資本に倒産が多いこと。

これら倒産する資本の多くは零細資本である。この零細資本も大別して零細サービス業・零細小売業・零細製造業にわけられる。零細資本が多数を占める、飯舗・雑貨小舗・機房はいずれも『商工名録』と『商業彙編』両資料の間の八年間に九割近くが倒産するものの、機房を除くといずれも数のうえでは拡大している。これは奉天の都市としての人口増加とそれにともなう消費市場の拡大に対応している。奉天の人口は一九一一年四六九、二四一人から一九三一年六二二、四七三人へと一・三倍に増加、一九四一年には一、一三〇、一八〇人へと一九三一年に比べて一・八倍、一九一一年に比べて二・四倍に増加している(31)。

さらに統計数字としてあらわれた以上に華北からの季節労働者流入が存在している。零細資本は多額の資本準備を必要としないうえに、零細サービス業・零細小売業の場合は設備投資も小額ですむことから、流入者でも容易に開始でき、増加した人口を吸収している業種と考えられる。同時に、安定した生活基盤を持たない流入者に、飯舗は食事を、雑貨小舗は生活必需品を提供し、零細サービス・小売業の需要も拡大する。つまりこれらは流入者によって事業主と消費者の双方が供給されていると言える。人口流入は帰郷者と常に相殺されるか、あるいはそれを上回る規模で常態化しているため、この層は流動的ながらも、量的拡大を続けていた。

これに対し、零細製造業、特に今回とりあげた機房は、ほかの零細資本とは異なり、外国製品および国内大資本との厳しい競合環境におかれ、経営を圧迫されていた。さらに機房はほかの零細資本に比べ、国産紡績業育成という経済政策上、業種として過剰な期待がある点で、投機的性格を有していた。同時に一九二三年の奉天市政公所設立以降は奉天自体が工業区、北市場・南市場・第一商場など新規開発地の整備を行うなどの開発による都市空間の膨張を生み出し、当時の奉天経済は政権主導の下、一種の開発ブームを呈していたといえる。当時、機房は成功を見込んで、高額の借地料を必要とする工業区のような、新規開発地へ進出するという経営体質が一般的であった。

以上のような輸入代替化政策のもとでの倒産しやすい製造業、零細資本に対し、倒産に対して比較的弾力性を持つ資本は二つのタイプにわけることができる。第一は、絲房のような同郷紐帯を有する資本である。第二は、東三省官銀号の融資を受けた権力との関係が深い資本である。

第一の類型としては、絲房のほかに山西資本の経営による銭舗があげられる。山西資本も絲房を経営する山東資本も同郷会的組織を有し、奉天内での協力関係があった。また彼らは山西・山東にも資本を有していた。彼らはこれによって、経済状況の変化に対する弾力性を有していた。

第二の類型は表6－1の企業である。この多くは軍人・官僚出身の権力性商人による新興資本である。特に、資本規模の大きなものは、繊維産業・ビール醸造業・マッチ製造業・味の素代替製品など、輸入品の代替品製造業を経営した。

当時の奉天経済は、開業と倒産を繰り返しながら、拡大する雑業者や零細サービス業者の存在に見られるように、流動性の高い基底部分が経済的拡大を続けていた。一方、新興工業区の開発や工場建設などにより、政権主導下、繊維産業をはじめとする軽工業への投資熱が存在していた。この投資熱は零細資本にまでおよびはしたが、同時に政府からの優遇措置を受けた資本規模の大きな権力性商人の企業が存在するために、零細繊維産業は淘汰されざるを得なかった。他方、同郷ネットワークを有する層は比較的安定した基盤と倒産に対する耐性を有し、中間的位置を占めていた。

以上から、一九二〇年代後半期奉天の都市経済は、倒産による不安定な経済状況を示しつつ、量的に圧倒的な流動零細資本による基底部、そのうえに、伝統的ネットワークを資産とした安定的資本の現状維持的発展、さらに奉天政権の権力を背景とした新興資本が展開するという重層的構造にあったことがわかる。

注

（1）奉天商業会議所『奉天経済二十年史』一九二七年、二三九―二五〇頁。
（2）奉天興信所『満洲華商名録』一九三二年、一五一―一五二頁。
（3）同時期は西村成雄の分類によれば、四つの局面に分けることができる。奉天票暴落が激化する一九二五年から一九二六年を第一局面、一九二七年半ばを第二局面、一九二八年を第三局面、一九二九年を最終局面とし、対外的には価値を低下させはしたが、対内的には一九二九年当時、対現大洋価格のうえで安定し、地域内紙幣として安定した位置を獲得するとしている。（西村成雄「張学良政権下の幣制改革――「現大洋票」の政治的含意」『東洋史研究』第五〇巻第四号、一九九二年）二―五頁。
（4）本節では、現大洋表示を基本とする。資本規模の表示には『商工名録』では奉天票、『商業彙編』では現大洋票が使用されている。換算レートは一九二四年奉天大洋票対現大洋公式レート一・七一八三の概数一・七を用いた。また小洋については一・二で割り、それぞれの貨幣の大洋に換算した。レートは『瀋陽金融志』（瀋陽市人民銀行・瀋陽市金融学会編、一九九二年、三四頁）を参考にした。

(5) 奉天総商会は「満洲国」期には奉天市商会と改称している。奉天総商会は原則的には奉天市の商工業者の全員参加であり、その会員名簿は奉天市の商工業者リストとして使用可能である。ただし、同一商工業者についての情報が両資料間で異なることがあったが、業種ごとの倒産傾向をつかむことはできるとして考察に利用する。

(6) 糧桟・油房・焼鍋に製粉業を加えたものが、東北における在来重要産業として重視されてきた。しかし、本章では製粉業が東北北部を中心としており、南部ではあまり振るわないため、とりあげない。

(7) 哈爾濱の商会では五〇〇元以下は商会入会を認めないとしており、五〇〇元とは商工業者を分ける目安と考えられていたことがわかる。三章でとりあげたように、一九二八年奉天総商会会長選挙において、資本力を背景としたグループが、事を有利に運ぶため、被選挙資格を四万元から一〇万元に引き上げた事例がある。これから、一〇万元も商工業者を分ける目安であると考えられていたことがわかる（松重充浩「一九二八年奉天総商会董改選紛糾問題と省政府の関与」、平成九年度～平成一一年度科学研究費補助金〔基盤研究（A）（二）〕研究成果報告書『近代中国東北における社会経済構造の変容』研究代表者江夏由樹、二〇〇〇年三月所収）。

(8) これらの算出式は以下の数式で表示される。残存率の場合はY＝X÷Z×一〇〇（Y＝残存率、X＝『商業彙編』中不明を除いた一九二四年以前の件数、Z＝『商工名録』の件数）。予想残存率の場合はY＝X÷Z×一〇〇、（Y＝予想残存率、X＝各資料最新年の前年の件数、Z＝各資料の最新年の件数）。

(9) 「満洲国」期の調査では、無担保融資を行うことも多くなっていると報告がされている（満洲中央銀行調査課『満洲に於ける満人中小商工業者業態調査』下巻、一九三八年、以下『業態調査』と略す）。

(10) 前掲、『満洲華商名録』七頁、広告一三頁。

(11) 一九二九年奉天では不況のために製油業自体が振るわなくなっており、多くが休業していることが日本側商工会議所によって報告されている。また一九三二年の『満洲華商名録』に名前のあがる有力油房は、全て糧桟と兼営である。これらから、奉天における油房業の再編が生じていることがわかる（奉天商工会議所『満洲経済調査彙纂』第一二輯、一九二九年一一月、前掲『満洲華商名録』）。

(12) 奉天商業会議所『奉天経済旬報』第一巻第五号、一九二七年一月、三－四頁。

(13) 前掲、『満洲経済調査彙纂』第一二輯、五八頁。

(14) 同右、三頁。

(15) このうち製糸を行うのは、奉天紡紗廠と奉天純益繰織公司で、中国側機織業者が使用する糸の大部分を供給していた（前掲『満洲華商名録』一五一－五三頁）。

(16)　奉天商業会議所『奉天経済旬報』第一巻第一九号一九二七年六月。
(17)　ただし、実際には案巻番号の重複するものが若干あり一〇八四三巻よりやや多い（遼寧省檔案館編『遼寧省檔案館指南』中国檔案出版社、一九九四年、六七頁）。
(18)　奉天総商会檔案の中の倒産檔案にあるケースも『倒産調』には記載されておらず、『倒産調』も完全とはいえない。しかし倒産リストとして概略を把握するには有効である。
(19)　一九〇二年に公議会を改組し商務総会とした際に商事公断処を敷設した（「奉天市商会沿革概略」、前掲『商業彙編』所収）。
(20)　これらの問題は商会会員・商会分会から持ち込まれるものが多数をしめるが、問題によっては審判庁から審査を任されるケースがあった。逆に、外国人が関わるもの、問題が解決されず複雑化した場合などは審判庁へ審査がまわされた。また、倒産の債権処理問題のうち倒産者が夜逃げをしたケースの多くは、警察公安分所から商会に持ち込まれた。
(21)　評議費は、評議対象となった事物の評価額の二％が請求された（「奉天市商会商事公断処暫行章程」満洲中央銀行調査課『本邦農工商会調査』一九三六年、五一七頁所収）。また、販売された書類は一九二七年時点では「商事訴書」「辦訴書」「委任書」「討限書」「保証書」「結書」「交納書」「受領書」の八種で各一元である。
(22)　換算は以下のとおり。まず、奉天票対現大洋一九二七年公式レート九・二〇八八、小洋対大洋比一・二の乗法により、奉天小洋票対現大洋比一一・〇五を算出した。原数値を一一・〇五で割り、四捨五入により小数第二位まで表記した（レートは前掲『瀋陽金融志』一九九二年、三四頁）。
(23)　前掲、『業態調査』下巻、八〇―八二頁。
(24)　一九三七年の調査では、銀行・個人金融業者・当舗・取引関係・知人という五分類の融資元のなかで銀行からの融資を受けるケースが最多となっている（前掲『業態調査』下巻、七七頁）。
(25)　『倒産調』では小舗と雑貨と分類されているが、リストにあがる小舗と雑貨で資本規模に大きな差はない。雑貨舗の多くは実質的には雑貨小舗というべきレベルである。小舗の最高規模は六〇〇元、雑貨業のうちで六〇〇元より大きい資本規模のものは、七〇〇元、一〇〇〇元の商店が各一件あがるのみである。また、煎餅舗も資本規模五〇〇元以下のもので占められており零細資本のひとつである。
(26)　前掲、松重「奉天における市制導入とその政策意図について」、張志強『瀋陽城市史』（東北財経大学出版社、一九九三年）一八四―一八六頁。孫鴻金『近代瀋陽城市発展研究』（吉林大学出版社、二〇一五年）一九〇―二〇〇頁。
(27)　遼寧省檔案館所蔵民国資料二九一『奉天省城市街全図』（一九二七年一二月、奉天鼓楼北各大書坊発行）。

(28) ＪＣ三五‐七二七「普通市民租領工業区特等地二畝並代由官辦土工由」一九二四年。
(29) ＪＣ三五‐七三〇「牌示工業区官房出租巻」一九二四年。使用した稟は一九二六年一二月のもの、これに対する批は一九二七年一月のものである。
(30) 前掲、『満洲経済調査彙纂』第一二輯、九一‐一六頁。
(31) 瀋陽市人民政府地方志編纂辦公室『瀋陽市志』綜合巻（瀋陽出版社、一九八九年）、四二七頁。宋則行主編『中国人口——遼寧分冊』（中国財政経済出版社、一九八七年）五〇頁では一九三〇年時点で六一二、四七三人とする。

第三部　奉天同善堂

――地域社会の安全弁

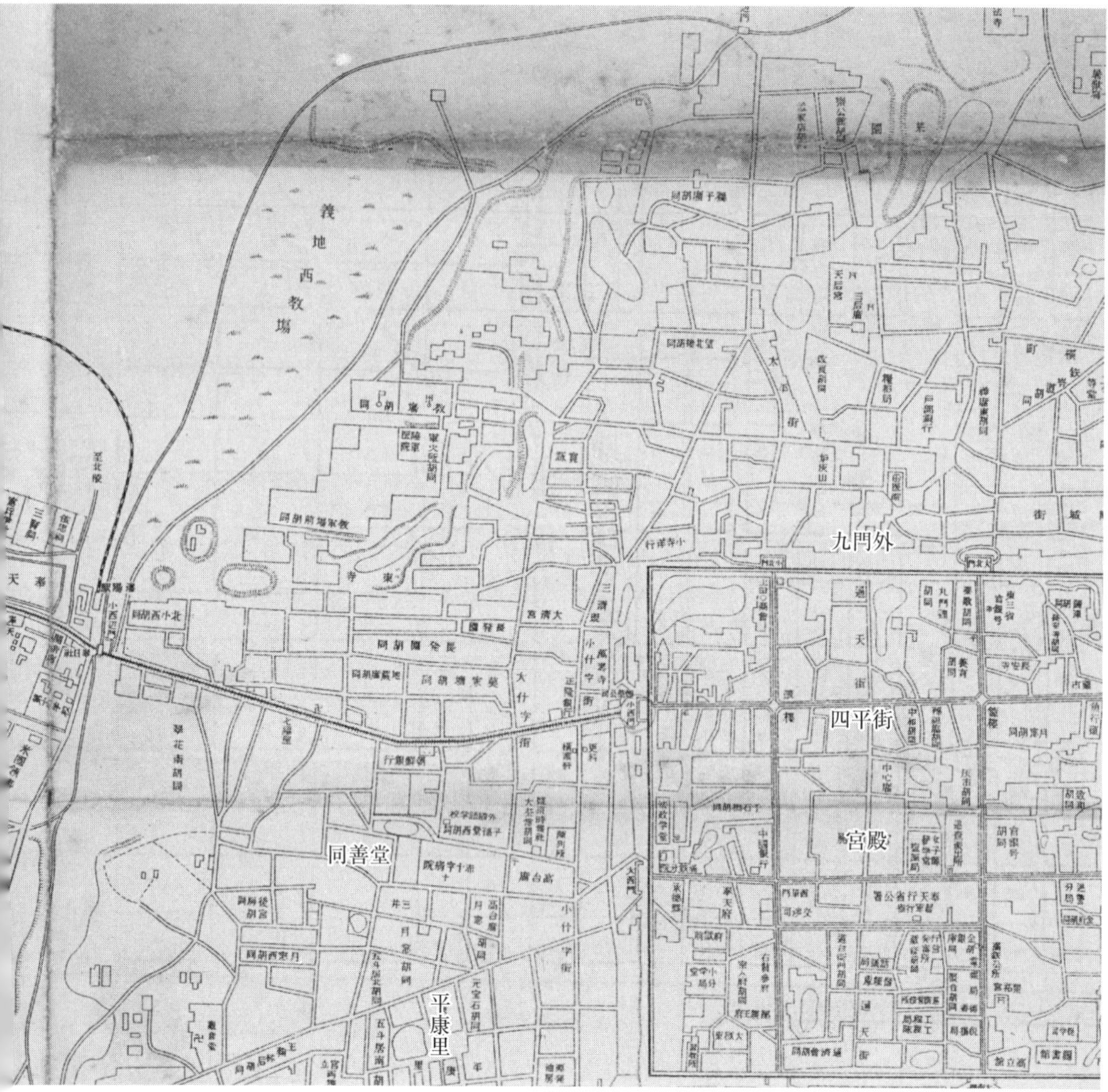

1920年代はじめの奉天城北西から奉天駅にかけて
（『最新奉天市街図』大阪屋号書店，1923年，部分）

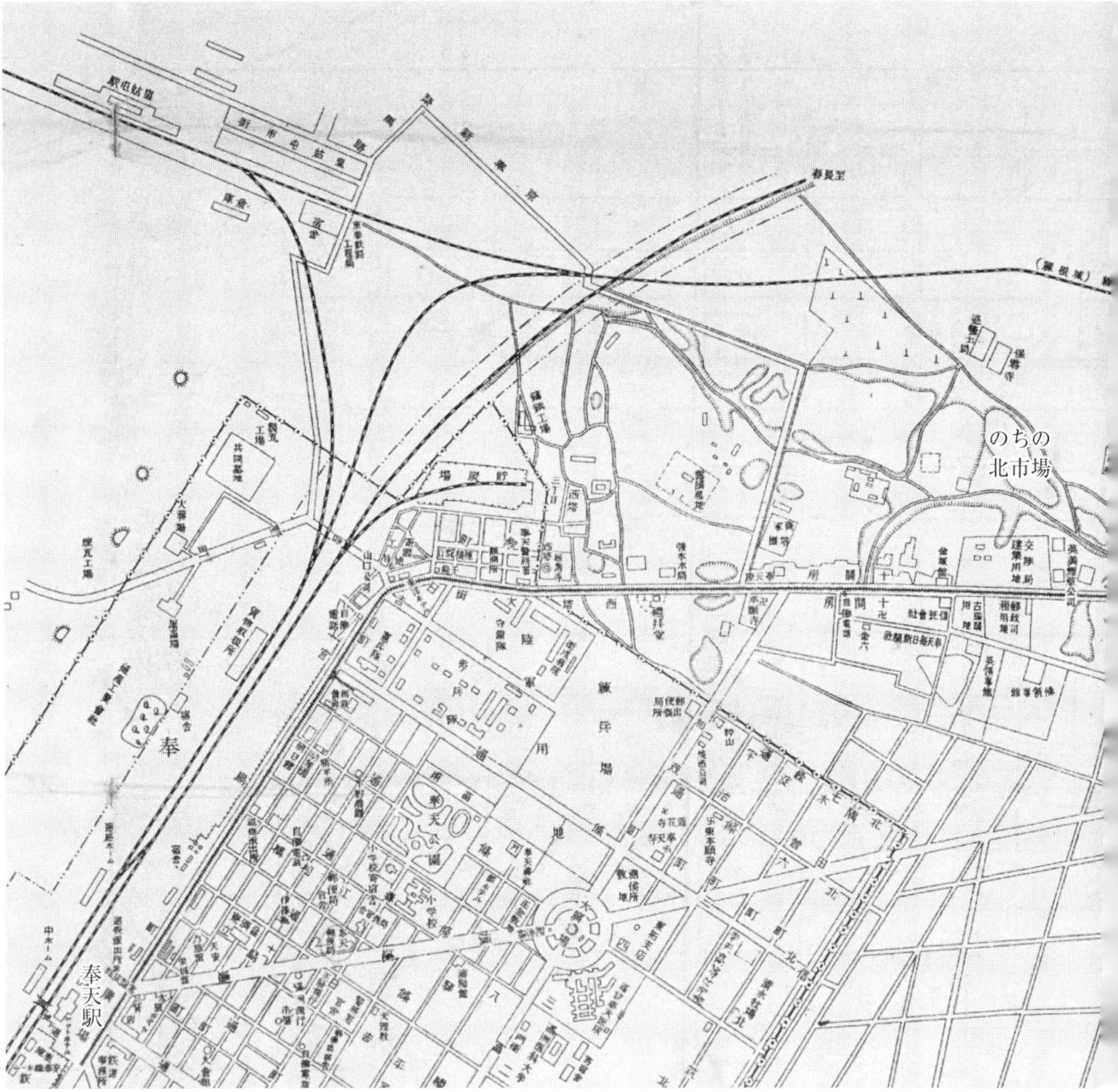
のちの
北市場
奉天駅

都市と流入民

第三部では都市の拡大過程で、奉天に人が集まることに焦点をあてて考察していく。中国語で「闖関東」（チュアンクワントン）とよばれ、一九世紀末から二〇世紀の前半にかけて、大量の漢人が山海関の南から北へと移動した。それによって満洲人の土地を意味して「満洲」とよばれた地域は中国東北地域としての実質を持つに至る[1]。それは、漢語が標準的な言語となり定住型の農村を後背地とした都市が鉄道でむすばれる近代の東三省への、そして「満洲国」を経た現代の東三省へのプロセスである。日清戦争後に改革が意識され始めた一八九八年から新中国成立後の一九五三年までの間に、東北全体では七六一万人から四三六九万人へ人口が増えている[2]。年ごとの流入傾向は図10－1「東北移出入数」のようになる。ここからわかることは、諸外国そして中国側政権によっても積極的な投資が行われ、多くの人々をひきつけたということである。一九二〇年代にはおおよそ一年に三〇万人が東北をめざし、多い年には一〇〇万人を超えることもあった。

東北への流入者の大多数は移民労働者であり、鉱山、工場、港湾、鉄道、農村などさまざまな部分に吸収されていった。彼らのほとんどが最終目的地にたどり着くまでに、交通の要衝である都市に一度は立ち寄ることになる。なかでも奉天には大連からの南満洲鉄道本線、北京からの京奉線、安東からの安奉線が繋がり、また長春、撫順にも鉄道によって繋がっており、移民労働者の通過点としては軽視できない。彼らの仕事は農事歴や外気温に左右されるため、繁忙期と閑散期があり、季節性移民にカテゴライズできる。冬期は帰郷するものも多いが、時には移動費用が捻出できない、あるいは移動費用を節約するため帰らないということもあった。帰郷しない人々は、冬期でも仕事のある鉱山・工場・鉄道・港湾労働に従事するなどした。また、その過程で都市部に滞留する

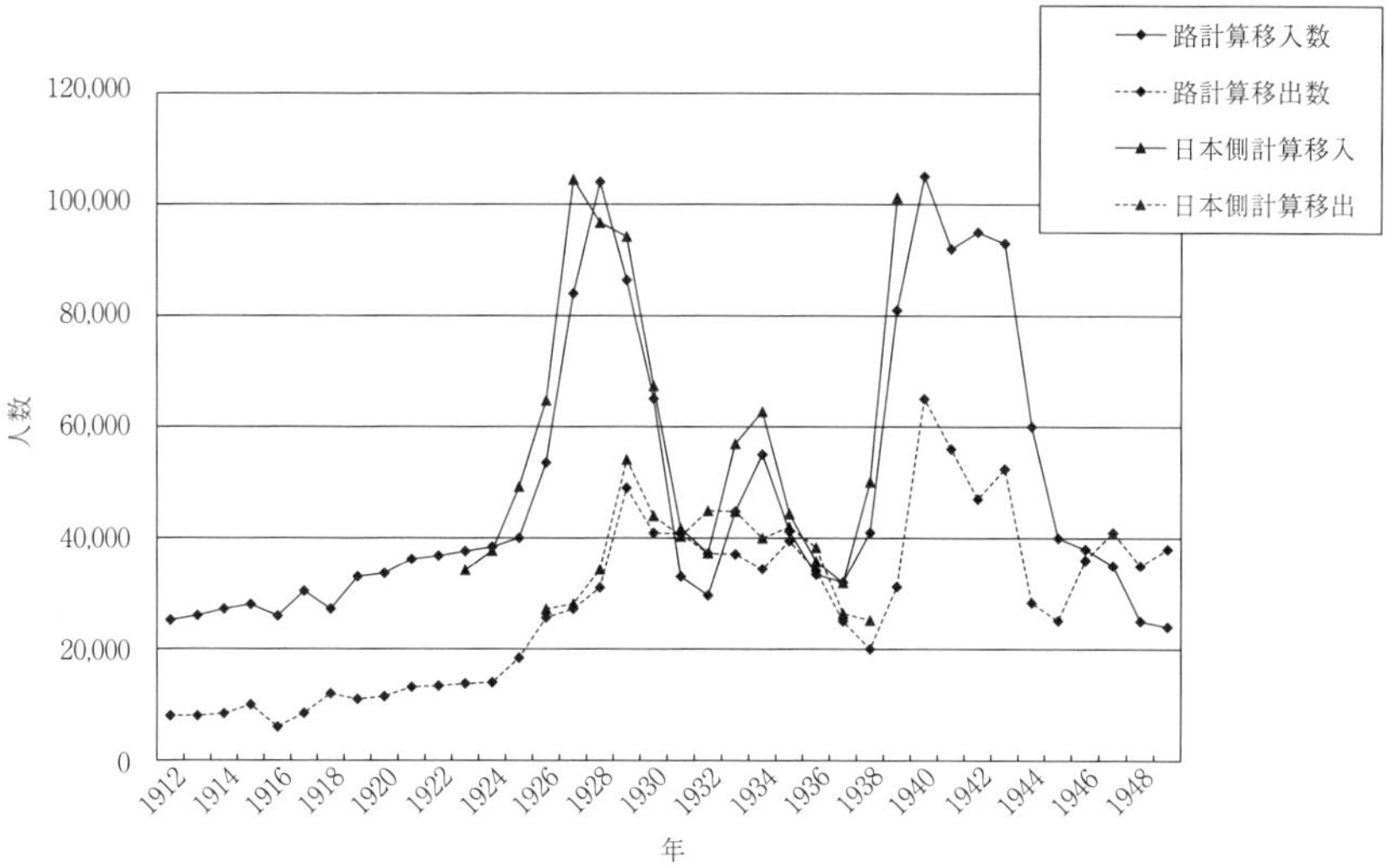

図10-1　東北出入人数

路1987，50−51頁，高岡・上原1942，178−79頁，186−87頁より作成．
路の数値は東北への流入者のうち71％を山東大が占めるとして計算した概数である．高岡・上原は日本側調査による華北東北間移動の概数である．

ことがあった。

また、奉天は東北政権の成長過程において、市政の規模、工場の増加、ビジネスチャンスの増加をともなった都市機能が拡大した。行政や企業に勤めるホワイトカラーから工場労働者、都市雑業者に至るまで、あらたな雇用が生まれた。このうち奉天に長期にわたって住み、出身地にはほとんど戻らない移民はこれらの雇用に吸収され都市民に組み込まれた。彼らはその出身は、業種によって違いが出るが、大別して、奉天周辺の県、つまり都市化していない近隣地域から来るものと、山東省や河北省を中心とした関内から来るものとがあった。

奉天はこの二つの種類の移動する人を受け入れて拡大していったわけだが、第三部ではこれらの流入都市民に焦点をあてていきたい。その流入都市民を観察するにあたって、ここでは同善堂という慈善団体をとりあげ、都市化と移民について検討していく。このような流入者に対するセーフティネットとして機能したもののひとつが、第一部冒頭でとりあげた会館や同郷会といった同郷団体である。会館や同郷会は頼る者に対して宿や食事を提供し、場合によっては仕事の紹介も行った。しかし年間三〇万人から一〇〇万人という流入者がいるなかで、同郷団体の提供するセーフティネットからこぼれ落ちる者が存在した。このような同郷団体のセーフティネットから漏れる流入者に対する救済を行った組織が奉天同善堂であった。

第三部ではまずこの流入者に対する対応について第十章、第十一章でとりあげ、第十二章でそれらを総括しつつ、同善堂そのものについて議論していくこととする。なお第三部では奉天省公署檔案のほかに、奉天同善堂が作成した報告書類を利用する。『奉天同善堂民国六七八－一三年份辦過事実報告書』（以下『六七八年報告書』と略す）『奉天同善堂民国九十十一－一三年份辦過事実報告書』（以下『九十十一年報告書』と略す）『奉天市同善堂要覧』大同元年版（以下『大同元年要覧』と略す）、『奉天同善堂要覧』康徳六年版（以下『康徳六年要覧』と略す）の四冊である。

注

（1）呼称と地域認識をめぐる問題については、中見立夫『「満蒙問題」の歴史的構図』（東京大学出版会、二〇一三年）序章を参照。

（2）趙文林・謝淑君『中国人口史』（人民出版社、一九八八年）五九九－六〇一頁の省別人口から黒竜江省・吉林省・遼寧省の値を合計した。

第十章　同善堂に集まる人々
――棲流所と游民・貧民対策

一　流民とは誰か

奉天同善堂は複数の組織が統合されて成立した。そのなかでも流入者の救済を行う棲流所は一八八八年と比較的早い時期に成立した。この年は旧暦七月初旬から大雨にみまわれ、奉天から東南の山地に源を発する渾河、太資河、鴨緑江、遼河が増水し奉天から東辺道一帯は水災にみまわれた(1)。この百数十年来の未曾有の天災は、被災地から都市へ逃れる者を生み出し、奉天では無宿の流民が街にあふれた。彼らの収容を目的として成立したのが棲流所である。それ以後も奉天の後背地や華北で天災や兵禍が発生すると、土地を離れた者が流入した。民国二（一九一三）年の一月には、奉天省城警務局は華北から来た難民の遣送回籍を実施している。前年末より奉天都督に依頼して、交通部に送還者の京奉鉄道の切符を半額にする許可をとりつけている。これにより一月に二百十三名が送り返された(2)。

ここであげた流民・難民のほかに、貧民・游民という言葉が棲流所に関係する史料のなかに登場する。奉天への流入者を検討するにあたって、まずこれらの違いについて簡単な整理をしておきたい。難民については先にあげた民国二年の送還対象者が難民とよばれており、天災や兵禍を避けて流入した者をさしている(3)。また貧民については、棲流所に収容する対象であり、乞食と併記されるような、経済力のない者をさしている(4)。

では流民とはなにか。中国の前近代を通して流民を分析した池子華の整理によれば、土地を失い寄る辺のない農民、飢饉や兵乱で故郷を離れた農民、貧困から村を離れた農民、自然経済が解体し都市の近代化に引き寄せられて都市生活をする農民、これらが流民であるとする。さらに游民は都市や農村において特定の職業につかない流動人口であり、その前身は農民以外にも、仕事を失った労働者や、軍を抜けた兵士などが挙げられている(5)。また陳宝良は、流民は災害などによって土地を離れた者をさし、游民は離れて流動することが常態化した者をさすとしている(6)。また游民はならず者をさす流氓と同義であるとされることもあった(7)。

つまり流民とはそれまでの生活基盤から離れた異郷にいるものをさし、そのうち、生活のよすがなく経済的に困窮しているものが貧民である。游民は経済状況は問わずならず者とされる。生まれ育った土地にいるのではなく、よそ者であることが前提とされ、流民のうちに含まれる。

また、近代の東北においては、棲流所の収容対象者を貧民とも流民とも表記しており、両者はほぼ同じように扱われている(8)。そのうえで、同善堂内には流民に対応する機構として、貧民収容所や教養工廠などさまざまな部局が拡充されていった。本章では、一般論ではなく、東北地域の現状に即して、同善堂を中心とした奉天の流民対策を検討し、東北地域社会にとっての流民とはなにかを考えていきたい。

二　治安と流民――清郷、不安要素の洗い出し

『東三省政略』の慈善について書かれた巻六「民政奉天省、紀救助行政」の冒頭には、次のように清末の改革における貧民対策への認識が明記されている。

社会における貧民というものは社会全体の幸福に有害であるのみならず、犯罪を生み出す結果をもたらす。よい統治を追求するならば、この点を恐れなければならない。一〇〇年前には東西各国ともこのような社会の問題を救済するために、我国がやってきたように、粥廠や養済院を制度化し、食事を提供し、貧民を収容する場を設けてきた。その後、怠惰な民はこのように救済されることを頼みにするようになった。さらに貧民は日々増加し、国家は救済機関を増設したが、なお対応しきれなかった。為政者は衣食が足り、寒さをしのぐ場所のあることが社会の害を和らげることに効果が大きいと悟り、救済方法を徹底して変え、労働に従事させるようになった。これによって怠惰な特性を矯正し、さまざまなやり方で何らかの技術に長じさせることができる。(9)

ここでは、貧民の存在が社会の幸福にとって有害で、犯罪の温床になりかねないとしている。そのうえで、行政として貧民を救済するために、食事や雨露をしのげる施設を提供してきたが、それだけでは、貧民は増えるばかりで施設の整備が追いつかない。衣食が足りて初めて生活が安定することで社会が安定するのであって、貧民に教育をほどこして、技術をつけさせることが効果的であると認識されている。

このような流民・貧民は社会を不安定化させる存在として、光緒新政期の政府には認識されていた。奉天に

おいて光緒新政を推進した趙爾巽はその赴任以前に北京や天津での游民対策に関与しており、『東三省政略』に見られる視点は北京で議論されていたことが導入されたものといえ、収容・矯正施設が奉天にも開設されていった(10)。ただし、前節に示したように、奉天への人口流入は農村地帯から都市というだけではすまない問題があった。関外から流入した人口の存在は、農村も含めた地域社会全体での人口の高い流動性を生み出していた。この地域社会像を如実に表しているのが、「清郷」である。

「清郷」については、近年は三好章氏による汪精衛政権下での清郷についての研究がなされ、日本軍の制圧地域における抵抗勢力を押さえ込むための清郷工作が注目されている。しかし、それ以前から中国において清郷は全国的に農村地域の治安維持活動をさす言葉として存在していた(11)。特に広東などでは一八九〇年代から「査辦匪郷」「清釐積匪」「清査匪郷」などともいわれ、軍事手段で匪賊の巣窟とみなされた郷村をとりしまることとして、清郷という言葉が文献に見られる(12)。北洋政府が出した民国三年の修正内務部官制のなかに内務部警政司第二科所管として、風俗、営業、交通警察に関する件、消防に関する件、保衛団及清郷に関する件、警察教育に関する件が明記されており、警察行政のなかに含まれている(13)。

奉天省の警察行政のなかに清郷の言葉があらわれるのは民国期になってからである。一九一六年時点の東北地域の警察制度を解説した『南満地方支那警察制度』では、清郷とは村落に潜む盗匪を討伐し、地方の安寧を維持することとしている。特に奉天省、吉林省では馬賊の被害が大きく、これを防ぐために奉天省では民国五年六月に「擬定清郷辦法総章」を立案し、吉林省では同七月に「聯防保安辦法」を定めている(14)。つまり、時期と地域によって討伐対象に違いはあるが、清および中華民国において、農村地域に潜む治安を乱す存在を撲滅するための活動として清郷があった。

では、具体的に奉天ではどのような事が行われていたのか見ていきたいが、それに先だって奉天で清郷を担当した警察行政の概要を見ておきたい。清末の光緒二七（一九〇一）年に盛京将軍であった増祺が保甲制度を導入し、保甲局を設置した。翌年にはこれが警察総局に改変され、光緒三一（一九〇五）年に趙爾巽がさらに工巡局とし、翌年に巡警総局と改称している。奉天城内や商埠地などの非農村地区には分局が設置された[15]。県におかれる警察は郷鎮巡警として都市部とは区別され団練をもとにした巡警がおかれている[16]。また、馬賊に対応するために偵探馬巡隊があった[17]。

辛亥革命後の変動を経て、袁世凱が政権を握った北洋政府時期の一九一二年八月八日づけの内務部官制によって警察行政の規格がきまった。各省には省会警察庁がおかれ、県には警察事務所（のちに警察所と改称）がおかれた。一九一五年七月三〇日づけの各省整頓警政辦法大綱によって、省全体の警察行政をとりまとめる警務処の設置がきまり、巡邏や取締の実務は警察庁・警察所が行い、省全体の制度整備や人事などを警務処が管轄することになった。奉天省では王永江が一九一六年に警務処長に就任して、奉天独自の制度整備が進むことになった[18]。この時期には補助警察機関としての保衛団が制度化されている。保境安民時期（一九二二－一九二四年）には清末に実施されていた保甲制度が復活し、全省保甲総辦公所が新設され、一九二三年一二月に警務処と合併された[19]。

一九二八年末の易幟以降は南京国民政府の制度の枠組みのなかで改変をうけ、遼寧省清郷総局組織規定（一九三〇年一月八日）にもとづき、省に清郷総局が設置され保甲総辦公所の機能をひきついだ[20]。

中国全体としての警察制度は、租界で実施されている制度や日本の制度などを参考にしながら、清朝政府、民国政府によって制度枠組みが作られていった[21]。それに加え、奉天ではその運用にあたり、都市郊外の馬賊・匪賊対策を意識した補助機関がつくられていった点が特徴である。これら保衛団や保甲総辦公所・清郷総局といった補助警察機関が清郷推進主体であった。

一九一六年六月の擬定清郷辦法総章によれば、奉天における盗賊対策として行う清郷の実施とは、盗賊討伐だけでなく、村落内に潜む盗賊を駆逐するために戸口清査を行う必要があるとしている。重点的に行う時期としては六月から一〇月で、この時期に限定して、奉天に督辦処を設け、各道尹を会辦、各県知事を坐辦として、清郷対象地区を区切り実施していくこととしている。夏場は植物が繁茂し、丈が高くなる高粱畑などでは姿を隠して活動することも可能であった。このため夏場は馬賊・匪賊が横行する時期とみなされていた。(22)

清郷の一環として行われる戸口清査は、警察機構を補助する保衛団によって担われた。戸口清査は戸籍調査というよりは、住民調査と考えた方が妥当である。各住戸に誰が住んでいるか、連坐册とよばれた台帳に記録をとっていった。連坐册には家、商家、寺廟単位で記入し、そこに住む人間の姓名、年齢、土着・客籍の別、職業、特記事項としてスキルの有無と知的水準、保衛団での役職が記録された。このような方法は連坐辦法とよばれた。(23)ここからわかることは一戸のなかに住むものが血縁関係にあるとは限らないという、当時の奉天の認識である。商店であれば、住み込みで働く店員たちも記録の対象であり、寺廟においては聖職者だけでなく、身を寄せているものが想定されている。そうであるからこそ、記録すべき事項としてその土地のものである（土着）のか、よそ者（客籍）であるのかが問われている。

一九二二年から始まる保境安民時期の警務処と保甲総辦公所の合併は清郷の強化が目的とされていた。この方針にもとづく警察行政を総括するものとして、『奉天全省警甲報告書』が一九二五年（民国一四年）一二月に出版されている。(24)また、一九二四年年頭からは週刊で『奉天警甲彙報』という警察・保甲関係者を読者として想定した雑誌が奉天全省警務処保甲総辦公所から発行されている。『奉天警甲彙報』は清郷の趣旨の説明といった教育目的の記事、各地の事件や指名手配など告知を目的とした記事、各県の現場からの投稿などから構成されている。以下にこれらの記事から清郷の現場を考察してみたい。(25)

警察と保甲の役割分担が「論警甲今後之急務」と題した記事に示されている。これによれば、警察の今後急務とするところは、戸口の引き抜き調査、巡邏の励行であり、演劇などの娯楽に興じることを禁じるとし、保甲は随時寄り合って会合をもち、清郷に励み游民を監視することとしている[26]。つまり保甲を担当する者は地域でメンバー同士が集まるようにし、地域の游民が犯罪行為などを行わないよう監視することが求められているのに対し、警察はパトロールを実施し、戸口の抜き打ち調査などを行うなどして、より厳格な存在としてあることが求められている。

また「白話清郷問答」と題した連載では読者に対する清郷の必要性を理解させようとしている。これによれば清郷には根本的な対処法と、緊急の対処法があるという。根本的な対処としては戸口調査が何よりも大事であるとしている。その理由は匪賊の根城を取り潰すことができるためである。また武器の所持調べを行うことで、馬賊への武器の供給を断つことができるとしている。さらに、何がよいか悪いかについて民衆への教育の必要を説いている。また工業化が進むこの時代においては、手に職をつけさせることで、自ら生きる糧を手に入れる能力を養うことができ、自然と匪賊が減少することを期待している。緊急の対処法としては、警察と保甲の厳格な運用による犯罪者への攻撃であり、庶民に不審者を報告させることであるとしている。不良行為がどのようなものかを教育し、不審者を疑い密告することを奨励している。その観点から人民の責任として戸口について通報すること、武器の私蔵を厳密に監視すること、家畜所有を報告すること、建築物を届け出ること、子弟に教育をほどこすことが挙げられている。これは直接不審者や不審行為を密告するだけでなく、馬賊の手に馬をはじめとした家畜がわたることを抑制し、根拠地となる不審な建築物を通報させることを意味している[27]。実際に、そのような実例を「説清郷互保連坐之益」と題した記事で紹介している。これによれば、一九二六年九月に東豊県二区守陽村住戸陳兆林の家に知らない人間がきて宿を求めた。ことを荒立てることを嫌って拒絶できなかったが、清郷法規を軽視できず、村長に告げた。その人物は農民でも商人でもなさそうで、行動が怪しいので、村長は放置せずに、保長に告げて捕まえるに至ったというものである。[28] このように清郷は在地社会内で相互監視を行うことで、游民を匪賊化させないこと、またよそ者への監視を行わせることがめざされていることがわかる。

南京国民政府時期になると、清郷の規定はより細かく決められていった。一九三〇年一月八日遼寧省政府公報第五号所載の「遼寧省清郷総局組織規定」によれば、省に清郷総局を設置し、省政府主席が局長を兼任、副局長は民政庁長と警務処長が担当した。[29] 県レベルでは、県清郷局をおき、県長が局長を兼任し、副局長には県公安局長があたった。県清郷局の業務には行政警察官四名から六名を採用した。[30]

その取締の対象とされたものもより明確に規定されている。「赤化及ひ反動の宣伝性を有するもの、安寧秩序を擾乱する虞あるもの、善良風俗を害する虞あるもの、其の他秘密に結社せるもの」とあげられており、共産主義者が清郷の対象となっている。[31]

さらに游民も「遼寧省清郷遊民取締暫行辧法」によって取締対象として明確な規定がされている。[32] 第四條によれば「袖手好閑にして正業に務めざる者、遊兵散勇にして正当の職業を有せざる者、誆騙詐欺其の行為悪徒と同じき者、党を結ひて横行強請を為す者、流蕩して帰する所なく親族の扶助後見を有せざる者、曾て刑事上の処分を受け改悛の望みなき者、阿片を吸飲し嗎琲を注射し曾て刑事上の処分を受け釈放後戒禁すること能はざる者」が游民としてあげられている。このような游民への対応として、第六條に「無職の遊民は教養工廠に送りて習芸せしむるべし其の習芸年限は県清郷局に於て之を定む」としている。また游民とみなされなくても、「寄留者にして若し職業及び財産を有せず、生活状態困難なる者は直に該県の貧民工廠或は慈善機関に送りて収容せしめ又は別に方法を設けて之を安定せしむべし」という規定があった。このような寄留者を洗い出すために、外来の寄留者に対して「原籍地及ひ職業財産、寄留の年月日、寄留地の職業財産、寄留者の人口、現在生活の状況、寄留地に於ける親戚の有無、寄留後に於ける刑事処分の有無、平素往来人中挙動不審者の有無、十家連坐編入の有無」の調査が課されていた[33]。

ここには、『東三省政略』において述べられていた、貧民に教育をほどこして、技術をつけさせることが効果的であるとする政策がより具体的な形で規定されている。この方法は一定程度の効果がありと認められていたと考えられる。「満洲国」になっても農村の治安維持対策も国民政府時期のものが踏襲されている。基本的には戸口調査を行い、約一〇戸で連坐制としており、保甲制度の形を変えたものといえる。そこからもれるものを寄留者とし、正業を持たない者を游民として、取締の対象とした[34]。

以上のように、奉天では流民・貧民・游民を地域社会の治安を乱す可能性のある存在として、それらを洗い出すことを意識していたことがわかる。それに対応する機構として警察がとらえられており、警務処による全省統括下で、保甲制をしくことで住民を把握していた。よそ者がいること自体は当然ではあるが、そのうち流民・貧民・游民といった定職を持たない、浮動層ともいうべき存在に対しては厳しい目を向けていた。しかし、彼らを取締り罰を加えるべき対象とは考えていなかった。むしろ、彼らに教養工廠などを通じて職業訓練をほどこすことで「工業進歩」の時代に適合させ定置することがめざされていた[35]。

三　同善堂と流民1 ――保護送還対象者の場合

前節では清郷をキーワードに地域社会のなかで浮動層がどう意識され、浮動層を洗い出す作業がどのように行われているのかを検討した。第十二章で整理していくが、同善堂は慈善事業のデパートともいうべき多くの部局を有している。そのなかで、浮動層を対象とした部局が棲流所・貧民収容所・貧民習芸所・教養工廠である。[36]

では棲流所・貧民収容所・貧民習芸所・教養工廠はどのような役割分担をしているのか、概要を見たあとに、各部局について考察を深めたい。この四つのうち最も古いものが棲流所である。奉天では本章の最初にあげた光緒一四（一八八八）年の水害の際に設置された。次に貧民習芸所が光緒三四（一九〇八）年一一月に完成している。教養工廠は宣統三（一九一一）年に、貧民収容所は民国になって早い時期から臨時に運営され、民国五（一九一六）年に同善堂が運営を引き受けている。さらにこの四者を大別すると、棲流所・貧民収容所は流入する貧民へのとりあえずの対応をする部局であり、貧民習芸所・教養工廠は浮動層への教育を目的としているものとなる。

（1）棲流所

まずは前者について検討していこう。棲流所は『大清会典則例』にも見られ、早い時期は北京、そののち中国全土に見られるようになっていく貧民救済施設をさす。[37] 棲流所自体は常設するものではなく、都市に貧民が多数見られる際に設置される臨時性のものであった。奉天の棲流所も労働需要が少なく、屋外に貧民を放置できない冬期の一〇月から三月までを開所期間として設定していた。光緒三二（一九〇六）年、夏秋の業務を行っていない時期にも貧民が街路に多数見られることから、棲流所が通年運営されることになった。しかし、ペストが流行した宣統二（一九一〇）年から二年間は開設せず、再開したのは民国元（一九一二）年一〇月である。[38] 再開したものの、維持経費がかさむなか、健康な収容者が多数いることから、収容者の整理が行われた。教養工廠に送られて技術教育を受けさせるほか、民国二（一九一三）年には収容者のうち二一三名を出身地へ送り返している。この時期に収容者は「老幼残廃」つまり、老人と子供および体の不自由な者を対象として通年運営が確定した。

民国五（一九一六）年になると王永江が警務処長として流民対策に関わるようになり、同善堂は貧民収容所の運営を任されることになった。このときに貧民収容所と棲流所との役割分担を明確にしていった。保護すべき身体的な弱者を棲流所に収容し、肉体労働が可能なものは貧民収容所に収容して雑役を課した。その結果、棲流所に収容される人数は報告書が網羅する一九二二年までを見ると次第に減少していることがわかる。表10－1「棲流所月別収容者数」はすみ分けが明確になってからの、棲流所の収容者動向である。全体の傾向としては、冬期に身を寄せるものが多く、屋外での仕事がみつかる夏には収容人数が減る。男女比では圧倒的に男性が多く、女性は多くても一割程度となっている。収容者数の男女合計をグラフにした図10－2「棲流所収容者数の推移」を見ると、民国一〇（一九二一）年の秋以降、民国一一（一九二二）年はそれまでの年に比べて収容者数が少ない(39)。なおこの減少を同善堂はその報告書において、軽作業をさせることによって収容者が帰郷資金を得る事ができるようにしたことによると述べている(40)。通年開所となった棲流所には一年以上を越える収容者もいた可能性がある。しかし帰郷資金を貯めさせることによって、これらの人々を帰すことが可能になったと考えられる。また棲流所であっても労働せずにはいられないことから無為に棲流所に逃げ込む貧民が減ったとも推測される。

（2）貧民収容所

貧民であっても、保護されるだけの存在であることは許されないとする方針を体現しているのが、貧民収容

表10-1　棲流所月別収容者数

1917年		人数	1918年		人数	1919年		人数	1920年		人数	1921年		人数	1922年		人数
1月	男	329	1月	男	266	1月	男	242	1月	男	190	1月	男	234	1月	男	69
	女	16		女	19		女	12		女	11		女	41		女	8
2月	男	275	2月	男	289	2月	男	321	2月	男	192	2月	男	301	2月	男	61
	女	14		女	13		女	12		女	13		女	38		女	8
3月	男	247	3月	男	254	3月	男	307	3月	男	154	3月	男	255	3月	男	70
	女	17		女	9		女	10		女	13		女	31		女	7
4月	男	127	4月	男	191	4月	男	235	4月	男	42	4月	男	44	4月	男	128
	女	9		女	9		女	7		女	16		女	26		女	7
5月	男	67	5月	男	77	5月	男	45	5月	男	19	5月	男	48	5月	男	84
	女	8		女	2		女	2		女	12		女	22		女	6
6月	男	54	6月	男	72	6月	男	42	6月	男	12	6月	男	51	6月	男	61
	女	5		女	5		女	3		女	11		女	19		女	6
7月	男	50	7月	男	58	7月	男	43	7月	男	12	7月	男	17	7月	男	49
	女	6		女	5		女	2		女	9		女	13		女	6
8月	男	44	8月	男	46	8月	男	44	8月	男	13	8月	男	24	8月	男	50
	女	6		女	4		女	2		女	8		女	6		女	7
9月	男	45	9月	男	41	9月	男	34	9月	男	15	9月	男	54	9月	男	51
	女	5		女	4		女	1		女	6		女	6		女	9
10月	男	46	10月	男	42	10月	男	34	10月	男	19	10月	男	55	10月	男	50
	女	5		女	5		女	1		女	5		女	5		女	8
11月	男	66	11月	男	53	11月	男	43	11月	男	116	11月	男	38	11月	男	34
	女	6		女	5		女	0		女	10		女	7		女	4
12月	男	211	12月	男	181	12月	男	112	12月	男	253	12月	男	75	12月	男	59
	女	12		女	12		女	0		女	49		女	9		女	7

『六七八年報告書』19-25頁『九十十一報告書』8-13頁より作成.

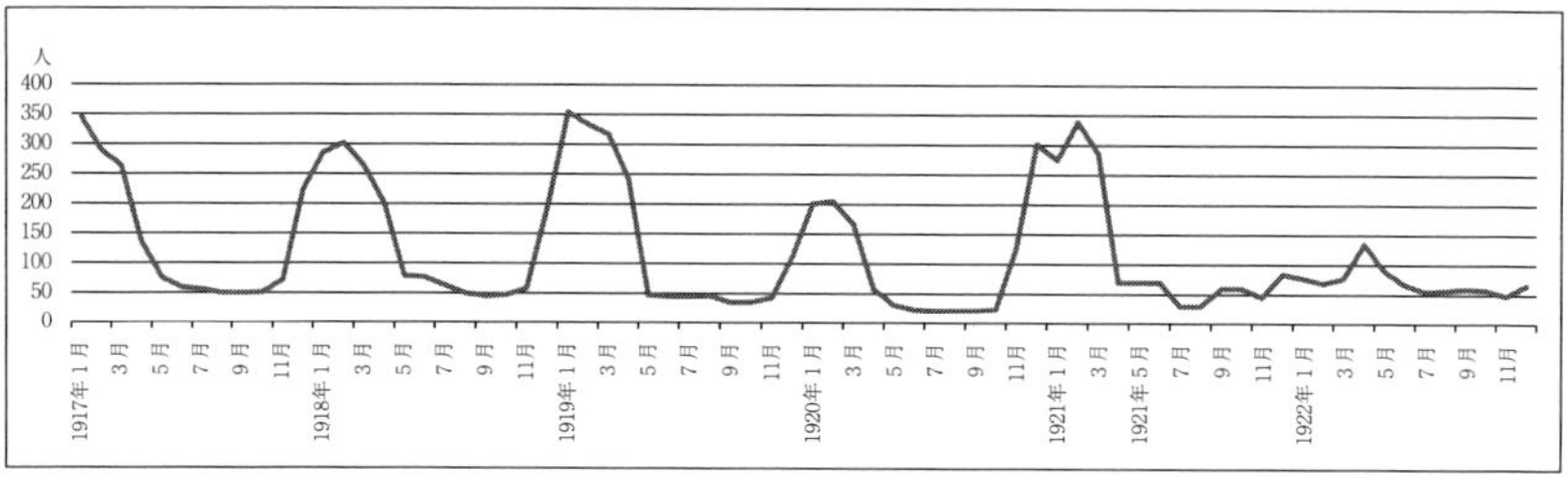

図10-2　棲流所収容者数の推移

表10-1より作成.

所といえる。貧民収容所は省会警察庁が資金を出し、臨時に開設していたもので、その開始年については明確ではない。民国五（一九一六）年に同善堂に運営を任せることになり、民国九（一九二〇）年には同善堂の組織に組み込まれることになった。貧民収容所は「精壮貧民」つまり体力のある者を受け入れ、収容者は警官制服の古着や帽子などの防寒具を与えられ、警察庁をはじめとした公共機関や公館での掃除夫として、清掃・除雪・汚穢処理などにあたった。毎日賃金として小洋一角五分（民国八年当時）算出され、これが収容中の食費の補填や、帰郷する際の旅費に充てられた。棲流所は通年開所であったが、貧民収容所は一〇月一五日開所、三月一日閉鎖とし、四〇〇人を上限としている(41)。開設期間中には収容される者もいるが、随時出所するものもいた(42)。これらは旅費が貯まったところで、随時帰郷させていたためと考えられる。貧民収容所の活動によって四、五千人を下らない者を救済してきたとしている(43)。数値のわかる範囲では民国五年末から八年三月までの間での収容者数は例年のべ四〇〇人前後となっている。貧民収容所に収容されていたとしても、秩序を乱すものについては教養工廠に送られた。遊び癖があり改めないものについては、収容所から出るべき時期である春以降も建築夫としてとめおき仕事を与えた。まじめに働く者にたいしては、収容者の班長として昇格させることや、収容者ではなく労働者として雇うという措置もとられた。さらに労賃に加えて金を与え出所後の生活の足しにさせた。また木瓦泥画などの職人技能のあるものは建築夫として毎月労賃を払った。彼らは建築科としてまとめられ、同善堂の施設や警察署の修繕を行った。土木作業の収入の六割は建築科、残りの四割は働いた貧民のものとした。この収入は同善堂の会計が預かっておき、一定の額が貯めればこれを元手に仕事を始めることもできた(44)。

自助努力を促し帰郷資金を作らせる貧民収容所のありようは、棲流所での軽作業労働導入に影響していると考えられる。貧民をただ救済するのではなく、依存させないしくみ作りが模索されていたといえる。

自助努力をさらに一歩すすめて、労働者の育成までもが意識されていたものとして、貧民習芸所と教養工廠を考えることができる。これらの存在は、光緒二八（一九〇二）年に北京に設置された教養局に淵源をたどることができる[45]。

四　同善堂と流民2 ――教育・矯正対象者の場合

（1）貧民習芸所

奉天の貧民習芸所は同善堂の活動のなかに含まれるが、省立とされる。習芸所という機構自体は光緒三一年七月北京で警察行政の改革下で京師習芸所が設置され、各省の模範となることが期待されていた[46]。実際に北京でのこの時期の警察行政にあたっていた徐世昌が光緒三四年時点には東三省総督であったから、奉天の貧民習芸所は北京での習芸所設置の影響を受けているといえる。北京などではそれまでの粥廠による貧民への炊き出しをやめて習芸所を開設する流れがあり、奉天もこれに倣って光緒三四年には粥廠を閉鎖して組織を改組し、夏七月から施設の建設を始め、一一月には貧民習芸所を開所している[47]。

創設時の規則では、貧民に対して生計手段を教育することを目的としており、建築科、皮革科、縫紉科、染工科、織工科、印刷科、木工科、銅鐵科の八つの科に分かれ、これらの技能の教育を行った。建築科と皮革科が三年、染工科と織工科が一年、それ以外は二年を修学期間とした。収容上限は三〇〇名で、一三歳から四〇歳までの体が丈夫で健康で阿片などの常習癖を持たないものを対象とし、志願書と保証人による保証書の提出が求められた(48)。

民国五（一九一六）年の一連の改革のなかで貧民習芸所も同善堂の運営するところとなった。当初の監督機関は警察庁であったが、民国六（一九一七）年からは財政庁管理下に移り本格的な改革が行われた(49)。当初、設立したものの業績があがらず、経費が削減され続け、さらには前所長の使途不明金等の問題を抱えていたが、民国六年に商品陳列所の商品の競売などによって資金を獲得し、運営は軌道にのるようになった。当時同善堂を調査した古家はこの一連の流れを王永江の采配によるものと推測している(50)。

民国一〇（一九二一）年に章程が修正されているが(51)、それによると、清末の時期とは違い、この時期の収容者は一五歳から二五歳で、二〇〇名定員とし、三年の修学期間としている。また文字が読めることも条件に加えられている(52)。教育分野も木科・漆科・皮科・織科・漂染科・絲科・毯科・帯科の八科になっており、建築関係が習芸所からはなくなっている(53)。技術指導以外の座学の時間もあり、同善堂を見学した古家には技術指導よりも「先ず修養を第一とし、次に利益を計ることとしている」ように見えていた(54)。貧民習芸所の卒業生は技師、職人として仕事を得ることができていたようである(55)。

（2）教養工廠

では、次に教養工廠について検討してみたい。教養工廠は游民や心がけの悪い家庭内の子弟への教育を目的として、宣統三年八月に同善堂内に設立された。この時期にペストが流行したため、棲流所が運営を停止していたことによりその経費が開設費用一四五〇両に充てられた。民国二年になると棲流所の再開もあり経費問題も生まれ再編が行われ、この時期には収容する游民は毎月平均一〇〇名以上をこえた。民国八年冬には清郷局からの游民を受け入れることになり、警察庁の附設機関としての省立教養工廠へと改組されたが、運営は依然

表10-2　教養工廠一覧

年	教養工廠設立県
民国7年	海龍・昌図
民国8年	海城・西豊・錦・復・荘河・法庫
民国9年	
民国10年	
民国11年	
民国12年	通化
民国13年	
民国14年	洮南
民国15年	遼陽・海城・東豊・西安・新民・寛甸・輯安・長白・義
民国16年	清原・柳河・桓仁・安東・台安
民国17年	通遼・臨江・興城
民国18年	岫岩・双山・梨樹・開通・遼源・懐徳・輝南・撫松・新賓・鳳城・錦西・北鎮・黒山・開原・鐵嶺・蓋平
民国19年	本渓

JC10-12480「民国20年6月30日　民政庁庁長陳文学呈　教養工廠一覧」より作成.

として同善堂が行った(56)。この省立教養工廠への改組は先に見た清郷の強化の一環でもあった。省立教養工廠章程には奉天のものだけでなく、省内に教養工廠を拡充することを述べている。それによれば、新設を求めるだけでなく、すでにある教養局や貧民習芸所の改組によって県立の教養工廠をある程度の人口の集まっている地域には設置することとしている。易幟後に再び教養工廠の全省規模での設立が促され、その結果、省内の多くの県に教養工廠がおかれたことがわかる（表10-2参照）。

教養工廠での教育内容は、設立当初は建築、雑芸、編織の三科からなったが、民国二年の再編のおりに技術教育が順調ではないことから、紡蔴、鞋底、洗濯、縫紉の四科に改められた(57)。省立教養工廠となった時点で習芸部と習労部にわけ、紡蔴、鞋底、洗濯の三科を習芸部とし、縫紉は洗濯科のなかに含め

表10-3　各科収容人数（人）

	靴底科	紡蔴科	洗濯科	織布科	窯業科	労働科	印刷科	総計
民国８年	48	38	44	――	――	0	――	130
民国９年	54	44	20	――	――	28	――	146
民国10年	56	46	24	――	――	34	――	160
民国11年	13	――	23	23	29	12	5	105

古家誠一『奉天同善堂調査報告書』105頁,『六七八年報告書』教養工廠26頁.

た。習労部は労働習慣を養成することを目的とし、公共機関や商店などでの労働に従事させせられた。宣統三年時点での建築労働に動員できる技術を教養工廠で教育するのは困難だったということがわかる。その結果、蔴糸から麻紐を作る紡蔴科や靴底作成を行う鞋底科、衣類の洗濯や縫製を行う洗濯科が中心となっていったのであろう[58]。民国一一年には織布科、窯業科、印刷科を増設している（表10-3参照）。これらの各科で行う作業によって作成された製品は販売され、その収益の二割は収容者が出所後の独立のための資金として渡された。また二割は技術指導を行う工廠の職員への慰労金とし、それ以外は予備資金とされた[59]。

では教養工廠に収容されたのはどのような人間であったのか。章程の規定によれば、游民、つまり遊び人、詐欺師、徒党を組んで地域社会を騒がす人間、放蕩者で身寄りのないもの、モルヒネを製造使用するもの、刑罰を受けたが改悛のないもの、とされている。まさに先に見た清郷の対象者である[60]。

教養工廠に収容された経緯は警察や清郷局によって送られてくる者が多数であったが、家族に入れられる、あるいは自ら希望する者も受け入れることになっていた[61]。警察によって決められている場合を除いて、最長六ヶ月を収容期間とし、出所の判断は教養工廠長に任された[62]。目安としては技能を身につけ、自分で生活できるようになると保釈として出所を許されて自由になれた。ただし出所についても警察から送られてきた者は一旦警察に戻された。またそうでないものも名前を警察に届け出ている[63]。出所にあたり、教養工廠は農業・工業・商業などの

表10-4　収容工徒の内訳（人）

	技術成り改悛せる者	馴良分を守る者	習勤耐労の者	愚鈍にして拙なる者	頑固にして怠惰者	傲慢不馴なる者
民国9年	196	78	52	18	12	6
民国10年	257	96	74	15	17	1
民国11年	241	72	45	12	11	1

古家誠一『奉天同善堂調査報告書』105頁.

現場や公共機関への就職斡旋も行っていた。また教養工廠に残り、指導員の補助などの仕事に就くこともできた(64)。

教養工廠の成果としては、貧民習芸所以上に修養や矯正が意識されていた。教養工廠はその事業報告において表10－4のように収容者を分類している。言い換えると、行いが改善されたかどうかや、游民としての怠惰な性状を変えることをこの施設の目的としていることがわかる。

このように見てくると、貧民習芸所は見込みのある者を、教養工廠は矯正が必要なものを対象として教育し、地域社会に返す機能を期待されていることがわかる。孤児院、棲流所、臨時の貧民収容施設などで見つかった意欲のあるものが貧民習芸所での教育を受けることができるのに対して、教養工廠はそれらの施設のなかで不良分子とみなされた者が送り込まれる場所であり、労役による矯正施設としての性格が強かった。このため前節でとりあげた『警甲彙報』には教養工廠からの逃亡者の手配が掲載されることもあった(65)。

五　小括

ここまで、棲流所・貧民収容所・貧民習芸所・教養工廠に絞って機能の違いを検討してきた。このほかにも貧民・游民を含む浮動層を扱った組織は存在した。一時的に同善堂内に作られたものとしては、省立嗎啡療養所もそのひとつである。民国八年六月に六ヶ月と限って省長の訓令によって設置がきまり、省経費で同善堂に運営が委託された。モルヒネ吸引の罪で捕まったものを毎月上限一五〇人（実際は五〇人さらに追加）収容して中毒を克服させるための療養所である。期限を三ヶ月延長し、民国九年三月にこの事業は終了した。収容期間中は棲流所の増築工事を行っていたので、その工事に収容者をつかっている。収容者は三七八人にのぼり、三二〇人が解毒に成功している(66)。

民国一〇年には病丐療養所が設置されている。これは棲流所の収容者のうち病気の者を収容するもので、療養所のおかげで棲流所内での病没者が減ったとしている(67)。游民の矯正と関連したものとしては、教養学校が同じく民国一〇年に設立されている。遊蕩にふける子弟の更生のために父兄からの寄付金によって教養工廠の敷地内に作られていた。教養工廠のような技能教育はない。ただしこれの収容者数は古家の参観した時点で四名ときわめて少ない(68)。

同善堂も関与しているが、さらに広い範囲からの寄付や援助に基づくものもあった。民国九年には直隷山東など華北五省で旱魃が発生した。この被災者対策には、旱災救済会が奉天で組織され、同善堂もこれに加わった。予定外の事態にたいし、義捐金を募る演劇を行って寄付を集め、棲流所の建物を臨時災民収容所として衣服食糧が提供された。救済会の統計によれば収容者数のピークは民国九年一二月で一二七〇六人を数えている。そしてここでも体力のあるものには労役を課し、学齢児童は貧民習芸所や孤児院に収容して手仕事を身につけさせているのである。この臨時収容所については、翌一〇年七月には閉鎖し、若干残った収容者は棲流所が引き受けた(69)。基本的にこれらの施設は、収容者に自立を促そうとする姿勢をみせており、無償の慈善事業ではないという姿勢が貫かれている。

さて、これらの施設が収容したのはどのような人々なのか、本章二節でとりあげた地域社会にとっての貧民・流民・游民の認識と照らしあわせながら考えたい。中国東北地域には大量の移民が流入していることは第三部冒頭で述べた。本章では主として一九二六年ごろまでの状況を扱っているが、この時期でも年間三〇万人程度の流入者がいる。ただし、その多くは出稼ぎ労働者で、彼らには仕事のあてがあった。これに対して、本章であつかった流民・貧民・游民とよばれる人々は仕事と呼べる物がない人々であり、出稼ぎ労働者とは違う存在と見なすことができる。流民は奉天には身寄りも生計の手段もない、支援を必要とする人々であった。貧民についても住むところも生計手段も持たないものであった。棲流所の設置経緯を見れば明らかなように、彼らは都市に流れ着き、路上生活者として目につく存在であり、そこから収容施設の必要が取りざたされていく者である。

これに対して、游民は正業を持たず、軽犯罪に手を染める存在であった。例えば、奉天省城の教養工廠の収容者の背景を知る史料は管見では見つけられていないが、奉天省内の重要都市である遼陽県が提出した教養工廠の収容者九四人の内訳を見ると、游民五四人・詐欺犯五人・未遂犯一八人・偽軍人八人・誘拐犯二人・嫌疑犯二人・賭博犯一人・欠債一人・逃亡者一人・監禁犯一人・殴犯一人となっている。(70)九四人中四〇人はさまざまな軽犯罪者であるが、残り五四人が游民である。そうであるからこそ全省で教養工廠の設置が計画され、清郷によって郷村までをも対象とし、洗い出された者を収容し、矯正する施設として位置づけられていた。

これらの社会不安を生み出す存在については、実は東北外からの移民よりも東北内、さらには地元の者の方が多い。遼陽の教養工廠収容者の籍貫を出身地とみなし、収容者の出身を地元遼陽、奉天省内（遼陽以外）、東北外とわけて分類すると、遼陽四八人、そのほかの奉天省内は二五人となる。(71)また東北外については合計二二人で内訳は山東一八人その他四人である。東北外からのよそ者が約四分の一程度しか含まれていない。また先にあげた同善堂内に設置された省立嗎啡療養所については出身地の内訳は表10－5のようになり、三七八人中二三九人が奉天省内の人間であった。嗎啡療養所は游民の定義に嗎啡の常習者が入っているように、游民に近しい社会不安を醸成する存在の矯正施設と位置づけられ、そこに収容される人々は自ら求めて収容された一一人をのぞき、すべて清郷および警察関係部局から回されてきた人々であった(72)。

これまでの研究動向として、中国東北地域の人間の管理については季節性出稼ぎ労働者である苦力に光が当てられてきた。実際にその数は大きく、「満洲国」期には関内からの不穏な分子を取り締まることも含めて、流入人口管理に日本側当局は腐心していた。しかし、ここまで見てきた流民・貧民・游民の存在を加味して考えると、東北地域社会の問題としては土地を離れて浮游する者を、治安を脅かす不穏な存在にしないことが重視されていたことがわかる。

鉄道によって東北外、あるいは後背地農村と繫がる奉天では、同善堂の諸部局で、このような存在を受け入れ、その資質にあわせて一時保護後の送還、実業教育後、矯正などの選択肢が用意されていた。

表10-5　嗎啡療養所収容者出身地

河北	92	奉天	110
山東	36	それ以外	129
華北計	128	奉天省内	239
山西	2	吉林	4
江蘇	1	東北計	243
陝西	1		
関内計	132		
不明	3		
合計			378

『六七八年報告書』省立嗎啡療養所17-32頁.

また農村では保甲事務所や清郷局を使い、住民調査を行いながら游民をあぶり出し、教養工廠に送り込んでいる。その際に、各戸にいる人間が外地の者であること、血縁関係者とは限らないことも想定されている。この点からは中国東北地域において、流動人口が商店や寺廟そして一般の農村家庭に吸収されていることがあたりまえと認識されていることもわかる。この清郷は国民政府時期になると共産党対策も加味されていくようになり、「満洲国」においてもこの方法が継承されている。

このような清郷政策と同善堂のあり方からは、民国期の中国側当局が人口の環流を当然のこととし、そのなかからこぼれ落ちて游民化するものを近代産業の労働者として定置しようとしていると見てとれる。次章では済良所をとりあげるが、ここでも収容された女性たちに奉天都市民としての居場所を提供する活動が行われているのである。

注

(1)『奉天通史』巻四六、大事記四六、清二〇徳宗三、一九丁(東北文史叢書版、一巻九六四頁)。
(2)『六七八年報告書』棲流所一頁。
(3) JC一〇-一二五七四「同善堂籌款開辦貧民棲流所及遣送貧民情形」(一九一二年一二月－一九一三年二月)。
(4) 同右。
(5) 池子華『中国近代流民(修訂版)』(社会科学文献出版社、二〇〇七年)四－六頁。
(6) 陳宝良『中国流氓史』(中国社会科学出版社、一九九三年)二一頁。
(7) 同右、五－六頁。宮脇賢之介「中国游民と農村社会」(『現代支那社会労働運動研究』平凡社、一九三二年)六二五頁。
(8)『東三省政略』では同善堂棲流所については貧民のために開設したと述べられているが、既見の同善堂の『六七八年報告書』『九十十一年報告書』には棲流所は流民を対象としていると述べられている。
(9)『東三省政略』巻六民政、奉天省三八丁「紀救助行政」(長白叢書版、上、九一九頁)原文は次のとおり。
蓋社会中有貧民、不惟有害於全体之幸福、且易構成犯之結果。故講求治理者、無不於此事兢兢焉。百年以前東西各国之従事於救助行政者、略如我国粥廠、養済院之制、或定期食、或設廠収養。其後游惰之民専恃救助為生活、貧民日益衆多、国家所設之救助機関較前加増倍蓰、尚不敷用。政治家知飽煖逸居之為害滋大、始幡然変計、改良救助方法、使従事於労動工作。既力矯其游惰之性、又曲成其一技之長。
(10) 吉澤誠一郎『天津の近代』(名古屋大学出版会、二〇〇二年)一二八－一三四頁。
(11) 石濱の整理によれば、清郷とは郷鎮の匪賊を排除して郷鎮を清掃し治安を回復することであるとし、この一般的意味における匪賊の掃蕩を目的とした活動と説明されている。民国初期の清郷督辦処、国民政府の清郷局がこの機能を担った。石濱知行『清郷地区』(中央公論社、一九四四年)四二頁。

(12)何文平「清末広東的盗匪問與政府清郷」(『中山大学学報(社会科学版)』二〇〇八年第一期)九五頁。
(13)南満洲鉄道総務部事務局調査課『南満地方支那警察制度』(一九一八年)三八―三九頁。
(14)同右、三一四頁。
(15)『東三省政略』巻六民政、奉天省七八丁「紀内城巡警」(長白叢書版、上、九三九頁)。
(16)同右、八六丁「紀郷鎮巡警」(長白叢書版、上、九四三頁)。
(17)同右、九〇丁「附偵探馬巡隊規則」(長白叢書版、上、九四五頁)。
(18)王永江は一九一六年一一月奉天全省警務処長兼省会警察庁長に抜擢され、それまでの警察行政を任されていた湯玉麟のやり方を改革し、現場の風紀を厳しく取り締まった。澁谷由里『馬賊で見る「満洲」』(講談社メチエ、二〇〇四年)一一九―一二〇頁参照。
(19)「奉天全省警務処兼保甲総辦公所辦事規則」『奉天全省警甲報告書』巻上第一編章則類、一―三頁。
(20)南満洲鉄道調査課『東北五省区地方法令』一九三一年、五七―五八頁。
(21)韓延龍・蘇亦工等著『中国近代警察史』(社会科学文献出版社、二〇〇〇年)三一―三三頁。
(22)前掲、『南満地方支那警察制度』三一四―三一五頁。
(23)同右、一七〇―一七一頁。
(24)奉天全省警務処保甲総辦公所『奉天全省警甲報告書』一九二五年。
(25)「警甲彙報簡章」(『奉天全省警甲報告書』巻上第一編章則類、一六―一八頁)「張総司令為警甲彙報発刊訓詞」(『奉天全省警甲報告書』巻下第四編雑録類、一頁)。
(26)警察今後之所急…抽査戸口励行巡邏厳禁雑要…、保甲今後之所急…随時会哨鋭意清郷監視游民「論警甲今後之急務」(『奉天警甲彙報』三七号、一九二四年九月一四日)。
(27)専件「白話清郷問答」(『奉天警甲彙報』連載一六四号―一八五号[一九二七年二月二〇日から七月一七日]ただし一六四、一七一、一七二、一七五、一七六、一八四欠号)。根を断つ方法として「第一要清査戸口　戸口査得清　就能清胡匪的窩巣　第二要査槍械子弾　槍械子弾要査清　就能断胡匪的接済　第三要講求教育　人民受過教育　就能知道好壊　不肯作那違法事情　第四要注重工芸　現在是工業進歩時代只要有一点手芸　就可以謀生　能夠知道自食其力　為匪的自然少了。」また救急の法として「救急的法子：第一是督飭警甲厳拿　出力去打　第二是使人民報告…」をあげ、連坐の有効性を訴える。人民の責任として以下のような項目をあげる。「陳報戸口」、「同結監査的責任」、「監査私槍」、「報領牲畜執照的責任」、「呈報建築教育子弟」。ただし第六項目は欠号につき不明。

(28)「説清郷互保連坐之益」(『奉天警甲彙報』一五一号〔一九二六年一一月二一日〕)。

(29)前掲、満鉄調査課『東北五省区地方法令』五七―五八頁。

(30)「遼寧省県清郷局組織規定」一九三〇年一月八日遼寧省政府公報第五号所載(前掲『東北五省区地方法令』五九―六〇頁)。

(31)「遼寧省不正当団体取締辦法」一九三〇年一月一五日遼寧省政府公報一二号所載(前掲『東北五省区地方法令』一八一―一八七頁)。

(32)「遼寧省清郷遊民取締暫行辦法」一九三〇年一月一五日遼寧省政府公報一二号所載(前掲『東北五省区地方法令』一八八―一八九頁)。

(33)同右。

(34)「奉天省清郷互保連坐辦法」一九三三年三月(南満洲鉄道経済調査会『満洲労働統制方策』一九三五年、六八〇―六八一頁)。

(35)吉澤は天津の習芸所をとりあげ、その治安維持的機能を評価している。前掲吉澤誠一郎『天津の近代』二二七―二三四頁)。また衛藤安奈は習芸所の位置づけを富国強兵をめざす動きの中に位置づけている。衛藤安奈「国家権力と流動人口――清末民初の乞食管理問題にみる国家権力、管理、「公共空間(圏)」」(小嶋華津子・島田美和編著『中国の公共性と国家権力――その歴史と現在』慶應義塾大学出版会、二〇一七年、一五一―三四頁)。

(36)身寄りのないものを対象とする点では済良所と孤児院も浮動層対策を行っているともいえる。済良所については次章で詳細に検討する。孤児院についても次章で簡単に言及したい。

(37)官修『大清会典則例』巻一四九都察院五には北京における棲流所の設置事例があげられている。

(38)『六七八年報告書』同善棲流所一頁。ただし同書の同善堂沿革表には一〇月一日から四ヶ月間が開所期間とされている。

(39)とはいえ第三部冒頭にあげた人口動態から考えると、華北から東北への流入傾向はこの報告書が網羅した一九二一年よりも後の一九二四年以降に急増しており、棲流所としても切実な状況に追い込まれたと考えられる。

(40)軽作業による貯蓄については、民国八年一二月の章程には記載がないが、民国一一年に出された修正章程には「工作(仕事)」の項目が追加され、壁土の材料であるスサの作成などの軽作業を行い、その労賃を同善堂が貯蓄しておき帰郷費用に充てるとされている。以下参照、『九十一一年報告書』本部一一頁「各部沿革」、同善棲流所一―七頁「沿革」「章程」。古家誠一『奉天同善堂調査報告書』(南満洲鉄道株式会社庶務部社会課、一九二七年)三七頁。

(41) 実際には、三月になっても寒さが厳しい場合には閉鎖時期を遅らすこともあった。『六七八年報告書』附属収容所一八頁。
(42) 『六七八年報告書』附属収容所一七頁「成績」。
(43) 同右、附属収容所一頁「沿革」。
(44) 同右、附属収容所九―一一頁「章程」。
(45) 前掲、吉澤誠一郎『天津の近代』二二八頁。
(46) 前掲、『中国近代警察史』上、六七頁。
(47) 『東三省政略』巻六民政、奉天四〇丁「附奏陳設立貧民習芸所曁籌撥開辦常年経費摺」（長白叢書版、上、九二〇頁）。
(48) 同右、三八丁「紀救助行政」（長白叢書版、上、九一九頁）、四一丁「貧民習芸所規則」（長白叢書版、上、九二二頁）。
(49) 『九十一年報告書』本部一三頁「各部沿革」。
(50) 前掲、古家誠一『奉天同善堂調査報告書』一〇七―一〇八頁。
(51) 『九十一年報告書』一三頁各部沿革。
(52) 前掲、古家誠一『奉天同善堂調査報告書』一一〇頁。
(53) 同右、一一二頁。
(54) 同右、一〇九頁。
(55) 同右、一〇九頁。
(56) 『六七八年報告書』附属省立教養工廠　一―二頁「沿革」。
(57) 同右、一―二頁「沿革」。
(58) 同右、二五頁「設科」。
(59) 同右、一一頁「章程」二七條。前掲古家誠一『奉天同善堂調査報告書』一〇一頁。
(60) 同右、八頁「章程」一二條。
(61) 同右、一八頁「章程　細則」四二條
(62) 前掲、古家誠一『奉天同善堂調査報告書』一〇二頁。
(63) 『六七八年報告書』附属省立教養工廠一八頁「章程　細則」四二條。
(64) 同右、九頁「章程」一七條。
(65) 『奉天警甲彙報』一八九号［一九二七年七月三一日］要聞「輯安県教養工廠潜逃盗犯」には輯安県教養工廠の学徒が六

月一八日早朝三時大雨に乗じて逃亡という記事が出ている。
(66)『六七八年報告書』附属嗎啡療養所　沿革。
(67)『九十十一年報告書』同善棲流所　沿革。
(68)前掲、古家誠一『奉天同善堂調査報告書』一〇六―一〇七頁。
(69)同右、一一四―一一五頁。
(70)ＪＣ一〇‐一二四七六「遼陽県政府造送教養工廠民国一九年二份芸徒花名清册」。
(71)同右。このリストにある彼らの籍貫は遼寧三人・遼陽四八人・遼中一人・東豊一人・綏中一人・本渓一人・海城一〇人・蓋平一人・営口二人・山東一八人・山西一人・北平一人・河北二人・高橋一人・西豊一人・西安一人・花家堡子一人と地元の遼陽が約半数を占めている。東北への移民を送り出している華北からは山東が最も多く一八人、それ以外は四人となっている。高橋・花家堡子ついては県以下のレベルの地名であるためどこをさすのかが不明だが、これをのぞいた残り二四人も奉天省内である。
(72)『六七八年報告書』省立嗎啡療養所一七―三二頁。

第十一章　同善堂に集まる女たち
――移民社会における済良所の役割

一　済良所の記録

民国一五年八月一五日第二区警察署に楊宇霆の公邸から一本の電話があった。電話をしてきた管事は楊宇霆の指示で電話しているという。先の吉林督軍鮑貴卿の長男の鮑伯英が小間使いの少女を虐待しており、とうとうその少女を娼窟に売り飛ばしてしまった。楊宇霆としては救出してやりたいのだという。そこで警察署が巡官を派遣して調べたところ、満鉄附属地にある艶楽書館という妓館に小洋九百元で売り飛ばされてしまったことが判明した。七百元を鮑伯英がとり、仲介人で残りの二百元をわけたという。満鉄附属地の妓館であるために、身分を隠した便衣人を派遣して買い戻した。

調書によれば、この少女は名を王小鳳、一三歳で北京人、家が貧しく、祖母によって現大洋百元で鮑家に下女（婢女）として売られたという。幼いために機敏な働きができないと鮑家の太太（奥方）に虐待を受けていた。数日前、夜間に洗濯をいいつけられて、その量の多さに終りそうにないので、夜が明けてからさせてくださいとお願いしたところ、太太（奥方）の怒りに触れて満鉄奉天駅の娼窟に売られてしまったという。

買い戻す費用は楊宇霆が出し、仲介した者たちには厳重注意をあたえ、再度行った場合には懲罰を下すことを伝えた。少女は済良所に引き取られ、成人まで済良所が保護し、成人後にしかるべき道を歩ませることとなった。

この記録は済良所を統括する奉天同善堂の堂長から奉天省公署に対して提出されたものである。済良所は女性が無理強いされて娼婦や妓女として働かされることから救済することを目的とした施設である。(1)

この調書には人名事典にその名を残す、東北史では比較的著名な人物が登場する。その一人楊宇霆は東三省兵工廠の責任者として奉天軍にとって重要な地位にあったが、易幟に反対するなど張学良との対立のなか一九二九年一月に排除され命を落とす人物である。(2) 鮑伯英の父鮑貴卿は袁世凱の指揮する新軍に所属し、一九一七年から張作霖の東北軍に参加した。一九一九年七月から一九二一年三月まで吉林督軍を務めており(3)、檔案でも前吉林督軍という肩書を示されている。ただし第一次奉直戦争後に軍を辞めている。その後は東省鉄路督辦や故宮博物院管理委員会委員などを務め、一九二八年に張作霖が北京を退く際に、天津で隠居生活に入っている。この事件の時期には第一線を退いている鮑貴卿の子息と、逆に日の昇る勢いであった楊宇霆との間のやりとりという点で、楊宇霆によって鮑伯英の不名誉がさらされたこの件には、何らかのトラブルが存在するかもしれない。

とはいえ、それは本章の焦点ではなく、注目すべきは娼窟に売られてしまった少女王小鳳である。奉天同善堂が奉天省公署に提出した檔案にはたくさんの女性の身の上が記録されている。奉天同善堂に関する案巻数七〇のうち一〇の案巻に済良所が受け入れた女性の調書が残されている。(4) 王小鳳の事例もそのひとつである。これらの調書には王小鳳のような身の上の女性が少なからず登場する。不本意に他所から奉天に流れつき、身寄りのないなか、人身売買の対象となり、奉天同善堂の済良所に保護された女性たちである。彼女たちの多くは関内からやってきた。本章ではこのような女性たちを追うことで、奉天に流入した移民のうちの女性のとある典型を明らかにする。

東北地域は大量の移民を受け入れたが、これまでの研究でとりあげられてきたのは、労働移民であった。東北では近代化の過程で労働需要が高まり、他方関内は人口過剰となって、東北への労働者の流入が見られた。ただし、そこで見られる労働者とは鉄道・港湾・工場・鉱山・建築現場などで、そのほとんどは男性であった。商店員として出稼ぎに来ているものも実家に家族を残している場合がほとんどで、老後は故郷に帰ることになっていた。また家族をあげての移住のケースもあるにはある。そこには女性が伴われている事例をみることができる。しかし、女性移民についての専論は十分ではない(5)。このようななかで済良所に受け入れられた女性たちの調書は関内から奉天にたどりつく身の上を語っており、女性移民史の空白をいささかなりとも埋めてくれる貴重な記録なのである。

二　済良所の概要

済良所は現代的な表現をすると女性のシェルターである。妓楼での虐待暴行を受けた妓女、家庭内でのドメスティックバイオレンスにさらされた妻妾・下女、騙されて身を売られた女性たちを保護する施設である。女性を保護する施設は中国の慈善事業には散見され、節義堂などの事例がこれまでの研究にもとりあげられている。近代以前の女性保護施設は、保護した女性の貞操を守ることを目的としており、一旦収容されると、そこ

図11-1　済良所の女性たち
東洋文庫所蔵『六七八年報告書』口絵より

を出て再婚することは叶わず、男性との接触を防ぐ機能を持っていた。これに対して、奉天の済良所の大きな違いは、収容した女性に教育をほどこし、ふさわしい男性との結婚を仲立ちする点である。この違いについては本章の最後に検討したい。済良所をとりあげた研究は中国で近年見られるようになってきた。張秀麗『民国北京婢女問題研究』は婢女に焦点をあてるが、先の王小鳳のように済良所の事業には婢女の救済も含まれることから北京の済良所についても論じている(6)。

済良所の成立がいつか、については史料による異同があり、光緒三四（一九〇八）年と光緒二四（一八九八）年の二つの年代がある。このうち同善堂の『九十十一年報告書』の本文に光緒二四年と書かれ、これをもとに書かれたと思われる古家誠一の『奉天同善堂調査報告書』でも光緒二四年が採用され、満洲国期に作成された『奉天市同善堂要覧』も光緒二四年説をとる。同善堂自身の編纂した報告書や要覧が光緒二四年説をとるために、光緒二四年とされた史料の方が多いのだが、実際には光緒三四年が妥当だと考えられる。『六七八年報告書』「奉天同善堂沿革一覧表」が光緒三四年をとっており、『九十十一年報告書』でも「同善堂本部及各部沿革表」では光緒三四年と記載している。また済良所が設立された時期の同時代史料である『東三省政略』民政の奉天省の部に「紀籌辦済良所」として済良所の設置計画を説明している。これらの史料群から見て、おそらく

『六七八年報告書』からの転載時の誤写がそれ以降の文書に残されたと考えられる。『東三省政略』「紀籌辦済良所」は以下のようにいう。

奉天省城の内外に妓女が散居していたが、それは奸邪なだけでなく悪の道にも染まりやすい。その予防や管理調整は難しい。そのうえ良い人間との区別もつかず、手当たり次第となって限りがない。風俗と人心の患いとなっている。将軍趙爾巽が先に西門外に平康里を設け、数百間の建物をたて、娼妓を一ヶ所に集住させ、雑居の問題はなくなり、検査もやりやすくなり、これぞ誠に良法である。しかるに三〇〇の妓院はここに禍を生む端緒となっている。其の中でも淫佚に耽り救うに堪えない者はもとより多いが、事情に迫られ、いかんともしがたく、脱籍を求めてもできない者は不憫である。ここに奉天済良所の創設を命じる。妓女で売春を望まない者はみな妓院に強迫されて良に従えなくなっているだけである。また来歴不明でさまざまな困窮を抱えて告げる先もないものはみな均しく調査して明らかにし、教養をおさめさせる。しかるべきところに引き取られた場合は、その生活費を出してもらい、下賤の身から善良なる者とさせ、風俗文化の維持の責任を果たすものとする。(7)

つまり、都市奉天の風紀の維持のために、妓女・娼妓についても集住させ管理したが、妓女・娼妓であることを望まず無理強いされているものを救済するために済良所の設立を準備しているというのである。

次に『六七八年報告書』には計画がどのように具体化されたかについて書かれている。光緒三四年に士紳呂玉書らが督撫に上申し事業が始まった。士紳たちが創業準備資金として二〇〇〇元を負担することになったが、翌年宣統元年にはまだ金額がそろわず、正式には開所することができなかった。民政司使（民政司次官）の張が同善堂に経費毎年銀一五〇〇両を準備させ同善堂の兼営とすることになり、同年九月には章程を起草し開業が許された。宣統三年には妓女らの教育のために校舎を建築し、臨時教育章程が作成され、女性の管理員が教育も兼任することとなり、八月に開学した。

『東三省政略』に設立の準備が行われていることが書かれていること、稟によって督撫に開設を申請していることなどから、当初から完全な民間主導で準備されたものではなく、奉天省政府の意向を受けて民間が準備したと考えられる。ただし、資金の限界もあり結局は同善堂に請け負わせることが決定されている。後に、家庭内での暴力からの避難者も受け入れるようになるが、計画当初の予定は妓女・娼妓が対象であった。逃亡してきた妓女・娼妓に教育をほどこし、しかるべきところに娶らせるというのはこの後も続く済良所の基本方針である。組織は同善堂全体で改革が行われた民国五年以降、済良所でも組織の拡充がなされている。まず、実情にあわせて三六条からなる章程を作成し、民国八年には警察庁に提出している。籌辦の段階では明示されていなかった婢や妾といった家庭内から逃げてきた者も収容対象となっている(8)。また民国六年、八年、一一年とたびたび教育内容の充実が図られ章程に反映されている。ただし、基本的な運営方針の変更はない(9)。民国一九年の同善堂の救済院への改組にあたって一旦章程も変更されたが、満洲国期にはそれ以前の形に戻されている(10)。

三　済良所の事業

当初は妓女を救済することから始まった済良所であるが、現実に即して規定された受け入れ対象は以下のようになる。

虐待を受けた妓女あるいは、無理強いされて自由を奪われ、司法官庁や各県から送られて来たもの。誘拐され逃げてきた娼・優・婢・妾、一般家庭の婦女で行政官庁や警察署に保護されたもの。帰る家のないもの。娼妓となることを拒んで自らやってきたもの。家庭内の不和によって夫あるいは父親に追い出されるなど特別な事情があり、親族の保証を得て済良所に送られてきたもの[11]。

つまり妓院内で虐待をはじめとした不当な扱いにあっているもの、家庭内でのドメスティックバイオレンスの被害者となっている妻妾や婢、誘拐の被害者などで、妓女や婢の生活それ自体も不自由を強いられるものではあったが、それ以上の問題を抱えている女性たちである。ひるがえって妓女や婢がその所属する場所で正当な扱いを受けていると判断される者は対象外となっている。済良所を実際に見学した古家は彼女たちの印象を次のようにいう。「彼女達はその境遇上生気なく陰鬱な顔を並べている」[12]と。

収容者は自ら済良所に救いを求めてやってくるケースもあったが、それ以上に官庁、地方の県公署、奉天の警察庁およびその下の警務分処、地方検察庁・高等検察庁、時には婦孺救済会から済良所に送られてきた。彼女たちは官庁に訴え出た、あるいは保護された者で、それまでいた場所との間に借金関係などがあることも少なくなかった。このため、収容された女性は、一旦は、訴訟問題が発生し、審判を経なければならないかどうか、また返すべき身元があるかどうかなどの調査の結果を待つ身の上だった（表11－1済良所収容者一覧）。また自ら「駆け込んで」きた者であっても、訴訟問題が発生するケースがあるため、官庁に届け出をだした[13]。

調査の結果、収容者のかかえた借金が妥当など、逃げ出された側に理がある場合については、警察庁や検察庁を通じて元の妓楼に戻されることもあった。また親族がはっきりし、引き取りを認めた場合は、親族のもとに帰されることもあった。このような一時預かりのケース以外の身寄りのない女性については、済良所が「択

表11-1　済良所収容者一覧

No	名前	入所年齢	年齢	出身省	入所時期	入所経緯	入所後	出所時期	滞在時間	記載資料	備考
1	小寇子	6	17	山東	19111024	瀋陽地方検察庁	病没	19200330	8年	②	①にない
2	恵小	10	18	奉天	19130615	高等検察庁	肺病没	19210506	7年	①②	
3	経小喜	12	18	江蘇	19150724	警察庁	魏化民の妾	19211108	6年	①②	
4	龐小鳳	11	17	山東	19160414	奉天高等検察庁	鄭余九の妾	19220610	6年	①②	①では入所19160420
5	陳徳	13	18	直隷	19160710	警察庁	劉鑄厳の妾	19210718	5年	①②	
6	毛小鳳	10	16	山東	19160720	警察庁	択配待ち		6年	①②	
7	紀小春	14	20	奉天	19161001	警察庁	莫振亜の妾	19220605	5年	①②	
8	玉琴	23	24	山東	19170115	自分	張佐青の妻	19180126	1年	①	
9	小桂	13	18	山東	19170212	自分	択配待ち		5年	①②	
10	孟小銀子	13	18	直隷	19170213	警察庁	択配待ち		5年	①②	①では入所19170212
11	鳳蘭	23	23	直隷	19170529	自分	何海山の妻	19170920	4ヶ月弱	①	
12	筱琴	25	26	江蘇	19170615	自分	白崇山の妻	19180128	7ヶ月強	①	
13	金鈴	15	18	山東	19170704	西豊県	費雨臣の妻	19200208	2年強	①②	①では夫は黄姓
14	陳小蘭	19	19	江蘇	19170716	営口県	王崙璞の妻	19170816	1ヶ月	①	
15	李桂芬	18	18	直隷	19170731	自分	瀋陽地方検察庁へ	19171225	5ヶ月弱	①	
16	陳金鳳	16	17	奉天	19170805	警察庁	警察庁へ	19180529	9ヶ月強	①	
17	劉金鳳	16	17	奉天	19170805	警察庁	警察庁へ	19180519	9ヶ月強	①	
18	李金喜	16	17	直隷	19170805	警察庁	警察庁へ	19180204	6ヶ月弱	①	
19	寶紅	16	17	江蘇	19170805	警察庁	警察庁へ	19180323	7ヶ月強	①	
20	金玉娥	15	16	奉天	19170805	警察庁	警察庁へ	19171116	3ヶ月強	①	
21	白玉娥	15	16	江蘇	19170805	警察庁	警察庁へ	19180315	7ヶ月強	①	
22	韓紅喜	16	17	直隷	19170805	警察庁	警察庁へ	19180325	7ヶ月強	①	
23	劉玉喜	13	14	奉天	19170805	警察庁	方良の妻	19190318	1年と7ヶ月強	①	
24	劉紅寶	17	17	直隷	19170805	警察庁	警察庁へ	19171025	2ヶ月強	①	
25	商玉喜	19	20	江蘇	19170805	警察庁	警察庁へ	19180329	7ヶ月強	①	
26	宋桂芬	16	17	直隷	19170805	警察庁	警察庁へ	19170311		①	出所日が入所日より前のため誤記の可能性
27	姚蘭芬	28	28	江蘇	19170807	警察庁	関鏞の妻	19170826	1ヶ月弱	①	
28	汲月秋	18	19	直隷	19170816	自分	呂慶山の妾	19180122	5ヶ月強	①	
29	劉玉紅	21	22	湖北	19170816	警察庁	金伯簡の妾	19181016	1年と2ヶ月	①	
30	蔡阿金	17	17	江蘇	19170820	警察庁	警察庁へ	19171108	2ヶ月強	①	
31	周小妹	16	16	江蘇	19170822	警察庁	警察庁へ	19171108	2ヶ月強	①	
32	張雅鈴	16	17	奉天	19170827	自分	蕭維新の妾	19180124	6ヶ月弱	①	
33	于陳氏	22	22	浙江	19170904	警察庁	警察庁へ	19171108	2ヶ月強	①	
34	于阿保	15	15	浙江	19170904	警察庁	警察庁へ	19171108	2ヶ月強	①	
35	張寶仙	20	20	江蘇	19170907	自分	孫霖の妾	19171030	2ヶ月弱	①	
36	張翠卿	23	24	直隷	19170925	自分	張鳳祥の妻	19180729	10ヶ月強	①	
37	王翠鈴	28	19	直隷	19170927	警察庁	宮培業の妻	19181226	1年と3ヶ月弱	①	
38	康王氏	23	24	河南	19170927	瀋陽地方検察庁	王徳奎の妻	19170213		①	出所日が入所日より前のため誤記の可能性
39	全黄氏	21	21	四川	19171005	検察庁	救済婦孺分会へ	19170121		①	出所日が入所日より前のため誤記の可能性
40	趙徳寶	18	19	江蘇	19171024	警察庁	曹善元の妾	19180617	8ヶ月弱	①	
41	馮廉氏	21	22	山東	19171118	営口県	高士俊の妻	19180119	2ヶ月強	①	

42	楊月秋	13	18	山東	19171118	営口県	王守鴻の妻	19221210	5 年弱	①②	
43	王翠芬	20	20	奉天	19171119	自分	警察庁へ	19171123	4 日	①	
44	蔣翠瓏	13	18	山東	19171123	自分	択配待ち		4 年	①②	
45	張佩貞	20	20	江蘇	19171218	自分	警察庁へ	19171224	6 日	①	
46	金喜	21	21	奉天	19180105	自分	警察庁へ	19180112	7 日	①	
47	蘇梁氏	38	38	直隷	19180107	警察庁	警察庁へ	19180121	14日	①	
48	楊蘭英	24	24	直隷	19180109	瀋陽地方検察庁	于景軒の妾	19180710	6 ヶ月強	①	
49	翠紅 1	23	23	直隷	19180226	自分	董星齋の妻	19180829	6 ヶ月強	①	
50	王金鳳	14	18	直隷	19180206	奉天高等検察庁	血枯病没	19220418	4 年強	①②	
51	王金榮	12	16	直隷	19180206	奉天高等検察庁	未成年		4 年	①②	
52	高喜鳳	17	18	直隷	19180211	自分	田成芳の妻	19190517	1 年と 3 ヶ月強	①	
53	王彩玉	20	20	江蘇	19180221	自分	警察庁へ	19180226	5 日	①	
54	常紅寶	29	29	浙江	19180224	本渓県	救済会	19180417	2 ヶ月弱	①	
55	連舫	20	20	江蘇	19180329	救済婦孺分会	救済会	19180417	19日	①	
56	呉秀普	19	19	奉天	19180329	自分	即時家へ	19180329	当日	①	
57	任羅氏	25	25	奉天	19180330	自分	瀋陽地方検察庁から原籍へ	19190508	1 ヶ月強	①	
58	趙劉氏	33	33	山東	19180406	地方検察庁	胞兄ひきとり	19180509	1 ヶ月強	①	
59	李小蒠	15	16	江蘇	19180409	警察庁	宮培貰の妻	19191217	1 年と 8 ヶ月	①	
60	于金玉	23	23	直隷	19180419	警察庁	陳漢廷の妻	19180615	2 ヶ月弱	①	
61	筱紅	19	19	江蘇	19180422	救済分会	救済会に南へ帰らせる	19180501	9 日	①	
62	韓王氏	18	18	直隷	19180515	瀋陽検察庁	邱永貴の妻	19180717	2 ヶ月強	①	
63	段寶順	21	22	奉天	19180602	警察庁	瀋陽地方審判庁によって原籍へ	19180508	11ヶ月強	①	
64	劉孟氏	20	21	山東	19180612	営口県	李春富の妻	19190121	7 ヶ月強	①	
65	楊雅仙	18	18	奉天	19180625	自分	警察庁へ	19180628	3 日	①	
66	寶鳳	29	29	直隷	19180706	自分	警察庁へ	19180709	3 日	①	
67	桂蘭	25	25	奉天	19180715	高等検察庁	屈可擧の妻	19180903	2 ヶ月弱	①	
68	趙筱鳳	19	19	奉天	19180815	自分	警察庁へ	19180820	5 日	①	
69	于成芝	22	22	直隷	19180819	自分	警察庁へ	19180907	1 ヶ月弱	①	
70	金寶 1	25	25	江蘇	19180914	自分	警察庁へ	19180921	7 日	①	
71	高小福	16	16	直隷	19181008	自分	警察庁へ	19181013	5 日	①	
72	張玉琴	20	20	奉天	19180930	自分	警察庁へ	19181006	6 日	①	
73	喜連	19	19	江蘇	19181023	自分	宋寶和の妻	19181127	1 ヶ月強	①	
74	趙香雲	16	16	浙江	19181027	自分	警察庁へ	19181105	9 日	①	
75	李小香	9	12	奉天	19181112	警察庁	病没	19210606	2 年と 6 ヶ月強	①②	
76	玉喜	25	25	直隷	19181116	瀋陽警察事務所	警察庁へ	19181120	4 日	①	
77	秀卿	24	24	直隷	19181117	自分	警察庁へ	19181123	6 日	①	
78	順喜	20	21	江蘇	19181201	自分	張振邦の妻	19190120	1 ヶ月強	①	
79	金紅	19	19	江蘇	19181202	自分	警察庁へ	19181209	5 日	①	
80	李玉紅	20	20	関東州	19181203	警察庁	警察庁へ	19181223	20日	①	
81	桂紅	18	19	直隷	19181210	瀋陽地方検察庁	警察庁へ	19190113	1 ヶ月強	①	
82	翠紅 2	18	19	直隷	19181210	瀋陽地方検察庁	警察庁へ	19190113	1 ヶ月強	①	
83	来喜	17	18	奉天	19181211	瀋陽地方検察庁	崔兆岐の妾	19190120	1 ヶ月強	①	
84	桂錫	15	15	奉天	19181213	自分	警察庁へ	19181217	4 日	①	
85	玉卿	22	22	直隷	19181215	自分	警察庁へ	19181219	4 日	①	

86	馮紅寶	21	21	奉天	19190109	自分	審判庁へ	19190401	3ヶ月弱	①	
87	桂花	18	18	江蘇	19190210	自分	警察庁へ	19190217	7日	①	
88	攸如	17	17	江蘇	19190210	自分	警察庁へ	19190210	当日	①	
89	翠蘭	23	23	直隷	19190213	自分	警察庁へ	19190226	13日	①	
90	桂芳	21	21	直隷	19190228	郷鎮警察所	張玉増の妻	19190324	1ヶ月弱	①	
91	来鳳	15	15	直隷	19190308	自分	警察庁へ	19190329	21日	①	
92	小香	16	16	安徽	19190323	警察庁	王振太の妻	19200420	1ヶ月弱	①②	②では入所19190322
93	金仙	24	24	直隷	19190327	自分	丁九振の妻	19190430	1ヶ月強	①	
94	金翠紅	15	15	直隷	19190426	自分	警察庁へ	19190429	1ヶ月強	①	
95	金蘭	13	18	直隷	19190610	警察庁	関玉福の妻	19210202	1年と7ヶ月強	①②	
96	孫金香	28	28	直隷	19190613	瀋陽警察事務所	楊寶盛の妻	19190801	2ヶ月弱	①	
97	花寶	16	16	江蘇	19190614	瀋陽警察事務所	婦孺救済会へ	19190923	3ヶ月強	①	
98	花亭	17	17	江蘇	19190614	瀋陽警察事務所	病没	19190814	2ヶ月	①	
99	張郭氏	28	28	奉天	19190620	瀋陽地方検察庁	夫のもとへ帰る	19190713	1ヶ月弱	①	
100	郭双鳳	26	26	奉天	19190703	自分	遼陽地方検察庁へ	19190722	19日	①	
101	劉増女	18	18	山東	19190721	瀋陽地方検察庁	地方庁へもどす	19190728	7日	①	
102	喜鈴	30	30	直隷	19190729	自分	警察庁へ	19190918	1ヶ月強	①	
103	玉喜	22	22	直隷	19190806	警察庁	警察庁へ	19190823	17日	①	
104	周鳳来	19	19	直隷	19190813	自分	洪喜臣の妻	19191220	4ヶ月強	①	
105	張宣姐	17	17	江蘇	19190820	復県	韓國臣の妻	19191231	4ヶ月強	①	
106	菊青	29	29	江蘇	19190830	自分	警察庁へ	19191017	1ヶ月強	①	
107	桂紅	23	23	山東	19191030	自分	高雲程の妾	19191127	28日	①	
108	香雲	18	19	山東	19191120	西站二所から	徐子明の妾	19200326	4ヶ月	②	
109	紀玉鳳	22	23	山東	19191204	警察庁	劉耀廷の妾	19200321	3ヶ月強	②	
110	順寶1	20	21	直隷	19191208	西站二所から	彭子生の妾	19200130	1ヶ月強	②	
111	紅仙	23	23	奉天	19191217	海城から	警察庁へ	19191222	5日	①	
112	劉玉紅	22	23	湖北	19191222	警察庁	石寶山の妻	19200123	1ヶ月強	②	
113	順寶2	24	25	山東	19200109	警察庁	病没	19210615	1年と5ヶ月	②	
114	邱金鈴	20	20	江蘇	19200114	警察庁	警察庁へ	19200518	4ヶ月	②	
115	王小小	15	17	奉天	19200206	懐徳県	常襄辰の妾	19220501	2年と3ヶ月弱	②	
116	朱玉卿	18	18	山東	19200207	復県	鐘正山の妻	19200527	3ヶ月強	②	
117	趙艶春	17	17	奉天	19200209	瀋陽地方検察庁	択配待ち		2年強	②	
118	金寶2	28	28	奉天	19200223	自分	警察庁へ	19200302	7日	②	
119	寶鈴	19	19	直隷	19200225	自分	邱錫齢の妾	1920年	不明	②	出所の月がよめない
120	王月琴	22	23	江蘇	19200301	警察庁	警察庁へ	19210428	1年と2ヶ月弱	②	
121	王淑琴	17	18	江蘇	19200301	警察庁	警察庁へ	19210428	1年と2ヶ月弱	②	
122	王淑英	20	20	江蘇	19200301	警察庁	病没	19201005	7ヶ月強	②	
123	喜鳳	17	17	直隷	19200308	自分	判決で夫のもとへ	19200521	2ヶ月強	②	
124	蘭英	18	18	山東	19200310	自分	警察庁へ	19200327	17日	②	
125	金香	15	15	河南	19200310	綏中県	未成年		2年強	②	
126	喜任	18	18	江西	19200313	自分	陳寶貴の妻	19200618	3ヶ月強	②	
127	鳳娥	19	19	山東	19200316	警察庁	警察庁へ	19200324	8日	②	
128	菊花1	26	27	直隷	19200321	自分	病没	19210225	11ヶ月強	②	
129	紅喜	17	17	奉天	19200326	自分	警察庁へ	19200331	5日	②	
130	鞠陳氏	28	28	奉天	19200411	復県	夫王鳳岐の下へ	19200505	24日	②	
131	鞠萬氏	24	24	奉天	19200411	復県	常萬堃の妻	19201230	8ヶ月強	②	

132	張瑞霞	20	20	直隷	19200413	自分	李延春の妾	19200618	2ヶ月強	②	
133	二鳳	17	17	江蘇	19200421	警察庁	警察庁へ	19200630	2ヶ月強	②	
134	于金鳳	21	21	奉天	19200427	遼陽地方検察庁	母王祁氏のもとへ	19200605	1ヶ月強	②	
135	銭寶珠	19	19	江蘇	19200508	警察庁	警察庁へ	19200704	2ヶ月弱	②	
136	翠寶	15	17	直隷	19200519	瀋陽地方検察庁	李嶽山の妾	19220822	2年と3ヶ月強	②	
137	劉小九	16	17	直隷	19200522	奉天高等検察庁	楊督麟の妻	19210210	8ヶ月強	②	
138	翠娟	23	23	山西	19200527	瀋陽地方検察庁	孫玉堂の妻	19200202		②	出所日が入所日より前のため誤記の可能性
139	来寶	17	18	直隷	19200528	自分	警察庁へ	19210625	1年と1ヶ月弱	②	
140	玉香	17	17	山東	19200615	自分	警察庁へ	19200707	22日	②	
141	金桂	17	17	直隷	19200615	自分	警察庁へ	19200707	22日	②	
142	翠喜	17	18	直隷	19200703	自分	趙炳章の妻	19210224	7ヶ月強？	②	
143	陳紅楼	18	18	江蘇	19200708	警察庁	警察庁へ	19200718	10日	②	
144	金翠	16	16	奉天	19200720	自分	警察庁へ	19200726	6日	②	
145	三寶	19	20	江蘇	19200726	警察庁	警察庁へ	19210502	10ヶ月弱	②	
146	菊花2	26	26	直隷	19200810	警察庁	警察庁へ	19200824	14日	②	
147	張桂琴	25	25	直隷	19200810	警察庁	警察庁へ	19200927	1ヶ月17日	②	
148	素蘭	20	20	直隷	19200822	警察庁	警察庁へ	19201028	2ヶ月強	②	
149	王張氏	26	26	江蘇	19200822	警察庁	警察庁へ	19201009	1ヶ月強	②	
150	桂紅	25	25	山東	19200822	自分	警察庁へ	19200826	4日	②	
151	喜紅	15	15	直隷	19200910	自分	警察庁へ	19200920	10日	②	
152	李寶鳳	20	20	直隷	19200914	警察庁	警察庁へ	19201223	3ヶ月強	②	
153	鳳仙	19	20	直隷	19201001	警察庁	警察庁へ	19210213	4ヶ月強	②	
154	翠鳳英	23	23	山東	19201006	自分	警察庁へ	19201020	14日	②	
155	来喜	20	20	江蘇	19201101	警察庁	警察庁へ	19201104	3日	②	
156	金鳳	17	18	直隷	19201218	懐徳県	病没	19220918	9ヶ月	②	
157	陳銀馥	21	22	直隷	19201218	懐徳県	沈雲佮の妻	19210205	1ヶ月強	②	
158	王小了	12	12	直隷	19210111	警察庁	警察庁へ	19210128	17日	②	
159	王李氏	18	18	直隷	19210116	警察庁	楊学義の妻	19210822	7ヶ月強	②	
160	碧霞	16	16	江蘇	19210122	自分	警察庁へ	19210131	9日	②	
161	玉龍	16	16	江蘇	19210122	自分	警察庁へ	19210131	9日	②	
162	史金榮	17	17	直隷	19210205	自分	警察庁へ	19210213	8日	②	
163	月香	33	33	奉天	19210315	自分	警察庁へ	19210505	2ヶ月弱	②	
164	蔣褚氏	30	30	直隷	19210327	営口地方検察庁	邢玉崑の妻	19210623	3ヶ月弱	②	
165	文君	20	20	江蘇	19210408	自分	警察庁へ	19210413	5日	②	
166	朱王氏	20	20	吉林	19210505	奉天高等検察庁	徐廷相の妻	19210606	1ヶ月強	②	
167	月楼	20	20	吉林	19210522	遼源県	張鼎勲の妻	19210702	1ヶ月強	②	
168	少仙	20	20	吉林	19210522	遼源県	趙徳新の妻	19211112	5ヶ月強	②	
169	月琴1	18	18	直隷	19210522	遼源県	陳少軒の妾	19210917	3ヶ月強	②	
170	劉紅卿	20	20	奉天	19210616	海龍県から瀋陽県へ	駱福生の妻	19211029	4ヶ月強	②	
171	小銀子	14	14	山東	19210709	奉天高等検察庁	未成年		1年強	②	
172	紅寶	16	16	直隷	19210721	警察庁	警察庁へ	19211017	2ヶ月強	②	
173	寶紅	18	18	山東	19210811	自分	警察庁へ	19210815	4日	②	
174	小鴦子	15	15	奉天	19210813	西豊県から瀋陽県	未成年		1年強	②	
175	桂馥	23	23	奉天	19210912	自分	王殿試の妻	19211211	3ヶ月弱	②	

176	妙香閣	18	18	江蘇	19210919	自分	警察庁へ	19211021	1ヶ月強	②	
177	唐湘君	19	19	江蘇	19210927	警察庁	警察庁へ	19211021	1ヶ月弱	②	
178	金桂	19	19	奉天	19211006	自分	警察庁へ	19211013	7日	②	
179	王張氏	17	17	直隷	19211026	遼陽地方検察庁	択配待ち		1年強	②	
180	尤香寶	20	20	江蘇	19211113	自分	警察庁へ	19211117	4日	②	
181	闞鴨頭	14	14	奉天	19211114	瀋陽地方検察庁	未成年		1年強	②	
182	王天香	19	19	直隷	19211207	自分	警察庁へ	19211212	5日	②	
183	劉郝氏	27	28	直隷	19211116	開原県	警察庁へ	19220102	1ヶ月強	②	
184	楊翠喜	17	17	河南	19220126	警察庁	警察庁へ	19221013	8ヶ月強	②	
185	李翠平	20	20	直隷	19220203	警察庁	于鏡波の妻	19220909	7ヶ月強	②	
186	劉玉珍	18	18	奉天	19220226	自分	警察庁へ	19220303	5日	②	
187	関施氏	24	24	直隷	19220227	瀋陽県警察庁	警察庁へ	19220306	7日	②	
188	桂香	19	19	奉天	19220305	自分	解景新の妾	19220409	1ヶ月強	②	
189	趙海紅	19	19	直隷	19220313	瀋陽地方検察庁	張景山の妻	19220915	6ヶ月強	②	
190	高金姑	19	19	直隷	19220329	自分	警察庁へ	19220403	5日	②	
191	冬梅	16	16	河南	19220515	瀋陽地方検察庁	未成年		1年未満	②	
192	王玉璞 即大妞	18	18	山東	19220619	瀋陽地方検察庁	馬雲江の妾	19220817	2ヶ月未満	②	
193	劉玉貞	17	17	奉天	19220623	自分	警察庁へ	19220627	4日	②	
194	月琴2	25	25	山東	19220725	自分	張煥祖の妾	19220826	1ヶ月強	②	
195	曾寶玉	23	23	奉天	19220831	警察庁	択配待ち		1年未満	②	
196	賈月仙	20	20	直隷	19220901	奉天高等検察庁	択配待ち		1年未満	②	
197	安小福	12	12	奉天	19220909	自分	警察庁へ	19220916	7日	②	
198	王小桃	17	17	江蘇	19220916	自分	警察庁へ	19220922	6日	②	
199	桂花	18	18	山東	19220930	自分	警察庁へ	19221003	3日	②	
200	銀花	20	20	江蘇	19220930	自分	警察庁へ	19221003	3日	②	
201	花雲	22	22	江蘇	19221001	自分	択配待ち		1年未満	②	
202	金萿	13	13	山東	19221115	新民県	未成年		1年未満	②	
203	温李氏	22	22	直隷	19221121	瀋陽地方検察庁	択配待ち		1年未満	②	
204	敖玉芝	29	29	奉天	19221214	自分			1年未満	②	

Noは目安に入所日の順に振った.
同じ名前で明らかに別人である女性は名前のあとに1，2と数字をつけて別人として扱う.
年齢は①②の両方に記載のある人物については②の記述による.
記載資料欄の①は『六七八年報告書』，②は『九十十一年報告書』をさす.
籍貫は県までわかる場合もあるが省レベルにとどめた.
入所経緯における自分とは自ら同善堂にやってきたケース．検察庁は訴訟問題にかかわって，警察庁は警察から，各県は県公署から保護されたケース.
入所後における警察庁は訴訟問題があるため警察庁に回されたケース．妻・妾は択配の結果嫁いだケース，択配待ちは択配の対象者とみなされている，未成年は択配対象外．このほか親族に引き取られるケース，他の慈善組織に引き取られるケースもあった．死亡したケースもここに記載.
出所時期のうち，死去の場合は死亡日時を記載.
滞在時間は出所時期と入所時期から算出.
入所年齢は資料上の年齢と入所時期から算出.
入所時期，出所時期は年月日を省略した8桁の数字で表す.

配」つまりマッチングをして妻あるいは妾として落ち着き先を手配した。実はこの択配は女性を対象とした前近代の中国の慈善事業と比べたときに特異である。

受け入れた女性の択配は済良所にとっての重要な役割と考えられている。章程のなかにそのための書類の作成について規定がされている。また『九十十一年報告書』では、成果としてその数値があげられている。(14)

済良所は一時的に預かる短期の収容者は別として、長期的に身を置く収容者に対しては嫁がせることを目的としているために、それに適う教育を提供していた。むしろ、女性を受け入れその手続きを行うのは毎日のことではないが、授業を行い女性たちに教育を提供することが済良所にとっての日常業務だといえる。これも『六七八年報告書』『九十十一年報告書』には収容者の期末成績が記載され、済良所にとっておろそかにできない業務であったことがわかる。受け入れた女性に教育をほどこし、択配によって出所させるというのが済良所のミッションであったといえる。

職員は女性の管理員一名、女性教員一名を基本とし、男性が補助的に入ることもあったようである。(15)管理員が同善堂内の部局としての済良所の長にあたる。『九十十一年報告書』にある管理員は、宣統元年一一月に雇用されており、九月から活動を始めた済良所の最初期に雇用された人物である。女性教員については入れ替わりが頻繁で、民国五年以降だけで六名が入れ替わっている。民国七年以降は女子師範や初級師範卒業生を雇用している。

民国六年の規定では収容する女性たちに提供する教育は正課として修身・家政・国文（習字を含む）・算術・手工・唱歌が、それに加えて附課として女紅（裁縫）、烹飪（料理）がある。この附課については、民国八年の章程で加えられた。(16)民国一一年にはさらに章程が修正され、授業時間が一日三時間から四時間となっている。(17)

同善堂は収容者を学生と位置付けて、科目ごとの年末のテストを行っていた。民国六年は修身・国文・算術・女紅・勤倹・家政のみの成績評価であるが、のちに手工・唱歌、さらに烹飪・教育、そして品行が加わり、国文に含まれていた習字が独立し、算術が筆算と珠算にわかれるなど、科目が多様化している。また幼いころから済良所に収容されている者は成績がよく、妓院や婢では身につけられない水準の教育を受けられることが推測される。[18]

授業を受ける以外には、日常生活のための掃除などの当番があるほかに、衣料品の製作を行い、その報酬を済良所が管理し、出所時に持たせてくれることになっていた。また娯楽室も設置されていた。

このような女性たちを管理するために、衣料品製作と教育に関しては月ごとに表彰し、賞品の授与が行われていた。また規則を守らないものには、済良所の管理者による処罰、その上のレベルでは同善堂堂長による処罰、それ以上となると警察庁に送っての処罰が行われていた。

医療に関しては、入所して三日は検病室に隔離して伝染性の病がないかを確認のうえ、宿舎に移された。[19]また済良所に収容後に出産した場合は、その子供を引き取る者がいればそこに、いなければそのまま育て出所時に引き取る、それが不可能な場合は同善堂内の孤児院にて引き取ることと決まっていた。[20]

四　女性たちの概要

『六七八年報告書』、『九十十一年報告書』には出入詳細表として、各期間に所属していた女性の入所日・出所日・年齢・籍貫などが記載されており、重複をさけると合計二〇四人の女性の記録が確認できた。以下はこの二〇四人を母集団とした一覧とそれを部分的に集計したものとをもとに分析を行う（表11－1参照）。

この人数が多いのか少ないのかという点では、決して多くはないといえる。さらに、このうち半数を超える一〇八人は先に述べた一時滞在にあたる。古家の参観時は二七人が収容されており、これに対して「唯欲を言えば収容人員の少きに過ぐることである」(21)と述べている。これらの情報から判断して短期滞在者の出入りが頻繁な結果、同時収容人数としては、二〇人から三〇人といった程度であると考えられる(22)。

『九十十一年報告書』にある月別収容者数では、民国九年は毎月三〇人前後を数えるが、民国一〇年になると減少し、民国一一年には最も少ない月で一五名にまで減少している(23)。減少の理由としては、同善堂自身の言い分によると、平康里の娼窟が減少したこと、また行政部門がこれらの妓楼の営業をなくしてしまわないために、逃げてきた妓女を半ばは返していることも原因としている(24)。

その実際について、統計表(表11-2)から検討してみよう。年によって変動はあるが、「一時預かり」に含まれる一時的な収容者のほとんどは警察庁に戻されたケースが多数を占める。また救済会を通じて関内の家族の下に帰れるように手配されたもの、直接親族が引き取りに来て家族のもとに帰っているものも含めた。択配は済良所から嫁いでいった人数である。

表11-2　同善堂報告書および古家の調査からみる出入数

年	受け入れ	死去	一時預かり	択配	次年へ継続滞在
1916					7
1917	38	0	11	5	29
1918	47	0	28	14	34
1919	27	1	17	13	30
1920	45	2	23	13	37
1921	26	3	18	13	29
1922	21	1	10	8	31
1923	31		2	9	ND
1924	46		4	8	ND
1925	30		7	12	ND
1926	9		2	8	ND

1917年から1922年までは表11-1の204人のデータから計算，1923年より1926年は古家の調査による．1917年から1922年については，同善堂自身の出している統計と異同がある．最終年については年度末の数値か不明．ND は数値不明．

収容者の年齢層について、古家は「一見十四、

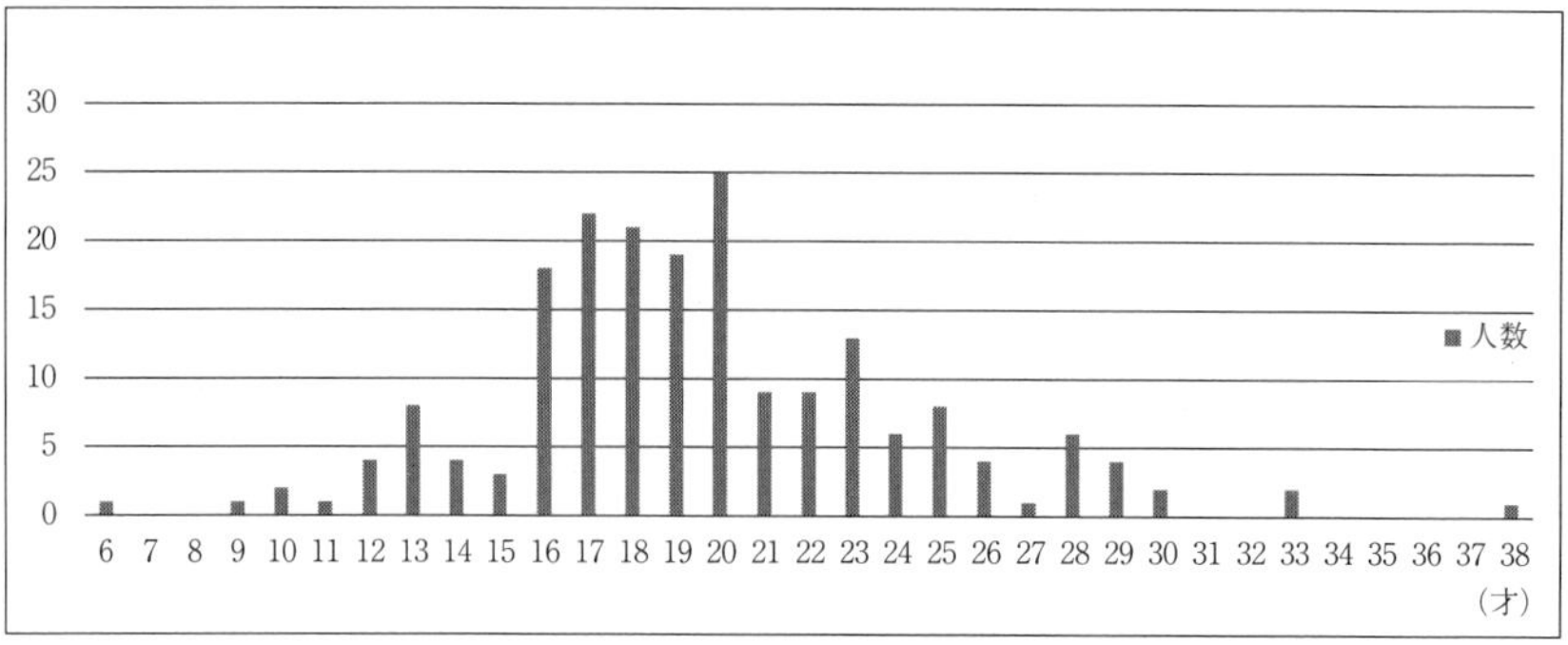

図11-2　済良所入所年齢分布

図11-1より作成.

五歳位の少女が大部分を占めているようである。」というが、民国六年から一一年の六年間の出入詳細表からは一時預かりも含めると一〇歳から三八歳までの女性が収容されていたことがわかる。全体では一七歳から二〇前後が多い（図11-2参照）。一時預かりではない択配の対象となっている女性のみで年齢の分布を見ると、一五歳未満の女性が延べ人数で二〇人となっており、この年齢層は基本的には済良所が保護するケースが多い。それ以上の年齢、特に一五歳から二〇歳の部分では半数以上が警察庁などに返されるケースである。図11-1のような同善堂側が報告書に添えた済良所収容者の集合写真からは小柄な女性が多く見られ、古家の得た印象はあながち間違いではなく、一五歳以上は短期の一時滞在が多いために、見学者には若年者が多いとみえたと考えられる。[25] また、済良所に収容されるような身の上であるだけに、決して豊かな暮らしをしてきたわけではないことから、生育状況に限界があるため古家の目には一四、五歳の年頃に見えた可能性もないといえない。

収容者の身の上としては、妓女や婢、家庭の妻妾それぞれがどれくらいの人数を占めているのか見ておきたい。『九十十一年報告書』には内訳が示されている（表11-3参照）。さらに古家の調査時（一九二六年）の記録は二七人中妓女七人、女優五人、婢女二人、誘拐婦女二人、童養媳三人、逃来婦女八人となっている。やはり最も多くを占めるのが妓院などの花街から逃げてきた女性たちである。誘拐された者や、家から逃げてきたなど、家庭から切り離されたものも半数を占めている。

次に彼女たちの出身地を検討してみよう（表11－4参照）。省別に見ると、直隷省六九、江蘇省四五、奉天省四四、山東省二八、浙江省四、河南省四、吉林省三、湖北省二、山西省一、江西省一、安徽省一、四川省一、関東州一となる。これをもう少し大きな地域でくくってみたい。奉天での史料に見られる外地からくる同郷集団を表現する言葉に五幇がある。これは、東北、直隷、山東、山西、三江（浙江省、江蘇省、安徽省、江西省とする）をさしており、この分類に準じて女性たちの数を整理してみると、東北四八、直隷六九、山東二八、三江

表11－3　済良所収容女性内訳　単位：人

	1920年	1921年	1922年
妓女	29	16	9
芸人（優・伶）	3	0	0
下女（婢女）	2	0	0
誘拐女性	11	7	4
童女妻（童養媳）	0	1	1
逃亡女性	2	1	7
合計	47	25	21

『九十十一報告書』済良所18頁より
（　）内は史料上の表現.

表11－4　済良所収容女性出身地別人数

単位：人

幇	省	うち大都市近郊	人数
山西	山西省		1
三江	浙江省		4
	江蘇省	上海24南京1	45
	安徽省		1
	江西省		1
直隷	河北直隷省	北京17天津12保定10	69
山東	山東省	済南3	28
東北	奉天省	奉天14	44
	吉林省		3
	関東州	大連1	1
その他	湖北省		2
	河南省		4
	四川省	重慶1	1
合計			204

『六七八年報告書』『九十十一年報告書』より作成.

五一、山西一となる。五幇は商人の間でつかわれる分類であり、結局は外地からくる主立った男性同郷集団をさすことばである。奉天の商会において、同郷者集団として強いものは山西幇から山東幇そして奉天省出身者へと変化していった。商人ではなく季節性労働者いわゆる苦力の場合は山東と直隷が多い。この済良所収容者の場合は、男性流入者とは違う傾向が見られる。直隷が最も多く、三江がこれに次いで、奉天省を中心とした東北と続く。東北において移民の出身地として、最もよく聞かれる山東が意外なほど少ない。

このような労働者や商人の出身地との違いは、出身地に省より詳しい表記がある収容者をとりあげたときに、より顕著である。そのなかで、規模の大きな都市名を出身地にあげているケースのみとりあげると、上海二四、北京一七、天津一二、保定一〇、奉天・瀋陽一四となる。(26) 直隷の三大都市（北京・天津・保定）は合計すると三九となる。これは直隷全体で六九を数えるなかでその半分以上である。また江蘇四五の半分以上を数える二四が上海である。商人・労働者については出身地にこれらの都市をあげるケースが少ないのとくらべ、済良所に収容されるような女性については大きな都市を経て奉天に至る者が多いと考えられる。

それでは、実際にどのように奉天にたどり着いたのだろうか。次節で検討する個別事例を見ることで、より具体的な像を結ぶことができると考える。

五　女性たちの身の上

済良所は女性を受け入れる際、また警察庁へ戻す際、択配によって嫁がせる際に調書を取っており、その内容を奉天省公署に報告としてあげていた。ここでは、奉天省公署檔案のなかに残っているこれらの調書のうちから典型的な事例を選択して、収容されている女性がどのように奉天にたどり着き、済良所に受け入れられるにいたったか、そしてどのようにして済良所から出て行ったのかを分析する。

前節で見たように、済良所に収容される女性は大別して、妓女、女優、婢女、誘拐された女性、童養媳、家庭から逃亡してきた女性の六つのタイプに分かれる。妓女・女優は花街から逃げてきた者、誘拐された女性は、花街に売られかけた女性である。婢女と童養媳などは花街ではなく家庭内から逃げてきた女性の類例のひとつといえる。

①婢女

本章の冒頭でとりあげた王小鳳の例は婢女のケースである。再度整理すると、一三歳で北京人、家が貧しく、祖母によって現大洋百元で鮑家に使女として売られたという。その前払いされたお金があるかぎりは、鮑家で働くべきところ、夫人に嫌われたことによって、六人の人間が仲介者となって満鉄奉天駅前の艶楽書館に小洋九〇〇元で売られることになった。楊宇霆がこの九〇〇元を建て替えたことによって妓院は王小鳳を手放すことを認め、彼女は済良所に引き取られ、択配のチャンスがめぐってくるのを待つことになった(27)。

②妓女

一九二九年一一月六日に収容された陳香妃は当時二四歳の上海人である。彼女は工業区の桂花書館に所属する妓女である。一九歳の時にだまされ天津の如意堂で娼婦の仕事をさせられた。その後、二〇歳の時に買われて奉天の平康里の同陞班、満鉄附属地の艶楽書館、工業区の竜鳳書館、そして桂花書館へと流れてきた。桂花書館の主人の趙九齢から虐待をうけ耐えられず逃げてきたという(28)。一三〇〇元にものぼる借金があるとして訴えられたが地方法院から高等法院へ審議があげられた結果、一九三〇年三月には却下され妓楼に戻されずにすんだ。その後、六月には兵工廠材料処の司事で郡士珍という三〇歳の男性に見初められて妾として嫁ぐことになった。郡の妻は病がちであるため、妾をとることにしたという。彼は鳳白県正藍旗村出身で土地も家屋も所有しており三〇〇〇元相当の財産がある。(29)

③女性芸人

楊四宝は民国一四年一一月一六日夜六時に投所してきた女性で、天津人一七歳、平康里の女伶（女性芸人）である。彼女が五、六歳の時に父母が死んでしまい、人に転売されて楊徳安の養女となった。一二歳で唱曲作芸をするようせまられる。毎年一千元をくだらないもうけがあるのに、楊は足りず叩いたり罵ったりするので虐待に耐えられず逃げてきた。(30)翌年四月一日づけの呈では瀋陽地方法院の裁判結果が出て、楊からは自由の身となった。ほどなく四月二三日の呈により彼女は拝泉県人で四井子に居住する木工李万海二九歳（財産二万元）の後添えとして引き取られていった。(31)

④妻

美玉は夫の劉振甲と離婚するために一九二五年四月に済良所に入所した。この審議が八月に決着したところ、(32)一二月には遼陽県人で黄堡村に居住する医師張鎮海五〇歳（財産一万元）の後添えとして出所していった。(33)

⑤女性芸人・妻

一九二七年七月二五日づけの呈にとりあげられている李桂仙は二二歳、宝坻県人（現在の天津市中北部）である。彼女の調書によれば、六歳のときに家が貧しく、父に七〇元で売られたことによって李濮氏の娘となった。すぐに奉天蓋平（営口）に、そして現在は撫順の李家につれてこられ、芸を売り身を売る生活をしている。李家についてすぐに、芝居を習い、一六歳になったときには昼間は戯を唱い、夜は客を取る生活をさせられるようになった。李濮氏に従わないとあらゆる方法でぶたれた。その子の李作雲には妻がいなかったので一七歳になると李作雲の妻となったが、従わないと虐待を受けた。息子の妻となったことで身を売らなくてもよくなったかと思ったが、相変わらず戯を唱い身を売って金をかせぐ生活のうえに、虐待に耐えられず、去年死のうとしたところ、ある人が奉天同善堂は苦しむ人を救い、身を寄せることができると教えてくれたのでやってきた。

これに対して、李家の側は撫順地方審判庁にて審査を望み、同善堂を訴えている。その調書によれば旧暦五月八日に李桂仙は姦夫王勝芝にそそのかされて奉天にいたり、同善堂に入ってしまった。同善堂の第二科の姚科長が李桂仙とともに瀋陽地方審判庁に離婚を訴えている。桂仙は逃げるおりに、大洋四〇〇〇元、二両五銭の赤金の腕輪など装飾品、奉天小洋四〇元、現大洋四〇元の衣服などを持って逃げ、姚科長はこれを賄賂として受け取っているとしている。このもめ事の結果姚科長は同善堂の職を離れてしまったが、実際にはいいがかりであることが認められた(34)。

済良所の収容者の調書の多くは済良所章程の受け入れ規則に沿っており、以下の三類型にわけることができる。婢女としてつかわれていた家で虐待を受けていた事例、肉親に売られ妓女あるいは女伶となった事例、嫁ぎ先で暴力を振るわれた事例である。婢女・妓女・女伶・妻のいずれも合法的な立場であったので、それだけでは済良所の収容対象にはならない。彼女たちの言い分として虐待を受けていたこと、借金関係がすでにないなかで不当に働かされていたこと、などがあって初めて済良所に受け入れられた。

出身家庭の事情はほとんどが貧しく、そのため肉親に売られている。婢女であれば主人の転勤にともなって奉天へ来たもの、妓女であれば、天津から営口や奉天そして撫順へと流転をしていることがわかる。奉天省内を出身とする女性は家庭内の暴行に耐えられないとして逃げているものが多い。

六　女性たちの身の振り方

これらの女性の結末としては、家に戻るか択配が望ましいとされた。男性が女性の択配を求める場合には規定が定められていた。定職をもち、財産があること。択配を受ける理由としては、未婚であるので妻を求める、あるいは妻を亡くしたので後妻を求める、妻に病があるなどの理由があって妾を必要としている、という理由があげられている。また引き取った女性を転売したり、女性に身を売らせたりしないという誓約も求められた。

男性が済良所の女性を引き取る場合は、その女性のそれまでの「飯費」として大洋四〇元の寄付を求められた。女性が負債を負っていた場合は、入所一年であれば負債の半分を男性が肩がわりしなければならなかった。二年以上のものについては負債が免除された。こうして済良所の女性を引き取っていった男性たちの事例を表11－5にあげた。

この男性たちの出身を見ると、農業、職人などに混じって軍の事務官や公署で働くものが複数あることに気がつく。出身地は都市奉天内ではなく周辺県も含むが河北や山東出身者ではなく、東北に拠点を持っていることがわかる。公務員つまりは前近代の奉天社会にはなかった職業のものたちである。都市化および行政や軍事

表11-5　択配事例

典拠檔案	呈発送日あるいは出所日	男性年齢	男性概要（住所，職業など）	財産	女性の立場	理由
946	1925年7月14日	44	瀋陽県人本城小北関居住教員	三万元	妾	
946	1925年8月22日	25	本渓県人河西外居住煤鉄公司雇員	万元	妾	
946	1925年9月2日	36	天津人奉天居住実工業家	8千元	妻	
946	1925年9月5日	28	瀋陽県人大東関居住実業商	5万元	妻	
946	1925年9月25日	30	新民県人樹家崗居住農業	1万元	妾	
946	1925年12月20日	27	遼陽県人全家窪居住商人	2千元とめる	妻	妻病没
946	1925年12月25日	50	遼陽県人黄堡村居住医師	1万元	妻	妻病没後添えに
946	1926年3月22日	45	瀋陽県人省城大南関居住商業	4万元		
946	1926年3月25日	35	昌図県人金家屯居住商業	7万元	妻	
946	1926年4月10日	29	天津人奉天居住工芸	2千元		
946	1926年4月13日	21	開原県人南区二崔子屯居住工科学生	2万元	妻	妻病没のため後添え
946	1926年4月23日	29	拝泉県人四井子居住木工	2万元		妻没後後添え
946	1926年4月24日	28	拝泉県人四井子居住木工	1万元		妻没後後添え
946	1926年4月30日	33	通遼県人新愛堡居住商業	3万元	妾	妻が病気がちのため
947	1927年4月27日	23	瀋陽県人東関居住充公差	2千元	妻	
947	1927年5月25日	32	拝泉県人真字頭排十六号村居住農業	5万元	妻	
947	1927年6月11日	32	遼陽賢人下麦窩居住警士	2万元	妻	
947	1927年7月19日	21	遼陽県人腰堡居住農業	1万元	妻	
947	1927年7月18日	25	海龍県人乃子山居鉄路充差	2万元	妻	
12420	1929年12月7日	46	開原県人本城居住教読	4千元	妻	
12420	1929年12月12日	28	鉄嶺県人県城居住商人	大洋3千元	妻	
12420	1929年12月12日	23	鉄嶺県人安東居住安東市政籌備処弁事員	大洋3千元	妻	
12420	1929年12月12日	30	黒山県人省城在住商人	大洋5千元	妻	
12420	1929年12月20日	26	瀋陽県人新台子在住商人	大洋3千元	妻	
12420	1929年12月24日	26	瀋陽県人本城大南関在住商人	4千元	妻	
12420	1929年12月24日	36	蓋平県人県城在住商人	3万元	妾	
12420	1929年12月24日	26	法庫県人商人	3千元	妻	
12420	1929年12月24日	45	遼陽県人士人士人		妻	
12420	1929年12月24日	26	法庫県人顧家房居住商人	4千元	妻	
12420	1929年12月24日	36	山東人商人	3千元	妻	
12420	1929年12月24日	30	盤山県人省城大南関在住天福桟経理	4千元	妻	
12420	1929年12月24日	46	遼寧省城人南関在住	1万元	妻	
12420	1930年1月9日	30	瀋陽県人商人	大洋5千元	妻	
970	1930年8月18日	35	瀋陽県人医生	浮銭1000元土地八日半房子六間	妻	
970	1930年8月28日		河北省撫寧県人充金川県承審員兼清郷審判員	朝陽鎮に焼鍋1つ，吉林盤石県に恒興焼鍋1つ河北撫寧県に房子20余間	妾	妻が病なので妾を
970	1930年8月28日	25	撫順県施家溝人玉興湧油房外奎	月給20余元，浮銭1000元，房子3間	妻	
970	1930年8月29日	31	河北省撫寧県人大南関居住厨匠手芸	毎月15元かせぐ浮銭500元	妻	
969	1930年12月6日	25	営口人遼寧玉清載重汽車公司で執事	月に50元，500元の浮銭，営口に房子二十二間	妻	
969	1930年12月1日	33	安徽省歙県人撫順県の稲香村商号執事に赴任	月給30元，浮銭500元，原籍に15畝の土地，房子楼房3処	妻	妻が早く亡くなったので
969	1930年12月15日	31	瀋陽県人県西沙嶺在住充陸軍第二団少尉副官	月給33元浮銭500元，地一天，房子2間	妻	
969	1930年12月17日	27	瀋陽県人北寧路警務段高山子分所所長	月給26元浮銭500元，地十四天半房子7間		妻が早世したので
968	1930年7月19日	30	瀋陽県城北人農家	財産3000元地5日房子3間	妻	
968	1930年7月19日	27	瀋陽県人充士	財産5000元地三日，房子3間	妻	
968	1930年7月17日	23	瀋陽県人大西辺門外居住商埠一分局衛生書記	地皮四畝房子30間	妾	妻が多病のため
968	1930年7月17日	32	瀋陽県人城北全勝堡居住瀋陽県公安隊書記	1000元地二日		
968	1930年7月16日	26	瀋陽県人城大南関居住	財産10万元地二方，房子60間	妾	妻多病につき
968	1930年7月17日	45	瀋陽県人本城十四緯路居住	財産8000元房子30間	妾	
966	1930年10月14日	26	新民県人新民県居住鞋舗手芸	月収35元浮銭300元地三天房子2間	妾	
966	1930年10月13日	27	河北省人工業区居住文発祥面舗，瓦匠	月収30元，原籍に50畝，房子6間	妻	
966	1930年9月23日	25	昌図県人昌図県居住農業	浮銭500元，地8天，房子3間	妻	
966	1930年9月23日	44	瀋陽県人大東関居住包修工程	房子26間	妻	
966	1930年9月11日	40	江蘇省無錫人兵工廠宿舎居住東三省兵工製造所勤務	月収90余元，浮銭1000余元，原籍に地3畝，房子2間	妻	
965	1930年7月1日	25	瀋陽県人大東関順城街居住鮮菓局執事	月20貯金1000地4天	妻	
964	1931年8月8日	53	瀋陽県人洮遼鎮守使署軍需署長	財10万元地100天房50間	妾	

典拠檔案は奉天省公署檔案の案巻番号.

の近代化によって生まれた職業である。彼らは俸給で雇われているもの、商人など都市化した奉天および奉天周辺に生活基盤を築きつつある人々である。それまでの地域社会の文脈から離れて都市で仕事をするようになった男性といえる。

中国の伝統的な結婚は紅娘とよばれる仲人が介在した。結婚するまでお互いの顔を知らないということはよくあったとはいえ、仲介者の存在によって家や年齢がつりあっていることが保証されて結婚に至ることが一般的であった。

これに対して、択配による結婚は同善堂が提示するリストのなかから、男性が結婚相手を選択するというものである。さらにその女性たちの多くは、どこかの家庭から逃げてきた、あるいは妓女や女伶である。貞節を重んじた中国の伝統的価値観からすれば、理想的な結婚相手とはいえない背景を背負った女性たちであった。択配によって配偶者を求める男性とは、従来の理想的な結婚ができなかった男性といえる。

先にあげた張秀麗の研究においても北京の済良所における択配をとりあげているが、やはりこれを「異想天開」なことだとしている[35]。そこでは択配相手の男性の職業の第一が店舗店員で三一・九％を占め、政府部門職員が一六・四％となっている。これに対して、奉天の場合は確認された事例において、店舗店員は少なく、政府部門職員あるいは軍隊の事務職である。また財産所有の確認がなされており、一万元を越える財産所有者も少なくない。奉天で択配を受ける男性の方が北京のそれよりも社会的地位が高いといえる。出自に都市でのホワイトカラーというべき公務員が多いことから、男性たち自身が自分の生まれ育った地域社会から離れて都市で仕事をしているために、親類縁者による女性の紹介を受けられないと考えられる。さらに、人口センサスによれば、一九二七年の段階で奉天の都市部の中国人人口の男女比は二：一となっており、男性の半分しか女性がいなかった[36]。そのような男女比の不均衡のゆえに、関内において理想とされる結婚形態から外れる択配が可能となったと考えられる。

済良所以外に孤児院も弱者を家庭に定置させる機能を有していた。孤児院から子供をひきとる人間についても、女性を受け入れる男性と似た傾向が見られる。

民国一三年一月に受け入れ二歳児、民国一四年七月二一日に新民県人鬼王廟西居住王曹氏四六歳（農業、田十三日、家三間所有）が養女に迎える。

民国一三年一月に受け入れ二歳児、民国十四年七月二一日に鉄嶺県人鉄嶺東関居住李張氏四三歳（手に職あり、有田七日、焼餅舗一所所有）が養女に迎え入れる。

民国一四年八月十三日受け入れ私生児一歳、八月十五日に北京人奉天大北関白衣寺胡同居住公務員の徳懋文三三歳が養女に迎え入れる。

民国十四年八月一三日受け入れ私生児一歳、八月一七日に鉄嶺県人奉天小西関下頭会文祥胡同居住の奉天市政公所勤務の翟鴻儒三〇歳（資産一万元）が養子に迎え入れる。(37)

農民や飲食店に引き取られる事例もあるが、最後の二例のように公務員として働く男性が受け入れている場合も見られる。想像しうるのは、妻との間に子供がなかった場合などに、妾をもらうのではなく、子供をもらうという選択をしたというものである。

七　小括

済良所の女性も、そしてその女性を娶る男性たちにしても、彼らは同郷紐帯から切り離された存在ということができる。収容される女性は婢女であれば幼くして売られて、親元から離されてしまっている。また妓女や女伶の場合は東北出身者よりも上海や北京近郊から流れてきた女性が多く、結果として身寄りがない女性である。家庭内暴力に耐えられずに済良所に身を寄せる女性は婚家にいられないという立場にある。つまり、生まれ育った場所から切り離されている。それを妻妾として受け入れる男性も自分の持つ人間関係、血縁や同郷などから妻妾を紹介してもらえない状況にある。つまりはそれだけの人的関係が形成されていないと言える。

また興味深い点は済良所に収容される女性も多くは関内からやってきているが、その出身地は東北にやってくる男性移民とは違っている。女性たちの例に挙げた陳香妃のように妓女や女伶であれば北京・天津・保定・上海といった大都市を経由している者が多く、鉄道駅を拠点とした花街を転々として奉天にたどりついている。

東北における人口は女性は男性の半分、地域によっては三分の一程度である。その大きな理由は苦力といった労働移民は、季節性の移動をしており、冬の旧正月は出身地に帰るという出稼ぎ労働である。また商人であっても、出身地に家族をのこしている。家族を連れての移動は、東北に拠点を築いた成功者か、関内の農村が洪水や干害によって打撃を受け生活できなくなったために一家で逃れてきたケースである。このために、女性人口は常に足りない状態にあった。

そのような状況下において、単身で定着していった男性たちは、身近なところで相手をみつけて家庭を築く必要があった。そのニーズに応えたのが択配であった。その切実さを同善堂側もよく理解していたのであろう。収容女性に対する教育は料理や裁縫といった家事を基本とした花嫁修業ともいえるものを中心としていた。

中国には女性救済を対象とした慈善活動は明代から存在していたが、急激な人口流入にみまわれ、都市化が進展していた奉天においては、旧来の慈善事業とは形が違っているのである。模範的女性の生活を支援するのではなく、社会の再生産のために家庭をもたせるという実質の方が重視されるという、関内とは違う、そして前近代とは違う価値観がこの時期の奉天には存在したのである。

注

（1）民国一五（一九二六）年八月二七日づけの奉天同善堂堂長王有台から奉天省公署に提出された呈文によるものである。ＪＣ一〇－一二四〇九「同善堂堂長王有台呈為報収幼女王鳳一口事」（一九二六年八月二七日）。
（2）『東北人物大辞典』七六三頁。
（3）同右、九一六頁、一〇二一頁。
（4）奉天省公署檔案はパソコンでのキーワード検索が可能であり、同善堂をキーワードとして検索し、そこから宮口同善堂のものを取り除いた数が七〇巻である。各巻の収録文書数にはばらつきがあるうえに、複数の案件が収録されているので、これはあくまで目安である。
（5）数少ない先行研究として、以下をあげる。深尾葉子「満洲に生きた漢人女性――魂の植民地化・脱植民地化という視点から」（生田美智子編『おんなたちの満洲――多民族空間を生きて』二〇一五年）。
（6）張秀麗『民国北京婢女問題研究』北京師範大学出版社、二〇一六年。
（7）『東三省政略』巻六民政、奉天省一一八丁「紀籌辦済良所」（長白叢書版、上、九六四頁）。
（8）以上『六七八年報告書』済良所四－五頁「章程」第四章入所より。
（9）『六七八年報告書』『九十十一年報告書』両報告書の済良所の項より。
（10）『大同元年要覧』一六頁。
（11）『九十十一年報告書』済良所三－四頁、「同善済良所修正章程」第四章。
（12）古屋誠一『奉天同善堂調査報告書』（南満洲鉄道株式会社庶務部社会課、一九二七年）六二－六三頁。
（13）『九十十一年報告書』済良所四頁「同善済良所修正章程」第四章第九條。

(14)『九十十一年報告書』済良所一九―二六頁「同善済良所民国九十十一年份出所各女為妻妾数目比較表」。
(15)『六七八年報告書』には男役として男性が職員に数えられているが、『九十十一年報告書』には男教員として男性があがる。ただし両者の給与はほぼ同水準であり、その額は女性教員の半額以下であることから、男教員は主たる教育担当者ではないと考えられる。
(16) 以上『六七八年報告書』済良所一一頁「済良所章程」第七章教育より。
(17) 以上『九十十一年報告書』済良所一頁「同善済良所沿革」より。前掲、古屋誠一『奉天同善堂調査報告書』五六頁。
(18)『六七八年報告書』済良所三一―三二頁「同善済良所六七八三年份年終考試成績表」、『九十十一年報告書』済良所二七―二八頁「同善済良所九十十一三年份年終考試成績表」。
(19)『六七八年報告書』済良所一五「検病室規則」、『九十十一年報告書』済良所一三「検病室規則」。
(20)『六七八年報告書』済良所一二頁「済良所章程」第三一條、第三二條、第三三條。『九十十一年報告書』済良所一〇―一一頁「済良所章程」第三二條、第三三條、第三四條。
(21) 前掲、古屋誠一『奉天同善堂調査報告書』六三頁。
(22) 同右、六二頁。
(23) 同右、六五頁。
(24) 同右、五六頁。『九十十一年報告書』済良所一頁、「同善済良所沿革」。
(25)『六七八年報告書』で一八人、『九十十一年報告書』で一七人、『大同元年要覧』で一三人の女性が写っている。
(26) ただし史料上は瀋陽県八件、奉天六件となる。奉天省内については県や鎮レベルの都市名があがっているので、奉天七件は都市としての奉天ととらえたが、奉天省内の不明な地点をさす可能性も排除できない。
(27) ＪＣ一〇‐一二四〇九「同善堂堂長王有台呈為報収幼女王鳳一口事」(一九二六年八月二七日)。
(28) ＪＣ一〇‐一二四〇六「奉天同善堂呈」(一九三〇年三月一九日)、ＪＣ一〇‐一二四二〇「奉天同善堂呈」(一九二九年一二月二日)。
(29) ＪＣ一〇‐一二三九六「奉天同善堂呈」(一九三〇年六月二六日)。
(30) ＪＣ一〇‐九四六「奉天同善堂呈」(一九二五年一一月二〇日)。
(31) ＪＣ一〇‐九四六「奉天同善堂呈」(一九二六年四月二三日)。
(32) ＪＣ一〇‐九四六「奉天同善堂呈」(一九二五年八月一〇日)。
(33) ＪＣ一〇‐九四六「奉天同善堂呈」(一九二五年一二月二五日)。

(34)　ＪＣ一〇‐九四七「呈訴同善堂第二科姚科長受賄舞弊抗違公文覇不方行」（一九二七年六月‐九月）。

(35)　前掲、張秀麗『民国北京婢女問題研究』一八三頁。

(36)　「民国一六年度奉天全省各庁局県戸口総表」による省会警察庁調査によれば一九二七年時点での男性人口一八万九三五二人女性人口八万三九八〇人。ただし農村部ではここまで比率はアンバランスではない。瀋陽県の場合は男性約二八万人女性約二五万人である。『奉天警甲彙報』二二七号［一九二八年五月二〇日］九頁。

(37)　ＪＣ一〇‐九四七「同善堂収留及処理妓女、難民及婢女控訴受虐待情形」（一九二五年七月）より孤児院の事例をとりあげた。

第十二章　同善堂とはなにか

一　中国における慈善事業

中国での慈善の歴史は古く、そのひとつの形態として善堂がある。組織およびその施設をさして一般に善堂とよばれるが、それぞれ固有の名称を持っている。第三部でとりあげた奉天同善堂もそのような善堂のひとつである。

善堂については夫馬進や梁其姿の研究でその起源や清代に至る変遷などが明らかにされている(1)。慈善事業自体は同族集団内に限ったものであれば宋代には共同墓地としての義荘の運営などの形で見られたが、不特定多数を対象とした慈善事業が一般化するのは明代になってからである。最初期には、死後に極楽浄土へいくことを願い、そのための功徳を積むための仏教行事として、放生会や施粥会、など善行を行うための行事である善会から始まった。慈善の対象が孤児など一時的な保護ではすまないものに広がるなかで、善堂として建物をともなった活動へとかわっていった。特に江南では明清交代期の一七世紀半ばには親が養育を放棄した嬰児を収容して育てる育嬰堂が設立されている(2)。さらに一七二四（雍正二）年には皇帝の詔令によって全国に育嬰堂を設立することが指示された(3)。このように国家公認の形で善堂の設立が進められはしたが、実際にはその経費を集め、運営にあたったのは民間の富裕層であった。梁其姿は一九世紀半ばを善堂の画期とし、その前後で善堂に質的転換があるとしている。一九世紀後半からは、西洋のキリスト教による慈善事業の影響が見られるようになること、都市化した地域における公共事業的な側面を持つようになることがそれまでの伝統的な慈善組織と違うとしている(4)。たしかに上海の総工程局のメンバーには善堂にかかわった者が名を連ね、その活動に善堂からの継続性が指摘されている(5)。

近代における慈善の形については、紅十字や香港の東華医院をはじめとした西洋との出会いのなかで生まれたあらたな価値についての議論も行われている(6)。奉天同善堂はここまでにとりあげた棲流所や済良所の事例に見られるように、関内の慈善組織と比べ、男性人口が多い辺境の都市ならではの特徴を有している。この点で、帆刈の扱った香港の事例とも、また江南の事例とも違いが見られる。この章では、特定の部局にしぼらず、奉天同善堂全体を対象として、奉天同善堂と都市奉天の特質はなにかを考察していきたい。

中国本部における長い歴史を持つ慈善事業に対し、奉天における慈善事業は近代になって形をなしたものである。そのためか、奉天同善堂は政府との関係が深く、第十章で見た流民対策事業のように政府から委託を受けた事業もあった。本章ではまず同善堂の沿革を整理し、奉天の近代において同善堂が何をめざした組織であったのかを考えたい。次に財政面での特徴を探る。慈善事業には資金問題がつきまとうが、奉天同善堂も例外ではなかった。政府との親密な関係を持ちつつも、財政的な自立をめざして自助努力もなされた。この点を検討する。最後に政府の意向を受けた改革・改組・統属関係を検討し、奉天における行政と慈善との関係について考察を行う。

二　同善堂の設立と沿革

（1）光緒新政以前

奉天同善堂は複数の慈善活動を行っていた団体を統合したもので、本書では流民対策と女性収容施設を中心にとりあげたが、医療施設としての側面も持ち、当初、中国での研究にはこの点に光を当てたものが多かった。(7) 近年は修士論文や博士論文のテーマとしてとりあげられ研究が深められつつある。(8) 医療機関としての最も古い起源は光緒七（一八八一）年の牛痘局で、種痘を行う医療施設として設立されている。民国七（一九一八）年の王永江の筆による同善堂紀念碑の背面に書かれた沿革には「左宝貴が事業をはじめた最初は牛痘局によって夭折を防ぎ、義学館によって幼く無知なものを導いた。次いで振救によって飢えた民を救うために同善粥廠を設けた。また貧しいものを養うものがないことを慮って棲流所と育嬰堂を設置した」(9) とあり、設立を左宝貴に帰している。左宝貴は山東省費県出身で、太平天国軍や捻軍との戦闘に参加し、一八七五年からは二〇年間奉天に駐屯し、日清戦争の際に一八九四年平壌の戦闘で戦死している。謹厳実直な人物像が伝えられ、清末混乱期の軍歴とあいまって愛国的な英雄に位置付けられている。また奉天には山東出身者が多いことからも、奉天地域社会から好印象をもって受け止められていると考えられる。

左宝貴の出資や尽力は大きいと考えられるが、実際にはこれらの慈善活動を提唱したのは地域社会に暮らす士紳つまり地域有力者の要望によるものが大きい。例えば『六七八年報告書』に収められた牛痘局の沿革では、光緒七（一八八一）年に紳士韋褘三（褘は緯のものもある）の発起により官商各界の連携により組織されたという[10]。この時期の慈善事業にはその後はなくなっていくような、伝統的な慈善事業も行われていた。例えば、牛痘局設立の翌光緒八（一八八二）年には官紳共同で資金を出し合って惜字局が作られた。紙に書かれた文字を貴ぶ中国の文化においては、字のかかれた廃紙の処理をおざなりにすることは慎まれた。寺院や廟には惜字爐とよばれるこのような紙を専門的に燃やす爐が置かれている。惜字は字の書かれた紙を集めて燃やす慈善行為である。

光緒一四（一八八八）年には第十章でもとりあげた棲流所と施粥廠が作られた。やはりここでも、左宝貴と関連づけて設立が語られる。棲流所は光緒一四年の水害に際し、軍督部が左宝貴を派遣し、官と紳士たちが共同出資して建物を購入し、被災者を収容したことが始まりとされている[11]。設立当初は冬期のみを開所期間としていた。施粥廠も流民への食事を提供するために官紳両者が協力することで設置され、棲流所と同じく冬期の活動期間に限られていた。光緒一五（一八八九）年には嬰児をひきとり育てる孤児院である育嬰堂が設置された。光緒一四年一五年に設立された組織はいずれも住む場所を失った流民対策としての側面を持っている。光緒一四年の水害は地域社会に対して救済機構を整える契機として大きなものだったと考えられる[12]。

左宝貴戦死後となる光緒二二（一八九六）年にそれまでに成立していた牛痘局、惜字局、棲流所、施粥廠、育嬰堂、義学館が統合され盛京将軍公署に直属となり[13]、盛京将軍依克唐阿によって同善堂の名がつけられた。さらに光緒二七（一九〇一）年に初めて施医院が同善堂に設けられた。沿革には「ロシア人の防疫に居住民が驚き騒いだため同善堂でも初めて施医院を開くことになった」とある[14]。この年はペストが猛威を振るい、奉天で国際防疫会議が開催された年でもある。施医院はこの状況下で、中国側の医療施設として開院した。ただしこの時期の施術は中国伝統医学が用いられており、西洋医学の導入は民国九年になってからである[15]。

(2) 光緒新政期

光緒三二（一九〇六）年から光緒三四（一九〇八）年にかけて大幅な改組が行われた。民国五年から同善堂にかかわり始める王永江は「同善堂は光緒壬午（八年）に始まり光緒戊申（三四年）に成る」としている[16]、光緒戊申つまり光緒三四年は東北での光緒新政が進んだ時期であり、そのなかで同善堂の形が一定の完成をみたといえる。監督官庁としては光緒三三（一九〇七）年の奉天省の官制改革において民政司がおかれ、自治研究所や諮議局や巡警総局とともに同善堂も管轄した[17]。この間の具体的な統廃合としては、育嬰堂は預けられる嬰児の数が少ないことから光緒三二年に廃止され、組織自体は義学館とともに改組して男女小学校となった[18]。その後、宣統元（一九〇九）年には女学の推進が提唱されて男子教育が廃止され、初等と高等を併設した両等女子小学校となった。

また光緒一四年に設立された棲流所と施粥廠は光緒三二年に併合され、冬期のみ運営されていたものが光緒三三年からは通年活動するようになった[19]。光緒三四（一九〇八）年には第十章でとりあげた省立貧民習芸所も設立されている。これは同善堂に隣接する土地に新たに施設を建設しており、当初は別組織として運営されていたが、民国五年からは同善堂に運営が委託されている[20]。

また教養工廠の設立は貧民習芸所にやや遅れ宣統三（一九一一）年の創設である。宣統三（一九一一）年には第十一章でとりあげた妓館や家庭内暴力から逃げてきた女性たちを収容する済良所も正式開所した。光緒三四（一九〇八）年に士紳の要望から機構は創設されたが、資金不足のために政府資金を投入して正式に開所できたのが宣統三年だった（第十一章）。

この光緒三二年からの組織拡充と改組は辛亥革命がおこる宣統三年まで断続的に行われていったと考えられる。教育部門の義学館は近代教育の枠組みにあわせた小学校という形に、伝統的な慈善活動を行っていた惜字局は宣統三（一九一一）年には廃止されている。またこの時期にはそれまで士紳の発起により民間の慈善活動であることを謳っていた同善堂は、省の監督下に置かれるようになっている。それは政権の意向というだけでなく、第十一章の済良所の沿革を述べた部分で挙げたように民間の寄付だけでは立ち行かなくなっていることも理由のひとつと考えられる。

(3) 王永江時代

清末の沿革を見ただけでも、奉天同善堂は完全な民間主導のものとはいいがたい。民間の要望に応え公職にある官僚が唱導したことによって成立し、同善堂という名称の下に統合された段階で政府の監督下におかれるようになったのが清末の経緯である。政府の関与がある一方で、経費が政府財政だけで潤っているわけではなく、経費不足の問題を解決するために組織の統廃合を行いながらも民国初年には経済的に破綻の危機を迎えていた。

この財政破綻の克服、さらには機構整備において、王永江が果たした役割が大きい。王による同善堂記念碑には以下のように書かれている。「民国初年にはすでに情況が悪化しており持ちこたえられなくなっていた、丙辰（一九一六年）余は警務処長を承り、同善堂について考えた」[21]、民国五（一九一六）年丙辰の年に、余つまり王永江の警務処長就任をきっかけに改革が行われたというものである。王永江は清末から奉天の地方政治に関わり、警務・財務を中心に敏腕を振るった。奉天の警察機構は、清末には民政司の下に巡警総局が置かれていたが、民国四年に省の警察行政を統括するものとして警務処がおかれ、都市奉天を管轄する実務を行う省会警察庁とに分かれた[22]。王永江が警務処長に就任したのはまさにこの時期である。

王永江は警務処長とともに財政庁長をも努めていたことで、民国初年に顕在化した同善堂および関連部局の

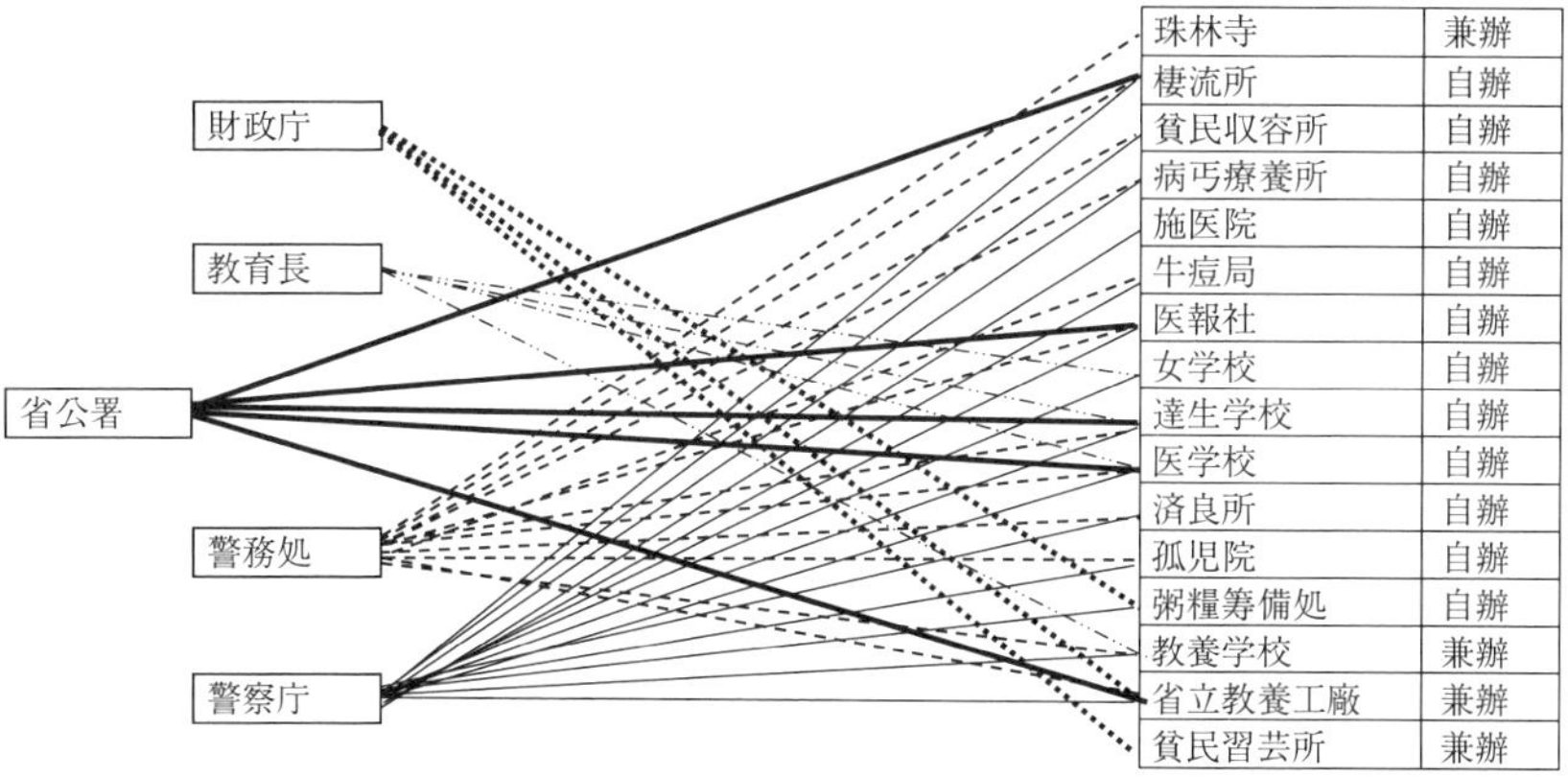

図12-1　同善堂各部と政府機関の統属関係
『九十十一年報告書』附図より.

財政再生と機構の統廃合に大きな影響を与えた。実際の同善堂の実務は王有台という人物を堂長に抜擢して任せた。王有台は一八七四年前後の生まれで王永江より若干若く、海城県の出身、海城県師範伝習所、奉天高等警務学堂を卒業し、奉天罪犯習芸所看守や奉天貧民習芸所の監理（責任者のこと）を歴任し、民国五（一九一六）年一〇月に副堂長に就任している(23)。翌年には堂長の張華林の退陣にともない堂長に昇格している(24)。彼のキャリアは、警務処長であった王永江の周辺にいて、警察関係のなかでも更生に関する仕事をしてきたなかでの抜擢といえる。

では実際に行われた改革のうち、まず改組について見ていきたい。民国七年、八年に集中して改組が行われ、この時期には清末にはほぼ成立していた各組織の運営と経費出資元および監督官庁との関係を明確にし、それを明記した章程が作成されていった。王永江の行政制度改革のなかで同善堂の位置づけも明確化され、体裁も整えられていった(25)（図12-1参照）。

まず、機構の統廃合についてとりあげる。光緒三二年に廃止された育嬰堂であったが、孤児への対応の必要を感じた士紳らによって民国元年に改めて孤児院がつくられた。しかし民国五年になって経費を維持できなくなり、同善堂が運営を引き受けた(26)。このほかにも第十章で検討してきたように流動人口に対応した貧民収容所と貧民習芸所が同善堂に運営委託されるのがこの時期である(27)。民国八年六月から翌年三月までは省長訓令によって省経費を財源として期間限定で設置された嗎啡療養所が同善堂内におかれた(28)。教養工廠の運営委託も民国八年である(29)。民国九年の華北での旱魃に際しては、華北から東北への流入者対策として、臨時に災民収容所がつくられている(30)。

民国一〇年には病のある流民を別置するために病丐療養所が開設されている(31)。この年には死者対策としての無縁仏供養と霊柩安置の場であった珠林寺が同善堂管轄下に入れられた。この寺の来歴は康熙年間にさかのぼり、紹興人が嘉慶一七年にゆずり受けて以来は江浙会館とし、三江人の寄櫬つまり霊柩の一時預かりを行っていた。中国においては出身地以外で客死した場合には、霊柩を故郷に送ることを重要視しており、移民の多い地域にはこのような棺桶を預かる場や運棺システムが発達していた(32)。珠林寺が同善堂の管理下におかれるようになって、対象者は三江にとどまらず、ほかの地域の出身者の霊柩も預かるようになっている。ただし、ほかの貧民游民対策を行う部局と違い、ここでは霊柩を預ける際の預かり費用を出せるものを対象としている(33)。

教育に関する活動は、手に職をつけられる実学志向に転換がなされており、女子小学堂が民国八（一九一九）年には女子実業学校に改組された(34)。また医療教育としては、医師の養成のために医学校と、『医学月報』という雑誌を発行するための医報社という出版部門が民国一一年に設置されている(35)。このほかに助産師を養成するための達生学校も設けられた(36)。ややかわった教育施設としては民国一〇年に教養学校が設けられている。楊守貴という人物の素行不良に対し、その父親が資金をだして同善堂に息子の教育を依頼したもので、学科と修身を少人数教育で指導し、素行を改めさせることを目的としている(37)。教養工廠内に設置されており、矯正を目的としており本書では第十章において、これも游民対策の延長と位置づけた。

民国期に入ってからの統廃合の特徴として、同善堂の下に多くの社会事業が集められていくなかで、同善堂自体の事業とされる「自辦」のものと、委託を受けた「兼辦」のものとにわけられた点をあげることができる。貧民習芸所・省立教養工廠・教養学校・珠林寺が兼辦であり、それ以外が自辦事業となっている。これらについては同善堂本体からの資金援助も得てはいるが、独立した収支報告があり、同善堂自辦の事業とは一定の区別がなされていた(38)。

教養学校については省立教養工廠の矯正ノウハウを用いた子弟の教育を求める保護者が経費を用意しており、受益者が慈善の対象とされているものではない。貧民習芸所・省立教養工廠については第十章で見てきたように、民間人が提唱して成立したものではなく、光緒新政期以降宣統年間にかけて、政府の貧民・游民対策の過程で同善堂に隣接して設置された(39)。清郷が推進されるなかで、民国八年に教養工廠は省立教養工廠と改称され、清郷と結びつけられた。これにより治安維持行政の一端という位置づけが明確になり、同善堂自辦の部局に比べて政府の関与が大きくなった。

兼辦事業のうち、珠林寺については貧民習芸所・教養工廠・教養学校とは性格を異にしている。ほかの三者が游民・貧民の教育とそれによる治安維持を目的とし、政府機構の統治目的にも合致しているのに対し、珠林寺は祭祀施設である。同善堂のこれまでの活動にはない機能であり、場所も同善堂から離れているが、ほかに運営委託ができずに、慈善事業ということで、同善堂の管理下に組みこまれた例外的な組織といえる。資金源としては棺の預かり費用などによってまかなわれ、同善堂から切り離して動いている。

王永江の指導の下、王有台が現場を改革する形で形成された機構は基本的にはその後も維持されていった。しかし、一九二八年末の易幟以降、省政府が南京国民政府の指導を受けるようになると体裁の変更が迫られた。

（4）易幟以降

王有台は王永江が民国一五（一九二六）年に官界を去ったのちもしばらく堂長の職にあったが、民国一七（一九二八）年には堂長を退いた。王有台の辞任以降も彼の敷いた路線が踏襲されていた。王有台の後は、一九二八年になって呉翰莼が堂長に就任したが、すぐに趙廷襄に交代し、一九二九年には王宗承に交代となっている(40)。ちなみに、このような頻繁な堂長の交替は第一部でとりあげた奉天総商会の会長交替を想起させ、この時期の奉天の政局の不安定さを推測させる。

一九二九年四月二三日に開催された第二三回遼寧省政府委員会において、救済院を設立することが省主席から発議された(41)。救済院の設立は南京国民政府の内政部咨を受けてのことであった。たびたび遼寧省に送られてくる内政部からの指示によれば、中央政治会議では救済院の設立運営を訓政時期の地方自治訓練のひとつと位置づけていた(42)。救済院内の部局としては、養老・孤児・育嬰・残廃・施医・貸款の六部局を基本とするよう指示された(43)。一九三〇年一月一八日づけで省政府から東北政務委員会に提出された「修正改組救済院辦法」では、この六部局のうち貸款については従来なかった機能であり、経済的な問題から設置を後回しとすることが決まった。その他については棲流所を養老・残廃の二つにわけるものとするが、人数が少ない場合はこれまでどおりまとめて管理するとしている。施医所としてはこれまでの施医院と病丐療養所を改組することとしている(44)。孤児院については従来どおりであるが、六歳以下の子供を対象とする育嬰所が分離された(45)。

游民習芸所については教養工廠と同質のものであるとして、これらを整理することも求められた(46)。その結果、同善堂が運営していた教養工廠と教養学校は矯正施設という性格から省警察局の下に置かれることになった。貧民への軽作業労働を教育する貧民習芸所が製品製作に比重をかけ貧民工廠に改組された。また達生医学校は産婆学校と改称されたが、実際に教育が行われないため運営が停止されている(47)。

表12-1　遼寧省救済院設置状況

13市県設置	遼寧省会（同善堂改組），営口（同善堂改組），安東（市政籌備処により籌設），遼陽県（施医・孤児・育嬰），蓋平（養老・残廃・孤児・育嬰），開原（保嬰会・公立施医院），西安（孤児に施医・貸款を追加），鳳城（孤児・残廃），臨江（養老・残廃），岫岩（孤児・育嬰・施医），荘河（残廃に他を追加），開通（貸款），安広（施医）
11県準備中	西豊（養老，残廃），綏中（教養工廠），新賓（施医），通化（貧民所を救済院に），桓仁（養済所を救済院に老幼残廃人などを収容），輯安（養老・残廃），安図〔残廃，施医），洮南（養済院を改組），昌図（養老・残廃），懐徳（公立医院を救済院にして施医と養老と残廃を），洮安（資金集めからはじめる）
34県未設	金融不足，財力問題，返事がまだ来ないなどの理由で未設

JC10-12423「民国19年11月 4 日民政庁長陳文学呈」より作成.

奉天同善堂のこのような改組と同時に、各県でも救済院の設立が求められた。その際、省政府は従来あった慈善事業を改組する形での救済院の設立を認めた。その結果、成立した救済院の設置状況は表12－1「遼寧省救済院設置状況」のようになる。ここからは養老所・残廃所をもとに設立されている救済院が多いことがわかる。これらは奉天同善堂の事例からわかるように、棲流所に流れ着いた流民のうち身体的弱者を対象としたものであった。これらが遼寧省における救済院の主たる機能であった点は流動人口の多い遼寧省（奉天省）の特徴といえる。

ただし、このように見てきた救済院への改組において済良所への言及がない。南京国民政府の救済院計画内に含まれていないことから、触れられていないと考えられるが、実際にはこの時期にも済良所は存在し、女性の受け入れに関する檔案も現存している。

これらの状況からわかることは、従来からの同善堂の部局はそのまま機能しており、救済院への改組は形のみであったといえる。救済院とは別の機構とされた教養工廠や貧民習芸所についても、従来から警察行政からの資金と指導を受けており、実態としての変化は小さい。

第五章で見た易幟後の奉天総商会改組の事例と同様に、救済院も改組後間もなく一九三一年九月の満洲事変をむかえた。その結果、南京国民政府との関係が切り離されたことによって救済院の名前は同善堂に戻された[48]。

（5）その後の同善堂

「満洲国」期には一時、奉天市が経営したが、一九三六年七月一日づけで同善堂は財団法人として独立した[49]。内容はそれまでの各部門を引き継いでいるが、慈善部門と病院部門とに分けられた。教育を担当した部局がなくなり、一時市公署に所属していた貧民収容所が職業補導所として同善堂の慈善部門のひとつとなっている[50]。医院・慈善の二部門とは別に総務部の管轄下で貧民工廠が作業股として所属し、木工・印刷・毛氈・裁縫・紙匣の五つの部門を持つ工場となっており[51]、これまでの警察行政との関係が見えなくなっている。さらに第二次大戦後には瀋陽市立救済院と名称が変更になっており、国民政府の規格に則った形に改組されたと考えられる[52]。

（6）同善堂の位置づけ

一九二三年八月一日奉天市市政公所が開設された。奉天省城の民政を専門とする行政が生まれたことで、奉天省政府は同善堂の事業の性格から、これを市政公所の管轄下に置こうとした。これに対し、堂長の王有台が反対し、奉天省城内を対象とした事業については市政公所の管轄を受けることにし、それ以外は省政府の管轄下にとどめ置かれることになった。この際の王有台の説明は同善堂と行政との関係を整理しており、興味深い。以下に簡単に紹介しておきたい。

光緒年間に左冠廷（左宝貴）が創設した時期は牛痘局など三つ程度の部局があるのみで、桂雲舫が同善堂としてまとめたとき（一八九六年依克唐阿による命名時）に、勢力が拡大し関防使用が認められ（盛京将軍）軍署直属となり、張貞午が民政司の管轄とし、周仰安がまた警務局の管轄に改めた。その結果、勢いが次第に小さくなり、範囲も省城にとどまるようになった(53)。

この王有台の説明とここまで見てきた沿革からは、地域と同善堂の関係を以下のように説明することができる。省という制度導入以前の清末の辺境の都市が、人口の急増に対応しながら在地の有力者と官吏の協動で慈善事業を行っていった。これを光緒新政時の政府機構再編にあたって政府機構が管轄支援を行う形をとった。しかし、このような制度が整うにつれて都市内での行政の役割の分業ができるようになり、政府機構の再編成のなかで同善堂の地位が都市限定のものと見なされるようになっていった過程である。

しかし流動する人々の管理は都市内にはとどまらない。そのため同善堂は一都市内におさまらない活動を有しており、運営する側は奉天一都市の組織に留まることは望んでいなかった。王有台は自身が堂長を担当する時期の運営方針を次のようにいう。

堂長（王有台）が業務にあたるようになってはじめから九年で全省に同善堂を普及させる計画であり、第一期（一九一七－一九一九年）は整頓期間、第二期（一九二〇－一九二二年）は内部拡充時期、第三期（一九二三－一九二五年）は全省への推進拡大時期である。第一、第二の両期計六年は目標を達成し、第三期も着手し、全省に教養学校の学生募集、医学匯刊の販売、中西医学校や達生女学校は各県の男女学生の受験生募集を行い、卒業後に各県へ派遣する準備も行っている。同時に医学の改善のために期間を限って各商埠県城に県同善堂の分設をすすめている(54)。

王有台は同善堂を再建し、その機構を省レベルで展開していくことを考えていた。また、省政府との統属関係を維持したい理由として、ここ数年不動産の売買や賃貸の際に、他の機関との間で問題が生じており、その際に省長の支援があったおかげで、王有台が堂長を担当してからの六年間の成果があったという。ゆえに市の管轄下に入ることで他の官庁とのやりとりにおいて不利になることも嫌っている。さらには第十一章で見たような妓女の受け入れに際しては妓女が逃げてきた場所での裁判が必要となり、省を介した連絡関係が必要であると認識している。(55)

王有台は王永江の庇護もうけ、奉天市政公所への移管問題時点では主張を通すことができた。しかしその後は同善堂は活動を奉天一都市へと縮小していくとともに機能も減らされていった。救済院への改組の際には、南京国民政府側から枠組みを押しつけられた形であるが、警察行政が管轄してきた游民対策部局を切り離され、慈善事業と治安維持の分化が明確にされた。また「満洲国」期には市政公所の下に置かれ、その後に財団法人として市から独立している。その際に同善堂内は慈善部門と医療部門に分けられ、事業として残ったのは職業訓練事業、孤児院・済良所、施医所であった。これは事業数の減少ではあるが、都市の成熟にともなう社会事業の分業の結果といえよう。

三　財政自立の努力

前節で注目した沿革に見られるような機構の拡大は、第十章、第十一章で検討した内容もあわせて考えると、急激な人口増加ひいては都市化にともなう社会問題への対応と見ることができる。拡大した機構の再編は、その場しのぎに近い機構急造から始まった対応が、監督官庁を割り当て、医療・福祉・治安維持という形で分化する過程でもある。この分化の裏打ちとして、各部局ごとの財政の弁別がされ、資金源の確保がなされた。

ここでは、資金調達について記録が残っている王有台時代を中心に、同善堂がどのように財源を確保し、それがその後どう変わっていったか、どのようなことが問題点とされていたかを検討する。彼の堂長在任時期はほぼ一二年にわたり、同善堂の歴史のなかで最長であり、この間にこれまでに『六七八年報告書』『九十一年報告書』の略称で提示してきた事業報告書『奉天同善堂辦過事実報告書』が作成され、省政府や関連機関に配布された。同善堂に限らず、善堂は寄付を受けて活動しておりその実態を報告するために何らかの報告書を一般的には作成しているが、奉天同善堂の場合はこれがそれにあたる。三年毎に発行され、沿革、職員、収支、部局ごとの活動報告、収容者名簿まで記載された詳細な記録である(56)。その後は出されていないか、作られたとしても体裁や配布のされ方に違いがあり、『同善堂報告書』が作成された時代ほどのきちんとした成果報告の公開はされなかったと考えられる(57)。本書における同善堂の公式の記録はこの報告書に依拠しているが、本節ではこの報告書にある資産を中心に検討していく。

(1) 資産運用

沿革を述べた前節でも紹介したように、同善堂は民国初年には財政破綻の危機にあった。王永江はこれを問題視して同善堂とその関連事業の改革に乗り出した。基本方針としては、負債を補填したのち、各組織に資産を所有させ、その資産運用から生まれる資金で毎年の費用をまかなうとするものとした。

この資産は寄付によって形成され、金融機関への預貯金と不動産の形をとった。民国六年七年八年の『同善堂報告書』には、民国八年末時点の寄付の記録がある。義和団事件の被害で資料が消失したとして、記録は光

表12- 2　同善堂本部寄付一覧

寄付者	寄付時期	自捐（明記のないものは小洋）	代理募集（小洋）
華俄道勝銀行	光緒27年５月	銀1000	
道士葛月潭	光緒28年５月	500	
図什業図親王福晋	光緒28年	銀1000	
前同善堂総辦常慶	光緒30年正月	灰平房４間4000余吊年租500余吊	
承徳県知県王荷	光緒31年11月	銀16両東銭360吊	
佟桂林（前清花翎二品銜四川候補道）	民国５年12月	2000	
林徳宣	民国５年10月20日	3	
劉海泉	民国６年１月10日	400	
劉光熙	民国６年１月17日	25	
藍馨萱	民国６年１月20日	2	
東豊県公署	民国６年２月１日		57
瀋陽地方審判庁	民国６年２月４日		25.5
瀋陽地方検察庁	民国６年２月４日		20
西豊県警察所	民国６年２月４日		63
鉄嶺県警察所	民国６年２月４日		135
通化県警察所	民国６年２月４日		97
北鎮県警察所	民国６年２月４日		53
奉天官銀号	民国６年２月４日		100
黒龍江官銀号	民国６年２月４日	27.5	
営口県公署	民国６年２月４日		14
興京県警察所	民国６年２月４日		16
奉天財政庁	民国６年２月４日		30
鳳城税捐局	民国６年２月４日		20
遼康税捐局	民国６年２月４日		20
綏興税捐局	民国６年２月４日		2
新民税捐局	民国６年２月４日		30
法庫税捐局	民国６年２月４日		30
牛海税捐局	民国６年２月４日		20
梨樹税捐局	民国６年２月４日		24
孤山税捐局	民国６年２月４日		120
義県税捐局	民国６年２月４日		20
洮南税捐局	民国６年２月４日		20
鉄嶺税捐局	民国６年２月４日		20
輯臨税捐局	民国６年２月４日		22
黒山税捐局	民国６年２月４日		10
安東監督王敦穆	民国６年２月17日	100	
田荘台商務分会	民国６年２月21日		100
田荘台商務分会	民国６年２月30日	7	
奉天徳興昌茶荘	民国６年３月２日	10	
奉天同発窰	民国６年３月15日	20	
瀋陽県警察所	民国６年４月15日		107
康平県公署	民国６年４月15日		65
鳳城県警察所	民国６年５月３日		205.9
楊張氏	民国６年５月15日	230	

緒二七（一九〇一）年までしかさかのぼれない。これに続いて光緒二八年三〇年三一年の寄付のあとには民国五年まで間があき、民国六年七年には同じ日づけに集中した警察所、税捐局、県公署が代理納付した募金があがる（表12－2「同善堂本部寄付一覧」参照）。奉天省全域ではないものの、省から県の官庁への寄付依頼があったこ

夏田貴	民国6年5月21日	160	
蓋平県公署	民国6年7月9日		40
柳河県公署	民国6年7月9日		33
奉天交渉署	民国6年7月9日		62
奉天電灯廠	民国6年7月9日		10
日本満鉄公所大塚先生	民国6年7月14日	2	
遼陽県公署	民国6年7月18日		41
海城王慧敏	民国6年7月27日	50	
蓋平県警察所	民国6年8月11日		114
営口中国銀行	民国6年8月11日	10	
営口海関監督署	民国6年8月11日		19
営口稽核所	民国6年8月11日		23.5
営口審判庁	民国6年8月11日		28
営口商会王朗亭	民国6年8月11日		231.5
営口官銀号	民国6年8月11日		77
営口交通銀行康炳春	民国6年8月11日		40
営口陳子陽	民国6年8月11日		22
営口温福亭	民国6年8月11日		71
遼河水上警察局	民国6年8月16日		50
安東警察庁	民国6年8月23日		89
西安県公署	民国6年9月12日		51.5
奉天電報総局	民国6年9月20日		10
奉天造幣廠	民国6年10月1日		40
北陳県公署	民国6年10月20日		51
復県警察所	民国6年12月7日		42
開原県警察所	民国7年1月21日		42
王恩普	民国7年春	100	
海城県公署	民国7年春		120.5
輯安県公署	民国7年春		29
開原県公署	民国7年春		42
臨江県公署	民国7年春		114.6
洮南教育会	民国7年春	小銀元5.25	
哈爾浜留俄商業女学校学生	民国7年春	8	
遼陽県警察所	民国7年春		154.5
虹螺県税捐局委員王國衡	民国7年春	50	
昌黎県姚継夏	民国7年春	10	
西站呉姓	民国7年春	15	
劉樹棠	民国7年春	0.5	
鄧綏生	民国8年11月26日	20	
海城張啟舜	民国8年12月2日	5	
日人橋口正一	民国8年12月15日	日金100	
瀋陽金保春	民国8年12月31日	100	
瀋陽徐王氏	民国8年12月28日	秫米5石合小洋75	
			代理募集合計3094.5

『六七八年報告書』より作成.

とが推測される。この構造は奉天紡紗廠の資本金を集めた流れと類似する。他方、貧民収容所を対象とした寄付リストは奉天総商会と工会が代理募集をしている寄付の他は、政権有力者による寄付となっている（表12－3参照）。奉天同善堂自体は省級の事業であり、貧民収容所については都市奉天の事業という認識があった

表12-3　貧民収容所寄付一覧

寄付者	寄付時期	自捐(小洋)	自捐(小洋以外)	代理募集(小洋)
奉天商務会	民国6年1月			600
趙景山	民国6年1月	10		
奉天商務会	民国6年3月			400
奉天工務会	民国6年4月			62.65
奉天商務会	民国6年4月			72.25
中国銀行	民国6年2月	100		
黒龍江官銀号	民国6年2月	100		
殖辺銀行	民国6年2月	100		
東三省官銀号	民国6年2月	100		
興業銀行	民国6年2月	100		
劉海泉	民国6年2月	20		
張子晦	民国6年2月	10		
張雨臣	民国6年2月	10		
張策安	民国6年2月	10		
岳春暄	民国6年2月	20		
徐清甫	民国6年2月	20		
毛景卿	民国6年2月	10		
徐吟甫	民国6年2月	10		
李雨臣	民国6年2月	10		
奉天総商会	民国7年2月			47.7
電報学校	民国7年11月			彙捐0.8
談寶帆	民国8年11月		日金100元	
張巡閲使	民国8年12月		綿衣300套	
孫督軍	民国8年12月	300		
鮑督軍	民国8年12月	300		
徐省長	民国8年12月	300		
談鉄隍庁長	民国8年12月	50		
董財政庁長	民国8年12月	100		
潘桂廷	民国8年12月	50		
張叙五師長	民国8年12月		大洋100	
呉玉麟	民国8年12月		綿衣褲100套	
張少帥夫人	民国8年12月		綿衣褲100套	
合計		1730		1183.4

『六七八年報告書』より作成.

ことが考えられる(58)。

預貯金された寄付金は毎年の利子が歳入とされた。また直接寄付された不動産のほかに、資金の一部から新たに土地を購入したり、建物を建設したりし、これを貸し出すことで賃料を収入とした。表12-4「同善堂資産リスト」は民国六年から一一年までの同善堂の歳入のもととなる資産の一覧である。この収入源は預金・家賃収入源となる不動産・土地・資産外の四つにわけることができる。金額については小洋への換算のために

表12-4　同善堂資産リスト

		資産				各年の資産からの収入					
		六七八年報告書		九十十一年報告書		6年	7年	8年	9年	10年	11年
預貯金	中国銀行	銀	12800両	銀	12800両	1161.6	1267.2	1267.2	1267.2	1161.6	1134.592
	衆銭行	銀	27663.720両	銀	27663.720両	4070.592	3755.784	3914.008	3646.417	3736.359	4874.825
	交通銀行	銀	4000両	銀	4000両	653.033	332.225	324.25	319.6	332	423.608
	中国銀行	小洋	6年8000元・7年14000元・8年13000元	小洋	9年16000元・10年19000元・11年併入二節	360	1546.591	1433	1572.441	1156	1259.717
	邴克敬	小洋	1000元			80	80				
	教養工廠	小洋	1000元			45.833					
	貧民習芸所	小洋	6000元					800			
	商業銀行	小洋	2000元			120	120				
				小洋	5000元				720	1700	480
	金融資産収入合計					6491.058	7101.8	7738.458	7525.658	8085.959	8172.742

		六七八年報告書		九十十一年報告書		6年	7年	8年	9年	10年	11年
不動産	四平街市房	1所	8間	1所	13間	775	675	675	675	450	725
(建物)	公署胡同市房	1所	11間	1所	31間	617.5	666.667	666.667	445	666.667	722.499
	小西門裡市房	1所	15間	1所	15間	842.5	858.333	858.333	858.333	875.833	898.333
	小西関市房	1所	36間	1所	36間	639.167	933.334	933.333	933.334	980.834	1088.333
	小東辺門裡市房	1所	24間	1所	24間	333.333	388.333	416.667	416.667	454.999	495
	千石橋胡同市房	1所	21間	1所	21間	500	500	700	450	400	375
	千石橋胡同市房	1所	12間	1所	12間	229.167	229.163	250	237.5	250	406.25
	千石橋胡同市房	1所	11間	1所	11間	250	249.999	250	350.001	366.667	383.333
	電報局前胡同住房	1所	14間	1所	14間	150	150	150	200.001	200.001	191.667
	僧王祠房	1所	20間		20間	333.333	332.5	500	500	333.334	666.668
	双忠祠房	1所	15間		15間	783.1	600	600	665	665	665
	三賢祠房	1所	12間		15間	600	500	600	550.003	800.004	800.004
	赤十字社房	2所	89間	2所	89間	3608.717	1837.111	1734.067	1650.942	2783.959	2742.335
	大西関市房	1所	8間	1所	8間	208.333	208.333	208.333	208.334	258.334	309.167
	大西関市房	1所	6間	1所	6間	166.5	166.667	166.667	225	244.45	263.875
	大西関市房	1所	8間	1所	8間	137.5	137.499	137.5	174.999	221.666	269.999
	大北門裡市房	1所	18間	1所	18間	333.333	450	333.333	341.667	366.667	394.167
	大南門裡市房	1所	17間	1所	17間	650	650	650	650.002	595.836	629.167
	大南門裡市房	1所	7間	1所	7間	96.667	290	290	145	491.251	350.002
	瓜行灰平房	2所	12間	2所	12間	307	234	238.75	249.167	251.667	265.003
	衆志堂房	2所	29間	1所	25間	27.083	360.833	856.667	1708.334	916.667	916.667
	本堂西院房	1所	24間	1所	5間	362.5	241.667	350	46.292	100	367.246
	小東関市房	1所	17間	1所	17間			325	297.916	369.499	413.667
	大北関順城街市房	1所	101間	1所	101間			159.167	1500	1700.001	1133.334
	九門外妓館房		160間	平房	160間		3836.062	2038.006	2364.334	2440.835	3017.501
				板房	106間					5093.14	9146.635
	九門外新増妓館房										
	九門外地皮租				78間					1109.775	2506.665
	九門外洋井				1眼					999.999	999.999
	宜春里妓館房			平房	120間						5868.84
	宜春里洋井				1眼						176.667
	玉皇閣住房				31間						482.085
	南北屠獣場湯鍋房				24間						16.333
	小東関街北住房			1所	24間						224.417
	不動産資産収入合計					11950.733	14495.501	14087.49	15842.826	24387.085	37910.858

『六七八年報告書』『九十十一年報告書』より作成.

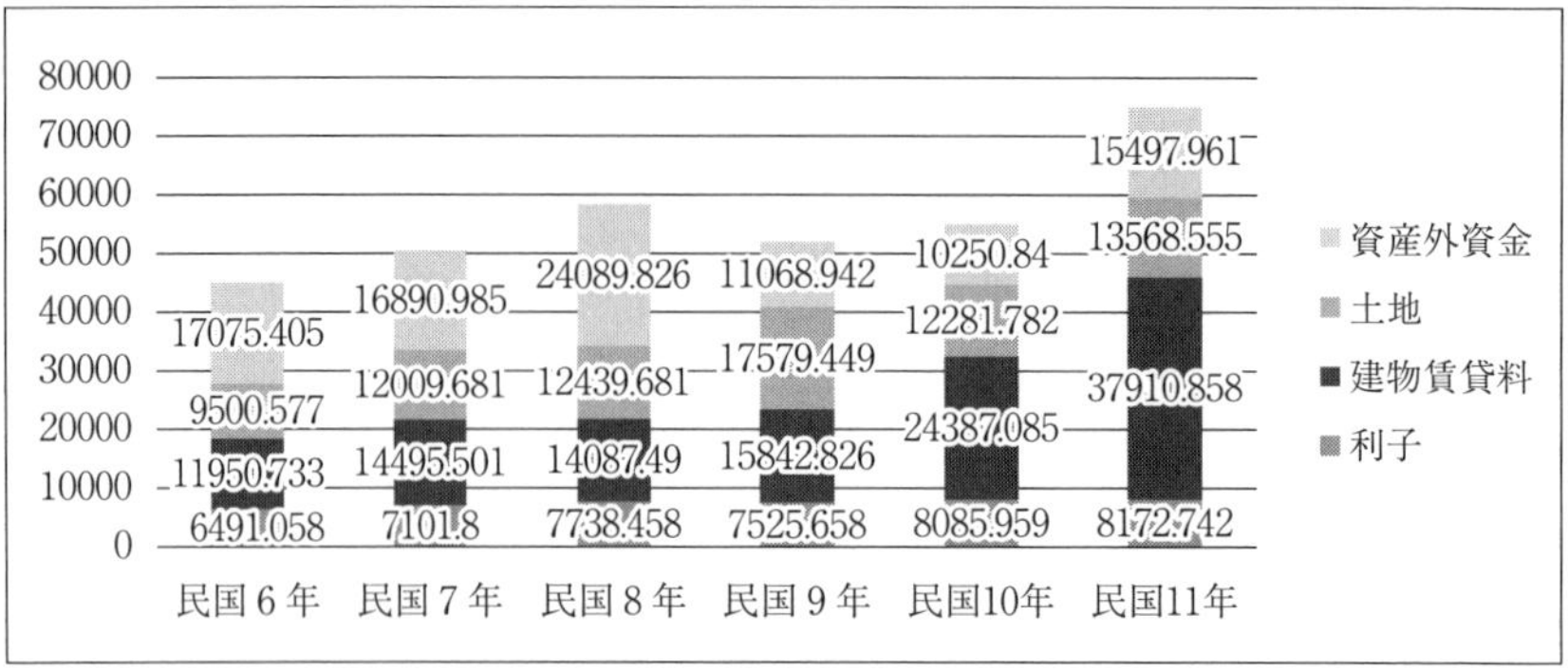

図12-2　同善堂収入種類別割合

『六七八年報告書』『九十十一年報告書』より作成.

レートの変動や物価上昇の影響を受けることもあり、数値の増加を単純に比べることは困難である。このことから、この四部分の占める割合に注目するべく図示したものが図12－2「同善堂資産種類別割合」である。割合に注目したときに変動が大きいのは家賃収入と資産外の収入である。

資産外の資金は、利用者からの収益と政府から配分された資金からなる。民国八（一九一九）年において約四二％に増加しているが、これはこの年に限って運営された嗎啡療養所のための資金が計上されているためである。他方、貧民習芸所と教養工廠関係の資金が同善堂に一旦入れられていたようで、民国八年までは両組織への資金が収入に計上されている。そのような変動はあるものの、資産外の収入としては、同善堂経費に充てると決められた城壁際の商店の房捐・済良所・孤児院における収容者が引き取られた際に受けとる手数料が基本的な収入となる。これに加えて急遽増設された部局のための資金と特別助捐が不規則な形で付加され、変動が大きくなっている。

不動産賃貸料を生み出す資産のリストからは、同善堂が奉天の旧来からの中心地である内城内に建物を所有していることがわかる。さらに毎年の収入に占める賃料収入を検討すると、家賃収入が占める割合が年々増加している。特に民国一一年は収入の五〇％が家賃収入となっている。興味深いことに、この増えた所有不動産の大半が増築および新設の妓館である。九門外は内城北壁外の地区をさし、最も内城に近い妓館の密集地であった。ここの妓館からの収入が民国七年からあり、民国一〇年には増床されている。さらに宜春里は商埠地の京奉鉄道駅に接する北市場の花街で、北市場の開発にともない九門外から多くの妓館が移転した[59]。民国一〇年一一月三日大連の順興鉄工廠の周文貴が奉天同善堂を参観し、奉大洋一〇〇〇元を寄付したが、この受け取った寄付金は宜春里の妓館の修築費に当てられている[60]。また残った九門外の妓館も民国一五年には奉天の市電の敷設にともなって移転の必要が生まれた。代替地として新たに区画整理された工業区に土地が用意されている。その際に新たに建物を建てる費用をつかうことを省政府に申請しているが、そこでも、九門外の妓館からの収入が同善堂の歳入の大宗を占めるために、代替地での妓館の経営が必須であると説明されている[61]。ここからわかることは済良所を運営し、妓女の救済事業を行いながらも、妓館を所有し、そこからの収入が運営資金に含まれている点で、妓館と関わっていることが当時忌避されていないということである。これが意味する当時の奉天社会の認識は考察する価値があろう。

土地については、奉天にとどまらず他県の土地も寄付され、収益源となる土地は増加している。とはいえ、そこからの収益は年によって差があるため、大幅な増加はない。奉天都市部に近い土地の運用は奉天省城の郊外にある同善堂の施設改修用につかう磚の窯場、棲流所の収容者用墓地（義地）の余地、収容者の食糧となる野菜栽培用の菜園といった、同善堂が使用する土地である。菜園や窯場自体の運営は代行者に任せ、そこから地租を得ている[62]。他県では東豊県・遼中県などに土地を持ち、小作人に任せている[63]。土地については『九十十一年報告書』の記録以降も、檔案を見るかぎりは、寄付により追加されている。

預金からなる収入については清末以来の寄付を金融機関に預金したものの、利子が中心となっている。また、教養工廠や貧民習芸所への貸し付けの利子が計上されている年もあるが、注目に値する変動は見られない。寄付金をもとにした資産のうち民国期に始まった事業として貧民習芸所のための公債を発行してこれによる資金集めが試みられている(64)。

民国六（一九一七）年から民国一一（一九二二）年は張作霖政権の成長期であり、奉天票の暴落などに見られる経済変動が始まる以前である。この間、同善堂の収入は順調に増加し、民国六年に比べて民国一一年は三分の二増となっている。

（2）支出合理化

収入の安定だけではなく、支出についても合理化が図られた。人件費もその対象である。施医院の医師の数を六人から三人に、牛痘局の医師を二人から一人に減らし人件費を節約している(65)。また文書担当の文牘部門でも四人を一名に人員削減を行っている(66)。経費としても、役夫、済良所の女性の食費を削減し、教養工廠の収容者の病気を診る医師に支払っていた給与の支払いをやめることとしている(67)。第十章で検討してきた棲流所や貧民収容所の収容者をただ保護するのではなく、彼らのなかから元気なものを動員して、掃除や建築関係の労働者として動員し、収入を得ることも経費削減の一環に位置づけられる。仕事に対して払われた対価の一部は本人たちのものとなるが、同善堂内にも留め置かれる。またこの仕事のためと称して棲流所の収容者の衣服を新たに買うことはできないので軍・警察の廃棄した制服をもらい受けている(68)。

このほかにも、銀行への出し入れの杜撰さを防ぐために収入支出款項辦法を制定するなど、資金の動きにルールを決め、三年に一度の報告書によってそれを公開し、いつの間にか負債が増えていた、という状況からの脱却を図ろうとしている(69)。

省から同善堂に委託している業務については、同善堂本部を中心とした資金の動きと切り離された。特にその対象となったのは貧民習芸所や教養工廠といった治安維持に関わる部局で、省から委託を受けて同善堂が運営していた。ここでは警察の経費が投入されている。例えば、貧民習芸所は、一九一六年に警務処長となった王永江が関わりだしたときには、前任の所長による横領が発覚するなどし、多額の負債を抱えていた。そこで、貧民習芸所の所有していた公債や物品で競売にかけられるものを売却して補填した。さらに、一九一七年五月に王永江が財政庁長となると、商品陳列所の商品や、八旗工廠といった他部局を整理しその資産を競売にかけた省の収益の一部を貧民習芸所の基金とし、それでも足りない部分については同善堂本堂から借入金を得て、財政再建を果たした[70]。この時期に貧民習芸所長は王有台が務め、現場の運営を行っている。

(3) 管理強化の要求

王有台時代の民国六年から一一年までの『同善堂報告書』ではこの時期の改革を誇らんばかりに、事業成績が掲載されている。しかし、王有台が辞任し、易幟にともなう国民政府の管理にあわせた改組のなかで、その業績を否定するかのような告発を受けることになる。この告発内容からも当時の奉天と同善堂をとりまく状況を垣間見ていくことができる。

前節でとりあげたように、一九二九年四月二三日に開催された第二三次省委員会において、同善堂は救済院へと改組される事が決定した[71]。この改組にあたって、同善堂や地方の慈善事業の状況について、財政庁・民政庁・公安管理処・軍医処・教育庁から人員をだして調査が行われた。その結果、同善堂の財産および事業状況に不明瞭な部分があることが発見された。特に所有するはずの土地の広さが文書によって違うことや、建物の部屋数の異同が見られ、その原因として長期にわたり堂長を務めた王有台の不正があるのではないかと判断された(72)。これに対して年が明けて王有台自身が証言を文書で提出している(73)。調査員側は王有台の証言と同善堂に残っている文書、関係機関の対応する文書と照らし合わせ、また現場にも赴いて調査を行った。その結果、土地の計測につかわれた尺の違いや、計測時に建物の廊下部分を部屋と数えたかなど記録違いによるものであること、同善堂の事業ではないものが含まれていることなど、王有台の言い分との整合性が確認され、一九三〇年八月九日に民政庁に関係者を集めて決着をつけている(74)。その後の同善堂関係の資料でも王有台の評価は落ちていないところから、罪には問われずにすんだと考えられる(75)。

この間、調査対象となった不動産は一五件におよんだ(76)。そのうち、北市場四件、工業区五件は張作霖時代に市街が拡大された場所である。また問題視された原因には、土地の広さに異同があること、実際に測量しようにも建物が増えておりできなくなってしまっていることが挙げられている。このことから、王有台時代に同善堂が獲得した不動産は、その所在地は開発対象として将来性のある土地であったこと、その見込みに違わず発展しはしたが、その結果、当初のあいまいな記録と一九三〇年の状況とが一致しなくなっていることがわかる。

この一件は、同善堂の改組において強く意識されたと考えられる。一九三〇年一月一八日に「修正改組救済院辦法」とともに東北政務委員会に提出された「修正遼寧省会救済院基金管理委員会暫行組織條例及辦事細則」には基金管理委員会の管理事項が以下のように挙げられている。「旧基金収入之整理」これまでの資産の所有状況の確認管理を行うこと、「新基金収入之募集」新たな資産を集めること、「各種基金催収存之計画」資産から収益計画、「各部分経常臨時各費支出之勾配暨監察」支出計画の審議、「各部分款項変更増減之核定」部局ごとの資金計画、「各部分預算計算之審査」予算審査、「各部分工作収益與虧耗之調劑」収益と赤字の調整となっている。基金管理委員会の構成メンバーは商務総会（商会）、農務総会（農会）、教育総会といった法団、財政庁、農鉱庁、教育庁、民政庁、瀋陽市政公所、瀋陽県政府、公安管理処、省会公安局からなるとされた。

実際に選ばれた委員は、四月二日に開催された成立大会の時点では、委員長に民政庁長陳文学、副委員長に財政庁長張振鷺が選ばれ、農鉱庁長、教育庁長、建設庁長、警務処処長、省公安局長、瀋陽市政公所市長、瀋陽県政府県長、商工総会長、教育会長、救済院長からなる。基金管理委員会成立大会では、不動産契約書が提出され、不動産収入額が妥当かどうか検討された。その際に賃料が安すぎるなどの意見がかわされた。商業地に所有する不動産は、この間に地価の上昇などが期待できたことが考えられる。また予算案や修繕案などが次回以降の審議事項となっている。[77]すべての議事録を網羅できはしなかったが、管見の限りでは救済院と名をかえた同善堂の収入と支出に関する審議がなされ不当な支出を抑え、資金不足時にいかに支援するかを省の問題として処理しようとしている。

このような動きには王永江・王有台時代からの引き継ぎに際し、資産の記録に不明瞭な点が指摘されたことも影響しているといえよう。王永江・王有台時代は王永江が影響力を発揮できた警務処・財政庁が役所としての支援の中心であった。また寄付も張作霖政権の有力者に頼っており、個人的な支援者の存在が重要であった。これに比べると救済院への改組において、関与する政府機関が増え、地方法団を基金管理委員会に入れることになった結果、経済界と教育界からの代表も委員会の構成メンバーとなっている。このように関与する部門が広くなっている。

四　小括

ここでは第十章、第十一章で扱った問題も含めて奉天同善堂全体をとりあげて、その特徴とそこから考えられる問題について議論したい。

（1）辺境の善堂

奉天同善堂は明らかに万里の長城以南の善堂とは違う。一例としては済良所の特殊性があげられる。北京では収容者の配偶者が低所得者層であるのに対し、奉天では土地所有者、公務員、医者など資産のあるものとなっている。また救済院の改組からは南京国民政府の考える慈善事業の規格との違いが見えた。南京国民政府は貸款という小規模ローンを行う部局を想定しているが東北にはもともとなく、救済院の設置にあわせて登場する。(78) また済良所についても救済院の計画には含まれていなかった。

このような特殊性の生まれる一因として、やはり移民の存在が大きいと考えられる。東北への漢人移民の目的地は奉天よりもさらに奥地に広がっているが、鉄道の乗り換え駅であり、商業地として発展している奉天には移民が滞留した。清代以来の会館の存在からわかるように同郷団体が存在して流民の対応も行ったが、鉄道敷設とともに増大する移民流入にともなって、従来のセーフティネットだけでは不十分であったと考えられる。会館や同郷団体にアクセスできない流民の対応ができず、出身地にかかわらず受け入れる棲流所のような流民収容機関が必要とされた。同善堂の起源は牛痘局とするものの、棲流所をはじめとする流入民対策が核心的機能であったといえる。

（2）民間慈善事業であったのか

奉天同善堂のありようは、これを観察した日本人からは賛嘆の言葉があがる。一九二六年に同善堂を見学した田原豊は「東三省は言ふ迄もなく全支那にも斯く完備した社会事業機関はこれを見出すことのできない程に奉天同善堂は理想的且つ合理的なものである」と評している[79]。成功の要因を官営から財団法人とし、官から切り離したこと、王永江・王有台による積極的な経営が功を奏したとしている。特に、公有財産を所有したことが経済的な安定に繋がっているともいう[80]。

本章で見てきた同善堂の不動産所有は、田原の見解に見られるように、安定財源を形成していた。しかし、同善堂が完全な民間のものといってよいのか、という点には疑問が残る。奇しくも同善堂の観察者が賞賛する「完備した社会事業」として中国中に類をみないことは、他地域の善堂とは性格を異にしていることを顕著にあらわしているといえる。民間であるとはいいながら、図12－1にあるように多くの省政府内の部局の指導下にあり、一九二二年で一六の部局をかかえている。ほかの地域の善堂ではここまで多くの機構をひとつの善堂に統括させることは管見の限り見られない。天津や北京では済良所や貧民習芸所は政府の設立によっているが、別々に運営され、さらにそれと別に善堂が存在する[81]。上海の場合は多くの善堂が士紳たちによって設立され併存し、役割分担がされている。地方自治機構である上海工程局に繋がる同仁輔元堂、さらにはその前身である同仁堂もここまで網羅的な部局をかかえていない[82]。

この点で奉天同善堂への政府の関与の仕方は他地域とは異なっている。左宝貴しかり、王永江しかり、同善堂の歴史に名を刻んでいるが、私人の立場だけで関与したとはいえず、その立場を必要とされての関与といえる。特に王永江は警務処長と財政庁長さらには省長という立場から同善堂に対し、各役所の予算を割くことも行った。また軍衣を収容者のために軍や警察からもらい受けられた点も政府との太い関係がなければならない。実際にこの論考で使用したように同善堂から省公署へ提出された多くの檔案が存在しているのである。むしろ同善堂は政府が行政から切り離して活動させた外郭団体ともいえる。(83)

上海や天津と比べたときに、奉天の商業地としての発達は遅れをとる。このために善堂の始まりも遅く、民間の士紳だけで設立することは困難であったことが想像に難くない。だからこそ、左宝貴が設立の旗印となっている。慈善事業を支える層の薄さに比して、救済を必要とする流動する人々は他地域よりも多かった。また流動人口は都市外に出て馬賊になりうる辺境ならではの問題も存在した。以上のような奉天の立地条件は、救済と治安維持の両方を必要とし、さらにそれは完全な民間の機構では支えきれない。その結果、奉天同善堂は政府の強い影響力を必要とし、その庇護の下で中国国内においては特殊ともいえる発展を遂げたのである。

（3）都市化と同善堂

奉天同善堂のありようには、奉天という都市の近代都市化の諸相を見ることもできる。済良所における配偶者斡旋は慢性的な女性人口が不足していた東北において、ニーズのあった事業である。さらに、都市部であることで、ホワイトカラーともいうべき省政府や警察、兵工廠といった政府関連機関で給料をもらって働く人々が家庭を持つ際に、相手探しの対象としている点が興味深い。北京との違いを述べたが、この違いは都市としての層の薄い辺境の奉天が近代都市となる過程であったからこそ生じたことといえる。

同善堂の資金源となったものが新たに広がる都市域の不動産である点も、奉天の都市化があってこその現象である。最初に同善堂の設置された場所は、内城の外ではあるが、周辺に日本領事館やアメリカ領事館が位置する、光緒新政期以降に新しい施設が置かれていった場所である。さらに王永江・王有台時代に取得した不動産は北市場、工業区と張作霖政権下での開発が進んだ商業地であった。所有不動産が都市開発の過程で立ち退きにあった際にも、代替地としてこれらの政府による開発地区の不動産が与えられていた。慈善事業における資金問題は常につきまとうものではあるが、地価があがり、賃料を値上げしていくことが可能な不動産を所有していた。この点は、清末時期までの寄付や政府資金の投入にだけ頼っていた古い体質から抜け出した民国期都市化の波にのることができた事業といえる。

注

（1）夫馬進『中国善会善堂史研究』同朋舎、一九九七年。梁其姿『施善与教化』河北教育出版社、二〇〇一年（原版、台北経聯出版公司、一九九七年）。

（2）同右、梁其姿『施善与教化』附表三三三―三六七頁。

（3）同右、一三五頁。

（4）同右、二頁。

（5）前掲、夫馬進『中国善会善堂史研究』六八二―六九三頁。

（6）周秋光『近代中国慈善論稿』人民出版社、二〇一〇年、帆刈浩之『越境する身体の社会史――華僑ネットワークにおける慈善と医療』風響社、二〇一五年。

（7）医療に関する部分に焦点をあてたものとしては、焦潤明・孟健「論民国年間奉天的民間慈善救助」（『東北史地』二〇〇八年第五期）。李巨石「奉天同善堂医療与療養機構考略」（『中医薬学刊』第一九巻第四期、二〇〇一年八月）。

（8）同善堂を総合的に取り扱ったものとしては、荊傑「近代奉天同善堂救済事業述略（一八八一―一九三一）」（『歴史教学』二〇〇総第六二五期、二〇一一年第一二期）。本章でも注目する王有台をとりあげたものとしては、郭精宇・趙煒「王有台与奉天同善堂」（『黒竜江史志』二〇一四年第九期）。また同善堂を扱った修士論文としては、趙煒「官民之間――奉天同善堂（一八八一―一九三一）性質演変深析」（吉林大学、碩士論文、二〇一五年）、曹岩「清末民初奉天同善堂慈善救助研究（一

八八一—一九三一)」(遼寧大学、碩士論文、二〇一四年)。

(9) 「左忠壮公冠廷其初僅有牛痘局以防夭札、義学館以迪童蒙、嗣以振救餓民於是設同善堂粥、復慮窮無告者之失養於是設棲流所育嬰堂、而慈善之事事業略備」『六七八年報告書』本部一頁。

(10) 『六七八年報告書』牛痘局一頁。

(11) 同右、棲流所一頁。

(12) 断りのない限り『六七八年報告書』本部二—四頁。

(13) 光緒新政下での改組以前は「原直隷軍署」とされており、盛京将軍の管理下にある形がとられている。前掲『六七八年報告書』本部二頁。

(14) 「俄人防疫驚擾居民始経本堂首出自籌創辦費開辦」『六七八年報告書』同善施医院一頁。

(15) 『大同元年要覧』三一頁。

(16) 王永江「同善堂記」(古屋誠一『奉天同善堂調査報告書』(南満洲鉄道株式会社庶務部社会課、一九二七年)二三—二四頁所収)。

(17) 『東三省政略』巻五官制、奉天省一四丁二三丁(長白叢書版、上、八三八頁)。

(18) 育嬰堂は光緒三二年当時女児が二名養われているのみで、この女児を養育担当者の自宅で世話をさせることにし、建物は初等女学堂とすることになった。JC一〇-一二四一五「同善堂呈為育嬰堂」(光緒三二年七月)。

(19) 『六七八年報告書』本部二—三頁。

(20) 前掲、古家誠一『奉天同善堂調査報告書』一〇七—一〇八頁。

(21) 前掲、王永江「同善堂記」。

(22) 『奉天通志』巻一四三、民治二、警察三丁(東北文史叢書版、三巻、三二六五頁)

(23) 王有台の略歴は『六七八年報告書』本部一三頁、田辺種治郎編『東三省官紳録』(東三省官紳録刊行局、一九二四年)一〇三頁。生まれ年については、『六七八年報告書』で四五歳とされていることから判断した。郭精宇・趙燁の研究によれば医術の心得もあったとしている。前掲郭精宇・趙燁「王有台与奉天同善堂」参照。

(24) JC一〇-一八〇三二「奉天同善堂収支員裴煥辰呈控堂長張華林営心肥已事」(一九一七年四月)。

(25) 『九十十一年報告書』所収の同善堂本部及各部沿革表(堂本部一〇—一三頁)および付表「同善堂各部及附辦各部分隷機関統系及擬将来組合図」によって、監督官庁との関係づけがされたことがわかる。また具体的な慈善活動をする部局のほかに民国八年には粥糧籌備処が設立されている。多くの部局をかかえるようになった同善堂が糧食用の米をまとめて購入するために設けた。
(26)『六七八年報告書』同善孤児院一頁。
(27)前掲、古家誠一『奉天同善堂調査報告書』一〇七頁。
(28)『六七八年報告書』附属嗎啡療養所一頁。
(29)同右、本部四頁、附属省立教養工廠一―二頁。
(30)『九十十一年報告書』堂本部一一頁、前掲、古家誠一『奉天同善堂調査報告書』一一四頁。
(31)同右、『九十十一年報告書』堂本部一二頁、同右、古家誠一、四三頁。
(32)運棺については前掲、帆刈浩之『越境する身体の社会史』第三章第一節(九四―一一四頁)参照。
(33)前掲、古家誠一『奉天同善堂調査報告書』四九―五一頁。
(34)『九十十一年報告書』堂本部一一頁、善実業女学校乃沿革。
(35)同右、堂本部一一頁、前掲、古家誠一『奉天同善堂調査報告書』九二頁。
(36)同右、古家誠一『奉天同善堂調査報告書』八九頁。
(37)『九十十一年報告書』堂本部一三頁、前掲、古家誠一『奉天同善堂調査報告書』一〇六頁。ただし古家の報告では楊守貴ではなく楊生守となっている。
(38)古家による報告では、貧民習芸所・省立教養工廠・珠林寺の収支報告が掲載されている。前掲、古家誠一『奉天同善堂調査報告書』珠林寺は五二―五四頁、省立教養工廠は一〇三頁、貧民習芸所は一一一頁。
(39)古家は教養工廠の成立を民間の慈善機関として創立としているが(前掲、古家誠一『奉天同善堂調査報告書』九四頁)、棲流所の運営停止にかわっての開設であり、社会事業として行政の関与があったと考えられる。本書第十章参照。
(40)JC一〇‐一二四〇五「為査明趙前堂長与歴任余多及遺失巻宗情形」(一九三〇年五月二三日)。
(41)JC一〇‐一二四二三「奉令籌設遼寧省会及各市県地方救済院情形」(一九二九年四月一一日)。
(42)JC一〇‐一二四〇四「一九三〇年五月一七日内政部咨」。
(43)注(41)に同じ。
(44)JC一〇‐一二四二六「本府改組同善堂為救済院辦法(一九三〇年一月一八日)」。
(45)『大同元年要覧』一五頁。
(46)注(41)に同じ。
(47)『大同元年要覧』一七―一八頁。

(48)『大同元年要覧』には「奉天市同善堂恢復旧名改組成立紀念会紀撮影大同元年六月五日」と題された写真が掲載されている。
(49)『康徳六年要覧』一一頁。
(50)同右、二七頁。
(51)同右、一四頁。
(52)遼寧省檔案館蔵の日偽資料『奉天同善堂助産士学校学籍簿』（一九四八年時点）の記録による。
(53)ＪＣ一〇‐一二四〇七「同善堂呈為本堂各部性質不同移転管轄似宜分明隷属」（一九二三年八月一四日）。
(54)同右。
(55)同右。
(56)作成されたことが確認されるのは、民国六年から民国一四年までで、王永江・王有台がそろって現役であった時期である。ただし、民国一二年、一三年、一四年の三ヶ年分の報告書については民国一五年一二月三〇日づけで堂長王有台名義の送り状をつけて奉天省公署に届けられているむね、奉天省公署檔案で確認できるが現物は見つからない。ＪＣ一〇‐一二四〇九「同善堂呈送民国一二年至一四年度事業報告書及奉天省長公署令」（一九二六年一二月三〇日）参照。
(57)ちなみに「満洲国」期には『同善堂要覧』と題された簡略化された報告書が残されている。大同元年、大同二年、康徳三年、康徳六年のものが確認される。大同元年版は東京大学教育学部に所蔵され、康徳六年版については『植民地社会事業関係資料集』としてリプリント版が出ている。大同二年版、康徳三年版については遼寧省檔案館に所蔵されている。
(58)ＪＣ一〇‐一二四〇七「同善堂呈為本堂各部性質不同移転管轄似宜分明隷属」（一九二三年八月一四日）において王有台は「十六部中範囲大小不同性質各異有在省会範囲内者如病丐療養所貧民収容所棲流所施医院牛痘局国民小学校六部」と述べ、貧民収容所を省会範囲内の活動とみなしている。
(59)祝璋撰文劉洪儒整理「旧社会瀋陽的妓院和妓女」『遼寧文史資料精萃　民族・華僑・社情』一九九九年、四九六頁（原載『遼寧省文史資料第三四輯　雑巴地旧憶』）。
(60)『九十十一年報告書』本部二九―三二頁。
(61)ＪＣ一〇‐一九五一三「呈為報遵令建築工業区妓館楼房現已工竣請核査銷事」（一九二四年八月二五日）。
(62)『九十十一年報告書』本部二六―二七頁。
(63)同右、本部二七―二八頁。
(64)『六七八年報告書』本部三五―三七頁。

(65) 同右、本部一九頁。
(66) 同右、本部一七頁。
(67) 同右、本部二〇頁。
(68) 同右、二〇頁。
(69) 同右、一六―二〇頁。
(70) 前掲、古家（一九二七）一〇八―一〇九頁。
(71) JC一〇‐一二四〇四「令同善堂為定期派員会査該堂財産飭知照」（一九二九年四月）。
(72) JC一〇‐一二四一三「査前任同善堂堂長王有台所有財産」（一九二九年一〇月三日）。
(73) JC一〇‐一二四二四「王有台函」（一九三〇年一月一八日）。
(74) JC一〇‐一二四二四「呈為補査同善堂王前堂長有台任内短少房間地畝及款項不清各情形繕具報告書」（一九三〇年一一月二四日）。
(75) 一九三二年に発行された要覧では同善堂の財政改革を行い、それまでの経済的に常に行き詰まっていた常態を脱したのは王有台の改革によるものと評価されている。前掲『大同元年要覧』二頁。
(76) 注（74）に同じ。
(77) JC一〇‐九一九「救済院基金管理委員会成立会議録」（民国一九年五月二日）。
(78) 芝罘の仁恵堂では貧民に無利子で資金を融通していた。前掲、古家誠一『奉天同善堂調査報告書』四頁。
(79) 田原豊「其後の奉天同善堂」『社会研究』第五巻第一号（一九二六年九月発行）五三頁。
(80) 同右、五四頁。
(81) 吉澤誠一郎『天津の近代』（名古屋大学出版会、二〇〇二年）「第七章　善堂と習芸所のあいだ」二二七―四八頁。張秀麗『民国北京婢女問題研究』（北京師範大学出版社、二〇一六年）三一四―三一九頁。前掲、夫馬進『中国善会善堂史研究』。
(82) 前掲、夫馬進『中国善会善堂史研究』「第一〇章上海善堂と近代地方自治」六一九―七〇七頁。
(83) 慈善団体としては特殊な同善堂ではあるが、政府の影響力の強さという点では、南京国民政府が全国に設置しようとした救済院と類似する。王有台時代にすでに同善堂は全省に展開することがめざされていた。ただし、南京国民政府内政部が救済院を訓政時期の地方自治の訓練のひとつと位置づけている点は奉天同善堂とはやや趣を異にする。奉天同善堂自体は自治機構の揺籃とみえる要素がここまで検討したなかからは発見できていない。同善堂および中国の慈善事業をめぐる問題については、他地域と比較しながら深めていく余地がある。

終章

一　奉天の近代

第一部では、奉天総商会の歴史を、清末の設立時期から満洲事変直前までの約二五三年にわたってみてきた。その前身は商工業者の互助的な集まりである公議会である。公議会は光緒新政下の改革により、経済界の組織化を目的として商務会に改組され、勧業道という政府の実業を管理する部門の指導を受けるようになった。これは民間の独自性に任せていた経済に政府が積極的に介入できるように行った組織改編だった。それでも基本的には、会長職は奉天の商工業者の中から選ばれた幹事の互選で選ばれ、商工業者の意見が、ある程度反映された。この幹事の選出は商会の章程に定められた、資本規模に基づく制限選挙だった。どのような立場の人物が幹事に選出されるかは、奉天経済界でどのような業種や勢力が力を持つかを反映し、ある程度は商会会員の納得のいく形で決めるようになっていたため、幹事たちの合意を得ずに、政権の指令で商会長を決めることはできなかった。しかし省政府は商会長の失態を責めることで辞任させたり、幹事選挙の規定を改めさせたりすることで、影響力を持とうとした。

政府の地域経済への関与の強化によって、商会の組織のありようは次第に変化していった。その変遷を整理すると、公議会時代は、経済界のリーダーは、山西系の金融業者、山東系の絲房が中心的存在だった。公議会が商会に改組される時期は、奉天官銀号が設立され、金融業界の再編時期でもあった。そのため、民間金融業者が衰退し、幹事の中から金融業者が減少した。この時期は混乱期、安定期、変革期と区分した商会の歴史のうち、混乱期（一九〇五―一九一一年）にあたる。その後、一九一一年から一九二四年が安定期である。この時期には民間金融業者にかわって雑貨輸移入に携わった絲房が経済界で発言力を持った。その背景は第一次大戦後に工業の発展した周辺地域からの軽工業品の輸移入の拡大だった。一九二四年初頭には、絲房を中心とした雑貨商が商会幹事の過半数を占めていた。ところが、一九二四年五月絲房の支持を得ていた商会長が失脚し、張作霖政権の強い後ろ盾により、マッチ工場やビール・ソーダ工場を経営する張志良が商会長に選出された。安定期のおわりには、張作霖政権は近代的な工業を育成し、その経営者たちが奉天経済界のリーダーシップをとることを期待した。その結果、商会内のガバナンスに変化が生まれ、変革期が到来した。政府系金融機関である東三省官銀号の附帯事業経営者や張志良の後継者、そのほか政府の経済政策の期待に応える近代的工業の経営者が商会長職についた。政府と密接な関係を持つ商会長の誕生は、絲房の経済界における政治力の減退でもあった。商会内では絲房が代表するような輸入業よりも製造業が影響力をもち、国貨運動（国産品製造販売運動）を積極的に推進し、日貨ボイコットなど外交に影響する発言も行うようになった。変革期に商会を揺さぶったものは、それにとどまらなかった。一九二八年に張作霖が殺され、後をついだ張学良が南京国民政府への合流を選択したことで、商会の機構も影響を受けることになった。そこには奉天総商会が望まない改革も含まれていた。張作霖時代に弱小手工業資本を工会としていったん商会から切り離して組織していたが、商会との間でしばしば対立が生じ、結局は商会内に再併合した経緯があった。これに対して、国民政府は工会を商会から切り離すことを求めた。奉天経済界の指導層は工会の独立を好まず、その結果「東三省の特殊な事情」を口実に改組が遅れ、国民政府の指示どおりの商会が完成を見る前に満洲事変を迎えることとなった。

第二部では、第一部で対象とした奉天総商会をとりまく奉天経済界の分析を行った。清末には同郷に根ざした伝統的な人的結びつきを重視した商工業者が経済界の中心にあった。一九二〇年代に張作霖が掌握し東北全域に影響力を持つ頃になると、彼らは経済界での地位を後退させていった。かわって影響力を増したのが近代的な商工業の経営者達であった。この時期の近代的商工業は、権力による動員を特徴とする。動員は経営陣や従業員といった人材だけでなく資本・原料・販売ルートも対象とした。近代的商工業の育成には政府が力を入れており、半官半民企業のために、政府の命令伝達ルートを通じた出資呼びかけや原料買い上げがされ、販売促進活動が行われた。また私営企業でも、政府関係者の出資や政府系金融機関の出資をうけた。

奉天経済界におけるこのような変化の背景には、それを可能にした東北全域に広がる経済構造の変化があった。清朝末期の光緒新政による改革以前、東北地域には交易拠点である都市を中心とした複数の私帖流通圏が存在し、私帖発行能力のある金融業者、特産物を取り扱う糧桟、雑貨小売商のネットワークが存在していた。これが官銀号の登場によって、複数の私帖流通圏はほぼ一つの省を流通圏とする政府系金融機関の紙幣流通圏に統合された。さらに、聯号による広範なネットワークをもった糧桟金融業を兼営する有力商店を、張作霖政権が紙幣の投機的売買を口実に取り締まったことで、東三省官銀号およびその影響下にある「官商筋」糧桟が優越する状況へと整序された。産地から集散地へと吸い上げる特産物流通網を政府系「官商筋」糧桟が掌握し、買い付け資金を貸与する官銀号のネットワークが東北中に広がることで、特産物からの富を政府が吸収することを可能にした。この蓄積された富は、政権との関係が深い資本家による近代的工業に投資された。この結果、都市奉天の経済界におけるリーダーシップは、前近代以来の実績をもつ山西系金融業者および山東系絲房から、政府の支援をうけた近代的工業経営者へと変わっていった。この変化は、伝統的な商工業者から近代的な商工業者への奉天経済界の主軸の交代であり、資本と資本家という形式の企業の登場でもあった。さらに注目すべきは、この背後に水平的な人的ネットワークが重視される社会から、権力による垂直的な上意下達が重視される社会への変化が存在していることである。

従来の研究でとりあげられてきた人目をひく張作霖や張学良を中心に描かれる奉天の政局を波涛とすれば、第一部でとりあげた商会を中心とした経済界のかけひきは、政局に影響し影響をうける波涛の下のあわだつ水であり、第二部でとりあげた経済状況はその水を潮流としてとらえたものである。さらに第三部で行った作業は水質を測るような作業である。社会の変化は、経済状況そして政局との間の影響関係なくしてありえないが、一見してわかる関連付けが困難である。第二部でみたような、モノ・カネの大きな変化があったこと、そして何度か言及したように関内からの大量の移民の存在は、東北における人間関係のとり結び方や社会に質的変化をもたらした。この観点から、拡大しつづける奉天の都市社会が後続の移民へどう対応したかという切口から社会の分析にとりくんだのが第三部である。

対象として選んだ同善堂は奉天に流入した行き場のない人々を一時的に収容した。収容者としては、冬期の活動が困難な時期を同善堂で過ごし、春になると仕事をもとめて出て行く出稼ぎ予備軍、妓楼や富裕階級の家に身売り同然にひきとられ働かされるなか虐待をうけ逃げてきた女性、捨てられた乳幼児、浮浪者、労働力として期待できない老人や傷病者などがあげられる。

このような収容者のうち、女性に対しては、収容中には読み書きや家政を教え、配偶者を求める男性に嫁がせ、家庭内に居場所を見つける支援を行った。また乳幼児にも教育をほどこし、養子ひきとりの申し出を受けていた。浮浪者に対してもモルヒネ中毒などであればその回復を助け、その後に手仕事を教えて生活手段を身につけさせた。ここからわかることは、同善堂の活動とは都市に居場所を見つけられない人々を社会のなかに定置させる事業といえる。

同善堂の保護する対象は、身寄りのない老若男女であった。この身寄りのないものとは、移民のうちで奉天に頼るべき人間をもたない人々ということになる。中国社会はヒトの移動が頻繁であり、国内さらに近代以降は国外へ移動する人々の間では、同郷ネットワークに支えられて異郷への移動が保証されてきた。故郷を離れた人々は移動先に同郷会館や同郷会を形成し、そこを拠点に後からくる人々に衣食住や仕事のサポートがなされた。移民を送り出す地域には、そのような同郷組織の存在が頼るべき先として伝えられていた。これに対して、同善堂に身を寄せる人々はこの同郷人によるセーフティネットから漏れてしまう存在であった。彼らは同郷会が形成されていない、あるいはそのような組織が存在するという情報を与えられていない人々であった。

このような移民が発生していること自体が、近代の都市の問題である。列車によって長距離移動が容易になったこと、東北の好景気が広く伝えられるようになったことなどが牽引車となって、それまで移民を送り出していなかった地域からも、東北を目指す者が現れた。また、出稼ぎ労働者が多く、女性人口の不足していたことから、花街での女性の需要が生まれ、上海周辺や北京周辺から東北へと売られる者が増加した。この男女比の不均衡ゆえに、配偶者を得ることができない男性も多数いた。出稼ぎ労働者は冬期には帰省することも多いため、多くは郷里に家庭を持っていた。これに対して、都市での給与所得で生活する公務員や軍関係者などは都市で生活し続けるうえで家庭を持とうとした。その際に、相手が見つからない場合に、同善堂に収容されている女性をもらい受ける男性もいたのである。前近代の女性を収容した慈善団体は、寡婦の貞節を守ることを支援することが慈善として成立していた。これに対して、奉天ではかつて花街で生活していた女性を家庭に入れることを支援しており、貞節という儒教道徳は姿を消している。また、伝統的な中国社会の結婚においては仲人の存在が重要であるが、ここには紹介者は介在しない。伝統的な価値観に基づけば、人的ネットワークを介して男女双方が釣り合うという保証をもって行われていた婚姻が、同善堂の事業に頼る形でなされている。

経済界において、リーダーシップをとる層が交替した時期に、移民社会で人の移動をサポートする機能がこれまでの会館や同郷会だけでは不十分となっていることがわかる。一九〇六年から一九三一年の奉天で生じていたことは、表面的には東北地方政権の近代モデルにもとづく改革により、産業の近代化がすすみ、経済界のリーダーが交替することであった。しかし、その経済構造の変化は都市化を促進し、同郷・同業などのネットワークに依拠した一見非効率的だが信用に基づいた人間関係による助け合いが、企業や公共サービスに代替されていった。これは言い換えれば、それまでの個人的な繋がりを重視した社会が効率重視へと変わっていったということでもある。

東北に流入した移民は鉄道・鉱山・工場・農村といった労働の場をみつけ、東北経済の発展を支え、政権はより近代的な発展をめざすべく官銀号を通じて吸い上げた富を近代産業に投下した。またそのような経済を支える機構としての政府機能も拡大するなかで、都市には給与所得者が増加した。インフラ整備にも資金が投入され、都市域は拡大し繁栄は目に見える形となった。その繁栄は東北外から仕事を求める人々を引き寄せた。しかし、近代になって増加したこれらの流入者は、前近代の口コミによるつながりが希薄なために、従来型の互助サービスを受けられず、セーフティネットを持っていない。都市社会においては、都市に不慣れな社会的弱者を受け入れるセーフティネットの役割を省政府の支援下で運営される同善堂が担っていたのである。配偶者や養子先の手配を行うことによって都市民の家族の再生産を支援し、移民が多数を占める社会を支えることにもなった。そしてその同善堂の活動費は都市域の拡大によって得られた工業区や商業地の不動産からの家賃収入が大きな部分を占めていた。

移民労働力が産業の成長を支え、成長した産業の富を権力が吸い上げ、都市インフラも含めた移民社会の整備を行い、その繁栄がさらに移民を呼びよせた。このサイクルによって近代東北地域は成長し続け、軍事力を高め中国における地位を高めた。この循環を回すには政府の介在は避けられない。

近代とはどのような時代かを高校の世界史教科書に依拠すれば、産業革命を経て工場制機械工業が成立し、市民が参政権を持つ市民社会が生まれつつある時代と説明することができる(1)。参政権は公共空間における民間の議論のなかで要求が高まり獲得される。しかし奉天において近代は権力の強力な指導抜きにして語れない。それは自発的に生まれつつある公共空間を抑えこむ強さであった。奉天では、近代化に向けて社会資本を再編するために、社会の様々な部分に政府の希望する方向性をくみ取っていく権力性を帯びた存在が必要だったといえる。

二　権力と公共空間

このような権力性を有した存在の典型例が、第一部でとりあげた張志良である。彼のような政府内に職を持ち、退職後も政府との太いパイプを有してそれを自己のビジネスに活用する存在は、従来は官僚資本と呼ばれて来た。あるいは巷間に膾炙する表現を使えば御用商人とも呼べる存在である。本書ではこれを権力性商人と表現してきた。

この権力性なるものは経済人だけに見られるものではない。本書で取り上げた人物のうち、張志良と似た動きをした存在として王有台をあげることができる。一九一七年より同善堂堂長を務めた王有台は王永江の支援を受けて、同善堂の財政再建を果たした。寄付を集める、軍や警察の古着の供与を受ける、立ち退きにともなう代替地の斡旋を受けるなどの場面において、張作霖政権の持つ権力が利用されている。その意味で権力性社会事業家といえよう。

張志良や王有台のような人物が社会のどの領域にいるかを見ることは、権力が社会のどの領域にコミットし影響力を持ち得ているかを判断する目安となる。王有台の就任が一九一七年、張志良が一九二四年という点で、商会への権力の影響行使の方が同善堂よりも遅い。この違いはどこからくるのだろうか。

商会に結集する商人もほとんどが奉天においては移民である。しかし幇を重視し数代続く老舗は、同じ地域からやってくる人材によって、奉天の店舗が維持され、店員たちは年をとれば帰郷する。このような商店員は中長期の安定した出稼ぎ形態をとる移民である。彼らは同郷・同業集団を有し、それに基づくコミュニティを形成しており、その自主的運営が行われている。出稼ぎ先での生活の確立に政権の保護は必要なく、彼らの生活圏で政府の存在感は小さい。そのため政権の打ち出す政策に対する対応は冷ややかであった。これに対し、同善堂に集まる人々はばらばらな移民である。コミュニティや救済してくれる同郷集団にアクセスできない者であった。また代弁者や互助組織を作り上げるほどのまとまりが生まれるだけの集団としての厚みがない。両者のありようは移民研究一般でいうオールドカマーとニューカマーの構図に比定することができる。移民の歴史的蓄積の中で形成された同郷団体という結集の軸をもつ人々と、その移民グループには交じっていかないグループの併存する状況である。

ニューカマーをケアするコミュニティはこの段階では不十分であったため、政府の支援の下で作られたセーフティネットである同善堂にニューカマーは救済され、政府が描く社会像に合致する形で定置できるよう教育をうけている。その運営を行うのが権力の意向に沿える権力性社会事業家といえる。近代の奉天において権力はばらばらなコミュニティ形成以前の社会の下層にいる存在には早い内から影響力を持ち得ている。

他方、オールドカマーたちは同郷団体のコミュニティを通じて故郷とつながり続け、そのネットワークに乗って次世代の移民もやってくる。そこでは政府の助けは不要となり、政府の目指すものよりも自分たちがこれまでやってきたことが優先される。ゆえに商会に政権の意向を体現できる存在が場所を得るには社会事業よりも時間を要した。いわゆる中間層ともいうべき部分については権力の影響力行使は容易ではないといえる。

商会や善堂について言及される際に、議論されるのが社会の中の公共空間の形成への商会や善堂の貢献である。この点について、結論からいえば奉天においては、商会や善堂への権力の影響力の拡大は奉天における公共空間の成長を阻害するようになる。清末の公議会から商会への改組、抗房捐運動などでは商人たちの意見が集約され、政府に意見を表明し部分的な妥協を引き出すこともあった。また商会自体の機能には倒産処理や消防団である水会の運営という都市の公共の利益に資する活動があり、都市民への還元が行われている。都市民すべてが商人ではないが、商人は奉天の都市社会の大きな部分を占めている。奉天総商会はかれらの意見をとりまとめるという公共空間の機能を有していた。しかし一九二四年の張志良商会長就任の段階で、商会による公共空間形成は鈍化した。下から上への意見表明の機能以上に、上から下への政策が徹底されるようになった。たとえば奉天総商会は一九二二年には奉天紡紗廠の株式引受をしていないのに、張志良会長就任後の一九二八年には奉天紡紗廠の株式を引き受けるなど政府の経済政策実施を支援していた（表8‐3参照）。

同善堂について見れば、十二章でみたような特徴に加え、関内の歴史ある善堂と比べると、運営が堂長に集中している点が大きく違う。上海の善堂であれば董事とよばれる世話人や幹事のような存在があり一定程度の合議がなされている。しかし、同善堂には職員はいても董事はなく、堂長と監督官庁とのやりとりばかりが目立っている。同善堂は政府の公共事業の代行として事業を拡大していくなかで、公共空間として育つ機会がなかった。

東北は列強との政治的駆け引きがあり、東北の富をめぐる競争が経済問題として存在した。またその富を生産する移民は社会問題を生み出した。これらにとりくむ現場は、奉天ひいては東北全域の支配に担保された権威をもつ政権の権力を流用することでリーダーシップを発揮し、課題解決にあたった。時代が下り、課題が大きくなるにつれて権力の社会への浸透も深まった。同時に一地方政権でありながら、中央政府の権威が弱いことで、地域社会への直接的で強力な影響力が行使された。つまり、強い奉天中心主義によってその権威が保たれ、奉天の近代化を推し進め得たといえる。

三　奉天と日本人

最後に、都市奉天の中国人社会と日本人について触れておきたい。都市空間として奉天の拡大においては、満鉄およびその附属地の存在は大きな要素となっている。また奉天において関東軍は日本の勢力拡大のために張作霖の爆殺を企て、満洲事変を引き起こしている。この点で、日本が奉天の歴史に与えた影響は大きい。しかし、本書で取り上げた事例のなかには意外なほど日本人の姿が見られない。中国人社会を描くために、満鉄の調査報告書や日本側の奉天商工会議所の刊行物も利用し、日本人の目を通した情報からも中国人社会の姿をとらえることは可能である。しかし、逆に中国人の残した記録をもとにこの時期の奉天の日本人の姿をとらえることは難しい。多くの中国人にとっては、日本人は日常の関心の外にあるといっていいだろう。総商会では、第四章でとりあげたように日本は一九二〇年代後半に奉天全体の経済において中国の権益を侵す存在として意識されている。また第一二章冒頭にとりあげた女性を満鉄駅前の妓楼から救い出すにあたって、日本側官憲との無用の衝突を避けるために私服警官を使う事例のように、日本の勢力圏として満鉄附属地が認識される。このように日本人の存在が奉天の地域社会から意識されるのは、政策や行政区分とかかわる場面においてなのである。

満洲事変後に奉天が「満洲国」の首都には選ばれなかったことも、日本人が奉天の地域社会の主要なアクターになれていなかったことと無縁ではない。『満洲国建設大要』には奉天を避ける理由を以下のように述べている。「奉天は二十余年間極端なる暴政を行ひたる軍閥の根拠地たりし、と同時に革命外交を行いたる中心地たる関係上、王道政治の施行、諸民族の共存共栄を使命とする新国家に於ては、之等旧来の陋習に捉わるるの虞ある地を避け（読点筆者）」たいというのである。(1) 軍閥の根拠地とはつまり、張作霖・張学良政権の権力に反応する権力性を帯びた存在が社会にあることが、日本側にとって統御しにくいものとして目に映ったのであろう。しかしそれだけではなく、「旧来の陋習」と表現されるような地域社会の論理を刷新して、地域社会に日本人が参加することは困難であるという認識もあったといえる。

一九二〇年代に奉天を旅した文人たちの紀行文からは、中国人店員や人力車の車引などとのふれあいが描かれているが、日本人はあくまで客分でしかないことがありありと伝わってくる。妓楼をひやかそうとしても、まったく相手にされていない。(2) 少なくとも本書で扱った一九三一年までは奉天はあくまで中国人の町なのである。

注

（1）二〇一六年検定済の山川出版社版『詳説世界史』であれば第一〇章の冒頭で近代世界成立の契機産業革命とアメリカ独立革命・フランス革命としている。

（2）「第七 満洲国の首都」ＪＡＣＡＲ（アジア歴史資料センター）Ref.C13010017000満洲国建設大要（防衛省防衛研究所）

（3）林芙美子「哈爾賓散歩」（『世界紀行文学全集11　中国Ⅰ』修道社、一九七一年）四五一―四五二頁、里見弴「満支一見」（『世界紀行文学全集11　中国Ⅰ』修道社、一九七一年）四〇六頁。

参考文献一覧

論文・著作

【日文】五十音順

足立啓二「大豆粕流通と清代の商業的農業」（『東洋史研究』第三七巻第三号）

荒武達朗『近代満洲の開発と移民──渤海を渡った人びと』汲古書院、二〇〇八年

蘭信三『「満州移民」の歴史社会学』行路社、一九九四年

生田美智子『満洲の中のロシア』成文社、二〇一二年

生田美智子編『おんなたちの満洲──多民族空間を生きて』大阪大学出版会、二〇一五年

石川亮太『近代アジア市場と朝鮮』名古屋大学出版会、二〇一六年

石田興平『満洲における植民地経済の史的展開』ミネルヴァ書房、一九六四年

石濱知行『清郷地区』中央公論社、一九四四年

上田貴子「一九二六年哈爾濱における自治権回収運動と地域社会──地域エリートと国際性」（大阪外国語大学言語社会学会『EXORIENTE』第五号、二〇〇一年八月）

上田貴子「東北アジアにおける中国人移民の変遷　一八六〇─一九四五」（蘭信三編著『日本帝国をめぐる人口移動の社会学』不二出版、二〇〇八年）

衛藤安奈「国家権力と流動人口─清末民初の乞食管理問題にみる国家権力、管理、「公共空間（圏）」」（小嶋華津子・島田美和編著『中国の公共性と国家権力──その歴史と現在』慶應義塾大学出版会、二〇一七年）

江夏由樹「清末の時期、東三省南部における官地の丈放の社会経済史的意味─錦州官荘の丈放を一例として」（『社会経済史

学』第四九巻第四号、一九八三年一〇月）
江夏由樹「旧奉天省遼陽の郷団指導者、袁金鎧について」（『一橋論叢』第一〇〇巻第六号、一九八八年一二月）
江夏由樹「旧錦州官荘の荘頭と永佃戸」（『社会経済史学』第五四巻第六号、一九八九年三月）
江夏由樹「旧奉天省撫順の有力者張家について」（『一橋論叢』第一〇二巻第六号、一九八九年一二月）
江夏由樹「奉天地方官僚集団の形成─辛亥革命期を中心に」（『一橋大学研究年報経済学研究』第三一号、一九九〇年）
江夏由樹「近代中国の旧奉天省地方権力と地域エリート」（『歴史学研究』第六五一号、一九九三年一〇月）
江夏由樹「辛亥革命後、旧奉天省における官地払い下げ──昭陵窰柴官甸地の場合」（『東洋史研究』第五三巻第三号、一九九四年一二月）
大野太幹「満鉄附属地華商商務会の活動──開原と長春を例として」（『アジア経済』第四五巻第一〇号、二〇〇四年）
大野太幹「満鉄附属地華商と沿線都市中国商人──開原・長春・奉天各地の状況について」（『アジア経済』第四七巻第六号、二〇〇六年）
岡田英樹『文学にみる「満洲国」の位相』研文出版、二〇〇〇年
尾形洋一「易幟後の東北に於ける国民党の活動に就て」（早稲田大学史学会『史観』第九一冊、一九七五年三月）
尾形洋一「瀋陽における国権回収運動──遼寧省国民外交協会ノート」（『社会科学討究』第二五巻第二号、一九八〇年一月）
尾形洋一「奉天の歴史的変遷に関するノート」（早稲田大学文学部東洋史研究室編集『中国前近代史研究』雄山閣出版、一九八〇年）
金子肇「商民協会と中国国民党（一九二七─一九三〇）──上海商民協会を中心に」（『歴史学研究』第五九八号、一九八九年一〇月）
金子文夫『近代日本における対満州投資の研究』近藤出版社、一九九一年
金美花『中国東北農村社会と朝鮮人の教育』御茶の水書房、二〇〇七年
倉橋正直「営口の公議会」（『歴史学研究』第四八一号、一九八〇年六月）
郭志華「一九二〇年代後半東三省における「奉天票問題」と奉天軍閥の通貨政策の転換──為替市場の構造と「大連商人」の取引実態を中心に」（『アジア経済』第五二巻、二〇一一年八月）
康越『国民政府形成期における東北地域政治──東北政務委員会の制度化過程を中心に』博士学位論文、大阪外国語大学、

二〇〇一年
小浜正子『近代上海の公共性と国家』研文出版、二〇〇〇年
阪本秀昭編著『満洲におけるロシア人の社会と生活』ミネルヴァ書房、二〇一三年
里見弴「満支一見」(『世界紀行文学全集一一　中国Ⅰ』修道社、一九七一年)
澁谷由里『張作霖政権の研究——「奉天文治派」からみた歴史的意義を中心に』博士学位論文、京都大学、一九九七年
澁谷由里「奉天省における革命の「挫折」——地方軍維持経費をめぐる考察を中心にして」(『近きに在りて』第三九号、二〇〇一年八月)
澁谷由里『馬賊で見る「満洲」』講談社メチエ、二〇〇四年
澁谷由里『「漢奸」と英雄の満洲』講談社メチエ、二〇〇八年
鈴木仁麗『満洲国と内モンゴル』明石書店、二〇一二年
周藤吉之『清代満洲土地政策の研究』河出書房、一九四四年
高岡熊雄・上原轍三郎『北支移民の研究』有斐閣、一九四三年
田原豊「其後の奉天同善堂」(『社会研究』第五巻第一号(一九二六年九月)
寺田隆信『山西商人の研究』東洋史研究会、一九七二年
張暁紅『近代中国東北地域の綿業——奉天市の中国人綿織物業を中心として』大学教育出版社、二〇一七年
陳來幸「中華民国初期における全国商会聯合会について」(『富山国際大学紀要』第二号、一九九二年三月)
陳來幸「一九一五年商会法の成立について——近代中国ブルジョアジー評価への一視角」(『富山国際大学紀要』第三号、一九九三年三月)
陳來幸「民国初期における商会の改組と商民統合」(神戸商科大学『人文論集』第三三巻第四号、一九九八年三月)
陳來幸『近代中国の総商会制度——繋がる華人の世界』京都大学学術出版会、二〇一六年
塚瀬進「中国東北綿製品市場をめぐる日中関係——一九〇七—一九三一年」(中央大学人文科学研究所『人文研紀要』第一一号、一九九〇年八月)
塚瀬進「日中合弁鴨緑江採木公司の分析」(『アジア経済』第三一巻第一〇号、一九九〇年一〇月)
塚瀬進『中国近代東北経済史研究——鉄道敷設と中国東北経済の変化』東方書店、一九九三年

中見立夫『「満蒙問題」の歴史的構図』東京大学出版会、二〇一三年
西村成雄『中国近代東北地域史研究』法律文化社、一九八四年
西村成雄「張学良政権下の幣制改革——「現大洋票」の政治的含意」（『東洋史研究』第五〇巻第四号、一九九二年、三月）
西村成雄「日本政府の中華民国認識と張学良政権——民族主義的凝集性の再評価」（山本有造編『「満洲国」の研究』京都大学人文科学研究所、一九九三年）
西村成雄「中国域内「周辺部」における通貨統合——満州事変前夜の「哈大洋票」」（松田武・阿河雄二郎『近代世界システムの歴史的構図』渓水社、一九九三年）
西村成雄『張学良——日中の覇権と「満洲」』岩波書店、一九九六年
西村成雄「中国東北における釐金廃止・営業税新設政策と日本奉天商工会議所——「満洲事変」前夜の日中経済関係の一側面」（衛藤瀋吉編『共生から敵対へ——第四回日中関係史国際シンポジウム論文集』東方書店、二〇〇〇年）
朴敬玉『近代中国東北地域の朝鮮人移民と農業』御茶の水書房、二〇一五年
林芙美子「哈爾賓散歩」（『世界紀行文学全集一一　中国I』修道社、一九七一年）
広川左保『蒙地奉上』汲古書院、二〇〇五年
深尾葉子「満洲に生きた漢人女性——魂の植民地化・脱植民地化という視点から」（生田美智子編『おんなたちの満洲：多民族空間を生きて』二〇一五年）
夫馬進『中国善会善堂史研究』同朋舎、一九九七年
帆刈浩之『越境する身体の社会史——華僑ネットワークにおける慈善と医療』風響社、二〇一五年
松重充浩「「保境安民」期における張作霖地域政権の地域統合策」（『史学研究』第一八六号、一九九〇年三月）
松重充浩「張作霖による奉天省権力の掌握とその支持基盤」（『史学研究』第一九二号、一九九一年六月）。
松重充浩「奉天における市政導入とその政策意図について」（今永清二編著『アジアの地域と社会』勁草書房、一九九四年）
松重充浩「国民革命期における東北在地有力者層のナショナリズム——奉天総商会の動向を中心に」（『史学研究』第二一六号、一九九七年七月）
松重充浩「一九二八年奉天総商会会董改選紛糾問題と省政府の関与——遼寧省档案館所蔵奉天総商会関係档案史料の可能性について」（平成九年度～平成一一年度科学研究費補助金〔基盤研究（A）（二）〕研究成果報告書『近代中国東北にお

ける社会経済構造の変容』研究代表者江夏由樹、二〇〇〇年三月）
松野周治「東アジアの金融連関と対満州通貨金融政策」（小野一一郎・吉信粛編『両大戦期のアジアと日本』大月書店、一九七九年）
松本俊郎『「満洲国」から新中国へ——鞍山鉄鋼業からみた中国東北の再編過程一九四〇—一九五四』名古屋大学出版会、二〇〇〇年
水野明『東北軍閥政権の研究』国書刊行会、一九九四年
三宅理一『ヌルハチの都——満州遺産のなりたちと変容』ランダムハウス講談社、二〇〇九年
宮脇賢之介「中国游民と農村社会」（『現代支那社会労働運動研究』平凡社、一九三二年）
安冨歩「大連商人と満洲金円統一化政策」（『証券経済』第一七六号、一九九一年六月）
安冨歩『「満洲国」の金融』創文社、一九九七年
安冨歩・深尾葉子編『「満洲」の成立——森林の消尽と近代空間の形成』名古屋大学出版会、二〇〇九年
山田賢『移住民の秩序』名古屋大学出版会、一九九五年
山本有造編『「満洲国」の研究』京都大学人文科学研究所、一九九三年
山本有造『「満洲国」経済史研究』名古屋大学出版会、二〇〇三年
山室信一『キメラ——満洲国の肖像（増補版）』中公新書、二〇〇四年
吉澤誠一郎『天津の近代——清末都市における政治文化と社会統合』名古屋大学出版会、二〇〇二年

【中文】拼音順
曹岩「清末民初奉天同善堂慈善救助研究（一八八一—一九三二）」遼寧大学、碩士論文、二〇一四年
池子華『中国近代流民（修訂版）』社会科学文献出版社、二〇〇七年
陳宝良『中国流氓史』中国社会科学出版社、一九九三年
董守義主編『遼河文化叢書』全一二冊、遼海出版社、二〇〇〇年
郭精宇・趙燁「王有台与奉天同善堂」（『黒竜江史志』二〇一四年第九期）
韓延龍・蘇亦工等著『中国近代警察史』社会科学文献出版社、二〇〇〇年

何文平「清末広東的盗匪問與政府清郷」（『中山大学学報（社会科学版）』二〇〇八年第一期）
胡玉海主編『奉系軍閥全書』全六冊、遼海出版社、二〇〇一年
焦潤明・孟健「論民国年間奉天的民間慈善救助」（『東北史地』二〇〇八年第五期）
荊傑「近代奉天同善堂救済事業述略（一八八一―一九三一）」（『歴史教学』総第六二五期、二〇一一年第一二期）
孔経緯・傅笑楓『奉系軍閥官僚資本』吉林大学出版社、一九八九年
孔経緯主編『清代東北地区経済史』黒竜江人民出版社、一九九〇年
孔経緯『新編中国東北地区経済史』吉林教育出版社、一九九四年
孔経緯『中国東北経済変遷』吉林教育出版社、一九九九年
雷慧児『東北的豆貨貿易（一九〇七―一九三一）』国立台湾師範大学歴史研究所、一九八〇年
梁其姿『施善与教化』河北教育出版社、二〇〇一年（原版、台北経聯出版公司、一九九七年）
李和承『清末民初東北民族資本中聯号的研究（一八六〇―一九三一）』修士学位論文、国立台湾師範大学、一九九二年
李巨石「奉天同善堂医療与療養機構考略」（『中医薬学刊』第一九巻第四期、二〇〇一年八月）
林建発『苦力――季節性移民与中国東北社会変遷（一八六〇―一九四〇）』博士学位論文、国立台湾師範大学、一九九九年
林満紅「日本殖民時期台湾與香港経済関係的変化―亜洲與世界関係係調動中之一発展」（台湾中央研究院『近代史研究所集刊』第三六期、二〇〇一年一二月）
林士鉉『清季東北移民実辺政策之研究』国立政治大学歴史系、二〇〇一年
李振東・石慶武主編『東北経済区経済地理総論』東北師範大学出版社、一九八八年
馬敏・朱英『伝統与近代的二重変奏――晩清蘇州商会個案研究』巴蜀書社、一九九三年
曲曉範『近代東北城市的歴史変遷』東北師範大学出版社、二〇〇一年
上田貴子「山東幇于東北的情況」（蔣恵民編『丁氏故宅研究文集』華文出版社、二〇〇五年）
宋則行主編『中国人口――遼寧分冊』中国財政経済出版社、一九八七年
孫鴻金『近代瀋陽城市発展研究』吉林大学出版社、二〇一五年
王鳳傑『王永江与奉天省早期現代化研究』吉林大学出版社、二〇一〇年
許雪姫訪問『日治時期在「満洲」的台湾人』中央研究院近代史研究所、二〇〇二年

楊余練・王革生・張玉興・李燕光・徐恒晋・馮年臻編著『清代東北史』遼寧教育出版社、一九九一年
虞和平『商会与中国早期現代化』上海人民出版社、一九九三年
張秀麗『民国北京婢女問題研究』北京師範大学出版社、二〇一六年
張志強『瀋陽城市史』東北財経大学出版社、一九九三年
張志強『東北近代史与城市史研究』社会科学文献出版社、二〇一三年
趙燁「官民之間——奉天同善堂（一八八一—一九三一）性質演変深析」吉林大学、碩士論文、二〇一五年
趙文林・謝淑君『中国人口史』人民出版社、一九八八年
趙中孚『清季中俄東三省界務交渉』台湾中央研究院、一九七〇年
趙中孚『近世東三省研究論文集』成文出版社、一九九九年
周秋光『近代中国慈善論稿』人民出版社、二〇一〇年
朱英『辛亥革命時期新式商人社団研究』中国人民大学出版社、一九九一年
朱英・石柏林『近代中国経済政策演変史稿』湖北人民出版社、一九九八年

【英文】アルファベット順

Carter, James Hugh, *Creating a Chinese Harbin; Nationalism in an International City, 1916-1932*, Cornell University Press, 2002.
Chao, Kang, *The Economic Development of Manchuria: The Rise of a Frontier Economy*, Center for Chinese Studies The University of Michigan, 1983.
Matsusaka, Yoshihisa Tak, *The Making of Japanese Manchuria,1904-1932*, Harvard University Press, Cambridge M.A., 2001.
Mariko Asano Tamanoi ed., *Crossed Hisotries: Manchuria in the Age of Empire*, University of Hawaii Press,2005.（玉野井麻利子著、山本武利監訳『満洲——交錯する歴史』藤原書店、2008年）

McCormack, Gavan, *Chang Tso-lin in Northeast China, 1911-1928: China, Japan and the Manchurian Idea*, Stanford University Press, California, 1977.

Mitter, Rana, The *Manchurian Myth: Nationalism, Resistance, and Collaboration in Modern*

Suleski, Ronald, *Civil Government in Warlord China: Tradition, Modernization and Manchuria*, Peter Lang Publishing, New York, 2002.（ディビッド・ウルフ著、半谷史郎訳『ハルビン駅へ——日露中・交錯する満州の近代史』講談社、二〇一四年）

Wolff, David, *To the Harbin Station: The Liberal Alternative in Russian Manchuria,1898-1914*, Stanford University Press, Stanford, California 1999.

Young, Louise, *Japan's Total Empire: Manchuria and the Culture of Wartime Imperialism*, University of California Press, Berkeley, 1998.（ルイーズ・ヤング著、加藤陽子、川島真、高光佳絵、千葉功、古市大輔訳『総動員帝国』岩波書店、二〇〇一年）

史料

【日文調査報告・定期刊行物等】

奉天商業会議所（一九二八年七月より奉天商工会議所）

奉天商業会議所『奉天経済十年誌』一九一八年

奉天商業会議所『奉天経済二〇年誌』一九二七年

奉天商工会議所『満洲経済調査彙纂』第一二輯（一九二九年一一月）

「奉天に於ける支那側紡織業調査」（『満蒙経済時報』第八八号、一九二〇年二月）

「奉天に於ける支那側織物業」（『奉天商業会議所月報』第一四三号、一九二四年一一月）

「満洲に於ける綿糸布発展の過去」（『奉天商業会議所月報』第一六三号、一九二六年七月）

「奉天票惨落の経緯」（『奉天商業会議所月報』第一六四号、一九二六年八月）

『奉天経済旬報』

南満洲鉄道株式会社（満鉄）
南満洲鉄道株式会社『南満洲鉄道案内』一九〇九年
南満洲鉄道株式会社奉天地方事務所『奉天票暴落ニ基ク城内商店倒産調』一九二七年
南満洲鉄道株式会社興業部商工課『対満洲貿易の現状及将来』下巻一九二七年
南満洲鉄道株式会社総務部事務局調査課『南満地方支那警察制度』一九一八年
南満洲鉄道株式会社庶務部調査課『東三省官憲の施政内情』一九二八年
南満洲鉄道株式会社総務部調査課『東北五省区地方法令』一九三一年
南満洲鉄道株式会社経済調査会『満洲労働統制方策』一九三五年
南満洲鉄道株式会社総務部調査課『満洲の繊維工業』一九三一年
南満洲鉄道株式会社経済調査会『満洲紡績工業及棉花改良増殖方策』一九三五年
枝村栄「奉天に於ける会館に就いて」（『満鉄調査月報』第一三巻第一〇号、一九三三年一〇月）
斎藤征生『満洲に於ける糧桟（再版）』南満洲鉄道株式会社経済調査会、一九三三年
斎藤征生『事変後に於ける糧桟の変革糧桟』南満洲鉄道株式会社経済調査会、一九三六年
南郷龍音『奉天票と東三省の金融』南満洲鉄道株式会社庶務部調査課、一九二六年
原田健次郎「満洲に於ける陶磁器工業と其の需給（二）」（『満鉄調査月報』第一四巻第九号、一九三四年九月）
藤井諒『満洲特産界に於ける官商の活躍』南満洲鉄道株式会社庶務部調査課、一九二八年
古家誠一『奉天同善堂調査報告書』南満洲鉄道株式会社庶務部社会課、一九二七年
「東三省に於ける儲蓄会事情」（『満鉄調査時報』第三巻第一〇号、一九二三年一〇月）
「満洲に於ける紡績業及棉花栽培の将来」（『満鉄調査月報』第一三巻第一一号、一九三三年一一月）
「奉山沿線に於ける棉花取引状態」（『満鉄調査月報』第一六巻第二号、一九三六年二月）

満洲国
財政部『満洲貨幣史』（一九三六年）
満洲中央銀行調査課『満洲に於ける満人中小商工業者業態調査』下巻、一九三八年

満洲中央銀行調査課『本邦農工商会調査　吉林省及間島省之部』一九三五年
満洲中央銀行調査課『本邦農工商会調査　龍江省及黒河省三江省之部』一九三五年
満洲中央銀行調査課『本邦農工商会調査　濱江省之部』一九三六年
満洲中央銀行調査課『本邦農工商会調査　安東省及錦州省熱河省興安省之部』一九三六年
満洲中央銀行調査課『本邦農工商会調査　奉天省之部』一九三六年

その他
外務省『南満洲に於ける商業』金港堂、一九〇七年
関東庁財政部『東三省官銀号論』一九二九年
朝鮮総督府『朝鮮に於ける支那人』一九二四年
鉅鹿貫一郎『支那ニ於ケル商会法ト商事公断處章程』遼東事情研究会、一九二四年五月
鴨緑江採木公司編『鴨緑江林業誌』一九一九年

【中文調査報告・定期刊行物等】
『商務官報』『盛京時報』『東三省民報』

東三省官銀号
王元澂「東三省官銀号之沿革」『東三省官銀号経済月刊』第一号、一九二九年五月

奉天総商会
邵伸「総商会月刊的使命」『奉天省城商会月刊』第五期、一九二五年二月

奉天全省警務処保甲総辦公所
『奉天全省警甲報告書』一九二五年

『奉天警甲彙報』
奉天同善堂
『奉天同善堂民国六七八三年份辦過事実報告書』（『六七八年報告書』と略す）一九二〇年
『奉天同善堂民国九十十一三年份辦過事実報告書』（『九十十一年報告書』と略す）一九二三年
『奉天市同善堂要覧』（大同元年版）（『大同元年要覧』と略す）一九三二年
『奉天同善堂要覧』（康徳六年版）（『康徳六年要覧』と略す）一九三九年
『奉天同善堂助産士学校学籍簿』（一九四八年時点）遼寧省檔案館蔵

【文史資料】
遼寧省図書館・遼寧省政治協商会議文史資料委員会編『文史資料東北文献篇名索引』（遼瀋書社、一九九一年）
劉恩涛「瀋陽商会七十五年（一八七四―一九四八）」（『瀋陽文史資料』第一輯、一九八二年）
曲天乙「老天合興衰記」（『遼寧文史資料第二六輯―遼寧工商』、一九八九年一一月）
王樹声「黄県〝福昌利裕記〟号之我知」（『龍口文史資料第一輯』、一九九〇年八月）
賈涛・劉益旺「京東劉家与長春益発合」（『吉林文史資料』第一五輯、一九八七年）
王勝利主編『大連近百年史人物』遼寧人民出版社、一九九九年
黒竜江省地方志編纂委員会『黒竜江人物伝略四』一九九二年
祝璋「旧社会瀋陽的妓院和妓女」（『遼寧省文史資料第三四輯―雑巴地旧憶』一九九二年一二月）

【地方志】
瀋陽市人民政府地方志辦公室編『瀋陽市志』一巻、瀋陽出版社、一九八九年
瀋陽市政府地方志編纂辦公室編『瀋陽市志』一〇巻、瀋陽出版社、一九九二年
瀋陽市人民銀行・瀋陽市金融学会編『瀋陽金融志』一九九二年
瀋陽商会志編纂委員会『瀋陽商会志』白山出版社、一九九八年

『昌図府志』一九一〇年
『昌図県志』一九一六年
『興城県志』一九二七年
『遼陽県志』一九二八年
『岫岩県志』一九二八年
『蓋平県志』一九三〇年
『東三省政略』一九一一年（長白叢書版、吉林文史出版社）
『奉天通志』一九三四年（東北文史叢書版、瀋陽古旧書店）
『大清会典則例』

【人名録・商工名録】
田辺種治郎編『東三省官紳録』東三省官紳録刊行局、一九二四年
外務省情報部編纂『現代中華民国満洲帝国人名鑑』東亜同文会、一九三七年
「東北人物大辞典」編委会『東北人物大辞典』第一巻、遼寧人民出版社・遼寧教育出版社、一九九一年
王鴻賓等主編『東北人物大辞典』第二巻（上）（下）遼寧古籍出版社、一九九六年
『第一回満洲商工名録』奉天興信所、一九三二年
奉天総商会経済部調査股編『民国十三年奉天省城商工名録』一九二五年
奉天市商会『商業彙編』一九三三年

【地図】
「最新奉天市街図」大阪屋号書店、一九二三年
「奉天省城市街全図」奉天鼓楼北各大書坊発行、一九二七年
「実測最新奉天附近地図」宮阪徳治郎編輯兼発行、一九三五年

【檔案関連】

公刊公文書

哈爾濱市檔案館『哈爾濱経済資料文集』第1輯（一九九〇年一〇月）
遼寧省檔案館編『遼寧省檔案館指南』（中国檔案出版社、一九九四年）
遼寧省檔案館編『奉系軍閥檔案史料彙編』（江蘇古籍出版社・香港地平出版社、一九九〇年）

未公刊公文書

全宗番号―案巻番号順、使用した案巻内の公文書を列記した。

遼寧省檔案館所蔵

奉天省公署檔案（JC一〇）
JC一〇-九一九「救済院基金管理委員会成立会議録」（一九三〇年五月二日）
JC一〇-九四六「奉天同善堂呈」（一九二六年四月二三日）
JC一〇-九四六「奉天同善堂呈」（一九二五年八月十日）
JC一〇-九四六「奉天同善堂呈」（一九二五年十一月二〇日）
JC一〇-九四六「奉天同善堂呈」（一九二五年十二月二五日）
JC一〇-九四七「呈訴同善堂第二科姚科長受賄舞弊抗違公文覇不方行」（一九二七年六月―九月）
JC一〇-九四七「同善堂収留及処理妓女、難民及婢女控訴受虐待情形」（一九二五年七月）
JC一〇-二〇八五「民国一三年七月一日東三省聯合会呈為擬訂簡章」。
JC一〇-三一三六「周作孚設立華茂猪毛公司請立案」（一九一四年）

JC一〇-三二四三「王永江等為興辦実業組織東三省興利公司」（一九一五年）

JC一〇-三二八七「民国八年十一月二二日省議会咨文」。

JC一〇-三二八七「民国九年三月三〇日奉天省財政庁長王永江呈」

JC一〇-三二八七「民国九年四月十二日奉天省庁張作霖指令」

JC一〇-三二八七「民国九年六月十六日奉天省財政庁長王永江呈」

JC一〇-三二八八「関于調査津洋滬等処紗廠情形」

JC一〇-三二九二「紡紗廠股款保存及奨金等案」（一九二一年）

JC一〇-三二九二「民国一〇年一〇月十五日紡紗廠長佟兆元呈」

JC一〇-三二九二「考送北洋学習紡織学生江簡章」（一九二一年）

JC一〇-三二九三「民国一〇年一一月二〇日奉天紡紗廠総理佟兆元協理林成秀呈」

JC一〇-三二九三「民国一〇年一一月三〇日奉天紡紗廠総理佟兆元協理林成秀呈」

JC一〇-三二九三「民国一〇年一二月二七日税務督辦孫寶綺呈」

JC一〇-三二九三「民国一一年一月六日奉天省政府訓令」

JC一〇-三二九四「議決建議籌設紡紗廠一案之理由辦法」。

JC一〇-三二九四「奉天紡紗廠選挙商股董事監察員暨協理簡章」（一九二二年）

JC一〇-三二九六「民国一二年四月二五日奉天紡紗廠総理孫祖昌協理韓岡岑呈」

JC一〇-三二九六「民国一二年六月十一日奉天紡紗廠総理孫祖昌・協理韓岡芩呈」。

JC一〇-三二九六「民国一二年六月十九日省公署指令奉天紡紗廠・訓令単開各県」。

JC一〇-三二九六「民国一二年六月三〇日北鎮県知事呈」

JC一〇-三二九六「民国一二年六月三〇日義県知事呈」

JC一〇-三二九六「奉天紡紗廠十二年度営業情況報告記録」（一九二四年）

JC一〇-三二九六「民国一三年五月六日財政庁長王永江呈」
JC一〇-三二九六「民国一三年五月二七日奉天紡紗廠総理孫祖昌協理韓岡芩呈」
JC一〇-三二九九「民国十九年遼寧紡紗廠第八次董事監察会議録」
JC一〇-三三〇二「奉天紡紗廠職員履歴清冊」（一九二八年）
JC一〇-三三九四「民国一九年一月一〇日全省商聯会臨時会議記録」
JC一〇-三六一六「民国一三年六月一六日奉天総商会呈奉天省長公署」
JC一〇-三六一六「民国一三年九月二四日奉天省長公署咨東三省保安総指令部」
JC一〇-三六一七「民国一一年一二月永年西薬房李秉辰稟省政府」。
JC一〇-三六一七「民国一二年二月一五日総商会呈」
JC一〇-三六一七「民国一三年四月一七日工務系副会長薛永来・参事李福堂呈省政府」
JC一〇-三六一七「民国一三年四月一七日省政府指令薛李・訓令省会警察庁高等検察庁商会実業庁警務處」
JC一〇-三六二七「民国一九年七月一四日東三省商会聯合会呈遼寧省政府計呈議案一份」
JC一〇-三六四四「民国一八年一月一一日工商部咨省政府」。
JC一〇-三六四四「民国一八年三月二三日総商会呈省政府」。
JC一〇-三六四四「民国一八年三月二八日省政府指令農鉱庁」
JC一〇-三六四四「民国一八年四月二日省政府呈政務委員会」。
JC一〇-三六四四「民国一八年四月三〇日暫代執行正副会長金恩祺盧広積呈省政府」
JC一〇-三六四四「民国一八年八月六日総商会呈省政府」。
JC一〇-三六四四「民国一八年八月一三日省政府指令総商会」。
JC一〇-三六四四「民国一八年九月二六日農鉱庁長劉鶴齢議案」

JC一〇-三六四四「民国一八年九月二六日省政府訓令農鉱庁」
JC一〇-三六四四「民国一八年一一月一五日遼寧全省商会聯合会呈遼寧省政府」
JC一〇-三六四四「民国一八年一二月一九日遼寧全省商会聯合会呈省政府」
JC一〇-三六四四「商会改組大綱」（一九二九年）
JC一〇-一一九一八「民国二年七月五日撫順県工務分会呈」
JC一〇-一一九一八「民国二年七月一九日工務総会呈、奉天行政公署指令」
JC一〇-一一九一八「民国二年八月二五日千金塞商務分所呈」
JC一〇-一一九一八「民国二年八月二九日奉天行政公署指令」
JC一〇-一一九一八「民国二年九月四日奉天工務総会呈」。
JC一〇-一一九一八「民国二年九月囲城花戸代表呈」
JC一〇-一一九一八「民国二年一〇月九日奉天工務総会呈」
JC一〇-一一九二二「民国一七年一一月九日委任馮庸杜乾学訓令実業庁警務処総商会為飭籌辦工会由」
JC一〇-一一九二二「民国一七年一一月二七日省公署指令杜乾学馮庸」。
JC一〇-一二〇三三「開会選挙記録」
JC一〇-一二〇三三「民国一九年農鉱庁議案」
JC一〇-一二〇三三「民国一九年七月三一日省政府訓令農鉱庁」
JC一〇-一二〇三三「民国一九年八月九日農鉱庁呈省政府」
JC一〇-一二〇三三「民国二〇年一月三一日実業部咨省政府」
JC一〇-一二〇三三「民国二〇年二月二八日省政府指令農鉱庁」
JC一〇-一二〇三三「瀋陽市商会職員履歴表」
JC一〇-一二〇三三「民国二〇年四月一五日遼寧省政府指令農鉱庁」
JC一〇-一二〇三三「民国二〇年五月一四日実業部咨省政府」

JC一〇‐一二〇三三「遼寧省政府指令総商会」
JC一〇‐一二三九六「奉天同善堂呈」(一九三〇年六月二六日)。
JC一〇‐一二四〇四「民国十九年五月十七日内政部咨」
JC一〇‐一二四〇四「令同善堂為定期派員会査該堂財産飭知照」(一九二九年四月)
JC一〇‐一二四〇五「為査明趙前堂長与歴任余多及遺失巻宗情形」(一九三〇年五月二三日)
JC一〇‐一二四〇六「奉天同善堂呈」(一九三〇年三月一九日)、
JC一〇‐一二四〇七「同善堂呈為本堂各部性質不同移転管轄似宜分明隷属」(一九二三年八月十四日)
JC一〇‐一二四〇九「同善堂長王有台呈為報収幼女王鳳一口事」(一九二六年八月二七日)
JC一〇‐一二四〇九「同善堂呈送民国一二年一三年一四年度事業報告書及奉天省長公署令」(一九二六年一一月二〇日)
JC一〇‐一二四一三「査前任同善堂堂長王有台所有財産」(一九二九年十月三日)
JC一〇‐一二四一五「同善堂呈為育嬰堂」(一九〇六年)
JC一〇‐一二四二〇「奉天同善堂呈」(一九二九年一二月二日)
JC一〇‐一二四二三「奉令籌設遼寧省会及各市県地方救済院情形(一九二九年四月一一日)
JC一〇‐一二四二四「王有台函」(一九三〇年一月一八日)
JC一〇‐一二四二四「呈為補査同善堂王前堂長有台任内短少房間地畝及款項不清各情形繕具報告書」(一九三〇年一一月二四日)
JC一〇‐一二四二六「本府改組同善堂為救済院辦法(一九三〇年一月十八日)」

JC一〇 - 一二四七六「遼陽県政府造送教養工廠民国十九年二份芸徒花名清册」

JC一〇 - 一二五七四「[同善堂籌款開辦貧民棲流所及遣送貧民情形]」（一九一二年一二月―一九一三年二月）

JC一〇 - 一八〇三二「奉天同善堂収支員裵煥辰呈控堂長張華林営心肥已事」（一九一七年四月）

JC一〇 - 一九五一三「呈為報遵令建築工業区妓館楼房現已工竣請核査銷事」（一九二六年八月二五日）。

奉天市商会檔案（JC一四）

JC一四 - 三四五五「民国二〇年八月二二日遼寧全省商聯会函本省各市鎮営業税評議委員会簡章法依照進行」

JC一四 - 三六四〇「民国一五年七月奉天全省聯合会函為土布免税」

JC一四 - 三六四〇「民国一五年七月奉天全省聯合会函為臨時会議決転呈取消営業税」

JC一四 - 三七五五「民国一三年八月六日東三省商会聯合会函為日本増加奢侈品進口税請転知由」

JC一四 - 三八七三「民国一四年七月一五日東三省商会聯合会函為蘇聯南新新城開定期集市会期由」

JC一四 - 四〇九五「民国一九年七月二九日遼寧全省商聯会函為調査境内工廠表暨調査国貨洋貨輸出入種類額表請査填」

JC一四 - 四一七四「金融整理委員会物価調査表」

JC一四 - 四一七四「民国一九年七月東三省聯合会臨時会議議事録」

JC一四 - 四九二〇「民国一四年七月函三省商聯会為交渉総署代電請条議関于中俄会議事項由」

JC一四 - 四九四三「民国一四年七月二五日東三省商聯会公函奉天総商会」。

JC一四 - 四九四三「民国一五年五月三日東三省商聯会公函奉天総商会」。

JC一四 - 六三二〇「民国一三年九月二九日東三省商会聯合会函為選挙会長啓用関防由」

ＪＣ一四‐六六九七「西分会所呈報同陞隆帽舗執事焦松林因債潜逃由」（一九二七年）
ＪＣ一四‐八四四五「民国一五年一二月二三日東三省商会聯合会函為呼青幹線昭能自籌股本応妥訂章則呈送核奪由」

瀋陽市檔案館所蔵
奉天市政公所檔案（ＪＣ三五）
ＪＣ三五‐七二七「普通市民租領工業区特等地二畝並代由官辦土工由」（一九二四年）
ＪＣ三五‐七三〇「牌示工業区官房出租巻」（一九二四年）

アジア歴史資料センター（JACAR）
Ref.C13010017000「第七　満洲国の首都」『満洲国建設大要』（防衛省防衛研究所）
Ref.B08061560700『外国商業会議所並経済団体関係雑件第三巻』（外務省外交史料館）

あとがき

本研究は一九九九年九月から二〇〇一年八月まで遼寧大学歴史系に高級進修生として留学し、遼寧省檔案館で行った資料調査が土台となっている。留学した頃は各地の檔案館が外国人研究者に開放され始めた時期で、中国近代史の研究をするならば檔案を使わなくては始まらないという空気があった。受け入れてくださった遼寧大学歴史系の胡玉海教授もこの点を理解してくださり、その庇護のもと東北各地の檔案館に通うことができた。

最初の一年は奉天総商会を学位論文で扱うと志して、奉天総商会檔案を見ていた。全宗目録を隅から隅まで読んで、めぼしい案巻の入った袋を出してもらい、古くなった書類を一枚ずつめくりながら読んでも、何に使えるかわからないという繰り返しだった。またコピー代には外国人料金があって、中国人の一〇倍であったから、留学生の身ではおいそれとコピーはできず、手書きで内容を写したものもかなりある。全く効率的ではない作業のやり方をしている自分を不器用だなと思っていた。しかし、それが良かったのだと今は思っている。檔案自体を活字に起こした資料集や、影印版の資料集もかなり出版されている。また現在は檔案館に赴いても多くはデジタル化された画像資料を提供される。それに対して、奉天総商会檔案は当時は現物を閲覧することができた。案巻が入った袋を受け取ると、中には関連する檔案が順番に糊付けされて保存され、ときには上からメモがはられているものもあった。草書の解読に苦労していると、それは草稿でその数枚後にほぼ同じ内容の楷書の清書がでてくることもあった。草稿と清書に控えや返信といった公文書の断片には当時の事務手続きの気配が息づいていた。その後、事件性のあることを追いかけるには奉天総商会檔案では不十分で、総商会と省政府の間のやりとりを奉天省公署檔案から見ることを松重充浩先生に教えていただいたおかげで、本書でも使用した檔案は奉天省公署檔案のほうが多い。こちらは当時すでにマイクロ化されていたが、それでも奉天総商会檔案で現物がどうなっているかを知っていたことは他の全宗を閲覧する際にも功を奏した。今日、デジタル化されたものやマイクロ資料しか見られなくなりつつあることからすると、とても貴重な経験ができたと考えている。また、ウェブで資料検索ができるようになったことで、目録全体に目を通すことも減っている。時間の限られた短期滞在ではそれが最善ではあるが、その結果見落とされるものもあると考える。実際、本書の第九章で扱った倒産の事例などは、あまりにたくさんある倒産処理の檔案にいったい何がおこっているのか、どういう事がされているのか、という興味をもったことから取り組んだ。そこにある事例はまさに無名の商店の夜逃げという、消えゆく歴史の一コマである。済良所に収容される女性の事例も同様で、少なくはない調書を読んでいると、張作霖をめぐる人の目を引く事件の起こっている街でこんなこともあったのかと気づかされた。

檔案館での日々は檔案を知る機会であっただけでなく、多くの方から教えを受ける機会でもあった。前述したように松重先生はおしげもなく、奉天総商会や奉天省公署について知見を語ってくださり、これは個人講義を受けることができたに等しい。また井村哲郎先生は中国にある満鉄資料をはじめとする日本側資料の使い方を教えてくださった。江夏由樹先生は檔案館が開いたばかりのころの状況などを教えてくださり、檔案館とのつきあい方を学ぶことができた。これらの先生方が良好な関係を築いてくださったおかげで、遼寧省檔案館での調査が可能となっていた。檔案館の館員の方も親切に対応してくださり、夏の時期に他の研究者が来られていると紹介してくださり、草書が読めないでいると教えてくださりもした。

また大阪外国語大学大学院の康越さん小都晶子さん、さらに大学の枠をこえて広川佐保さんをはじめとする同世代の研究者が夏になると訪ねてきてくれることも励みとなっていた。あの夏の楽しみがあったからこそ、極寒の冬の檔案館も乗り切れた。張学良が創設した東北大学の図書館の建物を利用した遼寧省檔案館の旧閲覧室は、歴史の空気を感じさせてくれたが、冬場はコートを着ても震える寒さだった。今は郊外に移り快適な閲覧室となっているが、あの重厚な空間が懐かしい。

本書の内容の初出については以下のとおりである。

第一章、第三章、第四章、第六章、第七章の具体的な檔案に関わる分析をけずり、論点をしぼったものは安冨歩・深尾葉子編『「満洲」の成立――森林の消尽と近代空間の形成』（名古屋大学出版会、二〇〇九年）第一〇章「奉天――権力性商人と糧桟」としてすでに発表している。

第五章は国際シンポジウム「海外華商網絡與華商組織」（華中師範大学、二〇一五年一一月七日八日）での報告「従多層商会聯合会来看的経済界布局」をもとにした。

第八章は「一九二〇年代奉天紡紗廠と東北経済圏の自立性」（西村成雄・田中仁編『中華民国の制度変容と東アジア地域秩序』汲古書院、二〇〇八年）として発表した。本書では発表時には掲載しなかったバランスシートを附表としてつけた。

第九章は「一九二〇年代後半期華人資本の倒産からみた奉天都市経済」（『現代中国』第七五号、二〇〇一年）として発表した。

第三部は途中経過をさまざまな機会に報告してきたが、論文としては書き下ろしである。

本書の第一部第二部は二〇〇二年に大阪外国語大学（現大阪大学）大学院言語社会研究科に提出した博士論文『近代中国東北地域における華人商工業資本の研究』がベースである。大阪外国語大学大学院で西村成雄先生の下で学べたことは、東北研究者としての私の基礎となっている。当時、西村先生を慕って、内外からの多くの院生が集り、さまざまな研究に取り組み、東北アジアの多様性を日本にいながら実感することができた。また西村先生はご自身の研究ネットワークを惜しげもなく紹介してくださり、先生の紹介状の方がパスポートより心強かった。その学恩にどれくらい応えられているのか、これは今後の課題である。また、問題意識の根底には、研究を志した大阪市立大学時代に教えていただいた飯島渉先生の影響が大きい。十年ぐらい遅れて、飯島先生がおっしゃっていたテーマに後追いで興味を持つというのをここ数年くりかえしている。環境を含めて広く人の営みをとらえる視点は安冨歩先生、永井リサさんとの交流で培ってきた。学術振興会特別研究員として受け入れていただいた京都大学人文科学研究所では、山本有造先生から数値に語らせる大切さを学び、籠谷直人先生には資料への情熱を持つことの大切さ教えていただいた。商会研究の先駆者である陳來幸先生には初めての中国での学会発表以来、多くの研究発表の機会をいただいてきた。その後奉職した近畿大学文芸学部では、教育と研究を両立させる気風の下で、同僚や学生と研究する楽しさを共有することができ、二〇一二年には在外研究の機会をいただいて本書の構成を考えることができた。またこの一年は、出版にかかわって、京都大学学術出版会の國方栄二さまをはじめ、多くの方のご支援をいただいた。際限なく紙幅をとってしまうので、これ以上のお名前は上げないが、こころより感謝しております。

本研究の実施にあたっては以下の研究助成をうけた。
平成一二年度トヨタ財団研究助成「近代中国東北地域国民国家形成下におけるリージョナリズム――奉天総

商会の機能と地域社会の論理」

平成一五年〜一六年度　科学研究費補助金〔特別研究員奨励費〕「二〇世紀前半東北アジア華人ネットワークの生成と衰退――国際都市と在外華商の機能」

平成一九〜二二年度　科学研究費補助金〔若手研究（B）〕「近代東北アジアにおける中国系移民の受容と排除」

出版にあたっては、平成二九年度科学研究費助成事業〔研究成果公開促進費・課題番号一七HP五〇九四〕から助成を受けた。お礼申し上げます。

最後に、大学院進学に中国留学と自由に勉強をする機会を与え、今なお理解を示し支えてくれている両親と祖母に感謝を捧げます。

二〇一八年正月

索　引

人名索引

事項索引

［サ］

［タ］

［ナ］

［ハ］

［マ］

［ヤ］

［ラ］

Modernity in Fengtian: Association, Industry and Charity in Immigration Society

(English Summary)
Takako UEDA

Within a period of about 25 years, from the New Administration of the late Qing dynasty to the Manchurian Incident, the city of Shenyang (瀋陽), formerly called "Fengtian" (奉天, the city of Mukden), experienced rapid urbanization with an increase in population from about 177,000 to 612,000. Politically during this period, Zhang Zuolin (張作霖) rose to prominence and helped to quell the confusion after the Xinhai Revolution, ultimately becoming the head of the Beiyang government. After his death, his son, Zhang Xueliang (張学良), joined the Nationalist Government in Nanjing, and then supported Chiang Kai-shek's (蔣介石) leadership in China. This resulted in the Northeast region's political power increasing enough to influence trends throughout the whole of China. In previous studies, attention was paid to this spectacular political situation, but in this book we will consider the transformation of Fengtian urban society, which has been largely overlooked.

First of all, we look at the history of the Fengtian General Chamber of Commerce (奉天総商会), which lasted for less than 30 years from the time of the establishment of the late Qing Dynasty to the time just before the Manchurian Incident. The history of the Fengtian General Chamber of Commerce during this period can be divided into three stages: a chaotic period (1905-11), a stable period (1911-24), and a period of fluctuation (1924-31). During the period between 1905-11, the Public Assembly (公議会) which was the predecessor of the Fengtian General Chamber of Commerce, was an

association of mutual aid agencies between business people. The reorganization of the Public Assembly caused confusion of it's organization. This reform was aimed at organizing the business world through the reform under the New Administration, and began to receive guidance from the department managing the commerce and industry of the government (勧業道). This was a reorganization that the government made actively to intervene in the economy that had previously been left up to the originality of businessmen. As a result of the transition of leaders of this Organization due to the influence of the government, during the Public Assembly era, the leaders of the economic circles were mainly Shanxi (山西) financial companies, and the Shandong (山東) drapers (絲房). At the time when the Public Assembly was reorganized into the Chamber of Commerce, the Official Bank of Fengtian province (奉天官銀号) was established, and it was also the reorganization period of the financial industry. As a result, private financial institutions gradually declined, and financial managers declined among secretaries of the Chamber of Commerce.

The stability period of 1911-24 was dominated by the merchants in the early Republic of China, and the local economy developed smoothly. In this period, instead of private financial institutions, the drapers who imported textile products and miscellaneous goods gained a greater voice in business circles in Fengtian. The reason for their development is that the industrial development in Asia after the First World War caused the expansion of imports of light industrial products. In the beginning of 1924, drapers accounted for more than half of the Chamber of Commerce officers. In spite of this, the Chairman's position was essentially chosen by mutual elections of selected members of the Chamber of Commerce officers, and the opinions of

business people generally reflected the management within the Chamber of Commerce. The election of the Secretary was a restricted election based on the capital size prescribed by the convention of the Chamber of Commerce. Who became elected reflected what sort of industry and factions were powerful in Fengtian economic circles — i.e. it reflected the distribution of power by the economic circles at that time. As the Secretary was decided in a convincing manner by the Chamber of Commerce through the elections, it was impossible to decide the Chairman only by the command of the administration. However, the provincial government tried to increase its influence over the Chambers of Commerce. With the expansion of Zhang Zuolin's forces to exert pressure on the local community in Fengtian, the regime allowed the Chairman to resign or to change the election rules. In May of 1924, the chairman who was endorsed by the drapers had failed to win the election and Zhang Zhiliang (張志良) was elected Chairman by the strong background support of Zhang Zuolin. In the end of the stable period of the 1920s, Zhang Zuolin's administration fostered a modern industry and hoped that its management would take leadership in the Fengtian business circles. As a result, a change occurred in governance within the Chamber of Commerce, and the period of fluctuation was on the horizon.

In the period of fluctuation (1924 - 31), a manager of an affiliated business of the Official Bank of the Three Eastern Provinces (東三省官銀号), a successor to Zhang Zhiliang, and a manager of a modern enterprise all held the post of Chairman. The close relationship between the government and the Chamber of Commerce came to power, and the economic influence of the drapers was reduced. In addition to the change of leadership, Zhang Zuolin was killed in 1928, and Zhang Xueliang chose to merge with the Nanjing Na-

tionalist government in Nanjing. The organization of the Chamber of Commerce was also affected, and the policy of the region and the policy of the Nanjing National Government occasionally collided. For example, the National Government ordered the establishment of a trade union independent from a Chambers of Commerce, but the Fengtian General Chamber of Commerce did not dare to separate the trade unions and Chambers of Commerce. Therefore, the Chamber of Commerce and the provincial government finally organized trade unions within the Fengtian General Chamber of Commerce with more than 10 guilds, superficially following the instructions of the Nationalist Government. Solving these contradictions wasted time and was not completed in accordance with the Chamber of Commerce Law stipulated by the Nationalist Government before the Manchurian Incident of the Chamber of Commerce Reform.

Secondly, in order to understand the structure of the Fengtian business circle, we analyze specific enterprises such as the The Official Bank of the Three Eastern Provinces and Fengtian Spinning Mill. During the period from the early twentieth century to the time when the Manchurian Incident occurred in 1931, the core industries within the Fengtian economic circle changed from finance and distribution to modern factory-based industry. Along with this, the leadership in the economic community changed from traditional commercial managers to modern industrial managers. One characteristic of traditional business is that it emphasizes the connections between people, especially the ties between individuals in the same area. This was illustrated by the financial industry, where most of the members including investors and workers were from Shanxi province. In the case of the drapers, it was made up of people from Shandong Province. Individuals from specific

areas for each industry comprised capital owners, managers and employees. Shops found new members through a network of fellow acquaintances. Compared with traditional shops, in modern industry, managers didn't make much account of their hometown network, but instead have relationships with the government and conducted business management based on the government's economic policy. In the 1920s, the Zhang Administration tried to promote industrial development, and established several government-run enterprises. The government's instruction system was used for recruitment of capital, purchase of raw materials, and the sale of goods. Zhang Administration personnel invested not only in government-run enterprises but also in modern companies that they operated.

In the context of this change, in the Fengtian economic community, there was a change in the economic structure of the entire Northeast China. Before the New Administration in the late Qing Dynasty, a variety of banknotes existed in the Northeast. The financial industry, which had a multi-currency system and well developed commercial transactions, issued the private banknotes (私帖) to form its own private note circulation area. There was a joint venture between the grocery stores and the crop brokers (糧桟) funded by mutual funds, which had a considerable impact on the commerce in the rural areas. However, when banknotes were unified by the appearance of the Official Bank and the Official Bank consequently owned the crop brokers, supplied funds ended up buying staple products from the crop brokers, and formed the powerful acquisition of staple products network in Northeast. Through this network, the government benefited from trade in staple products and invested it in modern industry. As a result, leaders in the Fengtian economic circle had transformed from Shanxi financial sectors to

Shandong draper managers, and eventually to capitalists with government relations. This change became the focus of economic changes in Fengtian from traditional to modern business people. Additionally – and more importantly – at the same time, society effective changed from relationships between people in a horizontal network to vertical relationships that relied on power.

Thirdly, we analyze the society from the viewpoint of how Fengtian City's society treated the constant influx of immigrants. The Tongshantang (同善堂), chosen as the target for our analysis, was a charity institution that temporarily housed people who had flown into Fengtian. The tenants could be divided into five types: poor job seekers, travelers with no will to work, elderly individuals who were unable to work, prostitutes who had escaped their owners, and lastly, a mixture of housewives, concubines, adolescent female servants, and abandoned orphans. Among these tenants, women were taught household affairs such as handicrafts, and cooking, and were offered opportunities to find men to marry. Elementary education was given to orphans and they were provided opportunities for adoption by ordinary families. It can be said that there was a function in Tongshantang that provided women and children with new homes. In addition, Tongshantang carried out vocational training with its own factory and taught migrant workers and poor people as workers apprentices of modern industry. Tenants learned how to work in modern society. From this point, Tongshantang had the function of using vocational training to place poor people in modern urban society as trained labor.

In Chinese society from the pre-modern era, migrations of populations frequently occurred. Therefore, since the Ming Dynasty, there had been mu-

tual aid institutions such as the halls and the associations for fellows born within same country. People who left their hometowns knew that they could use the hometown organization in the destination, and there was support for clothing, food, lodging, and jobhunting for those who came later from their hometowns. However, in the 20th century, immigrants in the northeast increased rapidly, resulting in some of them missing the assistance of their hometown organizations. Some immigrants do not know whether there was a hometown organization, and others come from areas where the hometown organizations from their own town were not yet formed. These individuals ended up being housed in Tongshantang. The existence of such immigrants can be seen as examples of the problems surrounding modern urbanization. Because trains provided more convenient long-distance mobility than before, newspapers, magazines, and other media conveyed information of the booming economy in the Northeast more widely and quickly than before. This lead to some people wanting to find jobs in the Northeast despite the fact that few of them even had any experience or knowledge of living there.

In addition, the large number of migrant workers meant an increase in the male population. As a result, the low female population created a demand for women in the prostitution sector. Looking at the birthplace of women in Tongshantang, there are many who came from the railroad area around Beijing Shanghai to the Northeast, which was distinct from labor migrants. Tongshantang's matchmaking services were a good opportunity for men who could not find a marriage partner. Typically, when a man was in his hometown, he would look for a spouse through his network of acquaintances. Former prostitutes, according to Confucianism and traditional morality, were not suitable as family wives. However, in Fengtian, men ranging from those who

possessed farmland to those who worked in government sought a spouse in Tongshantang. This created a situation where men were less likely to marry due to the imbalance in the gender population. Men rarely get married. They had no effective relationships to rely on in the Northeast. To give another example which illustrates the cultural shift at work: in older times, charity organizations would previously provide isolated communities for widowed women who were culturally not eligible to wed again. When comparing these kinds of traditional organizations with Tongshantang, you can see that the view towards women had changed.

There was a leadership in the economic community transitioned from traditional merchant groups such as Shanxi and Shandong based on fellow country relations, to modern industrial capitalists. At the same time, the function of relief agencies for immigrants by fellow associations were not sufficient to support the large number of immigrants. What happened in Fengtian from 1906 to 1931 was a full modernization by the Northeast regional administration. Modernization of industry later urged the replacement of leaders of the business world. Moreover, the change of economic structure caused the rapid urbanization of Fengtian. In this process, human relationships based on social networks such as sharing the same hometown and guild became economically irrational and could no longer provide the necessary public services of society. Therefore, in the leadership of the business community, entrepreneurs conducting modern management replaced traditional store managers, and the public work of local governments replaced traditional human relations as social services. In other words, the social relationships that traditionally attach importance to personal connections were replaced by a society that values efficiency.

In conclusion, immigrants to the northeast worked in railways, mines, factories and rural areas, and supported the Northeast economy. The administration invested in modern industry, and wealth was directed through the Government Bank and aimed at more modern development. Modern growing companies employed clerks. In addition, scale expansion of cities required enhancement of government agencies, and the number of civil servants also increased. As a result, salary earners increased in Fengtian. Expansion of urban areas with modern infrastructure contributed to the prosperity of Fengtian, and this development further attracted those from outside the Northeast area who sought work. However, these new influxes, which increased in the modern era, did not have something like a network of senior immigrants, or knowledge of the migration transmitted in their hometown that those immigrants could have relied on. The hometown areas of new immigrants were connected to the Northeast by railway, and until then had previously nothing to do with Northeast. Therefore, there was no safety net for those bound for the Northeast. As a result, Tongshantang became responsible for the safety net by accepting the socially vulnerable by utilizing strong government support. Helping the reproduction of family members of urban citizens by arranging for spouses and adopted children, and supporting a society that included a large number of immigrants. A majority of the expenses of Tongshantang were covered by the rent of real estate in the newly developed commercial district. The immigrant labor force supported the development of industry, and the government sucked up the wealth of industry to enhance civic services such as urban infrastructure, and the development of cities thus increasingly attracted more immigrants. This cycle brought about the development of the modern Northeast, raised the military power,

and increased the position of the Northeast within China. Government intervention was instrumental to maintain this process.

As for understanding world history in general, a definition of what is "modern" is said to be factory-based industry established after an industrial revolution, with citizens gaining the right to participate in politics and form civil society. During this process, citizens demand political requirements through public spaces. However, in Northeast China - especially Fengtian - modern society made rapid modernization from the beginning, which required the strong leadership of administrative power. There are the executors of government programs in all aspects of society who can use government power to carry out their business. However, this strong guidance suppresses spontaneous development of the public space. In this way, modern times arrived in Fengtian that were different from other major cities in China proper.

奉天近代社会研究——商会，企业，善堂与移民社会（中文概要）

曾被称为“奉天”的沈阳，从光绪新政时期至九一八事变的大约25年时间经历了快速的城市化，人口从17万7000人增加到61万2000人。这期间在政治方面，东北地区在中国政治上渐渐增加了影响力，首先张作霖在稳定辛亥革命后的混乱中发挥了重要作用，因而担任了北京政府首领。他过世后，张学良又决定将东北政权合并入南京国民政府，这更加左右了中国国内的局势。很多研究都关注于这一变革中轰轰烈烈的政治形势，并没有充分讨论过这一过程中的社会状况变化。本书以沈阳被称为“奉天”的时期为中心，研究这一城市在这一历史时期内从来没有被学界关注过的社会变化。

第一部讨论奉天总商会从清末设立时期到九一八事变之前大概30年间的历史。从20世纪初到1931年九一八事变之间奉天总商会的历史可以大致分为三个阶段，混乱期（1905-11年），安定期（1911-24年）和变动期（1924-31年）。1905-11年间是奉天总商会其前身公议会被改革及改革之初的混乱期。奉天总商会的前身是工商业者之间互助机构的公议会。公议会在光绪新政下为了进行经济界的组织化而被改组为商务会，接受实业管理部门劝业道的指导。原来的经济活动都是自由进行的，这一改组可以说是政府积极干与工商业者的积极举措。从政府影响下的商会内部管理变迁来看，公议会时期的经济界的指导层是以山西帮的金融业者与山东帮的丝房为中心。在改组公议会时期里，政府设立了奉天官银号来整顿金融业，所以民间既有的金融业者逐渐凋零，干事名单中金融业者的比率也减少了。

1911-24年的安定期是民国初期由商民主导，地方性经济得到顺利发展的时期。在这一时期里做杂货进口的丝房在奉天经济界里最有实力，他们能得以发展的原因是第一次世界战争后亚洲的工业发展带来了轻工业品的进口扩大，比如1924年以丝房为中心的杂货商就占了商会干事的半数以上。因此，会长这一职务基本上都是由工商业者中推选出的干事们互相选举出来的，所以工商业者的意见

大致都能反映商会内部的管理。干事选举是根据章程按资本规模制限的投票，是一个反映了当时经济界的势力布局，也是大部分商会会员都可以接受的选举结果，政权并不能直接任命商会会长，但是与此同时省政府不断试图给商会施加影响。随着张作霖的势力在奉天地方社会不断扩张，他的政权开始能施加压力让会长引咎辞职，或者修改选举规定。1924年5月有丝房背景的会长下台了，张作霖支持的张志良被选为商会长。在1920年代安定期结束的时候，张作霖政权促进了近代工业的发展，期待让工业经营者来掌握奉天经济界，这样导致了商会内部管理的变化，迎来了接下来的变动期。

在变动期（1924-31年）中，商会长由东三省官银号兼业企业的经理及张志良的接班人等这些近代式企业经营者们来担任，商会长也都与政府关系密切，而丝房在经济界的影响减少了。除了指导者的更替以外，1928年末易帜后商会在变动期受到了南京国民政府的很大影响。南京国民政府的要求与奉天经济界指导层的方针有些地方互相矛盾，例如国民政府命令商会和工会分开成立，但是奉天总商会不敢分离工会和商会。所以商会和省政府终于在商会里以十个多同业公会来组织工会，在表面上遵从了国民政府的指令。为了解决这些矛盾浪费了不少时间和精力，所以遵循国民政府所规定的商会法所进行的的商会改革在918事变之前仍未能完成。

第二部是对奉天经济界结构的阐述，主要分析了东三省官银号及奉天纺纱厂等的具体企业。自20世纪初至918事变之间在奉天经济界的变革是主要行业从金融业及流通业变成工厂式的近代制造业。随着主要行业的变化，经济界的领导也都从传统式商业经理变成了近代式企业经营者。传统式商业的特色是重视人之间的联系尤其是同乡同行的纽带，比如金融业的票庄股东雇的人大概都是山西人，杂货业丝房的成员大概都是山东人，像这样每个行业都由固定地方出身的人员来组成，商店通过亲人熟人等同乡的脉络被介绍为新成员。与传统式商店相比，近代式企业的干部是与政府有关系，按政府的经济政策来负责经营企业。1920年代张氏政权尽力促进工业发展，开办了几家官督商办企业开。他们在招募资本，购买原料，把握销路阶段可以使用政府的指令系统。当然，张作霖政权及政权相关人员也向官督商办企业以外的私营近代式企业进行了投资。

奉天经济界这些变化的背景是东北地方整体性经济结构的变化。在光绪新政以前清末时候的东北实行的是多元币制，随着商业不断地发达，作为交易重点的金融业者发行了被称为私帖的私人纸币，形成了独立的私帖流通圈。粮栈杂货店里面是由互相出资形成的联号，这些在农村对商业产生了相当大的影响。但是官银号成立甫初就整合了币制兼业粮栈，形成了官银号出资的粮栈网络，而且官银号还给自己系统下的粮栈供应那些购买特产品的费用。官银号兼业的粮栈网络成为东北最大的收购特产品系统。通过这个系统，政府可以吸引到来自特产品贸易的盈利，然后把所积累的这些富源作为投资反哺给近代工业。因此奉天经济界里的领导从山西帮金融业者，山东帮丝房变成了有政府背景的资本家。这一变化就是奉天经济界的重点从传统工商业者到近代工商业者的变迁，同时更重要的是社会的有效关系从人之间的双向网络变成了依靠权力的上情下达的关系。

第三部讨论的是奉天的城市社会怎样对待不断涌入的流民。我们把一个慈善机构同善堂作为调查对象，分析了这里收容无依无靠的移民的实例。这里的移民分为五类：在同善堂过冬，到了春天出去找工作的贫民；没有劳动意愿的游民；不能劳动的老人；从妓院家庭逃出的妓女婢女妻妾；被遗弃的婴儿孤儿。同善堂给女人提供培训女红，烹调等的课程，提供择配的机会，给婴儿和孤儿提供在一般的家庭里被收养的机会。同善堂的职能之一是可以说对女人和孩子们就是支援在家庭安居的。同善堂也有工厂把游民贫民作为工徒来训练手艺的，让他们学习在近代社会干活的办法。像这样同善堂的职能是培训劳动力使他们在社会里生存。

中国社会自古以来人口流动频繁，所以明代以后各个地区都有会馆，同乡会等的同乡人的协助机构。离开家乡到外地发展的人知道所在地的同乡机构和使用机构的支援作用。但是到了20世纪，在东北的移民增加得很快，有很多人没有受到同乡机构的协助。有的到东北的移民并不知道同乡会，有的从还没有形成同乡机构的地方来，他们都被收容到同善堂。这种移民的存在可以说是近代城市化产生的问题。因为到了近代，火车提供了比以前更加方便的长途移动工具，报纸杂志等各种媒体传达信息的速度比以前快得多，范围也比以前扩大得多，所以到处都知道了东北的经济繁荣，在从来都没有过人出去打工的地方都出现了想要去东北找工作的人。

此外，移民劳动人口增加，意味着男人人口的增加，结果女人人口不足，就导致妓女的需要增加了。从同善堂收容女人的籍贯来看，她们很多是从北京上海周边的铁道沿线来到东北妓院，跟劳动移民的流出地大不一样。同善堂的择配对找不到对象的男人来说是很好的机会。男人在家乡的话可以通过亲人熟人的关系拜托媒婆找对象。原妓女是按儒学道德来说对家庭妻子不太般配的，但是在奉天有田地的或者有政府工作的都到同善堂找对象。这种现象就是男女人口比率不平衡男人很少机会结婚的结果。他们在东北没有有效的关系，还有古代慈善机构把女人关在里面让女人守贞，在古代与同善堂之间有对女人的看法的变化。

经济界的领导层从以同乡关系为基础的传统纽带结成的山西帮，山东帮转变成近代工业资本家，在这种转换期间内会馆，同乡会等的同乡机构在救济移民的功能上并不是很有效。从1906年到1931年之间在奉天发生的政治变化是东北地方政权进行了全面改革的近代化，而产业近代化又引起了经济人才的更替。并且经济格局变化引起了奉天的迅速的近代城市化。在这一过程中依靠以同乡同行为基础的人际关系在经济效率上是不合理的，而且做不到社会公共服务。所以近代式企业的经营者在经济界领导里逐渐代替了旧式商店的经理，而社会事业上地方政府的公共事业也取代了传统式的人际关系，重视人际关系的社会变成重视效率的社会。

到了东北的移民在铁路，矿山，工厂和农村等地方工作，支持着东北经济。政府试图进行近代化发展，官银号吸收的东北富源，把它向近代产业进行投资，扩大的近代企业又雇佣办公人员。规模扩大后的城市使政府充实了行政机构，增加了政府的工作人员。其结果是在奉天薪俸生活者增加了。城市基础设备齐备后扩大的城市区使大家都知道了奉天的兴旺，这种发展又继续吸引外地人来东北找工作。但是近代化的过程中增加的这些新来的移民没有形成过去的移民那样所依靠的老乡的移民知识和老移民的网络。新移民的老乡是由铁路连结成的东北，过去几乎没有到过东北的经验的，他们一点也没有闯关东的安全网。所以政府大力支持同善堂的活动，同善堂负责加强他们之中社会弱者的安全网的功能，介绍配偶者，养子等帮助城市市民再生产家庭，支持移民的社会。此外，同善堂大部分的费用用新开发区商业区的房产房租来维持。移民劳动力支持着产业发展，政府

利用这产业盈利齐整城市设施等民政功能，像这样城市发展吸引了移民前来，这良性循环又引起了近代东北地区的发展，增加了军力，提高了东北在中国国内的地位。当然，这良性循环需要很强的政府因素。

从世界历史上一般性的规律来看，近代是通过产业革命成立工厂制工业，市民获得参政权形成市民社会。在这一过程中，市民由于有充分的公共空间要求参加政治，就形成了市民社会。但是在中国东北尤其是奉天近代社会，成立时由于急速的近代化，不可避免地需要强大权力的指导。政府派在社会的各个方面都有政府计划的实施者，实施者可以利用政府权力进行事业。这强烈的指导力抑制了自发产生过程中的出现公共空间。就这样，与关内的大城市大相径庭的近代出现在了奉天。

図表一覧

著者紹介

上田貴子（うえだ　たかこ）

近畿大学文芸学部准教授
1969年兵庫県生まれ。大阪市立大学大学院文学研究科東洋史学専攻前期博士課程、大阪外国語大学大学院言語社会研究科博士後期課程修了。博士（学術）。
日本学術振興会特別研究員（ＰＤ）、近畿大学文芸学部講師をへて2009年より現職。

主な著作
「奉天・大阪・上海における山東幇」『孫文研究』（第54号、2014年）、「20世紀の東北アジアにおける人口移動と「華」」『中国研究月報』（第65巻第2号、2011年）、「奉天——権力性商人と糧桟」（安冨歩・深尾葉子編著『満洲の成立』名古屋大学出版会、2009年）、「東北アジアにおける中国人移民の変遷　1860-1945」（蘭信三編著『日本帝国をめぐる人口移動の国際社会学』不二出版、2008年）、「哈爾濱の日本人——1945年8月－1946年9月」（山本有造編著『満洲　記憶と歴史』京都大学学術出版会、2007年）。

奉天の近代
——移民社会における商会・企業・善堂

2018年2月28日　初版第一刷発行

著　者　上　田　貴　子
発行人　末　原　達　郎
発行所　京都大学学術出版会
京都市左京区吉田近衛町69番地
京都大学吉田南構内（〒606-8315）
電　話（０７５）７６１－６１８２
ＦＡＸ（０７５）７６１－６１９０
ＵＲＬ　http://www.kyoto-up.or.jp
振　替　０１０００－８－６４６７７

ISBN978-4-8140-0135-4
Printed in Japan

印刷・製本　亜細亜印刷株式会社
定価はカバーに表示してあります